Karl Renner

Siegfried Nasko

カール・レンナー

その蹉跌と再生

ジークフリート・ナスコ

青山孝徳 訳

成文社

カール・レンナー——その蹉跌と再生——目次

序　フーゴ・ポルティシュ……7
序　ハインツ・フィッシャー……9
序　エーヴァルト・ザッハー……11
序文　本書はカール・レンナーの新評価を目指す……13
第一章　協働こそ漸進の原則……21
妥協と調停のために　21／国家を新たに整える　24／国家は社会主義を招来する梃子　29／扶助と福祉国家　34／国家は唯一の共同体　37／新国家の組織　41／「無血革命のみが重要」　48／国家における協働であり、権力ではない　52／「それでどうなるというのです？」　55／持続可能な理念をもたない体制　59／民主主義と寛容のために　63／黙認された市民からスターリンのお気に入りへ　67／国家ドクトリンとしての犠牲者神話　72／課題山積と非ナチ化　75／「市民すべての道徳的共同責任」　77／仲介者であり和解を導く人　79／国民から委託を受けた者は無報酬　84／協働による憲法に則った体制　85
第二章　征服戦争に反対、名誉ある和平を！……91
幸福な平和のとき　91／諸民族は自己主張する　93／諸民族（Völker）の同盟　97／世界戦争への階段　101／問題は我々だ　103／確固とした行為　109／闘争と法　112／法秩序の破産　116／プロレタリアートのための諸要求　120／戦争目的論争と食糧管理問題　123／ナウマンの「中欧」構想　127／すべて「生焼け」の議論の技　132／保護関税と自由貿易　135／軍務とシュテュルク首相殺害　139／糧食補給チームの理事会にて　140／オーストリア＝ハンガリーの戦争責任　144
第三章　国家狂信者、協働者、連立主義者？……147
権力問題から法的問題への転換　147／レンナーのハープスブルク帝国に対する親近感　150／集中政

府の首相　152／大連立と講和代表団団長　156／組織された大衆の信任委員たち　158／連立破綻　160／ブルジョア共和国とオーストロファシズム　162／レンナーの「合邦」賛成　165／第二共和国の樹立者　166

第四章　協同組合活動家として……170
「労働者は経済活動で達成する」　170／中間取次の排除のために　173／消費協同組合連合会会長　175／根本的経営刷新　178／食糧管理庁理事会　181／労働者銀行設立　182／役員は私腹を肥やさなかった　186／協同組合の新たな定款　189／チェコ人への接近とファシストの排除　191／寡黙な蟻のような仕事　193／包括的な国際協力のために　196／失われた遺産　200

第五章　国家の経済への浸透……202
適法性（Legalität）の擁護者　202／経済民主主義を通じての解放　204／新しい国家・法理論のために　209／私経済と公経済　212

第六章　合邦思想　一九一八〜一九三八……215
階級問題としての「合邦」　215／行動の自由がないオーストリア　219／生存の意思としての合邦　223／「ザルツブルクの良き歴史家」　225／生涯にわたるナチとの敵対　229／独立宣言でユダヤ人への言及なし　231／分離の溝が消えた　234／「フューラー（指導者）」の神秘的な力に抗して　237／ヒトラーが一九一八年の国家を収穫　240／レンナーとノイバッハーとの会見　242／ナチの黒幕的重犯罪人が証言者　244／骨の髄まで民主主義者　250／「私たちは復活を生きて迎えることができるだろうか？」　255／「モラヴィアは私の父祖の地」　261／「レンナーは信用ならない、やってしまえ！」　265

第七章　一九四五年四月のレンナー対スターリン——第二共和国への道……269
黙示録的現代　269／ケットラッハの司令部へ、さらにホッホヴォルカースドルフへ　273／慧眼の老人　277／完全な権能を備えた首相のごとく　282／スターリン宛の手紙　284／類似と相違　286／ウィーンへ向かう途中の懐疑　290／最良のオーストリア式解決策　295／政権樹立と公示　300

第八章　統一ヨーロッパのために　306

民族紛争の克服　306／中欧と世界新秩序　308／ドナウ連邦か合邦か　311／列国議会同盟、汎ヨーロッパ、関税同盟　313／窮乏のヨーロッパ、希望は国連　316／オーストリアのヨーロッパ人——EUの後退　319

著者の謝辞　322

訳者あとがき　325

資料および文献　344 (55)

訳注　349 (50)

原注　387 (12)

人名索引　398 (1)

カール・レンナー
——その蹉跌と再生——

凡例

一、本書はSiegfried Nasko, KARL RENNER, Zu Unrecht umstritten? Eine Wahrheitssuche, BIOGRAFIE, RESIDENZ VERLAG, Salzburg – Wien 2016を訳したものである。ただし、三、五、九、一一、一三の五章（量的に二割ほど）は割愛した。また、第一章はすでに『カール・レンナー　1870―1950』（成文社　二〇一五年）として刊行されている。原著と本訳書との対照および訳出した章の選択については「訳者あとがき」を参照されたい。

二、原著タイトルは、直訳すれば『カール・レンナー　不毛な論争か？　真実を求めて　伝記』となるが、内容を勘案して『カール・レンナー――その蹉跌と再生――』とした。

三、人名の発音表記は、原則としてDUDEN発音辞典にしたがった。しかし、慣用にしたがったものもある。たとえば、同辞典でRennerは「レナー」だが、訳では「レンナー」にした。また、『カール・レンナー　1870―1950』における人名表記を今回、若干修正したものもあることをお断りしておく。

四、地名表記は、かならずしも統一されていない。歴史的変遷を考え、対象となった時代の地名と現在の地名を併記するよう努めたが、英語名を片仮名表記しただけのものもある（たとえば、ボヘミアを使い、ドイツ語のベーメンあるいはチェコ語のチェヒを使用していない）。あるいは、ドイツ語の歴史的地名をそのまま片仮名表記しただけのものも残る。

五、本分中の鍵括弧［　］は、訳者による補注である。

六、原注は章ごとに通しの番号で表示した。また訳注は、これも章ごとに丸で囲んだ通し番号（例えば①）で原注と区別した。双方とも巻末に置いている。

七、アルファベット順の人名索引は、訳書では、あいうえお順に組み直した。

八、カバーの写真を含め、使用した写真はすべてグログニッツのカール・レンナー博物館（Dr. Karl Renner-Museum für Zeitgeschichte Gloggnitz）から提供を受けた。ここに記して深く感謝申上げる。

序

フーゴ・ポルティシュ

テレビの歴史物「オーストリアII」で、カール・レンナーがオーストリア第二共和国樹立に邁進した足跡を追う必要があったとき、ただひとり、正確にその足跡を知悉していた人がいました。それがジークフリート・ナスコ氏で、グログニッツのカール・レンナー博物館創立者であり、当時、館長職にありました。ナスコ氏は、カール・レンナーが通訳として赤軍[1]地区司令官のところに連れて行ったチェコ人の「移住労働者」と、当時まだ面識がありました。［通訳の同行は］レンナーが司令官に対し、面前にいるのがオーストリア第一共和国樹立者であること、その人物が共和国再建を望むが故に、今や早急にヨシフ・スターリンと連絡を取りたいこと、をはっきりさせたかったからでした。これに端を発したレンナーのその後の行動すべてを、ジークフリート・ナスコ氏は再構成しました。その行動が最終的にスターリンのレンナーに対する負託、第二共和国を実際に樹立するように、という負託につながったのです。ナスコ氏は、カール・レンナーの人となりや、その活動の研究に人生の四〇年をささげました。かれはこの研究の成果を本研究書で問おうとしています。それは、カール・レンナーについて人々がこれまで作り上げた像とは多くの点で異なります。既成の人物像には、何よりもレンナーの三つの振る舞い——重大な過失としてかれに負わされる——が影を落としています。

ひとつは、オーストリアとヒトラー・ドイツとの合邦に対するレンナーの賛意、そして、公刊はされませんでしたが、人々の知るところとなった書——これは、ズデーテンドイツ人が「第三帝国」に「帰郷」することを称えるものでした——三つ目は、これとは正反対に、間違いなくスターリンに取り入ろうとして、将来のオーストリアの構成をめぐり共産主義者たちと密接に協力する、という申し出を行ったことです。確かにこれらはすべて、実際にあったことです。これらはすべて、ナスコ氏が強調するように、レンナーが自発的に行ったことです。人々は、こうしたことの背後にある動機を非難して言います。レンナーは疲れを知らない行動主義者、状況適応主義者（Opportunist）で、どんな機会も捉え、自分もその状況の中にいたいと考えた人物だったと。しかし、ナスコ氏は今日、これとは別の動機を見ます。

ナスコ氏は、かれ自身の言葉によれば、レンナーの思考と活動の新たな評価を企て、多数の出版物、記録、書簡、同時代の証言者やレンナーの同行者へのインタヴューに依拠して評価を行います。ナスコ氏が引き出した結論は次のようなものです。レンナーの信念は、人々から流血、飢餓、失業を取り除くこと、そのためには妥協も辞さないこと、レンナーにとって、それは道徳的にも正当化されうる動機であったこと、自分が誤りを犯したことを後になって認めたとしても、自分の行動様式を、それぞれの時点では正しいものと見なしたことです。ナスコ氏は、レンナーの思考・行動様式を新たに評価して「漸進の原則としての協働」という特徴を挙げます。ナスコ氏がこのテーゼにより、レンナーの人となりと意志をめぐって、さらなる議論を巻き起こすことは間違いないでしょう。

しかしながら、本書が主に意図するのは、そのことではありません。ナスコ氏はこの研究によって何よりも、カール・レンナーのとても幅広い多様性を示そうとします。オーストリアの政治、経済、社会、どの分野を取っても、カール・レンナーは立場を表明し、思考をめぐらし、解決策を提示し、個人的にも深く関与しようとしました。ジークフリート・ナスコ氏は、本書の包括的な研究成果により、このオーストリアの政治家の新たな評価に自分が寄与している、と主張するのは当然のことです。

序

ハインツ・フィッシャー
教授、ドクター、連邦大統領（二〇〇四～一六）
ウィーン、二〇一六年二月

ジークフリート・ナスコ氏をおいて、オーストリアで他に知識豊かで忍耐強く、カール・レンナーの人となりと活動の研究に集中的に取り組んできた、そして今後も取り組んで行く人を私は知りません。ナスコ氏はいま、レジデンツ出版からレンナーに関する新しい包括的な著作を上梓します。この本のために一筆書いて欲しいという願いに、私もフーゴ・ポルティシュ氏と同じように喜んで応えます。

　カール・レンナーという人物は、子供のころから知っていました。一九二八年以来社会民主党員だった父は、後の連邦大統領［一九六五～七四］フランツ・ヨーナスと友達であり（ふたりは、エスペラント語普及運動の熱心な活動家）、また、後年の連邦大統領［一九四五～五〇］カール・レンナーと知り合いでした。私の叔父（伯父？）オットー・ザークマイスターは若いころ、消費協同組合運動の活動家として、カール・レンナーの協力者のひとりであり、一九四七年から四九年まで食糧大臣として、レンナーが任命した連邦政府の一員でした。

　私は一九五〇年の最後の日、家族と一緒にグラーツの親戚のもとで過ごしていましたが、突然ニュースがカール・レンナーの死を伝え、皆がショックを受けたことを、いまだにはっきり覚えています。未亡人のルイーゼ・レンナーと娘のレオポルディーネ・レンナーとは後年、個人的に知り合い、レオポルディーネ・レンナーをグログニッツにも訪ねました。

　その後、歴史上の人物としてカール・レンナーと取り組むことにもなります。繰り返し、かれの足跡に遭遇しました。第一共和国に関する著作や一九四五年のオーストリア再建についての議論は、カール・レンナーへの言及なしには考えられなかったでしょう。それにとどまらず、次のようなことも思い浮かべます。私は一九六二年以降、議会職員［社会党議員団秘書］として議会図書館を利用しましたが、私がよく知っている筆跡で書かれた、図書館員ドクター・カール・レンナーの図書カードを分類項目ごとに目にしました。

後に議会事務総長となるドクター・ヴィルヘルム・F・チェルニとともに六〇年代の終わりに国民議会の議院規則に注釈を付したとき、国民議会議長たちによる決定の先例を参照しなければなりませんでした。私は再び何度もカール・レンナーに行き当たりました。これがきっかけともなって、カール・レンナーの一九〇七年から一九三三年にいたるもっとも重要な議会演説を集めた本を出版し、これらの演説をそれぞれ歴史の中に位置づけました。

そしてついにはもちろん、次の事実もひとつ役割を演じました。つまり私が、カール・レンナーも遂行した職務である国民議会議長・連邦大統領に選出されたことでした。これが気持ちの上でカール・レンナーとのつながりをさらにつくり出した出来事です。ただ、カール・レンナーが一九三八年に直面した状況を、私がずっと免れてきたことを幸いと考えます。

カール・レンナーは私の知る限り、［オーストリア＝ハンガリー］帝国末期、そして第一共和国の期間、さらに第二共和国樹立の時期にも政治的に中心的な役割を演じた唯一の人物です。こうした時期を通じて一九一八年〜一九年、そして一九三三年、一九三八年、一九四五年が特別の意義をもちます。

ここに言及した歴史的諸時期におけるレンナーの役割は、議論の余地がないわけではありません。また、一〇〇年後ないし七〇年後の今も、いまだ議論を引き起こしています。これは周知のこととして念頭に置いておくのがよいかもしれません。ですから、なおいっそうジークフリート・ナスコ氏の本書出版を歓迎します。本書はカール・レンナーの生涯の困難な時期を分析・解明するという重大な課題を果たすことになりましょう。

本書の出版が成功を収めますことを祈ります。

序

エーヴァルト・ザッハー
元ニーダーエスタライヒ州議会議長、元国民議会議員、教授
ニーダーエスタライヒ州文化フォーラム議長

ニーダーエスタライヒ州文化フォーラムは、二度の建国者であり連邦大統領だったカール・レンナーの遺産に何十年にもわたり多くを負っています。一九七九年、グログニッツのカール・レンナー博物館が連邦首相ブルーノ・クライスキーによって開館されたとき、私の前任者であるドクター・フランツ・スラヴィク——後の州大臣——は、博物館のカタログの中で、レンナーの活動を、型に囚われない印象的な仕方で称賛しました。スラヴィクが当時述べたところによれば、賢明さとか偉大さというものが、まだ脆くなってはいないのではないか、と思うとき、この思いはひとつの名前に行き着く、すなわち、カール・レンナーという名前である、と。

ジークフリート・ナスコ氏の本書は、カール・レンナーの人と活動に長年にわたり全力で取り組んだ成果です。法学の分野でレンナーは世界の偉大な法学者に数えられます。政治面では二〇世紀前半、おそらくもっとも創造的な社会民主党の政治家でした。かれはその民族綱領によって統一ヨーロッパの先駆者のひとりであり、また国政の深い知識により、両世界大戦の終焉に当たって二度もオーストリアの設計者となりました。消費協同組合の代表として、また労働者銀行の創立者として、勤労者を資本主義の軛から解放するのに大きく貢献しました。レンナーの接近の原則といつも結びついていたのは、かれのいろいろな努力です。すなわち、ハープスブルク帝政から第一共和国や職能身分代表制国家、そしてナチ・ドイツによる占領を経て第二共和国に至る五つの国家体制すべてにおいて、人々の苦しみを防止、あるいは少なくとも減じようとする努力でした。

カール・レンナーは、辺境生まれの農民の子が国家の最高職へ上り詰める様を体現した、他に類例を見ない人物であり、かれは、文化、教育の作用を眼前に見るかのように

具体的に示しました。したがって、ニーダーエスタライヒ州の文化フォーラムは、とりわけ本書を推挙します。私たちが出会ったドクター・ジークフリート・ナスコは、本書の著者であり、該博な歴史家でありますが、同時に第一級のレンナー専門家でもあります。かれのカール・レンナーに関する卓越した業績に感謝を捧げます。

本書が関心をもつ読者に恵まれ、カール・レンナー像の鮮明化に今後とも資することを願うものです。

序文　本書はカール・レンナーの新評価を目指す

筆者はほぼ四〇年にわたり、グログニッツにある現代史博物館［カール・レンナー博物館］の研究部門を率いて、カール・レンナーという人物の多面性に取り組んできた。その間、レンナーの人物像——二度の共和国樹立者、オーストロマルクス主義を立ち上げたひとり、国家・行政・憲法問題専門家、法律・経済専門家、議会人、著作家としての人物像——が一歩一歩はっきりとしてきた。筆者は一方で、つねに調和を重んじ、構想力に富み、前向きで思いやりのある政治家を見いだした。この歴史像は、かなり単純化されて、目立ついくつかの特徴に還元されたために低くしか評価されなかった。他方、カール・レンナーにおいて、貧しいモラヴィアの農民の子が大都市ウィーンで考えうる限りのあらゆる願望をかなえられるという夢物語が実現した。

レンナーは後半生、種蒔く人——農地を耕し、作物を実らせる——の比喩を好んで用いた。かれが活動した土地はおしなべてやせていて、作物を実らせることは不可能も同然だった。しかしながら、レンナーはまったくの楽観主義者で、高齢に及ぶまで意気消沈することがなかった。それゆえかれは、現状についてあれこれ論評するだけの人間では決してなく、ハープスブルク家が支配する多民族国家を観察し、自分の唱える属人主義をもって蘇生させようとした。社会民主主義の伝道者でもあるレンナーは、国家をプロレタリアートに敵対するものと見るのではなく、社会主義を招来する梃子として光を当てた。漸進的に一歩一歩ではあるが、目標を見定めて帝国を民主的・社会的に変革しようとする運動に参加した。かれは、いつ来るかわからないけれども、間違いなく来るはずのXデイ——そのとき、すべては革命により自動的に一変する——を信じることはまったくなかった。レンナーは啓蒙活動、講演、出版、人々との連携、問題提起、課題設定を継続的に行った。これによって帝国もまた安定を確保したが、かれの関心はもっぱら、労働者や市民、農民すべての地位を向上させることだった。

レンナーは青少年期、貧しく生活の資を欠くことがどういうことか、身をもって知らされた。そこでかれが望んだことは、じゅうぶんな労働と食糧供給、教育、共同決定を通じて、大衆（Volk）、市民（Bevölkerung）を困窮と貧困から救い出すことだった。かれの確信は、国家を人間化するならば、それは徐々にすべての者の居場所となるだろうということだった。このことは「オーストリア＝ハンガリー」帝国についても同じだったが、ただ、帝国は論理的に言えば、進化して共和国に変異するはずだった。レンナーは、国家の中につねに援助の手をさしのべる秩序の力を見て、どんな革命にも反対であり、また外部から指導される、解放のための介入にも、たとえ自国が独裁国家であっても反対した。

体制が崩壊すればふたたび、まずもって普通の人々、つまり大衆に大きな影響が及ぶと考えられた。レンナーは、内戦であろうと国家間の戦争であろうと、物理的な暴力を拒否し、平和と諸国家の世界的な組織とに賛意を表明した。かれはまた、目の前の問題を一切回避しようとせず、世界大戦があれば食糧管理の先頭に立ち、全国民が戦争を生き延びることを望んだ。ただ、こうした行動は「社会民主」党への忠誠を犯して行われたわけではなかった。ジャン・アメリは、「ひとはどれくらいの故郷を必要とするか？」と題するエセーで、レンナーの望みを次のようにまとめてみせた。

> 平等の権利をもつ諸国家が自発的に決意して、ひとつのさらに大きな共同体に集うところでは、地域的、言語的な分権主義を保持しながら、国家の形態を取る父祖の地をもはや必要としない。父祖の地は、さらに大きなものになるだろう。明日の小ヨーロッパ、明後日の大ヨーロッパから、まだ分からないけれども、急速に近づいてくる未来の世界へと。[1]

レンナーは八〇年の生涯を通じて、五つの国家体制すべてに建設的に関わった。かれは帝国を改良しようとした。第一共和国のために国境と憲法を定めた。職能身分代表制国家には、合法性の体裁を整えるために国家非常事態法を提起したが、無駄に終わった。ナチ国家に対しては、「合邦」に賛成して恭順の意を示し、穏やかな扱いを期待した。さらにスターリンに対して、第二共和国を社会主義国家として提示し、世界にむけては、オーストリアがナチ・ドイツの最初の犠牲者であると訴えた。恭順を体現した「臣カール」に代わって、レンナーの活動にはもちろん別の見方があった。

> かれは五回、宣誓をしなければならず、五回、国歌を憶えねばならなかった。赤い勢力と折り合いを付け、黒い独裁に適応し、ナチには、自分自身をそのシンパに仕立てることを許し――これは、多くのオーストリア人の、余りに多くのオーストリア人の象徴である――占領軍とは親しくつきあった。[2]

　政治家レンナーは決して気まぐれではなく、生涯、原則においてぶれることがなかった。かれにとって政治は、国民をいたわり、給養し、良き暮らしを保障するという行為・行動の負託に応えることだった。いわゆる合邦に対するレンナーの「賛成」――一九三八年四月三日に表明された――も同じことだった。ドイツとの合邦への最終的な賛意にもかかわらず、レンナーはすでに一九二〇年代から、出版物や講演、［被迫害者のための］干渉を通じて、ファシストやナチの残虐性、人間性を軽視する迫害に注意を喚起していた。けれどもレンナーには、「褐色のシミをつけたまま、赤い良心を探求する」とか、「年中、すべてに賛成する男」というような大見出しが、合邦に賛成したためにたえず立てられ、さながら身体の一部か書き殴ったプラカードのようにぶら下がっていた。歴史家であり、長年にわたり文部大臣をつとめ、さらに連邦首相だったフレート・ジーノヴァツは、筆者に宛てた書簡で二〇〇五年に述べる。

> 僕が君に手紙を送るのは、何よりも君が『プロフィール』に書いたカール・レンナーの記事を喜んだからです。何人かの若い歴史家（そして政治家）がいわゆる「褐色のシミ」に覚える自慰的満足は、無しにして欲しいし、危険だと思います！[3]

　批判的研究は、どんな場合も当然のことながら、つねに必要である。本書は一四章①からなり、そのうち後の一二章は時代を追って並んでいる。第一章「貧しい農民の子から二度の共和国樹立者へ」は、レンナーの生涯と活動への一般的な入門になっている。②第二章［本訳書の第一章］は「協働こそ漸進の原則」の表題を掲げる。この原則をもってカール・レンナーは生涯にわたり、どのような政治体制であろうとも政治実践を統括した。

　第二章のテーマのように、いくつか基本的なテーマはそれぞれ、レンナーの活動全般に基づいて新しい光のもとに論ぜられる。かれの［第一次］大戦中の著作『マルクス主義と戦争、インターナショナル』では、祖国は一定の大きさをもつことが望ましい、という原則を標榜し、この規模はそこに暮らす人々にとって有益であり、［祖国は］給養を行い、責任を担う。レンナーにとって国家の形態は、まずは二義的だった。国家を運営する者たちに接近しなければならない——これは民主主義では当然のことである。独裁のもとでは、そのために勇気と克己、エネルギーを必要とする。レンナーの確信は、国家は対話を通じて皆で形成る、というものだった。かれにとって何より重要だったのは、可能な限りすべての住民が、妨げられることなく暮らしていけることだった。しかしながら、独裁の本質は、人々が形成するグループを妨げることにあるので、大切なのは、頭をもたげず自発的に忍耐の状態への路線転換を図ることである。したがって、国家との協調を探ることが大切だった。

(mitgestalten) しうるし、また変容させることも可能であ

国家指導部に接近するというレンナーの生涯を貫く原則は、かれを批判する者たちからは、馴れ馴れしい接近と見なされた。これでは研究は、拙速な判断に傾かざるをえないだろう。レンナーはハープスブルク帝国を改革しようと、長きにわたり多大な努力を払った。かれは勇気と才能をもって第一共和国の頂点に立ち、大連立を形成して国を導いた。レンナーは職能身分代表制国家の独裁とすら折り合いを付けるとともに、その仮借なさを予防しようとして、民主主義の体裁を整える提案を行ったが、実現しなかった。レンナーはナチの残虐性にもよく通じていた。筆者は確信している。レンナーが「合邦」にこれ見よがしに「賛同」した理由は何よりも、労働者全体に対するこの独裁の卑劣さを和らげるためだった。かれにとって重要だったのは、釈放させようとした個別の社会民主党員たちではなかった。「合邦」に関わる宣言で重要だったのは、むしろ志操を同じくする共同体全体の生き残りの可能性だった。レンナーはこの点について、一切、いかなる形でも言及していない。エンツェンライト——現在はグログニッツに含まれるが、当時は独立した自治体だった——は、レンナーの名誉市民の称号を取り消した。さらに戦争終結直前、地域の人狼部隊[③]のリストにレンナーの名前が挙がり、同部隊が殺害を予定していた。レンナーがスターリンによって第二共和国の首脳に招聘されたことは、「古狐」の狡知が功を奏したものとして、時として矮小化される。レンナーが一九四五年四月二日、グログニッツでソ連の人間を探し求めたとき、周りではいまだ血なまぐさい戦闘が続いていて、将来の動

向はまったく不明だった。かれの勇気ある大胆なソ連への接近が始まり、オーストリアで外国勢力をうまく誘導することに成功した。

レンナーは、一九一七年にまとめた接近の原則を生涯にわたって守り貫いた。他の者ならば躊躇し回避する場面で、かれはいつも手がける用意があった。レンナーはそのときどきのオーストリアのために、指針や大枠条件を起草した。その場合、かれにとって大切だったのは、国家の構築だけではなかった。社会的、経済的、教育政策的基礎を築き措置を講ずることにより、国家をますます多くの人々の祖国とした。その際、かれは思想の力に基礎をおき、うまずたゆまず物理的暴力に闘いをいどんだ。非暴力の支持者としてレンナーはまた、フリードリヒ・アードラーによる帝国首相カール・シュテュルク伯爵の暗殺にまったく理解を示さなかった。レンナーはオーストリアが困窮を極めたとき、二度国の頂点に立ち、その都度、給養に関して居住する住民を念頭に置かざるをえなかった。そのため、流入する他の人々の受け入れは、それがズデーテン地方の者であろうと、ひどく痛めつけられたユダヤ人であろうと、困難を極めた。レンナーの友好的で、しばしば何十年にもわたって育まれた、国内外のユダヤ人の教師や友人たち——その多くはホロコーストの犠牲となった——との関係からすれば、かれには反ユダヤ思想はなかったと言ってかまわないだろう。

国家原則となったオーストリア犠牲者説をもって、レンナーが勝者の連合国による厳しい報復を防いだことは間違いない。かれは国政上の妥協の才を発揮して一九四五年、社会民主党と旧キリスト教社会党を、共産主義者を含む集中政府に取り込んだ。また、国民党——その前身の党「キリスト教社会党」は、レンナーを国家反逆者として投獄したことがある——に対する本音を押さえて、共産党の影響力を大幅に削減する独創的な決定ルールを案出した。こうしたすべてのことが、四か国に占領された国の分断を防いだ。ドイツとの「合邦」の考えから醒めて、かれはいまやオーストリア民族④（Nation）を唱道した。罪を犯したナチ党員たちは人民法廷に立つべきであるが、多数の雷同者たちはできるだけ再統合・吸収されることをレンナーは望んだ。

憲法の継続性、連邦の維持、そして可能な限り民主的な選挙は、自覚せる第二共和国の地盤を滑らかなものにした。大切なことは、独裁と戦争が国土と人々に残した深い傷をとじることだった。国会議事堂は爆撃されていた。そのころ、誰が補償と原状回復のことを考えたろうか！　レンナーは、当時政治に責任を負うすべての者たちと一緒になって、第二共和国にひとつの形を与えた。それによりオーストリアは、その後一〇年経って再び自由を獲得するとともに、人々の幅広く新しい自覚を作り出し、ついに国際世界で同権の地位を獲得した。レンナーは大連立唱道者として、また勢力比例配分制度⑤（Proporz）支持者として、その後七〇年にわたりオーストリアが辿るコースへと舵をきった。

レンナーには日和見主義とともに、安定した地位にあるプチブル（Bürgerlicher）のおかしな行状があった、と繰り返し非難される。レンナーは実際、ひとりだけの贅沢としてシャワーを浴びた後、ベッドで朝食を取ることを自分に許していた。政治家としてのかれは自分だけでなく、さまざまな党のすべての同僚に対し、報酬を受け取らず、費用の弁済だけを受けることを望んだ。かれの精神は豊かな政治的業績を残したけれども、後の世代はさほどこれに深い関心を抱かない。人々は現代の諸問題に熱心に取り組んではいるが、そのために今も有効な解決モデルをレンナーが作り出したことを、どうやら知らないままである。たとえばレンナーの民族綱領は、今日の国際法において「民族性が」実現されるためにも諸前提を間違いなく与えてくれるものと考えられる。というのは、レンナーが多民族国家であるオーストリア＝ハンガリーのために提起した諸要求は、もし自決権が平和と自由の手段としてその価値を失ってならないのであれば、まず国際世界で妥当しなければならないからである。[4]

いつまでも残る価値があるのは、レンナーによる統合ヨーロッパの諸提案とかれの世界国家モデルである。これらがどれほどの現実性をもつかは、バルカン半島や、旧ソ連の後継諸国間で起きた危険な民族紛争を見ればわかる。また、ヨーロッパ連合の内部で起きている民族主義的な逆戻りに抗する指針としても役立つ。ビエルン・エングホルムによれば、レンナーの属人主義は今日、かれの死から七〇年経とうとしているが、平和で民主的な共存のための指針になりうると考えられる。[5] 諸民族の主権を国際連盟や国連、あるいは世界国家のような民族を超えた統一体に包摂することによって、民族主義のエネルギーを、世界平和の基礎としての愛郷主義（Patriotismus）に転換するというレンナーの提案は、かれの時代と同様、今日も政治的検討課題となっている。政治学者のリヒャルト・ザーゲは、これを教訓と名付け、レンナーの著作と取り組むことによって学ぶことができるとする。つまり、新自由主義による連帯の破壊過程をただ批判するだけで、対抗策を提示しないまま対処しようとするのは不十分であると考える。今日良きものが、明日も依然良きものであるとは限らないという認識を、レンナーはすでに第一次世界大戦前に抱いていた。経済の国家化という構想によって、かれは社会国家の実現に貢献した。レンナーの後継者たちはいずれにしても、二〇〇〇年前後の消費協同組合と労働経済銀行（ＢＡＷＡＧ）の破綻に伴って、労働者たちがひろく資本主義の銀行に依存する状態を再び作り出した。

レンナーの軌跡を追うならば、マルクス主義が経済・社会過程分析の方法として今日もなお有効である証拠は、何をおいても「帰納法的マルクス主義」に見られる。その前提は、現実の経験的事実から出発して、ブルジョア科学の試み（bürgerliche Wissenschaftsansätze）にも目を閉ざさず、次の段階で剰余労働とか剰余価値のようなマルクスのカテゴリーを使って経験的事実を分析することである。[6]

レンナーは、エーゴン・バールの接近による［冷戦下の東西関係の］変容という原則を先取りしていた。一九二〇年代・三〇年代、レンナーが社会民主党内で背負った困難は、かれが必要と見なすブルジョア勢力との妥協をまったく不可能にされたことだった。連立支持者としてブルジョア勢力に接近するあらゆる試みが、左派分裂の危険性を抱えていたことだった。レンナーの目には、そのような方途［連立の拒否］がまったくの誤りと映ったが、かれは［社会民主］党の［統一］原則の前に身を屈した。［後継の］社会党は、同じように八〇年代の終わり以降、自由党との協力はあり得ないと主張してきた。二〇一六年の大統領選に際して改めて耳にしたのは、自由党と協力したならば社会党を分裂させるだろう、ということだった。そこで見逃されたと思われるのは、たとえ党の分裂がなかったとしても、こうしたやり方でどれほど党の政治的影響力が削がれたかということである。

第一次世界大戦と一回目の首相職について記した後、第七章［本訳書第四章］、第八章［本訳書第五章］では、レンナーの協同組合への関与とかれの経済観が検討される。一九三四年二月について述べた第九章［本訳書では省略］では、逮捕された社会民主党の政治家たちが勾留中に交わした連絡を浮き彫りにする。一九三八年の「合邦」を扱う第一〇章［本訳書第六章］では、レンナーがウィーン市役所で行った予備会談で「ヒトラーに感激」したとして、一九七二年以降、主要証人として繰り返し引用される当時のナチの副市長トーマス・コツィヒの仮面をはいで、かれが重大な犯罪者であり、虚言を弄する者であることを明らかにする。

またレンナーの文学活動は、全生涯を通じて行われた。文学作品、叙情詩、叙事詩の印象深い創作のほかに、なめらかとは言いがたいクニッテル詩形の詩も含まれていた

［本訳書では省略］。続く第一二章［本訳書第七章］で扱われる第二共和国樹立は、いまだ戦争が継続される中で始められたが、レンナーのグログニッツ駐留赤軍司令官への接触は、ひじょうに勇気ある、しかも前例のない行動だった。国家条約の希求と、統一ヨーロッパ構想・世界国家構想とをもって、レンナーの広範囲に及ぶ国政活動の検討は完了する。

アンドゥレ・ジドの勧め――真実を探し求める者を信頼し、真実を見つけたと言う者に疑いの目を向けよ――に倣って、本書が読者のお役に立つことを願うものである。

ジークフリート・ナスコ
ザンクト・ペルテン　二〇一六年五月

第一章　協働こそ漸進の原則

妥協と調停のために

オットー・バウアーが現存の客観情勢を、不可避の革命の前提として受け入れたのに対し、カール・レンナーは、ヴィクトール・アードラーと同じ確信を抱いていた。「政治の場で待ちの姿勢」を取り続けたり、あるいは「革命の休止期」を無為に過ごしたりしてはならず、最終目標である社会主義社会の諸前提を自ら創り出すために、どんな協力者とも協働しなければならない、と。レンナーの「社会民主」党内マルクス主義グループに対する批判はまた、次のような確信に基づいていた。二〇世紀への転換点における労働世界は、カール・マルクスが自分の主張の根拠とした労働世界とはもはや一致しない、と。レンナーはフェルディナント・ラサールと同じように、革命から漸進へ、対立から協働へ重心を移すことを主張した。それは、ブルジョアが多数派の場合にも、政治上の出来事に建設的に関与する、ということだった。すでに一九〇一年にルードルフ・シュプリンガーのペンネームで出版された『国家と議会』という著書は、レンナーの民主主義に対する根本的で揺るぎない信奉を孕んでいた。多数派支配としての民主主義と並んで、少数派が活動して多数派になることができる権利の保証としての民主主義は、現代社会における人々の共生の当たり前の土台だった。社会の好調な発展にとってなくてはならない前提は、民主主義という土台である。なぜなら、貴族制は、その根拠が生まれであろうが、官職または所有であろうが、少数派の支配であり、多数派の抵抗権を誘発する。多数派がいつも正しいとは限らないが、多数派を少数派に従属させることは、少なくとも、その逆の場合よりも不当な要求ということになるからである。

少数派は多数派にしたがわねばならない。その理由は何よりも、多数派が少数派に奉仕したら、それは明らかに、さらに具合の悪い事態だからである！[1]

ノルベルト・レーザーは、レンナーの初期の著作から次の結論を引き出す。レンナーにとって国家は、関与する諸勢力の間の永遠の妥協の試みであり、同時に、独立性を獲得して、国家を可能とした諸利益を超越するひとつの力である、と。国家において、事実上の権力は法的な権力となり、政治の問題は法の問題にならねばならない。レンナーによれば、国家存立の目的とは、

人民（Volk）全体の利益をかなえることである。国家が望むこと、つまり、一本の法律は皆を拘束する。このひとつの、皆を拘束する意思（Wille）、全体意思は、いまや人民が国家に与えねばならない。それは、何百万人もの全体意思が法であり、国家と人民が一体であり続けるためである。いまでは、ひとりひとりが自分の利害をもち、それゆえ、自分の意思をもつ。したがって、国家において、ひとりひとりの公民（Staatsbüger）や社会グループの利害が対立するように、その志向も対立している。このような、さまざまな意図（Tendenz）の混迷の中から、国家は全体に、あるいは大多数に奉仕する意図を選び出し、法律として、すなわち、国家の意思、全体の意思として宣言する。こうして、ひとりひとりは、もはや自分の意思にしたがって生きるのではなく、全体のより高次の意思にしたがう。[2]

レンナーは確信していた。妥協と調整は、民主主義の政治生活の誤てる展開ではなく、正常な随伴現象である、と。こうした国家の特徴付けは、国家が階級抑圧の道具であり、単なる和解の機構ではない、というマルクス主義の基本的な立場とまったく相容れなかった。レンナーはさらに資本主義発展の分析から、革命による転覆や破壊ではなく、漸進的な転換が社会主義に至る道である、という結論を導いた。[3]プロレタリアートは、突然の激しい最終闘争によって、その無力さが一挙に無限の力に転化するまで無力のままでいなければならない、という子供じみた想定に代わって、ひとつの政治戦略——国家を、プロレタリアートの利益を目指した社会化の諸形態を実現する手段として、目的意識的に一貫して利用する——が登場しなければならない、と。[4]

レンナーは、マルクスが革命を「歴史の機関車」として評価し、新たなものはすべて革命という母胎から生まれた、とすることに断固として反対した。革命による転覆という

将来の一点を見据えることは、結局のところ、待機主義（Quietismus）の危険を秘めている。[5]［第一次］大戦中に書かれた著作でレンナーは、ある見通し――国家自身は最終的に資本を支配者の地位から奉仕者の地位に追い込み、ブルジョアジーおよびプロレタリアート、国家三者の間の伝統的な階級関係を反転させる、という見通し――を立てた。

ブルジョア国家は自己保存を動機として、社会的な組織（疾病金庫等）や社会的管理機構――ブルジョアが掌握して階級支配に役立てる道具――をつねに拡大・深化させ、より多くの社会的内実で満たさなければならない。……国家は社会主義の推進力となるだろう。……カール・マルクスは、国家の否定、国家の軽侮、国家に対する迷信のような畏怖、国家ニヒリズムからは、恒星までの距離ほどに隔たっていた。……このニヒリズムはまた、ひとりひとりのプロレタリアの、国家に対する強い関心と甚だしく矛盾している。プロレタリアートは、国家の中に生き、国家を自らの国家にしたいと熱烈に願っている。支配のためではなく、支配を管理に解消するためである。[6]

レンナーは労働者の立場に立って考える。国家は一日八時間の労働時間を定め、仕事場でもの作りする人々を保護し、かれらを疾病や事故から守り、母親、乳児、子供、老人に配慮し、教育を可能とし、最終的には生産の無秩序を防止し、危機を克服しなければならない、と。労働者は、あらゆる国家機構の重大な二重性をはっきりと見抜いている。つまり、それらの核心では労働者に配慮するが、表層では資本のことに気配りする。プロレタリアートは、国家に最高の手段を見る。もはや単なるひとつの手段ではない。我々は、現存の諸構造のうちに影響力を確保しなければならない。破壊するのではなく、旧いものの中で成長した潜勢力を確保し、自由な社会へと発展させねばならない、と。

一方では絶大な力が存在して、他方では無力が支配し、無力と全能が一挙に反対に転化するというのは、絶対に嘘である。むしろプロレタリアートの戦線は、徐々にあちらこちらで前進し、ときに後退することもあるが、戦線全体ではまぎれもなく、しかも立ち止まることなく陣地を拡大している。[7]

プロレタリアートは、社会の外側で結集し、そのときどき、支配者の一派閥と提携し、別の派閥に対抗しなければならない。ある少数派が力を発揮するのは、ただ、提携の相手を代えていく政策によってのみである、と。[8] レンナーは、労働者階級にとって否定しようのない評価尺度を創り出した。労働者階級は、自国の帝国主義を望まないし、まして外国の帝国主義を望むものでもない。最悪なのは、皇帝が教皇を兼ねる聖俗一致の体制を押しつけられることである、と。[9]

レンナーが嘆いたのは、マルクス学派が資本主義の帝国主義への発展の故に、世界大戦の切迫をまさに見抜きながら、そして、ドイツの労働者階級が政治的大衆ストライキを民主主義実現の梃子として議論しながら、一九一四年のウィーンで開かれた社会主義者会議が戦争を阻止できず、平和を確保できなかったことである。[10] かれはオトフリート・ニッポルトの見解に与し、戦争は国家間の暴力使用であり、ひとつの強制手段である、したがって、戦争にはあらゆる法的性格が欠けている、とした。[11] それ故、レンナーが賛意を表したのは、国際的な共同行動の枠内で合意を目指すことだった。[12] 結局のところ、戦争は進歩の手段でもあり、「我々の目的」ために転用できる、と。

国家を新たに整える

戦争が途方もない過酷さをもって迫って来たので、人々は決断した。「危険が迫るときに、我々は祖国を見捨てられようか！」と。[13] 自分の家に類焼が及びそうであれば、たとえ主人の家から出た火であるとしても、それを消そうとするのは普通の人の旧い習いである。[14] 各国のプロレタリアートは、ジレンマの前に立たされた。自分の国家、自民族の側に立つのか、あるいは兄弟諸党と一緒になって、すべての国家に反対しインターナショナルに付くのか、という選択である。[15] レンナーはこのように事態を要約した。この間、陸や海で諸国民の殺戮が続いた。レンナーは語る。恐ろしい戦争は、世界史のおそらくもっとも暴力的な弁証法的過程である、と。[16]

リヒャルト・ザーゲは、レンナーが戦争を遂行する勢力の宣伝者として、世界大戦の戦場で当時すでに起きていた多大な戦死を次々と伝える報告に注意を払わなかった、と批判するが、上述の発言を見るだけでも、批判は当たらない。[17] レンナーは憂慮を表明した。この戦争の帰趨はせいぜい、一方の側が他方の側の地位に就き、それも一定の期間だけで、やがて再びその地位を追われていく、と。レンナーが恐れたのは、途方もなく多くの人命と財産が犠牲となり、文明が計り知れないほど荒廃して、最後には普遍的な法意識が、殴り合いの闘いの段階に引き戻されることだった。[18] レンナーは言う。戦争ではなく、戦争の克服、諸国民の闘争ではなく、一体化こそが、社会主義に必須の終極目標である、と。[19] ドイツ社会民主党が、平和を望む革命ロシアを攻撃せず、ロシアの土地を併合することのない和平を受け入れることを、レンナーは大いに称賛した。[20] 組織された諸国家共同体は、人類の最大の苦悩の時に生まれねばならない、と。[21]

レンナーは、すでに一九一六年に記す。人々は、中断したままの状態を続行することが不可能であり赦されない、と感じている。まるで何も起きなかったかのように、旧い精神の貧困を引きずることは、斃れた者も生き延びた者も冒瀆することである。国家を新たに整えねばならない、と。レンナーは帝国を民族の「管区」（Kreis）に分け、各管区がその成員に課税すべきだと考える。こうして、それぞれの管区が教育と文化機関を管理すべきであり、市民は誰もが自ら、ひとつの民族への帰属を選択するだろう、と。M・ジョンストンによれば、ここでは中世のやり方が出現し、誰もが自分の認める法を選ぶことができる。民族が混淆する地域では、帝国議会が少数派を保護する。議会はまた、外交、軍事、財政を管轄しなければならない。ドイツ語は仲介の言語であり、国家語ではない。[22] 属地体制という現実の体制に代わって、属人的な仲間関係の体制が登場しなければならない。民族性は土地に属するのではなく、まさに人に属する。ドイツ人は、たとえ所在地を変えようともドイツ人のままである。[23]

レンナーは論じる。プロレタリアートが市民社会（bürgerliche Gesellschaft）の外側にあって、さほど重要性をもたない少数派に止まる時代はとうに過ぎ去った。そうこうするうちに、むしろ事態は逆転した。プロレタリアートは、どの共同体でも最多の階級となり、しばしば、まさにその担い手である。旧い市民社会はプロレタリアートを、社会という肉体にできた不要で醜い腫物と見なしてきた。しかしながら、高度に発展した工業国家でプロレタリアートは、自らを固有の人民集団（der eigentliche Volkskörper）と考え、また搾取者を、それに取り付いた寄生虫と見なす。

プロレタリアートが前進するにつれ、かれらが暮らす共同体とますます一体化する。この共同体を脅かすあらゆる危険は、また勤労諸階級も一層脅かし、その脅威はかれらにとってこそ、まさに最大である。勤労諸階級は、矛盾に満ちた状況に置かれている。つまり、共同体の利益は、まずもって支配諸階級に――もちろん、かれらだけではないけれども――もたらされるが、損失は、もっぱら勤労諸階級に押しつけられる。[24]

レンナーの議論は極端へと進む。

ある国のプロレタリアートが無法で暴虐な政府に苦しめられていて、隣国が戦争によって、かれらを『解放』しようとする、と仮定してみよう。敗戦は破壊と貧困をもたらし、プロレタリアートを打ちのめし、敗北はまずもってプロレタリアートの敗北だろう。……そのような試みは粗忽者を思い出させる。かれは眠っている僧の額に留まった虻《アブ》を石塊で殺そうとして、僧もまた殺してしまう。[25]

レンナーには非難が浴びせられた。実践家として、その時々の時代精神が勧めると思われる場とやり方に倣い、いつも現場にいて活動していた、と。[26] 時代精神という概念をヘーゲルから引き出して、客観的精神が当該の時代のあらゆる現象に顕現していると考えようと、[27] あるいは、時代精神を、ひとつの時代のあらゆる文化的・倫理的・道徳的・宗教的信念と試行であると理解しようと、[28] それによってレンナー像が否定的なものになるということは決してないだろう。けれども筆者にはこの場合、時代精神が流行語として理解されていたように思われる。この言葉は一九七〇年代の終わりころから、モード、思惟、生活様式という諸現象、つまり、時代趨勢を捉え表現する現象に適用された。[29] レンナーの場合、まったく肯定的にも理解できる。行動する人であるレンナーを、後ろ向きではなく、かといって、責任を伴わない領域で投機的・夢想的な態度を取る者でもなく描きうるからである。アントーン・ペリンカは上述の文章を強調するため、ついにはレンナーを評して言う。「レンナーの本質は、永久に行動の用意ある者だ」。レンナーの日程表や業績全体を思い浮かべる者は誰でも、この評価を追認するだけである。

しかし、「レンナーが世辞を言ったのはいつも、そのときどきの権力者、躍進する者、勝者だった」[30] という文は、何を言おうとするのだろうか？　政治家のレンナーにとって、他人に指図できる政治家は誰でも、その地位、職務に応じて権力者として位置づけられただろう。我々がハープスブルク帝国時代のレンナーに立ち戻ってみて、かれが帝室や貴族、軍人、その他政府要員、影響力の大きな資金提供者におもねった例を知らない。内務大臣パウル・ガウチュ・フォン・フランケントゥルンにレンナーが謁見したことが伝えられているが、それは一八九七年、内縁関係を非難されて帝国議会図書館員としての正式採用が危うくなったときだった。上司の取りなしのおかげで、レンナーはこの謁見をうまく切り抜けた。[31] 筆者の知る限り、その他レンナーが政府要員と接触する際はいつも、社会主義に到達する梃子として国家を代表する者たちを利用する目的しかなかった。この原則の追求は帝国時代に限らず、第一共和国でも職能身分代表制国家でも、また「合邦」に際して、さらにはソ連や連合国の占領下でも、生涯を通じて変わらなかった。その際、レンナーがどのような任務を負っていようと、接触の目的はいつも、人々の生活状況の改善と苦しみの回避だった。グログニッツのカール・レンナー博物館が保存する皇帝臨席の宮中晩餐会への一枚の招待状からは、レンナーが一九一〇年一一月一二日にそうした晩餐会に列席したことが窺われる。その機会にかれは間違いなく、皇帝フランツ・ヨーゼフ一世と対面したことだろう。[32] エンゲルベルト・ペルナストルファーによれば、老いた皇帝を批判する言葉はどんなものでも、いわゆる「神君冒瀆」と見なされた。アレクサンダー・シュピッツミュラーの回想によれば、カール・レンナーはフランツ・ヨーゼフが亡くなる直前に、皇帝に対する自分の考えを「老皇帝は雲の上の人」[33]と簡潔に語ったという。

　ペリンカがレンナー『入門』で、レンナーはその人となりからして抵抗者ではない[34]、と言おうとしているのであれば、一九三四年二月一二日以降、一〇〇日間も反逆者として拘置所で過ごさねばならなかった人物に対して、あまりに厳しい性急な判断だ、と筆者には思われる。もし抵抗をまさに服従の拒否、あるいは当局や政府に対する積極的な反対行動[35]と理解するならば、レンナーのドルフース体制に対する抵抗の姿勢を否認することはできないだろう。カール・レンナーが一九三七年、フリードリヒ・アードラーの問いに応えたのと同じように、コンラート・アーデナウアーもまた一九三九年、あるキリスト教組織の呼びかけに対し、「いや駄目だ。僕は抵抗運動に向いていない！」[36]と表明した。これまで誰も後の初代西ドイツ首相を、このことで非難したことはなかった。もっとも筆者の見るところ、レンナーは、その政治活動の初めから筆名を使ってではあるけれども、帝国体制に極めて能動的に抵抗した。かれは一九〇四年、ルードルフ・シュプリンガーの名を使って『二重帝国の危機』と題する小冊子で意見表明を行ったが、その筆致は、当時有効な法律に容易に抵触するものだった。

> オーストリアとハンガリー……に共通するもっとも重要な政治的事実はすべて、帝権以外の法的表現をもたない。帝権は、支配権力を手中にしていると思っていた当時、権力を行使する力を永久に保持しているとおそらく信じていたことだろう。……帝室の内政が畏怖を引き起こしているというよりはむしろ、その法的無力が同情を呼び起こしていると言える。[37]

レンナーは階級闘争の可能性を論ずるある小論の中で、

自分がふたつのやり方で選挙権闘争に関わったことを明かした。ひとつはウィーンの『労働者新聞』に匿名で寄稿し、もうひとつは、ひじょうに保守的な新聞を含む種々のブルジョア新聞に筆名で投稿したことである。

国家公務員としての私は選挙改革以前には、自分の地位を危うくして自分が社会民主党員であることを公言することはできなかった。この二重の立場のため、フリーランスのジャーナリストの役割を演じざるを得ず、自分が選挙に立候補するまでこの役割を引き受けた。こうした二重の立場がいかに苦痛であろうと、この禍を転じて福となそうと決意し、いわば国外に派遣された外交官のように、敵の陣営で自分の所属する党の宣伝をする——自己の陣列で敵対者の宣伝をするのではない——ことにした。自分が敵の諸階級に呼びかけて、選挙改革がかれらの利にも適い、それが本当であることをかれらに証明しようとすれば、かれらに分からせるためには、かれらの言葉で語らねばならなかった。何かの問題点をめぐって、党員としてぼろを出したことはないと思うが、党の仲間の前でならば、史的唯物論の用語や思考法を使って直接語った多くのことを、我が国の官僚層やブルジョアジーの用語やイデオロギーで表現して、影響力を確保したいところに働きかけねばならなかった。[38]

社会民主党のニーダーエスタライヒ州党大会でレンナーは一九一三年、党機関紙の革新を強く勧めて言う。題材が恐ろしく増え、それにウィーンの地方運動が加わった。『労働者新聞』（Arbeiterzeitung）や『人民演壇』（Volkstribühne）の全力の努力にもかかわらず、各地区内の豊かな動き、諸組織における同志の活動や催しがカバー仕切れない。

二〇年間有効だったことが、いまも有効とは必ずしも言えない。当然のことながら、旧くなった機関紙は今後も長期にわたって満足とは言えないだろう。『労働者新聞』や『人民演壇』紙がこれに当たる。こうした機関紙のほかに、血の気の多い新規入党者のため、ひとつ新党員向けの機関紙を必要とする。われわれは、こうした機関紙をもっていない。『人民』紙がとっかかりとなろう。[39]

階級としての帝室は歴史をもち、その多少とも有能な人物たちが公に歴史的役割を担って、ときに聖書にのっとり、ときにロマン主義風に、はたまた最新流行風に装って、有力なブルジョア階級の割り当てる役柄だけを演ずる。「たとえかれらが、思い描く天上でプロンプター［後見役］を雲の上に探すことがあろうとも」である。[40] レンナーによれば、オーストリア皇帝は全能ではあるが、ただカエサルではない。[41] その役割を担う個人の資質を問わないからである。ハープスブルク家の支配者の役割は一民族の王ではなく、八つの民族の上に置かれている。ハンガリーの内大臣ヨーゼフ・クリストフィが一九〇五年・六年、社会民主党や左翼自由党と交渉して社会改良と選挙権とを約束したとき、皇帝フランツ・ヨーゼフ一世は、国民に選挙権を与えることに乗り気だったように思われる。レンナーはこの試みを次のように総括する。

高位聖職者たちやハンガリーとオーストリアの上級貴族、高級官僚たちが震えはじめた！　何だって、国民に選挙権を与えるだって？　どうして？　ハンガリーで国民に選挙権を与える？　だとしたら、オーストリアでも国民に与えなければならないではないか？／上流階級は内輪で謀って、大臣のゴウホフスキとガウチュを後ろ盾にして皇帝をいさめようとした。国民に選挙権を与えたら、帝室と教会が危険に晒されます！／その後、皇帝はクリストフィとその計画をとがめた！／これで勤労大衆の堪忍袋の緒が切れ、怒りの嵐がわき起った……。[42]

帝室は長年にわたり、周りを官僚と将校で固めた。かれらは支配地域のあらゆる民族と階級から超越し、故郷から独立して一個の排他的階層を形成していた。かれらの悪徳も美徳もすべて、この孤立から生じており、今日に至るまで続いている。[43] 官服と軍服は「我が国では」ユンカーの占有物ではない。フランツ・ヨーゼフ一世の生活スタイルにさえ制服の独立性が反映され、皇帝はユンカーのように田舎を騎行せず、年々歳々、職務に就いた第一の官僚として職務を遂行している。[44] レンナーは一九一三年、ニーダーエスタライヒ州議会で演説し、自分は皇帝を高く評価するけれども、君主制という国家形態は「中国の弁髪」以外の何ものでもない、と述べ、さらに続ける。自分は現行法と異なる法を求める権利を保持している。異端審問の時代は終わり、国家形態もまた交代する。[45] 君主制そのものは、特定のブルジョア階級関係の表現形態にすぎない。ただし、決して必然的なものではない。ちょうど現在のフランスや北アメリカが証明しているように、[46] と。

国家は社会主義を招来する梃子

ギュンター・ザントナーが行ったハープスブルク国家の民族問題研究から明らかになるのは、初めオットー・バウアーとカール・レンナーは、その政治構想において、民族問題の評価をめぐり数多くの共通性を示していたことである。ふたりが展望する共通の目標は長い間、民主的諸民族連邦国家であり、それは文化自治に基礎を置くものだった。ある民族への帰属は、個人の自由な告知に基づく。さらにふたりの共通性は、バウアーが『民族問題と社会民主主義』と題する著作で、レンナーの以前の著作をいろいろ引き合いに出していることからも明らかである。何よりも文化自治を具体化する構想がそれに当たる。社会民主主義者のふたりが自分たちの民族理論をまとめたとき、レンナーもバウアーも「民族自決権」の名のもとに［民族が］統合国家（Gesamtstaat）から分離する可能性に反対した。ふたりの相違は、とりわけバウアーがロシアでの捕虜生活から帰還して党内左派の指導権を掌握して以降、だんだんと明らかになった。バウアーは、レンナーがハープスブルク帝国を維持しようとする立場に反論し、諸民族の自決権を断固実現することを擁護した。バウアーが、ハープスブルク帝国内部で民族問題を解決することは過渡的な解決に過ぎないと見なしたのに対し、レンナーは民主的な世界社会（Weltgesellschaft）という考えに惹かれていた。多民族国家のオーストリア＝ハンガリーが、そのモデルになると考えた。[47]

レンナーは大戦中の諸論文で述べる。国粋的なナショナリズムが「下」から立ち上がることは決してなく、それは知識人たちが構成する概念であり、ある民族の経済基盤をまったく無視している。かれらは民族を言語問題に矮小化することによって、まさに下層の人々を煽動し、民族的な憎悪に大衆基盤を与える手立てを見いだした、と。レンナーが見て政治的に破壊的で経済的に壊滅的なこうした構想に対し、かれは「超民族国家（übernationaler Staat）」論の端緒とも言えるものを対置した。第一次大戦に衝撃を受けたレンナーはその際、「自治」（self-government）と「統一的経済領域」（Ökumene）という観点から統治改革の必要性を強調した。[48] レフ・トロツキーは、レンナーをハープスブルクの開明官僚としてあざけり、レンナーは疲れを覚えることなく、オーストロマルクス主義のインク壺の中にハープスブルク国家の若返り手段を探している、と述べた。[49] フリードリヒ・ヘールは、トロツキーを冷静な観察者として描き、トロツキーが行う批判から、指導的なオーストロマルクス主義者は誰ひとり除外されなかった、と記す。

オットー・バウアーやカール・レンナー、マックス・アードラー、フリードリヒ・アウスタリツ等の社会民主党指導者はみな、レフ・トロツキーの眼には、革命も戦争も信じないオーストリアのブルジョア「ショーヴィニスト」に映った。社会民主党は実際、国家党になる道を歩んでいた。[50]

アルフレート・プファービガンにとって、オーストロマルクス主義の民族理論家たちは、オーストリアという土地に縛られて挫折を運命づけられていた。かれらはドナウ帝国の存続を望んだために、それが諸民族の牢獄である、という世論を徐々に醸成しつつあった民族グループの怨嗟の的にならざるを得なかった。こうした諸民族は、これによって同盟者でなくなり、一方、帝国存続に賛同する者たちは、社会改革に敵対することが稀ではなかった。

社会民主党ないしオーストロマルクス主義の問題性は、帝国の内部で解決策をさぐること――それは逆に帝国の安定化につながらざるをえない――あるいは、期待される（もっとも、この期待はどんどん小さくなって行った）革命的変革後に『解決』を先延ばしすることだった。[51]

レンナーは、倫理が要請するものとして理性を擁護し、たとえ叶うことがなくても、あるいは、人間社会の性《さが》からして叶わずに終わらざるをえないとしても、理性の擁護を続けた。レンナーの構想は偉大だったが、諸民族のもつれた思考と感情はさらに強大だった。ジャック・ハッナクによれば、レンナーの民族政策は、エデンの園を開かず、永遠の平和を確保しなかったが、それにもかかわらず、その後の発展のよりよい諸前提を創り出し、統一的経済領域の破壊ではなく、共存のためのより望ましいチャンスを創り出した。[52] 複数の民族からなる多民族国家によって、「一民族だけの」純粋の民族国家を克服しようというレンナー構想が挫折した原因を、ローベルト・A・カンは、推論の誤りに見るのではなく、悲劇的な現実によって、ひとつの尊い理想論が拒まれたことに見た。[53]

レンナーはその著作活動の初めから、君主制の廃棄あるいは共和国の導入をいっさい要求しなかった。[54] レンナーが心中描いていたのは、柔軟性を失った現存のハープスブルク帝国の護持ではなく、むしろ躍動する多民族国家――レンナーは公然の共和主義者として、[55] この多民族国家を共和国として想定したかもしれない――を安定・強化することだった。労働運動にとって国家は、政治の道具として重要なだけでなく、その経済的・産業政策的機能の故にもますます重要だった。その際、労働組合は何よりも、レンナーが展開したテーゼに言う「国家の経済への浸透（Durchstaatlichung der Wirtschaft）」を志向した。レンナーにとって、資本の組織化と国家の統制的介入の必要性とにより、現存の体制の枠内で「社会主義」政策を遂行する可能性が増大していった。

レンナーは、政府の時代錯誤の経済政策を厳しく批判し、「産業主義」を近代化政策の不可欠のイデオロギー的骨格として要求した。レンナーによれば、労働者階級は国家を掌握し、経済の枢要な部分を制御できる権力を獲得しなければならない。ただ、そこに至る道は、労働者の諸組織が現存の政治装置と対立する先にあるのではなく、社会のさまざまの利害グループと「相手を代えながら連携しいく」政策を遂行することによって拓かれる。ウルリーケ・フェルバーによれば、レンナーは、これによって利害に対応した社会組織という、階級概念を超える理論を展開した。労働者階級が優勢でない限り、資本主義社会内部にある利害の不均衡は戦術的に利用しなければならない。

社会主義の前進する力を信じる者は、……交代する階級の諸関係と、何よりも直近の階級関係とを見通し、資本主義の地盤の上に立って、プロレタリアートを極めて重要な実際的な課題にすぐにも向かわせる。この課題は、新しい特別の連携によってのみ解決できる。[56]

レンナーは、議会における妥協の必要性という考えを、経済の転換にも適用する。ドクター・ルードルフ・シュプリンガーの筆名でレンナーがかなり早い時期に国家に期待したのは、万人が万人を相手に行う和解のための討議を有機的な制度とすることと並んで、すべての利害がそれぞれ住民の間で実際に有する力に応じて、そうした利害の継続的な妥協を図ることを有機的な制度とすることだった。

議会のすべての討議は、決議を行う準備としてのみ意義と目的をもつ。結論、つまり一本の決議にこそ、議会の本質的な機能が存する。これは言うまでもないことだ。この決議はしかしながら、対立する利害を、ひとつの一般的な平均的な利害にまるめる。この平均的な利害は、しばしば、というよりはたいてい、どの政党の利害とも一致しない。どの議会多数派も、それ自体すでに利害の妥協に基づいており、どんな多数派の決議も少数派との妥協を基にしている。この妥協によって少数派は、多数派の決議を、少なくともそれに服する程度に受け入れ可能なものとしている。[57]

レンナーは議会という機関に、二重の機能を割り当てる。まず議会は、対立する分野の対立する利害を、議場の議論を通じて決着にもちこむ。他方、対立のない分野では、諸会派がこうした利害を明確化し、交渉可能な範囲にまとめることによって妥協に至る。国家はこのような事後的な合意を法形式に整え、行政機関が法の効力を社会に及ぼす。レンナーによれば、法は社会から刺激を受けるが、議会で討議により調停された利害の均衡は、逆に社会に働きかける。この「下部・上部構造関係」は、リヒャルト・ザーゲが指摘するように、数年後、論文「法制度、特に私的所有について」で具体的に示された。[58]

　レンナーは一九一〇年、コペンハーゲンで開催された第二インターナショナル大会の席上、一般的な要望をまとめた。それは大会参加代表たちに、少なくとも祖国の軍備政策と軍備予算に反対行動を取ることを義務づける内容だった。一方、オットー・バウアーは、トルコで政治の大変動が進む一九一二年、平和維持の条件は、もっぱら独、仏、英がこの利害地域で協調できるかどうかにかかっている、と主張した。[59]これに関連して数年遡るが、英国王エドワード七世が、高齢のオーストリア皇帝フランツ・ヨーゼフ一世に対し、ヴィルヘルム［二世］のドイツ帝国に対抗して同盟を締結するよう説得を試みたが、成功しなかった。エドワードは、自分を「ザクセン＝コーブルク＝ゴータ家の血を引く」ドイツの王侯であると理解していた。[60]

　レンナーが対立陣営との前向きな接触につねに興味を示したために、アントーン・ペリンカは、レンナーをフェルディナント・ラサールとどうしても比較したがる。レンナーはどんな場合も、そうした接触を求めて、ハープスブルク戦争遂行内閣の有力者たちに働きかけた、と。[61]一九一〇年、レンナーはオーストリア消費協同組合中央連盟の第七回連盟大会で動議をひとつ提出し、政府に対して消費者の利益を生産者の利益と同じように支援すること、そしてこの国家支援を通じて耐えがたい不平等を除去することを求めた。[62]一九一四年九月、レンナーはブリュン［ブルノ］で述べる。長い間恐れられ、たびたび予言されながら、しばしばあり得ないとされてきた大戦が始まってしまった、と。かれは戦時下の国民への食糧供給について語り、改めて一九〇七年の要望――中央国民食糧管理庁を創設し、平時・戦時を問わず国民食糧供給の計画的統制を直接国家の任務とすること――を繰り返した。レンナーはその際、自分の家庭の食物が、社会全体に貯蔵された食料の純然たる一部であると心得るよう、すべての女性に訴えた。

> というのは、今まさに誰もがひとつの運命のもとにあるからです。死と同じように、戦争もまた巨大な平等主義者です。しばしば、たちどころに高官と平民を取り替え、貧者と富者を取り替えます。したがって、我々はみな共生し、互いのために経済を運営しなければなりません。自分と自己の全存在

とを、全体の運命とひとつにする考え方を、私は社会主義と名付けます。あるいは、あなたがたは、これを人道とも、連帯意識、たとえば戦争にともなう連帯とも名付けることでしょう。これを、平常の状態または非常事態と見なすでしょう。あなたがたは自分の家庭を、質朴な家庭から上流家庭まであります が、連帯の思想で満たすことでしょう。国家共同体に暮らし、困難な今の時代を耐えている誰もが助け合うように。……今日総動員の時、我々は食糧管理も戦時体制に組み込みたいと思います。この管理の点では、平和条約が締結されても、解除はもはやあってはなりません。[63]

扶助と福祉国家

このころレンナーの配慮は、扶養・福祉国家に向けられていて、国民に重い負荷をかける戦時下にあっては、なおさらのことだった。社会民主党左派が、露わになる軍事・官僚独裁を原則的に拒絶したのに対し、レンナーは戦時下の社会活動の国営化と、何よりも経済活動の国営化とを「社会主義に向かう梃子」として利用する可能性を見いだした。[64] かれの第一次大戦中の態度が人格分裂を示している、とは考えられない。かれはなぜ消費協同組合にのめり込んだのだろうか？　レンナーにとって初めから、そしてどこにいても大切だったのは、大多数の人々を安堵させること、価格の安い購買を保証し、手頃な値段を維持すること、僅かなものでやりくりすることだった。レンナーは、一九〇五年に自分の書いた冊子『街頭に出でよ、平等選挙権のために！』で、将来の議会における案件のうち、優先度の最上位に貧困対策と国民の食糧問題の解決を挙げた。[65] これは戦時中も変わることなく、むしろさらに強調された。

明けても暮れてもレンナーが行ったのは、感謝されることのない、魅力的とはおよそ言えない活動で、人々が腹を満たし安寧に暮らすための指針を、演説や新聞・雑誌記事で発表することだった。レンナーは生を大いに肯定し、ものを築き上げる建設的な人物であり、多くの人々がかれに好意を寄せた。レンナーには、フリードリヒ・アードラーのように政治的敵対者の死を企て、あるいは実際に行動に移すなどということは思いもよらなかったばかりでなく、つねにかれを導いた確信は、勝利は結局漸進的にしか得られず、決して破壊によって得られるものではない、ということだった。戦争を支配する物理的な力ではなく、思想の力こそ、かれが信奉したものだった。けれども、かれは戦争中も自分の能力と実力の及ぶ限り、自分が最善と考えることを銃後と前線の人々のために行った。

ヴィクトール・アードラーが率いる社会民主党代表団の

一員として、レンナーは一九一四年一〇月二二日、首相シュテュルク伯と面会した。代表団は政府に物価騰貴対策と失業対策並びに戦争の直接の犠牲者に対する扶養措置を要望した。最優先の要求は議会再開だった。[66] 一九一五年九月九日、議員のブレットシュナイダー、レンナー、ザイツ、プロフトが首相のシュテュルク伯を訪ねて、社会民主党、労働組合、消費者および婦人団体の名において、食糧問題に関する包括的な覚書を手渡した。その中で、始まった食糧供給の不足に言及しただけでなく、何よりも幅広い大衆の生計維持の困難さを指摘した。シュテュルクは、パンの配給量の拡大は収穫の結果次第だと述べ、重労働を行う者の概念を配給に関して拡大し、政府はきめ細かな配給を「心して」行う、と語った。[67] 一九一五年一〇月半ば、社会民主党の議員であるエルダシュとレンナーは、内務大臣のカール・ハイノルト男爵を訪ね、労働者消費協同組合の経験に基づいて、政府に対し食糧補給の全般的な悪化を報告した。その際の重要事項は、何よりも油脂欠乏の解消、ジャガイモ・小麦の供給確保、ミルク欠乏の問題だった。ハイノルトは面会を終えるに当たって、食糧管理が恒常的に重大な政府の課題だと述べた。[68]

オーストリア社会民主党執行部はこれに先だって、労働・産業諸関係および困難を極める家計部門に関して取り得る措置を検討するため、各領邦代表を招集していた。国会議員のザイツ、レンナー、リントナー（グラーツ）、アブラム（インスブルック）、ゼーリガー（ボヘミア）、エルダシュ（モラヴィア）、ポップ（女性部門）からなる代表団が、一九一五年一一月初旬、首相、内相、国防相のもとを訪れた。工業地帯のボヘミア、モラヴィア、シュタイアマルクへのジャガイモ供給に憂慮が表明された。また、オーストリア、ハンガリー両政府が、肉・油脂の価格・最低［取り扱い］量に関する合意を成立させるよう督促が行われた。加えて、きめ細かなパン配給と生活扶助額の引き上げが要望され、併せて土木労働者の雇用関係をめぐる苦情と、軍需産業で働く労働者の待望する苦情受付窓口設置が取り上げられた。[69]

戦争によって労働者の生活はひどく悪化していた。食糧供給の分野では、徴用、供出義務、物価高がすぐに日常茶飯事となった。闇商売は、導入された最高価格［統制］を骨抜きにした。パンと小麦粉の繰り返される欠乏は、一九一五年初頭、買い物パニックを引き起こした。翌二月、戦時穀物取引庁が設立され、これとともに本来の戦時経済が動き出した。国が穀物在庫を固定価格で引き受け、一定の配給基準にしたがって配分する、というものである。四月、パンと小麦粉の配給切符制度が導入された。ハンス・ハウトマンは、当時の忘れがたい経験を次のようにまとめている。

生きるのに大事な、すべてのものの値段が恐ろしいほど上がり、何時間も食料品店の前で行列して、しばしば手ぶらで終わる。配給制度、供給量カット、買い出し、代替品の「賞味」、一言で言えば飢餓だった。[70]

ウィーン一〇区の労働者ホームで一九一六年一一月五日、労働者の日という催しが行われ、全国の代議員が参加した。カール・レンナーは、議題の「食糧補給状況」に関して報告した。いまや新首相、エルネスト・ケルバーが、「我々がこれまで長く要求してきた」食糧管理庁を設置し、その長官に定評ある人物を当てたがっている、と。

問われるべきは、それ「食糧管理庁」がまだ役立つかどうかです。我々はすでに「戦争の」最初の数か月の間に、真っ先に実現されるべきことを要求しました。一九一四年一〇月一四日には大臣たちを訪ね、穀物の集中化・独占化を要求しました。一九一五年三月、ドイツのまねはできない、と我々に告げられました。ところが、収穫を前にして、穀物を没収しなければなりませんでした。しかし、価格はすでに高騰していました。手遅れかもしれませんが、まだできます。我々は長い間、商人たちを押さえ込むように迫りました。労働者に少しでも有利にするためです。これを達成するのに長い時間がかかりました。長い間、行列に並ぶ苦労に耐えねばならなかった労働者の多くが、パンと小麦粉を手にしています。労働者たちには、自分の義務を果たそうとしています。他方、労働者たちには、国家がその義務を果たすことを要求する権利があります。[71]

社会民主党は第一次大戦中、取り込まれたひとつの駒になっていた。フリードリヒ・アードラーは言う。レンナーが問うべきは、戦争遂行のために社会民主党が果たすべきことではなく、平和をもたらすためになすべきことだった、と。[72]たが、フリードリヒ・アードラーひとりのテロ行為もまた、何も変えなかった。かれは一九一六年一〇月二一日、ウィーンのマイスル&シャードゥンホテルで、オーストリア戦争絶対主義の象徴的人物である首相シュテュルク伯を射殺した。フリードリヒ・アードラーに対する裁判は、一九一七年五月、帝国を揺り動かした。かれは国家を非難し、特にカール・レンナーの責任を追及した。アードラーはレンナーを国務長官と呼び、「社会民主党のルエーガー」と烙印を押した。さらに、レンナーがすでに一〇年前に、名高い文化的民族自治を社会ショーヴィニズム的な根拠をもって擁護していた、と述べた。リヒャルト・ザーゲは、その深く掘り下げた著書で、レンナーをフリードリヒ・アードラーの嘘つき、無原則、まやかしという非難から擁護する。何よりもレンナーの著書『オーストリアの更新』と『マルクス主義と戦争、インターナショナル』は、その筆致が著者の深く真正な確信に発していることを教えてくれ、戦術的な策とか、自党やブルジョア陣営の動向に日和見的に適応することとは無縁だった、と。

帝国のためにする尽力は、レンナーにとって同時に、工業労働者の経済的生活条件の維持を目指す闘いでもあった。レンナーは、目的を達成する手段については機を見るに敏(Opportunist)だった。その限りで、フリードリヒ・アードラーはまったく正しい。けれども、レンナーが自分の目的とする、オーストリアの繁栄と労働者階級解放のためにする尽力は、かれの生涯を通じて確固不動だった。[73]

オーストリアほどに――フリードリヒ・アードラーは続ける――公党である社会民主党の道徳的退廃が極まったところはない。周知の指導者たちはみな、真正の君主主義者だ、と。フリードリヒ・アードラーの死刑判決は、初め一八年の禁固刑に変更され、一九一八年一〇月一八日、かれはついに皇帝カール一世により赦免された。[74]

国家は唯一の共同体

一九一六年一二月一日、食糧管理庁が設置され、その主な業務は、食料品の適正な配分だった。これによって間違いなく戦争を耐え抜けるはずだ、とされた。ノルベルト・レーザーに言わせれば、社会政策の最初の一歩が踏み出されたのは、支配者が戦争政策の観点から配慮したからだった。[75] 食糧管理庁長官は、一九一七年一月五日から一九一八年二月二六日まで陸軍少将、アントーン・ヘーファー、その後継者は、終戦までルートヴィヒ・パウルだった。管理庁の理事会には、ひとりの大工場経営者、ひとりの大土地所有者、ふたりの軍部・官僚の代表のほかに三人の帝国議会議員――ヨドーク・フィンク(キリスト教社会党)、ドクター・ローベルト・フライスラー(ドイツ民族主義派)、ドクター・カール・レンナー(社会民主党)――が所属した。これによって社会民主党の歴史上初めて、党員が政府の役職に任命された。党がレンナー招聘に同意することは容易ではなかった。レンナー任命の承認は、ケルバー首相が、食糧管理庁の指令には政府のみが責任を負い、レンナーが協力しても、社会民主党による国の食糧管理政策批判を制約することはできないし、それは一切あってはならない、と保証して初めて行われた。しかし、レンナーは党の要請により、一九一七年のうちに職を辞した。食糧管理庁に続いて一九一七年三月三〇日、商務省に戦時・移行期経済総支配人室が設けられ、労働組合代表が多く送り込まれた。[76]

一九一七年一〇月一九日から二四日まで開催された社会民主党大会で、登壇した二五名全員がカール・レンナーに言及し、大多数が反対意見を述べた。ガブリエーレ・プロフトが左派からの批判を行い、何よりも要求したのは、階級支配に対する闘争を敵国に対する戦いよりも優先することだった。大臣病、民族的な色合いの社会主義、社会愛国主義には断固闘いを挑まねばならない、と。レンナーは、自分が国家に近すぎる、と幅広く批判を受けることに対し悠然と確信をもって反論した。

ひとは、私が国家狂信者だと言います。私は違います。国家に対して盲目でもありません。……「国家、かくあるべし！」というのが、プロレタリアートが繰り返す唯一の要求です。当然のことながら、国家に代わって何がありましょうか。国家が国家であり得るためには、豊かで強くなければなりません。ほかに在りようがありましょうか？　国家が無力であったら、どのように豊かで強くあり得ましょうか。ですが、我々が国家に課したいと考える義務の遂行を妨げる者は誰でしょうか？　そうです。資本家階級です。今日、国家を支配する資本家階級です！　我々のスローガンは、政治権力を奪取せよ！です。それは、国家を資本の権力から解放することです。我々は、国家のほかに他の共同体をもちません。ですから、国家は、存在しなければなりませんし、必要な手段をもたなければなりません。……ひとはこの点に、私の改良社会主義を見ます。私はこう考えます。プロレタリアートの政治とは、国家権力の奪取でなければなりません。勤労階級に奉仕させるためです。……初めから確かな道などありません。あるのは確かな目的だけです。ですが、私が国家を奪取しようと思うならば、初めから国家を否定することは許されません。私は国家を認め、研究せねばなりません。それができる条件は、ただ私が国家の立法・経済・行政機関に入り込むことだけです。私は倦まずたゆまず、労働者たちに認識させます。国家権力の奪取は、政治的観点からいって一挙にであろうと、段階を追ってであろうと、労働者たちの主要な目的です。[77]

レンナーが第一次世界大戦中のやっかいで感謝されない

活動の日々に不断に行ったのは、研究、現地視察、交渉、介入、面談、手紙書き、講演、党や官公庁での提議、草稿書き、新聞雑誌の記事・本の執筆だった。かれの行動は、政治集会で喝采を浴びもすれば、厳しい批判も受け、陶然とした聴衆に拍手を贈られるかと思えば、品のない攻撃にさらされた。レンナーは、自分が所属する陣営からのあらゆる敵視にもかかわらず、自分の決定や自分の道、自分の目的の正当さに疑いを差し挟んだ様子はなかった。当時のレンナーによる活動の成果や、かれの働きの所産・結果を測ったり、軽重を問うたりすることは難しい。けれども、間違いなく労働者階級の何十万という成員こそ、レンナーが生活保障、食、生活扶助を仲介した者たちだった。こうした活動、尽力のすべてが戦争を長引かせる措置であり、ドナウ帝国の崩壊を妨げる要因だったと言う者もいようが、カール・レンナーの歩みは、一歩たりとも所属した党の定める行動規準を逸脱するものではなかった。振り返ってみると、社会民主党の急進左派が早期に分離していれば、多くの事態の悪化もなく、多量の血と涙が流されずにすんだのではないかと思われる。シュテュルク［首相］暗殺によって暗殺者が英雄視され、左派のシンパ大衆から祭り挙げられたかもしれない。だが、シュテュルクの死がひとつ余分に加わっても、第一次世界大戦は少しも短縮されなかった。党指導部は、暗殺をまったく予期していなかったし、また、その後の左派に由来する多くのことも予想しなかった。忠誠と人間愛は、カール・レンナーの本源的な信条であり、運動を生き延びさせる原動力でもあった。

上記の考察からは、誰かに取り入ろうとしたり、日和見主義者だったりというカール・レンナーは出て来ようがない。帝国政府に入閣するよう、レンナーには何度も申し出があった。かれが大臣の資格を十分もっていたのは明らかである。レンナーの問いはいつも、「自分の党」は何を望むか、だった。レンナーは一九一七年五月、ヴィクトール・アードラー、カール・ザイツ、ヴィルヘルム・エレンボーゲンらと共にストックホルムのインターナショナル大会に出席した。[78]代表団はフィリップ・シャイデマンと一緒に、強い影響力をもつロシアのメンシェヴィキ、ニコライ・チェイゼと和平交渉を行ったとされる。[79]一九一七年六月半ば、ハインリヒ・クラム＝マルティニク伯が「オーストリア国民新秩序」(Nationale Neuordnung Österreichs) 内閣を組閣しようとしたとき、レンナーも大臣候補者のひとりだったが、かれは党指導部と協議して入閣を断った。ペリンカは、レンナーが一九一七年初夏にブルジョアグループ、特に妥協による和平に関心を示す工業家のユーリウス・マインルと頻繁に接触を重ねたことを非難する。マインルがその一年前に、五〇万の戦死者の遺族を扶助する費用について覚書を作成していたという事情だけでも、そうした接触を正当化しただけでなく、必要としたと思われる。

一九一七年七月、閣僚の席が社会民主党に提供されたのを受けて、一時期、改めてレンナーを担ぎ出そうとする動きがあった。[80] 一九一七年から一八年の変わり目で起きた食糧供給の大混乱は、「城内平和」を大きく揺るがすことになった。この展開は、オットー・バウアーがロシアの捕虜生活から持ち帰った新たな指針によって後押しされた。一九一八年一月一四日から二四日の僅か一〇日間で一五万人以上がストライキを行った。かれらはパンと平和、自由を求めた。ヴィーナー・ノイシュタットでは、ソ連邦を手本に自主的な労働者評議会が選出された。ストライキの波は革命に変わる恐れがあり、政府と社会民主党を慌てさせた。政府とレンナーを先頭とする社会民主党は、何も変えないままに労働者たちを静めようとした。レンナーはストライキに参加する者たちに直接話しかけることはできたものの、野次のためにその声はかき消された。それどころか、レンナーは唾を吐きかけられ、ついには二日間、ウィーン地方裁判所付属の拘置房の隣室に閉じ込められた。[81]

一九一八年二月初旬、ウィーン・オタクリングの労働者センターで開催された社会民主党ニーダーエスタライヒ州党大会の席上、レンナーは決議案の中で男女の普通選挙権と市町村における比例代表制を要求した。[82] さらに一九一八年一〇月、エトゥムント・グライゼ＝ホルステナウの仲介により、レンナーと皇帝のカール一世との会談が行われ、皇帝はレンナーにマックス・フサレクの後継者として首相に就くよう提案した。しかし、社会民主党はもはや同意しなかった。[83] 一九一八年一〇月一六日、皇帝、カール一世が発した民族宣言は、君主制廃止を君主自らが宣言するというものだったが、レンナーは宣言に含まれた「諸民族が帝国再編に」「参加する（mitwirken）」という言葉を帝国議会演説で批判した。本来、各民族だけが自らのために自ら決議すべきだったからである。[84]

帝国議会のドイツ語議員たち、具体的にはドイツ民族同盟に集まったドイツ民族主義、自由主義、大ブルジョアなど諸派の一〇二名、キリスト教社会党七二名、社会民主党四二名は、一九一八年一〇月二一日、ニーダーエスタライヒの州議会建物で暫定国民議会を発足させた。ヴィクトール・アードラーは演説した。社会民主党は、新国家をひじょうに幅広い民主的な基盤の上に共和国の形態で形成することに協力する用意がある。旧帝国に所属した他の諸国とは利益共同体を形成したい。それが不可能な場合、ドイツオーストリアは将来のドイツ共和国に連邦国家として加わるだろう、と。キリスト教社会党は、君主制原理を守ることを強調しながらも、すべてを制憲議会に委ねた。ドイツ民族主義派は［ドイツとの］合邦には賛成だったが、まだ国家形態について意思統一していなかった。[85] 暫定国民議会議長団にはカール・ザイツ、ヨドーク・フィンク（まもなく高位聖職者のヨハン・ネーポムク・ハウザーが後継者となる）、フランツ・ディングホーファーが選出された。カール・ザイツは確約した。平和のために働き、国民の苦境を緩和したい。新生ドイツオーストリアは、ドイツ人(deutsches Volk)の意思により樹立された。幸運と平和の国にならねばならない、と。ヴィクトール・アードラーは、演説の最後で協働を申し出た。

我々は諸君らと、すなわち我々の階級敵とひとつの党派になろうというのではありません。同盟を形成するのでも、城内和平を結ぶのでもありません。我々はこれまでそうであったように敵のままです。我々がここにやって来たのは、この議会という土台の上でもまた、我々がプロレタリアートのため、民主主義のため、社会主義のために闘争を行うつもりだからです。[86]

カール・レンナーとヨドーク・フィンクはある代表団の一員として、ドイツに食糧支援を要請すべくベルリンに赴いた。同地に向かう途中の一〇月二二日、レンナーは無所属の食糧問題専門家、ハンス・レーヴェンフェルト＝ルスに語った。帝国の最後となるラマシュ首相の内閣は、新しい民族政府に徐々に取って代わられるだろう。というのは、新しい時代が始まっており、新しい思想と方法によって統治し管理しなければならないからである、と。［代表団の］オーストリア人たちは、ベルリンでオーストリア大使、ゴットフリート・プリンツ・ホーエンローエ＝シリングフュルストに招かれた。大使はヘンリエッテ大公妃と結婚していた。朝食後、大使はスピーチを行って君主制の必要性を強調し、その存続を願った。続いてヨドーク・フィンクが話す番だった。ところが、かれはレンナーに二言三言話すように頼んだ。もともと、社会民主党代表のレンナーをこの席に招待することは不審の目で見られていた。ところがレンナーは、君主制とその必要性について、先に寝台列車で語った考えとは正反対の、みなが驚くような発言を行い、君主制は存続しなければならない、と明白に語った。[87]

新国家の組織

新国家の基礎、組織、暫定制度を作ったのはレンナーに他ならなかった。かれはこの国家を組織し、宣言し、整えることで、自分の尽力が社会主義へ進む梃子として、可能な限り役立つ機会をここに見いだし、見逃さなかった。国家は基本的に社会契約に由来する。暫定国民議会によって代表者数の割合に基づき設置された国家評議会（Staats-rat）が政府を構成した。国家評議会の受任者として任命された次官[①]［＝大臣］が官公庁を率いる。一九一八年一〇月三〇日の暫定憲法によれば、命令権は国家評議会にあった。初め社会民主党が政権意欲に控えめだったのは、革命が当初、民族的（national）な性格しか示さなかったからである。ヴィクトール・アードラーが外務次官となり、フェルディナント・ハーヌシュが社会次官となった。それ以外の省庁の指揮は、当初ブルジョア政党に委ねられた。オットー・グレッケルが、キリスト教社会党所属の内務次官のもとで次官補を務め、ユーリウス・ドイチュが次官補として、ドイツ民族派国防次官のもとにいた。ユーリウス・ブラウンタールの見解によれば、社会民主党におけるレンナーの声望は、かれの戦争への関与によって損なわれることはなかった。

ヴィクトール・アードラーの伝統の相続人であるレンナーは、アードラーと同じように政治指導者（Staatsmann）として、政治家（Politiker）、戦術家として大きな才能をもっていた。マルクスという弁証法の名手の弟子として、かれは優れた論攷で自分の政治実践を理論付けていった。[88]

カール・レンナーは、国家評議会の官房長に任命されたに過ぎなかった。その後の日々の出来事が政治革命を社会革命に推し進めたことによって初めて、政府における社会民主党の重要性が増していった。これによって初めて、レンナーが首相に押し上げられ、ふたりの次官補の重要性も大いに増した。これは権力の移行であり、上記の出来事により自然に完了した。ここに革命の継続が見て取れた。[89]「共和国万歳！ 皇帝無用」という声が、民族主義派と社会民主党の議員席から州議会議場にどよめいた。キリスト教社会党は、議場でも街頭でも「絶望的な少数派」だった。［国家評議会］暫定官房の職員に暫定国民議会が自前で給与を支払えるよう、各党金庫から議員ひとりあたり五〇クローネを寄付しなければならない中、プロレタリアートは代用品の紙の靴を履いて、一〇月、一一月と街頭でデモを繰り広げた。一一月三日、アーロイス・シェーンブルク＝ハルテンシュタインがシェーンブルンにいた皇帝、カール一世に召し出されたとき、皇帝はちょうど国民議会議長のザイツと首相レンナーに権力を委譲し終わったところだった。ただ、皇帝は退位だけは退けた。シェーンブルク＝ハルテンシュタインが回想して言う。

私に何ができたというのだろう？　入っていって、この反乱を起こした国家評議会メンバーを力尽くで追い出すべきだったろうか？　だが、それが何の役に立ったろう。かれらはもはや反乱者ではなかった。というのは、皇帝がすでに帝権を事態のしからしめるところにより譲渡していたからである。[90]

この一一月三日、共産党が創立された。「プロレタリアートの革命的・民主的独裁」を夢見るオーストリアの新生共産党は、フリードリヒ・アードラーに党を指導するよう申し入れた。かれは［首相］暗殺とその裁判への登場によって、戦時絶対主義に抗議する象徴、そしてこの体制に対して控えめな自党の社会民主党に抗する象徴になっていた。自分の確信から政治殺人にまで及んだアードラーは、しかし、民主共和国への転換にあたって社会民主主義の原則に忠実であり、議会こそ国家権力が奪取されるべき場である、との立場を変えなかった。ブルジョア陣営は遺憾なことに、社会民主党で「闘争」という言葉が、つねに議会における民主的な競争を意味し、実際の武力闘争を意味するものではないことをまったく理解しなかった。フリードリヒ・アードラーの「ノー」は、オーストリアの共産党が政治的分派の狭い枠をまったく超えられない主な理由だった。[91]オットー・バウアーは一九二三年、その著『オーストリア革命』で当時の出来事を分析した。

一一月一二日、我々は達成した。すでに一九一八年一月、「左派」が、迫り来るオーストリア革命の最初の必然的な段階として思い描いていたものを。それは、党が世界史的な転換の強い印象のもとに左右の対立を克服し一体となって、一〇月の最初の日々、次の目標として掲げたものだった。この目標を我々は、六週間が経過するうちに、街頭の闘争も内戦もなく、暴力を用いず、血を流すこともなく達成した。どの革命もそうであるように、おそらくこの革命も暴力の産物だった。だが、革命を可能にした暴力は、ウィーンの街頭では動き出さなかった。バルカン半島とヴェネト州の戦場で、暴力は革命を阻む堅固なメカニズムを破砕した。したがって、我々は後背地で暴力なしに革命を遂行できた。我々は革命を次のように遂行した。一〇月三日から一一月一二日にかけて決定に次ぐ決定の何週間かの間、毎日、すでに熟していたことだけを要求し、多大の犠牲を払うこともなく貫徹できることだけを、いつも貫徹した。こうして我々は一歩一歩前進しながら、目標として設定していたすべてをついに達成した。[92]

ヴィクトール・アードラー
(1852 ～ 1918)

一九一八年一一月九日の夜、レンナーとザイツは皇帝が任命した内閣を訪問し、皇帝の退位［宣言］を苦労しながら一語一語協議した。宣言の前半はレンナーの草案に基づき、後半は前日、レートリヒとザイペルが作成した案を下敷とするラマシュとエールハルトの草案に基づいていた。レンナーはついに一一月一一日、合意どおり、国家評議会が翌日基本諸法を決議すること、そして最初に共和国樹立法を決議することを通告した。[93] この一一月一一日、皇帝が退位を宣言した日、帝政とともにヴィクトール・アードラーもこの世を去った。「人としてマルクス主義者として」と題する寄稿文で、レンナーは社会民主党の統一者を賞賛した。

アードラーの行為こそが統一を作り出し、我らが勝利するまでそれを維持した。アードラーの功績は、議会で社会民主党議員団を、議会外では社会民主党の組織を、大戦の期間をくぐり抜け、行動の時が来るまで生き延びさせたことである。大きな犠牲を払わねばならなかった。対立する信念をねじ伏せ、待つ、ひたすら待つという、労力と意志の極めて大きな犠牲を払わねばならなかった。命を振り絞る犠牲を必要とし、ひょっとしてアードラーの命が犠牲になったかもしれない。[94]

アードラーは一九一八年一〇月初め、ウィーン警視総監、ヨハン・ショーバーを訪問したおり、オットー・バウアーを党における自分の「皇太子」として紹介した。[95] だが、実際にはカール・ザイツが党首としてアードラーの後継者となり、バウアーはアードラーを継いで外務次官となった。バウアーが大ドイツ革命を期待したのに対し、レンナーはハープスブルクの統一的経済領域にならって、新しい大規模な「生存領域ドイツ」を構想した。[96] 自分の納得する政治の基本原則を、連立首相としてのレンナーはあらかじめ定めていた。変わらないのは、郷土オーストリアとのつながりと、労働者階級を社会的・経済的に解放するという決意だった。ただ、レンナーにとって、そこに至る方途はひとつではないように思われた。こうした戦略上の選択の自由(Option)は、立憲君主制から、民族国家を基盤とする民主的・社会的共和国へのパラダイム転換をレンナーに容易にした。[97]

アマーリア・ペルツァーは、一九一七年からレンナーの秘書だった。父、ヨハン・ペルツァーは、ニーダーエスタライヒ州議会議員で、母、アマーリアはウィーン市議会議員として貧困者のために力を注いでいた。レンナーは、政治に興味を抱き目覚めた娘のマルチを、彼女が商業学校を終えてから秘書として手元に置き、彼女に責任の重い課題と自立した行動を委ねた。レンナーは事実上、三つの事務室を有していた。ひとつはプラター通り八番地のオーストリア消費協同組合大量購買会社（GÖC）に、ふたつ目は『労働者新聞』社に、三つ目は議会の社会民主党クラブにあった。レンナー自身は大変革の結果、たいてい一日中、ヘレンガッセの官房（Staatskanzlei）にいた。かれはさながら盲目のように秘書に頼り、何度も言った。「僕は幸せ者です、マルチがいてくれて。どんな隠し事もしないからです！」[98]

『労働者新聞』社でレンナーとバウアーは、編集者の部屋をひとつ共有にしていた。バウアーがロシアから帰って、ある手紙の中でレンナーの『マルクス主義と戦争、インターナショナル』を、かれが不快感を催すやり方で批判した。それ以来、レンナーはバウアーと関係を持とうとしなかった。その後バウアーは手紙でこの件に触れて、レンナーを「俗物」だとけなし、ただ批判されただけですぐに傷つく奴だと述べた。しばしば夜間、それも真夜中に「マルチ」がレンナーをせっついて、『労働者新聞』のジャガイモに関する記事を口述筆記した。主筆のフリードリヒ・アウスタリッツはしばしば、このようにレンナーが秘書によって仕事に縛りつけられることをひじょうに怒り、彼女を非難して言った。彼女のせいだ、レンナーが党に何も貢献しないのは、と。毎日の仕事時間は、通常一六時間に及んだ。暫定国民議会が招集される前の晩のことを、シュトラウス＝フェルネベック②は回想する。

私たちは一〇月二〇日に引っ越しました。いまだに驚きなのですが、一一時くらいにレンナーさんがやって来ておっしゃったのです。「小さな部屋を［議会の］貴族院の側にちょうど見つけた。確保しておいたよ」。いまだにはっきり思い出します。その時、レンナーさんご自身が私に手を貸してくださって、私の重い、時代がかったタイプライターをそこにもち込んだのです。ふたりしてしっかりと運びました。レンナーさんは大したものでした。でも残念ながら、その部屋は貴族院議長応接室の隣にあったのです。議長は静けさが破られたことに怒って、憤激の手紙を書いてきました。自分の平安がどこかに行ってしまった。件の女性がタイプライターを打つか、人々を迎え入れて何時間もおしゃべりするか、はたまた、ふたり［レンナーと女性］でやって来て口述筆記するからだ、と。そこでレンナーさんが、これまで乱暴な手紙を一度もお書きになったことがなかったのですが、お書きになったのです。遺憾とするものであるが、それにもかかわらず、我々は出て行かないぞ。我々は大量の仕事を抱えている。もし我々が出て行くようなことがあれば、貴殿もまた貴族院議長として、別の居室を探さねばなりませんぞ、と。私、びっくりしました。レンナーさんは憤慨なさっていたのです。一〇日後、私たちは大臣室に移りました。私の机は、レンナーさんの机の隣に置かなければなりませんでした。[99]

レンナーは独自の速記を使っていて、きれいだったが、独特の略字だった。ついにレンナーは閣僚会議首座室(Ministerratspräsidium) に移り、これはその後首相府(Staatskanzlei) になった。一九一八年一〇月三〇日の昼前、ブットヴァイス［ブジェヨヴィツェ］からある代表団がレンナーを表敬訪問しようとした。レンナーは秘書に向かって言った。「やれやれ、来るべきじゃないよ。この国で鉄道が動くかどうか、さっぱり分からないからね」。[100]一一月初め、ヴィクトール・アードラーがレンナーを執務室に訪ねてきた。ところが、レンナーは忙しすぎて、老党首を一顧だにしなかった。一一月一一日、レンナーはアードラーが亡くなったとき、ベッドの傍らにいた。一一月一二日、レンナーは皇帝、カール一世の退位宣言を今か今かと待っていた。宣言は、最後の帝国首相、ハインリヒ・ラマシュによって届けられることになっていた。マルチ・ペルツァーは指示を受けていた。重要な文書が届いたらレンナーにすぐ知らせるように、と。レンナーは何度も議会の議場から抜け出てきて、ラマシュはまだかと尋ねた。秘書はいいえ、私は席を外してはおりません、と応えた。

レンナーが再び出てきて、誰も居ないので、いらいらしながら執務室の控えの間に出たり入ったりして、ふと気づいた。驚いたことに、その隅っこに座って忍耐強く声がかかるのを待っている様子の首相を目にしたのだった。レンナーが「あそこに、あのラマシュが腰掛けているよ」と言うと、ペルツァー嬢は驚いて応えた。「請願者かと思ってました。待っている時間のたっぷりあるご老人かと」[101]

ノルベルト・レーザーは結局のところ、ここに「オーストリア革命」の特徴を見る。権力が暴力的に移行するのでなく、一歩一歩目立たず、解体過程にある政府から樹立途上の政府へと転がり込んだ。一一月一二日、最初の公務員、レーヴェンタール男爵が部下とともにレンナー首相の配下に置かれたとき、レーヴェンタールは、レンナーの秘書によかれと思って、彼女の部屋を隣にひとつ用意することを勧めた。レンナーはこれを拒絶して応えた。「とんでもない。どうしてそんなことするんです。いつも脹れた鞄を、部屋に入って彼女に渡すんです。彼女が全部整理してくれますから」

大蔵大臣のヨーゼフ・シュンペーターに、レンナーはさほど満足しなかった。ただ、かれは、誰ひとり大臣の悪口を言わなかった。かれが感服したのは、フェルディナント・ハーヌシュの活動だった。ハーヌシュに学歴がなかったため、かれが社会大臣としてやり抜けないのではないか、と当初危惧された。レンナーはいつもハーヌシュに魅了され、かれが病弱であることをひじょうに気に掛けていた。オットー・グレッケルも高く評価した。カール・ザイツについては、レンナーは何も語っていない。ふたりの関係は親密と言えず、さっぱりした（korrekt）ものだった。秘書のアマーリア・ペルツァーがレンナーに「こき使われている」とザイツの目にうつった。そこで自分の執務室に移動しないかと誘ったが無駄だった。警視総監のハンス・ショーバーは神経質と見られていたが、首相のレンナーにはともかく信服していた。ふたりの間には良好で建設的な、ほぼ友人とも言える関係が存在したが、後に社会民主党が政権から遠ざかるにつれて疎遠になっていった。レンナーは副首相のヨドーク・フィンクとも互いに良く理解し合っていた。フィンクはフォールアルルベルクのアンデルスブーホから、いつも自分用にチーズとミルクを鞄に入れてウィーンにもってきた。フィンクはたいていレンナーの執務室の前の廊下を居場所としていた。ある印象派の画家が一度フィンクを点描法で描き、フィンクは少し不審の目で自分の絵をしげしげと眺めていた。レンナーはフィンクを高く評価していたが、かれのために割ける時間が少なすぎた。フィンクは時折立腹していた。というのは、レンナーが特定の事柄について自分に情報を提供しない理由が分からなかったからである。良好な協調関係を、レンナーはシュタイアマルクのアントーン・リンテレンも含め、すべての州の首長と維持するように心がけた。アマーリア・ペルツァーがリンテレンに対し秘書の枠を超えない程度に親切にしたことは、レンナーにとってとても具合がよかった。一方、憲法学者のハンス・ケルゼンに対してアマーリア・シュトラウス＝フェルネベックは好意的な思い出を残していない。

ロシア人に「厳しい」オットー・バウアー（1881 ～ 1938）

ケルゼンさんを私たちは大して評価していませんでした。かれがヘレンガッセにやって来たのは遅く、サン・ジェルマン［講和会議］の後でした。ケルゼンさんが訪ねて来ると、ホッフェンライヒさん、かれはカール・ザイツさんの甥っ子で、後にブルゲンラント州知事になりますが、かれとか、かれの後継となった人が言うのです。「何てこった。また邪魔しにきたよ！」。ケルゼンさんはいつも、自分が他よりましな人士だと思っていました。私、後になって初めて知ったのです。あの方が新しい憲法を練り上げたことを。初めの頃はレンナーさんが全部ひとりでなさっていました。[102]

オットー・バウアーは労働者階級指導者のひとりとして、一一月一二日を考慮しながら、迫り来るボリシェヴィキ勢力に真剣に備えを固めた。かれはペテルスブルクでボリシェヴィキの権力闘争を「もっとも危険な冒険者の政治」として経験していた。かれがひじょうに恐れたのは、オーストリアの労働者たちも自分たちの力を過信し、機関銃の絶対的な力を誤信して「プロレタリアート独裁」を宣言することだった。[103] バウアーにとって、資本主義社会から社会主義社会への直接的移行という想定が現実的でないことははっきりしていた。かれは政治革命と社会革命を区別した。君主国に代えて共和国を樹立することや、少数者の特権を廃してすべての人間の同権を謳うことは、一撃のもとに、あるいは短時日のうちに達成できる。しかし、社会革命は、「長年にわたる周到な活動」の成果でしかあり得ない、と。[104]

「無血革命のみが重要」

一一月一二日の昼から議事堂前のリング通りは、予告された共和国宣言を目撃しようとする労働者の大群で埋まった。一五時、貴族院議場で暫定国民議会が開催された。カール・レンナーは自分の用意した国家・政府形態法案を読み上げた。これは前日に国家評議会で何人か少数の議員の反対に遭った。アントーン・イェルザベクがドイツとの合邦条項に反対し、ヴィルヘルム・ミクラスやフランツ・プリシング、アタナージウス・グゲンベルクが「君主国か共和国か？」をめぐって国民投票を要求していた。感情に強く訴える演説で、レンナーはとりわけボヘミア、モラヴィア、シュレジアにいるドイツオーストリア人の自決権と、ドイツオーストリアのためにドイツオーストリア共和国との合邦を要求した。同法は今回、議論もなく、五分も経たないうちに全会一致で議決された。[105] 議事堂前の車寄せで続いて行われた共和国宣言のために、レンナーは詳細な式次第を作っていたが、「不測の事態」を想定していなかった。[106] ジャック・ハッナクはレンナーを、人道主義の十字軍遠征者のような、あるいはエラスムスのような、否むしろガリレイのような人物として描いた。ハッナクは言う。レンナーは陽気で人生を楽しみ、決してあきらめず、悲観を知らなかった。かれの人生の後半全体が証すように、レンナーは運命の打撃を唯々諾々と受け入れなかった、と。というのは、ハッナクにとってレンナーは、情緒におぼれない実践家で帰納法家であるとともに、結局のところ、ロマンチックな人物でもあったからである。[107] 議事堂の車寄せで議長のフランツ・ディングホーファーがドイツオーストリア共和国を宣言した。レンナーが決議済みの法の条項を読み上げている間に何回か銃声が響いた。レンナーの当時の秘書、マルチ・ペルツァーは回想する。

私たちは皆、（議会内の）執務室にいました。女性たち、つまりグレッケル夫人、レンナー夫人、その娘さんのポルディ、みな窓際に立っていました。……赤・白・赤の旗が掲げられようとしたとき、赤衛隊の隊員たちが突然飛び出して、旗から白地を引き裂いて赤旗を掲揚しました。良くない予感がしました。代表たちは急いで議事堂内に戻りました。議事堂はすぐに内部から防護されました。ブラインドが音を立てて下ろされました。噂では、多くの赤衛隊員が、その音を機関銃の銃火だと思ったようです。銃は本当に発射されました。でも、議事堂の方に向けてだけ。レンナーさんに向けても撃たれました。レンナーさんは、金縛りに遭ったように窓際に突っ立ったままでした。慄然とする光景が続きました。……私、レンナーさんに言い続けました。「窓に行かないで。私たちに向けても撃ってきますよ」。レンナーさんは深刻な顔をしていました。これまでそんな顔を一度も見たことがありませんでした。かれはずっとつぶやいていました。「まったく無意味だ……今更、何が変わると言うんだ？」[108]

一発の弾が社会民主党員で首相府報道官のルートヴィヒ・ブリューゲルに当たり、かれは一眼を喪失した。ふたりが死亡、三〇人が負傷。車寄せにある大理石の神像にも弾痕が残った。最後に議事堂内でザイツ、ドイチュと赤衛隊隊員のレオ・ロートツィーゲルとが責任問題を議論した。[109]それにもかかわらず、レンナーはその時もその直後も、ヨーロッパで大変動が続く中でもっとも血の流れることが少なかった革命を語ることができた。[110]歴史的意味をもつのは、ブルーノ・クライスキーが六〇年後、マーティン・ルーサー・キング牧師平和賞の受賞式で結論づけたように無血革命だけである。[111]

カール・レンナーは帝国崩壊直後から一九一九年二月一六日の第一回選挙まで、社会民主党、キリスト教社会党、ドイツ民族派からなる集中政府の長を務め、その後は選挙結果（七二対六九）を基にした社会民主党とキリスト教社会党の連立政権の首相を務めた。国家への浸透生長（Hineinwachsen）は、レンナーにすれば、労働運動にとってもっとも偉大な出来事だった。オーストリアを例にしてレンナーは、一九一八年から一九二〇年の間に自分と政府の同僚たちが創始・経験した統治実践から得られた論拠をもって、自著の『マルクス主義と戦争、インターナショナル』が掲げるテーゼの正当性を擁護した。社会民主党はレンナーを先頭に連立を主導したが、旧い理論にしたがう限り、連立は共和国憲法下にもかかわらず原則からの逸脱（Regelvorstoβ）だった。バウアーは、ブルジョアとの協働を暫定的に必要だと見なしはしたが、同時にできるだけ早く除去すべき汚点とも考えた。[112]一方、レンナーは妥協術と、既存の状況への適応術とを名人芸にまで磨いただけでなく、フェルディナント・ハーヌシュ、オットー・グレッケルとともに、豊かな知性をもって倦まずたゆまず、領域的に小さくなったオーストリアを社会的・教育政策的模範国家とした。

レンナーは言葉の真の意味で国家を手に入れた。かれは首相として夜遅くまで協議を行い、会議を主宰した。どんな課題も、かれにとって軽すぎるということはなく、また重すぎることもなかった。かれはサン・ジェルマンへ赴くオーストリア講和代表団の団長を引き受け、まるで風車を相手にするかのように闘ったが、そのオーストリアを代表する様は見事だった。クレマンソーが氷のように冷たく当たったにもかかわらず、レンナーは愛想良く魅力的に振舞った。オットー・バウアーが「合邦」禁止に応えて［外務］大臣を辞任した後、レンナーは外務省も所管することになり、最後［首相辞任後］には外務省に籠もった。大連立の最後の局面では、ハンス・ケルゼンと一緒に新しい連邦憲法制定に全力を傾注した。

マルチ・ペルツァーは、連立を終焉させるという党決定の日、レンナーが自分の普段の日程を変更して彼女のもとに直接駆けつけ、どんな風に苦悩の声を挙げたかを、筆者に向かって劇的に説明した。レンナーは［後に］断言する。一九二〇年に連立更新が問題になったとき、ふたつの政治陣営では連立への一定の用意が初め見られた。だが、ふたりの人物が道を塞いだ。ひとりはキリスト教社会党のイグナーツ・ザイペルで、もうひとりはオットー・バウアーである。ザイペルは二年続いた初めての連立が残した大きな政治的・社会的成果を「革命のゴミ」としか見なさず、これを「取り除く」ことを生涯の課題とした。レンナーは連立更新が問題となった社会民主党大会で、［更新の］見込みのなさから、バウアーの終了決議に賛成票を投じた。けれども、その後レンナーは、バウアーがその硬直的な左翼教条主義の態度によって、党分裂の犠牲を払わない限り、社会民主党の連立復帰を不可能なものとした、と厳しく批判した。レンナーによれば、「社会民主主義者は誰もこの犠牲を払う用意がなかった」[113]。

首相で高位聖職者のドクター・イグナーツ・ザイペル（1896～1932）

　もっともバウアーという鬼才には深い倫理的な影響力があって、それは一般党員に及んでいた。バウアーの熱烈な確信、誰の目にも明らかな純粋な願望と懸命さ、質素な生活態度、表で「英雄視」されることから身を引く内気さには、労働者たち、特に青年労働者たちが敬慕と心服を示して応えた。この敬慕・心服は、バウアー以前にはヴィクトール・アードラーだけにさらに大々的に示された[114]。四半世紀後レンナーは、かつての労働者銀行総裁でニューヨーク在住のジャック・フロイントリヒに宛てて書く。

　この間、僕はオットー・バウアーの戦間期の著作を読み返して愕然とさせられた。度重なる誤った分析と嘘八百の予測が含まれていることに気づいたからだ。もちろん少なからざる重要な箇所は見られるけれども……。かれは著作の中の理論もそうだけれども、実践でも物事が目の前に現れてくる様にとらわれている。素養に欠ける！　生成する事物、やってくる人間を、かれは直接に見ない。簡単に消し去ることのできる刻印を金属そのものと取り違える。かれの精神は事物とともに生きていない。事物の似姿の真只中に生きている。……かれの著述家としての生涯の作品全体をまとめてみると、限りなく几帳面な編集と賢明な解釈はあるけれども、ヒルファディングが『金融資本論』で新しい土地に踏み出したような一歩が見られない。[115]

国家における協働であり、権力ではない

「実際の権力」を連立参加の唯一の条件とするバウアーに対し、レンナーは国家における協働に原則的・恒常的に賛成だった。レンナーの目には、そうすることによってのみ、社会主義を招来する梃子が結局のところ機能したのだった。［レンナーは言う］

連立を創始・維持し主導するためには、偉大な政治の技と知恵が必要のように思われる。選挙戦の熱が収って同じ連立を、ただ逆の看板で、つまり、今度は保守が率いて社民党がついて行くやり方で再開する以上に自然のことがあったろうか？　両陣営で初めはある程度、その用意があった。[116]③

レンナーは連立が終焉した一九二〇年以降、つのる不快感を覚えながら、あたかも部外者のようにバウアーの方針にしたがうだけだった。首相と外務大臣を退いてからは、党の政策に強い影響を及ぼすことを自発的に止めて協同組合運動に引きこもった。[117]レンナーの手強いライヴァルであるザイツとバウアーが、いまや党内で先頭に立ち、レンナーとエレンボーゲンが形成する右派は、社会民主党内で少数派になった。キリスト教社会党との対立を調停することもうまくいかなかった。レンナーは実際、どっちつかずになった。社会主義者たちにとっては、ブルジョア的で妥協しすぎであり、キリスト教社会党にとっては、穏健であるとはいえ、革命家であることに変わりがなかった。五〇歳にしてレンナーは認めざるを得なかった。自分が政治指導者として、また樹立されたばかりの共和国の重鎮として、まずは挫折の憂き目に遭い、自分の唱える政府参加型社会主義（Regierungssozialismus）が有力な多数派を獲得できなかったことを。[118]ただ、一九二一年〜二二年の危機に際して、実際には無意味な連立の申し出がキリスト教社会党に対して行われた。けれども、レンナーが政治の日常に再び声を挙げたのは、一九二六年、リンツで綱領を審議する党大会が初めてだった。レンナーの建設的な精神が発言に現れる。綱領で「未来社会の活動体制」が起草された、と。[119]

一九二七年四月の国民議会選挙④による高揚の後、シャッテンドルフ事件の判決は七月一五日、司法会館焼き討ち

（死者八九名、負傷者ほぼ一千名）を引き起こした。レンナーは、当時の共和国の悲劇の責任が首相のイグナーツ・ザイペルとともにオットー・バウアーにもあるとした。フリードリヒ・ヘールはザイペルに、自党のキリスト教社会党とともに社会民主党とも闘うアンビヴァレントな政治家を見た。

かれはいつも自党を強く抑圧し、ついには破壊してしまった。工業家と銀行の力を借りて敵対的な議会外の反民主主義勢力を築き挙げた。つまり、ハイムヴェール［護国団］である。カール・レンナーが述べるように「ザイペルは、かれらの援助で社会民主党を徹底的に萎縮させ」、ザイペル自身の言葉を引用すれば、「打ちのめされっぱなしよりは自殺を選ぶ状態まで追い込んだ、と思った[120]」。

当時レンナーはブルジョア世論に訴えて、内戦という差し迫った危険を議会の協調体制で阻止しようとした。一九二七年の社会民主党大会でレンナーは、いわばそのときまで思いとどまってきた、バウアー政策への反対を公然と表明した。カール・レンナーを中心とする穏健な中間派と、正反対のバウアーが体現する急進社会主義左派との対立は、特に一九三〇年から一九三三年の決定的に重要な時期に党を麻痺させた[121]。リヒャルト・ザーゲは、レンナーとバウアーの関係を党内向けと党外向けの次元で区別する。議場のような党外では、ふたりの政治的不一致はまったく目立たない。第一共和国のひじょうに重要な課題すべてにおいて、レンナーとバウアーの意見は一致していた。これに対し党大会のような党内向けの場や社会民主党の出版メディアでは、ふたりは連立問題や政治的な修辞法をめぐって見解の相違を徹底的に闘わせた[122]。

レンナーが一九二九年、人権について講演した際、民主主義は重要な位置を占めた。

私たちは共同体と諸個人とのこの共演に、法的に整えられたこの共演に、民主主義の本質が実現されているのを見ます。それはすべての者に対する生得の闘争にもかかわらず、すべての者が協働することであり、すべての者の協働でありながら闘争、言葉を換えれば、万人の万人に対する闘争でもあり、それは法形態で行われ、法的に整えられた手段をもって行われる闘争です！　闘争は矛盾を内包しています。破壊でもあり、建設もします。闘争を法的形態と法的手段に制限することは、闘争から破壊的作用を奪い、建設の作用を高めます。これを民主主義は求めます。この民主主義において――基本的権利は民主主義の本質的部分です――我々は人間社会の可能な限り高度の、可能な限り平和な発展を見いだします。[123]

レンナーによれば、バウアーの理論とプロパガンダの言葉とは、「革命」や「階級闘争」の誤った概念把握につながった。いまや積極的で革命的な管理行為（Tat der Verwaltung）に向かわねばならない。レンナーは党の精神的空気の転換、つまり、連立の評価や党政策決定の理論、そして何よりも党とバウアーが使用するプロパガンダ言語の転換を求めた。自分の基本的に進化的な考えに基づいてレンナーは、労働者たちが連立によって、自分たちの所有物でもある国家に対する請求権を裏付けねばならない、と主張した。労働者階級は、国家権力への関与の権利をもつ。たとえ労働者階級が相手より弱い連立当事者だとしても、連立は労働者階級に貴重なものをもたらし、あるいは少なくとも最悪の事態を防止できる。レンナーの考える最悪の事態とは、多数派がファシズムの形態で「極端に走った権力行使をする」ことだった。だが、一九三一年、ザイツ、ダネベルク、バウアーが、ザイペルから出たバウアーとの連立の申し出を戦術的理由から拒絶したとき、[124] レンナーはかれらに賛意を表した。明らかにバウアーの次のスローガンが効いた。

何度でも喜んで間違った道を行こう。間違いは正せる。正しい道のために党分裂を招くよりは。[125]

レンナーには、ある種の諦念が生まれたように思われる。かれには当時、引き返したり、新しい路線に進んだりすることを自分で決める力がもはやなかったかもしれない。こうしてかれは一九三三年三月四日、党に対する忠実義務を果たして、バウアーの指示するままに国民議会第一議長の職を辞した。[126] この失敗を埋め合わせようとする、レンナーの徒労に終わった努力は、先に引用したバウアーの考えの誤りを照らし出す。レンナーには、身構えるブルジョアの敵とも話をし接触することは、偶然の暴力行為が予測しがたい衝突につながらないために必要と思われた。[127] そうした対話がもっとも容易に行われ、もっとも豊かな結果を生むのは、協働と連立を通じてだった。

バウアーもザイツも考えなかったことは、社会民主党が相対的に最強の党として議長の職と職責を要求するのであれば、職務遂行が党に犠牲を強いるとき、即時にノーと言うことが正しとは言えない、ということだった。[128] 筋金入りの社会民主党員であり、党員のまま第一議長だったレンナーは、党利と国家の道理との狭間で党側に立つ義務を選んだ。こうして国家の最高職のひとつが毀損されただけでなく、続いてふたりの副議長の辞任も起き、さらにエンゲルベルト・ドルフースが明らかに長年にわたり狙っていたクーデタが可能になった。レンナーが取った行動は、その可能性に道を拓いた。ただ、他に機会があれば、ドルフースは間違いなくそれを捉えて、この目的を達成しただろう。[129]

議会に警察が導入されたことは、民主主義に代わって、いまや恣意が支配する合図だった。民主主義の枢要な場である国家が最大の危険にさらされただけでなく、レンナーが築きあげた成果が揺らぎ、そうでなくともすでにひどく追い詰められていた労働者の状況は危機的となった。ひたすら独裁へ突き進むばかりの、議会規則の危機を引き起こした張本人のレンナーは全力をあげて、少なくとも形式的には僅かばかりの合法性とともに、できれば最低限の協力もあわせて取りつけようとした。レンナーのブルジョア勢力との接触が役立ったろうか？　またブルジョアとの対話の地盤がかれの助けになったろうか？　レンナーは連邦大統領のヴィルヘルム・ミクラスに警告した。民主主義がないがしろにされることは、労働者の血が流れることであり、大統領はその責任を問われますよ、と。レンナーは大統領に、社会民主党指導部が承認した党の形式的な降伏文書を［首相］ドルフースに提出することを申し出た。

迫る［ドイツの］侵攻に鑑みて、大統領閣下、一度でいいですから議会を再招集してください。議事は二点に絞られます。ひとつは国の男女すべてが選んだ議会が、オーストリアの独立を守ると厳かに宣言することです。この宣言は、ヒトラーの計画を全世界に暴露し、その実施を極めて困難にするでしょう。ふたつ目は、危機が取り除かれるまで、議会なしに任務を遂行するあらゆる権限をもった政府を設置することです。[130]

「それでどうなるというのです？」

ミクラスは、レンナーの要求に応えることなく叫んだ。「それでどうなるというのです？」　社会民主党が賛同すれば議会で成立する五分の四の多数は、ヒトラーから侵攻と合邦のあらゆる口実を取り上げていたことだろう。ヒトラーはオーストリア国民の意思を、決してそれ以上引き合いに出すことはできなかったろう。レンナーは同時にもうひとつ提案を行う。議会は、社会民主党の無任所大臣がひとりだけオブザーバーとして加わる内閣に全権を委ね、休会するというものである。一方、バウアーもまた一九三三年一二月、『労働者新聞』に一連の記事を書き、労働者たちが［ドルフースの］職能身分代表制体制を受け入れやすくするよう尽力した。レンナーによれば、ドルフースはふたつの罪を負う。ひとつは社会民主党の申し出を無視したことで、ナチに抗する「防衛手段」を放棄したこと、もうひとつは、ドルフースが社会民主党に対し、自前の新聞で自党支持者——ともかくも人口の四〇%をしめる——にこのことを知らせる機会を与えなかったことである。かれの唯一の目的は「ファシズムを貫徹する」ことだった、とレンナーは言う。ドルフースは、社会民主党指導部が責任を強くわきまえていて、流血の闘争を挑発できないことを知っていた。[131] かれは敵の心理を正しく判断していた。[社会民主党指導者の] 間近にいて事態を目撃していたひとりは次のように述べる。

キリスト教社会党のとうに影響をなくしたある人物の片言隻語をもとに、対決せずに収拾する希望がもたらされた。ドルフースが自分の真の意図を隠すためのあらゆる嘘は、長時間にわたり検討された。誰か政府関係者と何とか接触しようと、あらゆる機会が利用された。適切、不適切を問わず、あらゆる機会を捉えて、社会民主党の忠誠と和解の意思が保証された。……あるキリスト教社会党員が、政府は [社会民主党の] 現指導者たちと交渉できない、とコメントし、それが十分なきっかけとなって、ドクター・レ [ンナー] が党執行部でドクター・バ [ウアー] の退陣を要求し、自分も同時に退陣する用意のあることを表明した。同志であるドクター・バの退陣によって、党執行部の右派の同志たちが勝利した、という印象を党外に与えないようにするためだった。こうした態度によって何よりも明瞭に示されたのは、大多数の指導的同志が取っていた態度だった。[132]

社会民主党の苦悶が長く続けば続くほど、ドルフースの成功のチャンスは大きかった。党指導部が長々と逡巡の態度をとり続けるあいだ、党の支持基盤においては、ただ待つだけの時期と、行動を一層強く促す時期とが交互にやって来た。ドルフースに必要だったのは、労働組合の活動家であるヨハン・ショルシュが結論付けたように、ただ待つこと、つまり、共和国防衛同盟に組織された労働者と活動家たちもまた、党指導部が抵抗方針を採用するという希望をすべて捨ててしまうか、あるいは、かれらがいらだって、我を忘れた行動に出るまで、ただ待つことだけだった。ところでレンナーは、ドルフースが一九三三年のローザンヌ借款供与交渉に際して、オーストリアの社会民主党に対しては何もしない、とフランス政府に確約したはずだと信じて疑わなかった。したがってレンナーは、一九三四年二月一一日にエミール・ファイが、次の日には「事」を始めるぞと宣言したことと、フランス政府の危機⑤とが一致した偶然が信じられなかっただろう。[133]

ウィーン地方裁判所に囚われた⑥レンナーは、一九三四年四月一三日、二月蜂起の準備をまったく知らなかったことを詳述する。

二月一二日の出来事に、私は一切関係をもちません。また、それに止まらず、自分の態度全体をもとに次のように申し上げます。自分がまったく望まなかったこと、つまり、一九二七年以来、自分の手元のあらゆる手段を使って絶えず避けようと努めたことに対し、私は一切責任を負うことができません。……長年にわたりその一角を占めた党指導部について言えば、次のようにはっきり申し上げねばなりません。同機関は、私が出席した限り、また、そのほか私が知る限り、破局の月曜日の出来事を命じる決議を一度として行ったことがありません。[134]

すでに一九三四年三月一四日、レンナーは予審判事に向かってはっきりと述べた。憲法の定める機関が機能不全に陥った場合、憲法を遵守することを誓った国権の上級諸機関の第一の義務は、巻き添えをくった機関を再建することであり、機能不全の機関の機能を自らの手に簒奪することではない、と。[135] すでに前日にレンナーは語っていた。僅差にすぎない議会多数派のため、社会民主党は国事を理由に新たな選挙をする用意ができていた。それで間違いなく議席喪失の犠牲を払ったとしても。新たな選挙が行われていれば、はっきりした勢力図ができあがったことだろう、と。[136] 最後、三月一九日にレンナーは、ニーダーエスタライヒ出身の人物たちが仕上げて、自分が仲介した国家非常事態法案は、ひとつの党からすれば最大限の譲歩であると特徴づけた。その党は、何十年にもわたり困難な闘いを続けて、議会の普通選挙権を闘い取った党である、と。[137] ゲールハルト・ボッツは『スタンダルト』紙で、この「オーストロファシズム」が実際にどの程度ファシズム的であったかを徹底的に分析した。

オーストリアに関してたいていの場合、一九三〇年以降の護国団と、一九二三年ないし二五年からのオーストリア・ナチが明確にファシズム的であると特徴づけられる。ドルフース体制はそうではない。同体制は、ウィーンの哲学者、オトマル・シュパンの民主主義を破壊するほどの影響力のもと、護国団とムッソリーニが徐々に強める圧力を受けて部分的にファシズム化の道を歩んだ。しかし依然、圧倒的に権威主義的、半ファシズム的独裁の枠に止まっていた。ただその際、イグナーツ・ザイペルやキリスト教社会党、国内のカトリック主義、教皇ピウス一一世の回勅の影響のもとに強い身分制的な構想が流れ込み、構造が形作られた。オーストリアの体制は、「再カトリック化」計画の一環として「キリスト教的身分代表制国家」の看板を掲げた。……他のヨーロッパの戦間期独裁と比較すると、おそらく交雑した支配体制と言えるだろう。[138]

連邦大統領となったレンナーは一九四八年、米国の『フォーリン・アフェアーズ』誌に寄稿し、国民党［キリスト教社会党の後継党］の神経を逆なでした。曰く、ドルフースは、大多数の反ファシズムの国民を集めるのではなく、ムッソリーニの使節であるフルヴィオ・スヴィクの助言と督励により計画を立てた。議会を排除し、社会民主党を打ち負かし、イタリア型ファシズムの手を借りてヒトラー型ファシズムを駆逐する、しかも宗教的にカトリックの幕で覆って愛国的にオーストリアの旗を掲げて駆逐するという計画である。結末は周知の通り。ドルフースが殺害され、シュシュニクの惨めな幕間劇があり、やがてヒトラーが侵攻してオーストリアを呑み込んだ、と。[139]

「合邦」の主張を社会民主党は、一九三三年秋の党大会まで公式に捨てなかった。実際、オーストリアを生存不能だとする声と、そこから帰結する「合邦」の必要性という掛け声は、景気後退のたびに高くなった。一九二七年から二九年の好況期に「合邦」は問題とならなかったものの、世界経済危機が到来し、一九三〇年、雇用状況が極端に悪化したときに重要になった。結果的に成功しなかった［独外相］クルティウスとショーバー［首相］の関税同盟計画（一九三一年）を、バウアーは初めから見込みなしと見ていた。おそらくはバウアーが音頭を取って、社会主義労働者インターナショナル（ＳＡＩ）は一九三二年、ドナウ連合の問題を協議した。レンナーが一九三六年に書いた覚書によれば、社会民主党は一九三三年、「合邦」政策を改めて放棄し、「政治的・経済的ドナウ枢軸」路線への賛成に回った。オーストリアはドナウ地域で、対等の役割を演じることができるだろうと期待された。

社会民主党によるこの態度変更の証拠として、レンナーは社会民主党議員団と、一九三三年になって設けられた党評議会（Parteirat）との決議を引く。レンナー自身、党指導部の賛同を得て、包括的な答申を作成・印刷し、ＳＡＩに加盟する全党に送付した。その中でかれは、「合邦」を断固退け、ドナウ連合の形成を支持するとともに、社会民主主義の友好諸党に［オーストリア］社会民主党の新政策を支持するよう要請した。一九三四年二月初め、これに関する交渉のため、レンナーは使節として党指導部によりベオグラードに派遣された。これに続く出張が計画されたが、二月蜂起のために実現しなかった。七年後、レンナーは［友人の］ヴォルフガング・パウカーに宛てて書く。一九三四年に急激にやって来た不当な激変にも自分はショックを受けなかった。政治の世界に踏み込んでからというもの、あらゆることを覚悟しなければならなかったからだ、と。

一九三四年のことで僕が唯一腹立たしいのは、犠牲が意味もなく、本当に不運に、しかも惨憺たる状況でこの国と民に捧げられたことだ。当時起きたような、まったく無意味で近視眼的なことが、歴史上、行動に移されるのは滅多にないことだった。梯子の一番上の段に立って、一番下の段を粉々にしたのだ。そんなことをすれば、梯子が壊れることも知らずに。労働者住宅への砲撃が開始されてからも、当たり前のことだけれども、危機の中で——大砲がすでに出入り口で唸り、その音を青臭い未熟な政治家だけが聞き流したのだ——防衛しようにも手をこまねいているばかりだった。みなおろおろするばかりだった。僕が耐えねばならなかったのは国の運命だ。この国を僕はひたむきに崩壊の中から立て直そうとした。当時、胸が痛んだ。今もなお痛む。その間に僕は政治にまったく背を向けた……。[140]

イタリアと友好的な当時の［オーストリア］ファシズム体制は、レンナーにとって「合邦に向かう一直線の準備であり、中欧の諸国をナチズムに引き渡す」ことを意味した。[141]

持続可能な理念をもたない体制

レンナーはさらに、オーストリアのイタリアへの依存がまったく人気がない、と断言する。依存せざるをえないならば、同種の国で言語も同じ国［ドイツ］に依存するほうが、イタリアよりもましだろう。レンナーによれば、そもそも職能身分代表制国家はすべての社会階層を失望させ、元々の支持者たちの期待さえ裏切った。

現在の体制は、良いものもひどいものも、また進歩的、反動的を問わず、何ひとつ持続可能な理念を持ち合わせない。これが体制に否定的に働いている。ヒトラーとムッソリーニは、大衆運動を基盤に自分たちの権力を獲得した。大衆を背後にもち、自分たちの目的と一致する限り、大衆を社会的な考慮に含める。……この国では事情が異なる。指導者たちは、大した才能もない高位の貴族や頭でっかちの弁護士だ。……一九三四年の転覆で目に見えて変わったことといえば、貴族や旧軍の将校、仕事にあぶれた官僚、聖職者が庇護する者（カトリック学生団体連合ＣＶと加盟諸団体）があらゆる地位を占め、資金を源から自分たちに流れるようにしたことだ。そのため、ほぼ全員の公務員が密かにナチ支持に回った。[142]

レンナーは一九三七年、ＣＶ出身の公務員だけにポストを世話する団体国家（Korporationenstaat）を批判した。ＣＶ出身者たちは、オーストリアがナチ化されれば、自分たちの職が奪われることをよく知っていて、反ナチ政策の支持者だった。シュシュニク体制はレンナーによれば、宗教的理由から追従者になった少数の者たちを除けば、ブルジョアにも農民にも取り立てて言うほどの支持者をもたず、労働者層を獲得することができない。政権は互いに武器を取って反目する半軍事組織に支えられている。そのほか、軍隊、警察、官公吏に依存せざるをえない。こうした機構はレンナーによれば、ナチに親和的であり、日々ますますそうなりつつあった。

カール・レンナー――この人物を、当時成立しつつあった職能身分代表制国家の「オーストリア」は「国家反逆者」として牢獄に押し込めたことがある――は生涯にわたって、この小さな国、かつて広大で多様でありながら、最後はドイツ人の国となったオーストリアのためにいくつもの構想を立て実行に移そうとしたが、このカール・レンナーは自分の投獄にもかかわらず、引き続きこの国に責任を感じ、とりわけこの国に生きる男と女たちに責任を覚えた。レンナーの活動を評価するにあたって後年の批判者たちは、重箱の隅を突っつくように、この創造的で建設的な思想家の引用の宝庫からたびたび批判の材料を見つけ出す。レンナーを非難して、かれは傍流に甘んじることがなかった、と言う。「傍流」が、かれに定められた場だったろうか？　レンナーはいつも、その時々の現状に手を貸した、と非難される。だが、かれは『オーストリアの更新』［一九一六］を書いたし、複合国家［オーストリア＝ハンガリー帝国］が崩壊した後、かれ流にドイツとの「合邦」に全力を尽くした。

レンナーはリルケに倣って言えば、「勝利だって？　生き延びることだけさ」という実践家のように思われる。レンナーが生涯努力したことは、この生き延びることを同胞みなに、しかも誰よりも、この国と全世界のプロレタリアートに可能にし保証することだった。世界、諸国家、生、すべてこうしたものは静的な産物ではない。「万物は流転する」という、エフェソスのヘラクレイトスの言葉は、もったいぶった言い回しではない。現実の、特に二〇世紀前半におけるレンナーの世代が直面した現実の力学である。

こうしたことは全体として、ゲーテの『ファウスト』を思い出させる。「思索などやるやつは、枯れ野原のなか［の］……家畜みたいなもんです。その外側には立派な緑の牧場があるというのに」（相良守峯・訳）。しばしば犯罪捜査のように、むやみに細かい詮索が行われたし、今も行われる。あちらこちらの、その時々のレンナーに何か攻撃可能な発言を見つけようとする。そうした試みは、レンナーの多くの言葉で実際に可能だろう。だが、問われるべきは、レンナーの行動、行為であり、レンナーがオーストリアと労働者のために創り出した新しい産物ではないのか？

レンナーは思索を用いる治療者だった。未来が、能力不足と柔軟性の欠如というぬかるみにはまってしまった場合にはいつも、かれは取り組みを始め、解決策を構想し、実現できるように手はずを整えた。その際、かれがいつも忘れなかったのは、何か抽象的な国家機構に責任を負うことではなく、今を生きる人々を、責任を持って支えることだった。この点でレンナーは、自分の原則を取り替えるようなことは決してしなかった。社会主義へと進める梃子としての国家は、それがいかなる国家であろうと、かれにとって基本方針の中心に位置し、解決が求められる課題だった。社会主義とはかれにとって、オーストロマルクス主義の慣用句ではなく、民主主義と自由の中で人々の生活と共生を守り、それを維持・促進し、長い道のりの先にあまねく繁栄をもたらすことだった。世界を根本から変換することはひとりではできない。同盟者、共闘者が必要である。プロレタリアートは、レンナーの心の故郷だった。だが、保守的な勢力が国家権力を意のままにしていた。これに効果的に立ち向かうには、プロレタリアートは力が弱すぎた。しかしながら、この国家権力をプロレタリアートのために手に入れることが、レンナーにとって成功に至る王道であり、踏破可能な道に思われた。全労働運動は崇高な諸目標に支えられていた。運動の中にあってもっとも優れた者たちは、革命に向かう純粋の一本の登り道を不可避と考えたので、つづら折れの、おそらくさらに先へと続く道をともにできなかった。極端さをおびた左派と行をともにすることで、どれほどの苦しみを味わい、どれほどの努力が無駄になったことだろう！　レンナーが党への忠誠の則を超えず、先見の明よりも一致団結を重視したことは、かれの内に秘めた力を大きく奪ったに違いない！

レンナーはプロレタリアートを鼓舞するためなら、どんなこともいとわなかった。レンナー以外に、政治的・思想的に注目すべき建設的な関与に止まらず、具体的にプロレタリアートに密着して尽くすなどということを、レンナーのように誰がしたろうか？　消費協同組合におけるレンナーの活動は笑いものにされた。かれの協同組合活動がもつ広がりと深みを、プロレタリアートの生活扶助以上のものとして人々は評価できなかった。第一次大戦中の食糧管理をめぐるレンナーの積極的関与は、かれがハープスブルク家に好意的で、戦争を長期化しようとした仕業だと解釈された。レンナーは子供の頃から空腹の何たるかを知っており、自分が使える手段をもって、いまこの場で、たとえ戦時中であっても、飢餓と困窮を最小限に抑えて、少しでも耐えられるものにしたかった。安定して相対的に明るい、平和と繁栄の時代に後から生まれた我々は、五つの国家体制をくぐり抜けたカール・レンナーの足跡をひとつひとつ批判はできよう。ただ、協調によって一歩一歩進めるかれの原則（kooperative Evolutionsmaxime）を理解するには、人間性に対する感覚と心情が必要になろう。左派の純粋な戦略、かれらの真理へのこだわり（Wahrheitssinn）は結局、多くの苦悩と死をもたらした。レンナーが活動の最後の局面で語った計算づくの［オーストリア］犠牲者説の嘘（Opferlüge）は、そうしたものを避けるのに寄与したのだった！

　レンナーについて語る者はまずたいてい、かれの「合邦」に対する「賛成」を思い浮かべる。この賛意は単純化されて、ナチへの賛同に改釈される。だが、この賛同はなかったし、一瞬たりともあり得なかった！　先に言及した覚書でレンナーは一九三六年、労働者たちのイデオロギー状況についても取り組んだ。レンナーによれば、かれらは当時、職能身分代表制国家体制の誘惑に対して免疫があった。ナチズムに対してもまだ、全体として抵抗力があった。だが、レンナーの意見では、共産主義者とナチ党員の二重のプロパガンダ攻勢に「ひじょうに長期にわたって、動揺もなく」抗することはできなかった。その際、ナチのプロパガンダは、とりわけ「一定の上層プロレタリアート」の共鳴を得た。

もともと反教会の態度を取っていたこの層では、ヒトラーがドイツで『坊主ども』を排除した、という話は広く受け入れられている。今日、ヒトラーはすでにひじょうに大きな影響力をもっているので、かれが侵攻してくれれば、すぐに官僚機構がなびくだけでなく……大衆の間でも、だれもヒトラーに反対の声を挙げないだろう。［一九三四年］二月前の状況とはまったく異なっている。あのときは社会民主党の防衛同盟が武装して、国境防衛（ザルツブルクやインスブルック）に立ち上がった。[143]

レンナーが一九三七年、フランスの新聞『ポピュレール』の主筆を相手にこの説を、繰り返し述べて練り上げたことが知られている。産業労働者の年上の世代は社会民主党に忠実なままである。だが、青年層はナチの影響に晒されている、と。レンナーはフリードリヒ・アードラーに向かって、ナチの危険は青年労働者にとってはるかに大きいと語り、「我々の」若者へのナチの浸透に不安を示した。［レンナーは続ける］火急、ナチに対して法的に可能な行動をとるときがやって来た、と。フリッツ・ヴェーバーによれば、レンナーがナチの増大する影響を、党内でレンナーに反対する多くの者よりもはっきりとした現実感覚をもって直視していたことは明らかだった。

民主主義と寛容のために

上記覚書の中の、レンナーによる実践的・政治的結論は次の三点からなる。第一は、仏・英のウィーン駐在大使を左寄りの人物に替えること。フランスの外務大臣、デルボスを訪ねたおり、レンナーはかれに向かって、シュシュニクに外交圧力をかけて自由化に舵を切らせるよう促した。オーストリアに民主主義が再興されるまで、ジュネーヴもパリもロンドンもオーストロファシズムに特に財政面で譲歩すべきではない。ジュネーヴの［国際連盟］オーストリア関連委員会すべてにおいて、イタリア人の委員長を英国人に切り替えるべきである、と。第二にドナウ諸国の社会民主主義諸党会議を招集し、「ドナウ枢軸」プログラムを決議し、国際連盟に提示すべきこと。第三にオーストリアに民主主義を再興すること。レンナーは、最大の注意を払いつつ、一歩一歩転換することによってのみ、目標に到達できると考えた。社会民主党は再び政治に関与させられるべきである、と。

レンナーはフリードリヒ・アードラーに向かって、革命的社会主義者たちは無視してかまわない、と述べる。[⑦]

革命の方途以外に何らかの行動が可能であるとしたら、それは（社会民主党の）右派によるものだけだろう。確かなことは、左派が行動を共にすることはないことだ。そして分裂がやってくる。[144]

オットー・バウアーもフリードリヒ・アードラーも、革命的社会主義者を正統と認めていた。というのは、ファシズム諸国の運動は、旧い組織と指導者、イデオロギーによっては再興できないからだった。ブルーノ・クライスキーが一九三六年以降、毎日正午すぎ、ウィーン四区にあるタウプシュトゥメンガッセの警察署に出頭しなければならなかったとき、近くに住むカール・レンナーに時折会った。

ご老人は、警察が僕を解放してくれるまで、道ばたで辛抱強く待っていてくれた。五分のこともあれば、一時間のこともあった。その後、僕とご老人は、カールス・プラッツに向かって歩いた。僕はこんな調子で時折、かれと非合法の「革命的社会主義者」との間を取り持った。レンナーは、僕たちに理解を示して好意的だった。「右派」のかれに僕たちが冷たいことはよく知っていたけれども、僕たちが事に当たって示す勇気を褒めてくれた。だが、僕たちが労働者を代表しているとは認めなかった。これは、あらゆる非合法の運動が抱える問題だった。[145]

一九三六年・三七年には、レンナーが社会主義運動の分裂を甘受する用意のあったことは明らかである。というのは、かれは左派の政策は破綻し、もはや国民のうち少数の人々に魅力を残すだけだと考えたからである。[146] しかしながら、フリッツ・ヴェーバーの次の想定は間違っていないだろう。つまり、バウアー、レンナー、フリードリヒ・アードラー等の社会主義者たちは、一九三八年の「合邦」以降も大ドイツの基本構想を変えていないことである。[147]

オットー・バウアーは一九三八年四月、「オーストリアの最後」と題する小論で、オーストリアの運命のときは、いつも手遅れだ、と嘆く。

手遅れだった！　まだ、三月一一日の夕方、シュシュニクが辞任して、国家権力がすでにナチの手に落ちていたときも、職場委員たちの興奮した会議や労働者の街頭デモがあった。だが、ドイツ軍がオーストリア国境を越えたとき、抵抗への勇気は消えた。消えざるを得なかった。[148]

レンナーによる一九三八年四月三日の「合邦賛成」は問題あり、と従来ほぼ一致して評価されてきた。何があっただろうか？　レンナーは公然と、子供のように実にあっさり、ドイツ本国による故国の占拠完了を受け入れることに賛成を表明した。レンナーは「合邦」を、まず経済政策の観点から根拠づけた。それは多くの政治家と共通する議論で、小国オーストリアの領土が限られているので、経済的に長期にわたって生き延びられない、というものだった。さらにレンナーの賛同は、第三帝国が不安定な独裁であり、長期には存続し得ないと想定した条件付きの賛成だった。[149] レンナーは自分が社会民主主義者であることを標榜しており、『新ウィーン日報』紙に載ったレンナーの声明には、アードルフ・ヒトラーの名もナチズムの概念も見られなかった。翌五月、レンナーは英国誌『ワールド・レヴュー』において、自分がナチ体制に対し明確に距離を置いていることを確かに記録に残したが、これは一九七〇年代にノルベルト・レーザーが発見するまで、オーストリアでは誰も知らなかった。

オーストリアにおけるナチ党役職者の内でも大物重罪犯のひとりだった元ウィーン副市長、トーマス・コツィヒ――副市長辞任後に市会議員となったSA旅団長（Brigade-führer）――は同じ頃、あるインタヴュー［一九七二年］で、カール・レンナーがヒトラーの熱心なファンだった、という作り話を後世に残すのに成功した。筆者の見解では、その動機は、連邦大統領だったレンナーがコツィヒの大赦申請に応じなかったことにある。コツィヒは一〇年の禁固刑判決を受けたが、二ないし三年後に釈放されることを願っていた。これは連邦大統領レンナーの後継者であるテーオドール・ケルナーの就任を機に初めて成功した。雑誌『プロフィール』のおかげで、「姿を消した」一九四七年のコツィヒ裁判の起訴状が二〇一〇年、広く知られるようになった。従来［一九七二年以降］のほぼすべてのレンナー論にはコツィヒの虚言が流れ込んでいた。

レンナーによる一九三八年の［合邦賛成］表明をめぐって、党内の各所で推測が行われた。曰く、レンナーが表明を行ったのは、名の知られた幾人かの社会民主党員を救出するため、あるいは逮捕から守るためだった、と。ジャック・ハッナクによれば、「それどころかナチ党でも」レンナーの表明は本気ではない、という意見が有力だった。[150] 筆者の見解では、「合邦」を信奉していたこともまたレンナー関与［賛成表明］の動機だった。かれが旧帝国や体制を固めつつあった職能身分代表制国家に積極的に関わることによって事態を緩和しようとしたように、一九三八年についても同じだった。レンナー自身、自分が表舞台に登場して危険にさらされた党の仲間を助けた、という説を一貫して否定した。レンナーの行動は間違いなく、娘婿と三人の孫の円滑な出国を可能にした。しかし、かれが「合邦に賛成した」ことと、賛成を「社会民主党員として」行ったことの強調とは、労働者全体に向けられたナチ国家による暴力の勢いを緩和する緩衝材でもあった。一九四八年、レンナーは自著『オーストリア、第一共和国から第二共和国へ』で言う。自分と仲間たちは、反対票を投じたり、棄権したりすることは、「無意味な犠牲」を強いるだけだと考えた、と。[151] オーストリアは、もはや存在しなかった。世界のどの国も、オーストリアの存続のために明確な介入を行わなかった。どんなに抵抗しても、どんなに反対の声を挙げても、無意味な、さらなる苦痛と迫害を招くだけだったに違いない。レンナーは何よりも、大多数の労働者がナチズムに傾倒していることを意識していた。

　レンナーは一九一七年に、ある国民が外国軍隊によって独裁国家から解放されることについて、どんなことを書いていたろうか？　この国家の敗北そのものが、人々にとって何を置いても真っ先に死と苦痛、貧困を意味する！と。この点については何ら変わるところがなく、その後、一九四五年初頭に至るまで事態の展開は、レンナーの見通しの正しさをはっきりと示した。

　ニコルスブルクのギムナージウムで二年生が終わろうとする頃、授業の後、町の同級生の間で争いが起きた。レンナーはとっさに自分の気に入っていたオトマル・シェルプに加勢した。これがみなの嘲笑を引き起こしたため、シェルプは唐突に反応して、［おまえには関係ないと］レンナーに平手打ちを食わせた。ところが、ここからまったく異例のことが起きた。レンナーが生涯にわたって、あちらこちらで、ついには世界中で調和と友好、共感を求めた努力が、まるで画に描いたように先取りされる出来事だった。

　僕の反応は、殴り返すものではなかった。根が生えたかのように立ち尽くして、咎めるような柔らかい眼差しをひしとかれに向けると、かれは眼を本当に長い間、僕からそらすことができず、ついにかれは真っ赤になり、僕や仲間に一言も声を掛けることなく、困惑してその場を立ち去った。何年かして、かれは僕に言った。かれが倦むことなく僕に語ったこの［僕の］眼差しは、自分の間違いと自分がしたことの卑劣さ、そしてまた僕のかれに対する好意を確信させてくれて、このときから僕を好きになったが、でも、何か月もしなければ、自分に言い聞かせて僕に近づくことができなかった、と。[152]

　博愛主義者のレンナーの場合、和解を好み、人間性に足場を築こうとする性向が、より良き世界をあらゆるところで創ろうとする抽象的・組織的創意に見られただけでなく、かれは友人を作る能力に根っから恵まれ、左派で次第に敵対的になる党の同僚とも結びつきを維持しようとした。だが、レンナーは、日々をともに過ごした、という共感にも限度があることを痛みとともに思い知った。限度を設けたのはかれではなく、かれの「友人たち」だった。たとえばオットー・バウアーは、レンナーの感受性の豊かさを当てこすって、「おまえって奴はどうしようもない俗物だな！」と応えた。[153]

　レンナーにとって政治的に重要だったのは、戦略的な線引きや国家の決定ではなかった。かれの創意すべてに際立っていたのは、自国民の安泰だった。この点でかれは、二〇世紀前半のインドに生きたマハートマ・ガーンディーの間違いなく偉大で平和的な人物像とは明確に異なっていた。ガーンディーが南アフリカで暮らして以来育んだ基本的態度はサティアグラハと呼ばれ、その核心は、敵の理性と良心に呼びかけるものだった。サティアグラハは、アヒムサという自己の非暴力と、苦痛・苦悩を自分に引き受ける用意とに基づいていた。レンナーが国家権力に接近して国家を転換しようとしたのに似て、ガーンディーもまた敵を同盟者として、友人として獲得しようと考えた。この戦略の土台にあるのは、敵の心情と良心に訴えるほうが、脅迫や暴力よりも効果的であるという考え方だった。暴力が結局はいつも対抗する暴力を誘発するのに対し、非暴力は暴力の連鎖を断ち切り、敵を自陣営に引きつける、と。[154] ただ、ガーンディーはこの推測によって、支持者たちを大きな危険に晒した。一九一九年八月一三日、アムリツァルのジャリアンワラ・バーグで丸腰の市民が集会を開いた際、英国のレジナルド・ダイア将軍は、事前に立ち去る機会を与えることなく銃撃を命じた。英国側の公式発表では、この虐殺で三七九人の死者と一二〇〇名の負傷者が生じた。資料分析と目撃証言を基に国民会議派に提出されたガーンディーの客観的で事実に即した報告によれば、何千という死者と何千という負傷者がいた。[155]

この虐殺は長期的に見れば、インド植民地時代の終わりの始まりだったが、そのための犠牲は、レンナーだったら払わなかったと思われる。かれは自国民のひとりといえども、その傷を自分自身の傷として受け止めた。したがって、レンナーにとって先のやり方は考えられず、問題外だった。レンナーは一九三八年、新しい現実を承知してはいたが、倦むことなくシジフォスの作業を続け、接近によってナチ国家を改善できないとしても、すくなくとも怒りを買わないようにした。レンナーによる一九三八年の「賛成」は、一時的で僅かではあっても、一部の労働者にナチ体制をやり過ごしやすくしたのではないか。そのような動機を、レンナーは公言すべきだったろうか？［公言は］ナチ時代には逆にしか作用しなかったろうし、一九四五年以降であれば、レンナーはおそらく、ひけらかしと自惚れを非難されただろう。

黙認された市民からスターリンのお気に入りへ

レンナーの明解な所信表明にもかかわらず、かれはナチ体制から黙認された人物に過ぎなかった。ヴァルター・ラウシャーが詳述するように、ナチの認識は次のようなものだった。レンナーはドナウ帝国時代に「大物政治家」であり、その後、戦間期には社会民主党の右派に属して、「かれが就いた数多くの役職すべてにおいて、急進派として登場することは決してなかった」というものである。[156] ヘルムート・ブタヴェックによれば、レンナーはケルナー、シェルフ、ヘルマーと並んで、いつも逮捕を覚悟していなければならない社会主義者のひとりだった。[157] 校了した原稿『ドイツオーストリア共和国樹立と合邦、ズデーテンドイツ人、ある権利闘争の記録』でレンナーは、「チェコ帝国主義」や一九一九年の過酷なパリ講和条約締結、そして西側戦勝諸国の不当な政策を総括した。妥協の天才、カール・レンナーはこの原稿の中で、ミュンヘン協定における西側諸国とナチ・ドイツとの妥協を歓迎し、ズデーテン問題解決に向けたかれ自身の努力が、一九一八年・一九年の自決権の枠内でとうとう報われた、と記した。

レンナーがこの原稿の後書きで、レーオポルト・クンシャクやヴィルヘルム・ミクラスのようなキリスト教社会主義者たちが、当初「合邦」に敵対したこと、オットー・エンダーに至っては「国家反逆罪的な策動」を行ったことに触れたのを、若い世代はしばしば批判する。[158] これらの政治家はみな、国家の最大の危機に際し、ドルフースに追随して部分的に態度をはっきりさせず、陣営間を架橋しようとするレンナーを失望させ、また、恥ずべきことに、かれを見殺しにした！　ところで、この原稿は一度として一般の目に触れることがなかった。偏見に囚われた若い世代の幾人もが、レンナーに対する左派の批判を衰えさせないよう、上記原稿の印刷を後押ししたことによって初めて、その後も数限りない推論が繰り広げられ、批判が続いた。

レンナーが全政治生活にわたって覚えた、ナチズムに対する当然の距離感と嫌悪は、［一九三八年に］出現した現実によってますます強められた。レンナーは夫人のルイーゼと娘のレオポルディーネとともに、グログニッツの別荘で暮らした。

かれの日課は厳密にわけられていた。午前は読書と言語学習、書き物だった。午後はのんびり家族とともに、ときに友人たちと過ごした。厳しい冬も切り抜け、家は十分に暖房され、菜園はかれに快適で健康に良い仕事を用意し、家族には十分な食料を保障した。カール・レンナーは、ほぼ最後までナチの追求を免れた数少ない有力なオーストリアの政治家に数えられる。[159]

レンナーは一九三九年九月の戦争勃発を決定的な転換点と捉え、戦争が全体主義体制の崩壊を招かざるをえないと考えた。一九四一年［八月二九日］、レンナーはヴォルフガング・パウカーに宛てて、自分は移動の自由をひどく妨げられている、と書く。[160]パウカー宛のさらに別の手紙［同年一一月八日］では、ぎりぎりの生活もまだ幸せだ、と記す。[161]一九四三年、アードルフ・シェルフはヴィルヘルム・ロイシュナー[⑧]に言う。「合邦」は死んだ。ザイツやレンナーのような、政界の自分の友人たちがヒトラー体制排除に協力できるといいのだが、と。[162]一九四三年一一月一日、英・米・ソの連合国三か国外相が決議した。一九三八年のオーストリア「合邦」は無効であり、オーストリアは第二次大戦終結後、独立国家として再興されるべきである、と。三国政府の見解は一致していて、オーストリアは、ヒトラーの典型的な侵略政策の犠牲に初めてなった自由の国であり、ドイツの支配から解放されねばならない、とされた。[163]レンナーもまた密かに、ナチから解放された後の時代に備えた。オーリヴァー・ラートコルプは自著の『パラドックスの共和国』の中で、一九四五年の大転換の準備に筆を進める。

今日もなお不思議なのは、七五歳になった老齢の年金生活者——旧帝国時代の帝国議会議員であり、第一共和国で一九一八年から一九二〇年まで首相を務めた——が、一九四五年、ゼメリング近くの静かな小さなグログニッツの町で、どのようにして政治的な忘却の淵から再浮上できたのか、ということである。全世界もまた、レンナーを首班として一九四五年四月二七日に暫定政府が樹立されたことに驚ろかされた。スターリンの同意だけを手中に、レンナーとかれのチームは、一晩で中央政府の構造を作り上げたのだった。[164]

一九四五年のレンナーは、首相として伝説上の人物であり、記念碑の類だった。ラートコルプが言うように、多くの者にとって一種政治上の化石ではあるが、ひじょうに成功を収めた化石だった。[165]

もうひとりの政治的化石——一九三八年のナチ・ドイツによる侵攻の過程でオットー・スコルツェニ[⑨]が、ウィーンにある［「化石」の］自宅で大々的な拘束劇を演じた——が、「自分から辞任しなかった」元連邦大統領として、一九四五年五月二日にレンナー首相に書簡を寄せた。ヴィルヘルム・ミクラスである。

ともかくも首相であるあなたと、あなたの試み——オーストリア国に……旧い民主主義諸政党の合意に基づく独立の中央政府を設置する——に協力するため、暫定政府に招かれた方々に感謝申し上げます。……最後のオーストリア連邦大統領として、確とした期待を込めて申し上げます。首相であるあなたには次の課題がございましょう。短い過渡期に、困窮した住民に緊急の配慮を行い、政治的・宗教的自由を確保するために必要な措置を講じ、私たちの祖国のひじょうに多様な国民のため、公正な国家・社会秩序の前提を作りだした後、オーストリア全国民にできるだけ早く、国民の新代表機関の選挙を呼びかけ、この機関が同様に早期に最初の正式政府と新しい国家元首を任命することです。[166]

大統領のミクラスが一九三八年前にレンナーに問うた「次はどうなるのです」という責任感のない質問よりも、いまやこの愚直に記された「ミクラスの」生存の証は、レンナーにとってさらに無意味だった。

「収容所通り」の神話⑩は、当時の三党協力に大きく貢献したかもしれない。一九四五年の国民党指導部のうちで、レーオポルト・フィーグルやフェーリクス・フルデス、ハインリヒ・グライスナー、アルフォンス・ゴルバハ、ロイス・ヴァインベルガーは、実際、強制収容所に収容されていた。一方、社会党［社会民主党が戦後改称］指導部のカール・レンナー、アードルフ・シェルフ、オスカル・ヘルマーは収容されずにすんだ。しかし、カール・ザイツとフランツ・オーラは収容所にいた。[167] もっとも、シェルフ[168]やヘルマー、テーオドール・ケルナーは、一九四四年、一時的にゲシュタポに拘束されていた。[169] レンナーが閣議で報告したように、ケルンテン州だけは、ヤルタ会議の条件⑪を完全に満たした、オーストリア共和国で唯一の州だった。ケルンテン州政府は、すでに英国軍が進駐する前にガウライター［ナチの大管区長］から末端の役所に至るまで、ナチ党・支部の全メンバーを追放していた。[170]

一九四五年五月一九・二〇日、レンナーはシュタイアマルク州を自分の管轄下に置いた。州政府はウィーンの出来事を何も知らなかった。そこでレンナーは州知事、ラインハルト・マホルトの手元に、自分の起草した独立宣言文を一部参考に残してきた。またレンナーは、マホルトがシュタイアマルク州で中央政府の名において決定を下す権利をもつことを定めた。シュタイアマルクから赤軍が撤収した後、七月二五日に英国軍が進出した。[171]

もしファシズムとナチズムが外部から押しつけられていなければ、オーストリア国民は決してこれらに屈することはなかった、とレンナーは確信していた。「我が国民」は、自決権を盾に隣国やどこか遠隔の地で戦争を遂行することは決してなかった。戦場で忌まわしい野蛮な行為を決してせず、銃後で人種憎悪の非人間的な行為を決して赦さなかった。それはナチズムが犯した罪だった。ナチの大それた野蛮な行為は、「我々の」全精神をいわば強制収容所に閉じ込め、文化全体のとうに完成した国際化を抑圧しようとした。だが、と首相レンナーは、一九四五年七月二六日の閣議で述べる。もし事態がここまで悲惨でないならば、そして、もしナチが負うべき責任がここまで重大でないならば、「我々」が事態を収拾できたほうが、「我々にとっては」望ましかろう。ともあれ、ひとりひとりが己の持ち場で力を出そうではないか、と。［社会行政］大臣のヨハン・ベームは答弁した。ナチが引き起こしたことは、誰も赦すことができません。ただ、公共職業安定所は、さっさとナチを職場に送り込まねばなりません。国民がいつも裁判を行っていて、ナチを閉じ込める強制収容所を作っていたら仕事になりませんから、と。[172]

　レンナーは一九四七年一一月の人権連盟で述べる。ファシズムと戦争は、女性の人格や女性としての尊厳を踏みにじり、一方では「生む機械」として、他方では「享楽のための純然たる道具」として傷つけた、と。[173] 別の機会［一九四六年一二月］には次のように述べる。

> 法を尊ぶ市民の権利が剝奪され、人間性に親しみ自由に愛着を覚える大衆からすっかり力が奪いとられたときになって、そしてヒトラーの試み――どの国民にもいるかもしれませんが、堕落して犯罪者の本能をもつ少数者を、徒党を組んだ従者に仕立て上げ、これらの者に市民の生殺与奪の権を与え、身を守るすべのない人々を例外なく、力を使って抑えこみ、その一部を道徳的、政治的にそそのかす試み――が成功するやいなや、ヒトラーがこの徒党を人間に差し向け、全人類に、そして特に猛烈な勢いで国内の人々に向けて解き放つのを押し止めることは、もはや誰にもできませんでした。[174]

「政治家はどれほど誠実でなければならないか？」というテーマを掲げたある調査（『クーリエ』紙、二〇一二年）で、ダニエーラ・キトナーは国民党政治家のミヒャエル・イクラートの発言を引用した。イクラートはマックス・ヴェーバーの言う意味で、心情倫理と責任倫理とを区別することを政治に勧めた。

> それは医者と同じですよ。心情倫理の医師は、患者に直言するでしょう。あなたの命はあと半年です、と。これに対し、責任倫理の医師は、何をどう言うかをめぐって、患者の心理状態を配慮するでしょう。言ってしまった結果に責任を負えないのであれば、政治家は嘘をつかず、ただ沈黙を守るべきでしょう。[175]

ナチ時代にオーストリア人の大勢は善良であったと考えて、全般的に弁解気味に擁護するレンナーは、ヴェーバー流に言えば、「責任倫理の人」として特徴付けられよう。

国家ドクトリンとしての犠牲者神話

レンナーにとって七年間の「合邦」トラウマは、一種の仮死状態だった。オーストリアはナチの暫定統治のもとに置かれていただけで、実は存続していた。「第三帝国」の諸措置は、ドイツ軍が行った戦争への参加も含めて、オーストリアのいかなる関与もなく講じられた。まず軍事占領があり、併合され、ついには独裁的に引きずり回された。こうしたすべての理由から、レンナーはモスクワ宣言に倣って、オーストリアが犠牲者でしかなかった七年間のナチ時代に対する責任を一切拒否した。[176]

ニューオーリンズで教鞭をとるオーストリアの現代史家、ギュンター・ビショフは、首相のレンナーがすでに一九四五年四月二七日の独立宣言で、戦後の犠牲者イデオロギーのあらゆる要素を構築していた、という見解を取る。宣言は次のように断言する。ヒトラーによる併合は、オーストリア国民を無力で意思を喪失した状態に追いやり、無意味で見通しのない侵略戦争――かつてオーストリアの誰ひとりとして望まなかった戦争――に巻き込んだ、と。ビショフは、レンナーが独立宣言でオーストリア人の共犯者としての罪に言及しないことを非難するけれども、これに言及していれば、第二共和国とその国民（Bevölkerung）に束縛のない新たな出発を可能にしようとしたレンナーの努力は水泡に帰していただろう。[177] パウル・レンドヴォイもまた、ひとつの奇跡について記す。それは、レンナーがソ連を「手玉に取った」だけでなく、西側がかれを過小評価したために成功したのであり、現在の我々にとっては、ときに理解しがたいが、一貫した「［オーストリア］仮死原理」がなければ、おそらくこのような奇跡はまったくあり得なかったろう、と。[178] ただ、レンナーは一九四五年五月一〇日の閣僚評議会会議（Kabinettratssitzung）で、一九三四年二月の出来事で労働運動から剝奪された財産を補償するよう強硬に主張した。

> 私の首相としての地位が基本的に依拠するのは、オーストリア国民（Bevölkerung）のあらゆる階層が、私の客観性と正当性とをしっかり信頼してくれることです。将来の民主主義のひじょうに基本的な構成要素［国民］がこの正当性に疑いをもつならば、私の地位も揺さぶられ、国民は、その客観性が全体として信頼できない首相を戴くことになります。し

たがって、ロシアが、あるいは別の国が望むからではなく、オーストリアが私に信頼を寄せるが故に、私は首相でありたいと存じます。[179]

レンナーは連合国の占領軍に対して「臨機応変、慇懃で愛想がよかった」が、決意を秘めて主張したのは、自由選挙の必要性であり、存続する一九二九年憲法の遵守だった。[180] アントーン・ペリンカはレンナーを、カール・クラウス著『人類最後の日々』の「消息通」になぞらえる。レンナーは、オーストリアとオーストリア人に「裏口」を教えた。そこを通れば、歴史上の不都合と非情に目を向けずにすむ戸口だった、と。[181] ヘルムート・ブタヴェックは、レンナーが一九四五年大晦日に行った講話の首尾一貫性に疑問を投げかける。レンナーは喩える。オーストリアとオーストリア国民（Bevölkerung）の蘇りは、石灰岩大地に潜った流れが、七年後再び透明で清らかな姿を現したようなものだ、と。［ブタヴェックに言わせれば］レンナーは、水が漉されることなく台地から姿を見せたことを忘れている。これによって一九四五年、オーストリアの本質がナチのプロイセン気質とは対極のものである、という錯覚が生まれたのだ、と。[182]

一九四六年（三月／四月）、あるスウェーデンの新聞にアーモス名で「カール・レンナー、理想主義者か、現実政策の政治家か」と題する記事が出た。地理的に離れているせいで、ここでは別のレンナーが姿を現す。

一貫した自己認識の素質は、レンナーの他者に対する批判を持続的で効果的なものにしている。自己と他者に対する誠実さは、レンナーのひとつの本質的な特徴である。かれの政治上の勇気と率直さは、現実政策を進める術が転向や日和見主義に堕するのを阻止している。このことは、かれが今まさに力を込め、確とした道徳的な情熱を携えて、連合国に対し、オーストリアがまっとうに扱われるように要望の声を挙げていることに表れている。かれの人格は強靭で、自国を損なうことなく、首相として大胆に振る舞うことができる。[183]

モスクワ宣言には、オーストリアはヒトラー・ドイツの側に立って戦争に加わった責任を負い、これを免れることはできない、とする一節が含まれていた。だが、レンナーは、モスクワ宣言の最初の段落を根拠に一九四五年四月二七日の独立宣言前文で、オーストリアの立場は「ヒトラーの最初の犠牲者」である、と強調した。ギュンター・ビショフ[⑫]はレンナーを批判する。「オストマルク」の五〇万のナチ体制同調者を新しい国家に迅速に組み込むため、この定義によって、かれらに集団としての潔白証明書が発行された、と。レンナーは一九三八年の政治的併合について曖昧にしか語っていなかった。最終的にノルベルト・ビショッフの占領理論が認められた。この理論では、オーストリアが賠償責任を負う危険が少なかった。オーリヴァー・ラートコルプによれば、国家官僚は一致して「国家非有責理論」を暗黙のうちに支持した。外務大臣、カール・グルーバーは、米英にも最終的にこの犠牲ドクトリンを納得させた[184]。こうして一九四五年以降、一九六〇年代に至るまで、オーストリアの政治家たちは、モスクワ宣言をオーストリアの「犠牲神話」の典拠としてもち出した。オーストリアは、ナチ・ドイツ帝国の最初の犠牲者と理解され、これによって、オーストリ人が七年の間に犯した犯罪に責任はない、とされた。

　レンナーは一九四五年四月前半には、単に盲従しただけではないファシスト全員に強制収容所と死刑を含んだ「独裁法」を適用するつもりだった[185]。しかし、九月一一日には、パウル・シュパイザーが起草した案からはっきりと距離を置いた。同草案では、犯罪者の旧ナチ党員全員から選挙権・被選挙権を終身剥奪し、その他の党員については五年間剥奪する、としていた。レンナーの否認の理由はおもに、差し迫る最初の国民議会選挙をにらんだ選挙戦術にあった。

> ナチ問題には、さらに寛容が必要である。「社会主義を支持する労働者家庭」で、「家族の誰ひとりとしてナチに追随しなかった」家庭は、ほぼないからである。量刑を厳しくすれば、こうした家庭では空気が一変するだろう[186]。

シェルフとヘルマーで脇を固めたレンナーは、この問題でブルーノ・マーレクにしたがった。マーレクは［元ナチへの対応緩和が与える］元強制収容所収容者のショックについて語った。一九四五年六月一二日、レンナーは閣議でこの問題について原則を述べる。

> 実際の戦争犯罪者が厳しく罰せられることに私は賛成です。しかし、軽微な不法行為（Verbaldelikte）にまで、大々的に死刑を適用することには賛成できません。私どもは、国民感情が満足させられるまで、十分に死刑判決を下さねばなりませんが、国民の受け止め方を配慮すれば、全面的な殺戮を催す必要はないでしょう[187]。

ところが、レーオポルト・フィーグルによれば、ソ連は一九四五年七月末にもまだ、ナチ問題で具体的な結果を出すように催促した。多くの人間を監禁するだけで有罪判決を下さないのであれば、何の役にも立たない、オーストリアには五〇万人の元ナチが存在しているのだから、いくつかの首、しかも小物でなく大物の首がついに転がるのを見ずにはすまない、とソ連は考えた。[188]

課題山積と非ナチ化

［一九四五年］一二月一九日、レンナーは国民議会への総括報告の中で説明した。オーストリア人は、一九三八年以来、「第三帝国」の宣伝によって地上から駆逐された、名前をもたない国民だった。オーストリア国民は、今やあらゆる地域で立ち上がり、独立国家の手立てを再び手にした。七年の長きにわたり、この国民は一言も自由の言葉を耳にせず、聞いたのは大声で叫ばれる公式の繁栄の約束と、あらゆる抗弁に対する流血の脅迫だけだった。オーストリア国民の精神は今や立ち直り、オーストリアは村々に至るまで再興された、と。[189] 一九四五年一〇月一七日にレンナーはスターリンに宛てて書く。元ナチ党員の登録を行ったが、全国民のほんの一部だけが併合の党に傾倒し、ファシズムの信条を公に認めた。しかも、この者たちの大部分は、ただ自分の弱さから、あるいは一時的な利を求めて新しい権力者の強制に屈した。もはやこの国には、ナチズム運動のかすかな兆候すらない、と。[190]

しかし、オーストリアでは就業禁止や財産没収、選挙権剥奪から人民裁判所の有罪判決まで仮借ない非ナチ化政策が行われた。一九四八年初めまでには一三万六八二九件の全人民裁判所案件のうち、一〇万八〇〇〇件の裁判手続きがすでに開始されていただけでなく、多くの案件で判決も下されていた。二万八一四八件で起訴が行われ、二万三四七七件で判決が下され、判決の四八・三%⑬は有罪だった。オーストリア人民裁判所の有罪判決一万三六〇七件のうち、二六九件は一〇年以上の自由拘束刑、二七人が終身禁固刑、四三人が死刑判決を受けた。死刑判決の三〇件が執行され、死刑判決を受けたふたりが自殺を図り、残りは恩赦あるいは再審で終身禁固刑ないし有期自由拘束刑となった。死刑判決を受けたひとりは、再審で無罪とされた。ナチによる殺人罪を起訴事由とする五二六件で判決が下された。これは一〇倍の人口を有する旧西ドイツの件数とほぼ同じだった。[191]

レンナーは、国家としてのオーストリアはもはや存在しなかったのだから、責任の果たしようがない、と自分の犠牲者説に拠って終始考えていた。だが、かれ自身、戦争が終結する最後の数週間、ナチの手先に命を狙われたのだから、もちろん、オーストリアのナチ犯罪者を擁護することはなかったろう。経済政策通のレンナーは間違いなく、オーストリア人がヒトラー・ドイツに経済的・軍事的にどのような貢献をしたかを知っていただろう。見渡す限り破壊され、どこにも秩序が認められない、という時の力に押されてレンナーは、一二〇万のオーストリア人が国防軍の一員として戦争にかり出され、他国民抑圧に手を貸したという事実に目をつむり、この事実を、より切迫したもののために脇に置かざるを得なかった。以下に筆者が現代史家のオーリヴァー・ラートコルプと、かれに同意するパウル・レンドヴォイとを肯定的に引用するが、これは、オーストリアがナチ体制に協力したことを決して矮小化しようとするものではない。「大量殺戮へオーストリア人が不釣り合いに多く参加した」という昨今の主張は、「今のところ実証できないし、批判的検討からも疑わしい」[192]。レンナーは、自分のユダヤ系の親族を手遅れにならないうちに安全な国外に移すことができたが、オーストリアでは、政治的な敵対者、ことにユダヤ人の市民がオーストリア人によって迫害を受け、辱められ、追放され、絶滅収容所で残酷な死に追いやられた。レンナーとかれを継承する諸政府は、ナチ体制のあらゆる犯行への共同責任を一貫して認めようとしない。もし認めれば、ヒトラー・ドイツの犠牲者だったという国家ドクトリンに自ら抵触すると考えるからである[193]。レンナーの場合、この国家ドクトリンに固執し手離さなかったのは、後継者の誰とも比較にならないほど課題が山積していたからかも知れない。

一九一八年の帝国崩壊後レンナーは、帝国の後継諸国からやってきた官吏たちを食糧供給の観点からしてもオーストリアから追い返さねばならなかったが[194]、それと同じように、一九四五年にもズデーテンドイツ人の避難民を鉄道でドイツに追放させた[195]。ズデーテンドイツ人難民がまったく受け入れられず、レンナーもフィーグルも赤軍にチェコスロヴァキア国境を即時閉鎖するよう要請したことをラートコルプは記すが、これで運命的に思い出されるのは、二〇一五年に亡命者・難民がヨーロッパ規模で惹起した難局をめぐるオーストリアの状況である[196]。一九四六年二月、連邦大統領のレンナーはパレスチナ委員会の席上、ユダヤ人の家族独占がオーストリアで再興されることに控えめな反対を表明した。

> ユダヤ人の新しい共同体が、東ヨーロッパからここに移ってきて居を構える一方で、我が国民（Leute）が仕事を探す事態を許すことはもちろんないでしょう[197]。

レンナーはまた経済的に余裕がないと考えて、ユダヤ人商人に対する賠償義務を意図的に瑣事として取り扱った。[198]かれの直接の後継者であるレーオポルト・フィーグルは連合国の圧力に応える政府演説の中で、留保つきながらも、ナチ「軽度犯罪者」の贖罪行為（Sühnefolge）に関わる規定を発布する、とほのめかした。かれはまた［一九四五年の］クリスマス・スピーチでは自らを、手ぶらでやって来て、何の善行も予告できない首相として紹介した。[199]この発言は至るところで人々の琴線に触れ、元ナチ党員を復興事業に組み込むことが、まもなく共産党を除く全政党の要求となった。

「市民すべての道徳的共同責任」

フーゴ・ポルティッシュは、一九八六年の「ヴァルトハイム事件」後、首相に公式の宣言を行うよう再三強く求めた。それは、オーストリアは国・国家（Land und Staat）としては罪を負わないが、国民（Bevölkerung）は、厳密であろうと曖昧であろうと、ドイツの一部だったのであり、他国でもそうであるように、オーストリア国民もまた共同責任を負わねばならない、とするものである。政府は相変わらず、国家としての自己了解からして、そのような告白の責任を負うことはできないという見解だった。フーゴ・ポルティッシュは首相のフランツ・ヴラニツキと書簡を交わし、政府首班の誓いが個人談話で行われることと、政府が国（Land）全体の名において声明を発することとの相違に注意を喚起した。東欧変革後の一九九一年七月八日、ヴラニツキは議会で、対立の終わりと最後の独裁の終焉とが新時代の始まりである、とする見解を表明した。ヨーロッパは自己の新たな規準とすべての政府の新たな行動規範を設定しようとしている、として、首相は次の結論を引き出した。

私どもはまさにオーストリアで、独立と固有の国家とを喪失することが何を意味したかを知らねばなりません。まさにその故に、私たちは自分たちの歴史の裏側も認めねばなりません。苦痛――国家としてのオーストリアではなく、この国の市民が他の人々や国民にもたらした苦痛――に対する共同責任を認めねばなりません。一九三八年三月、オーストリアが軍事侵攻の犠牲になり、ひどい結果がもたらされた、というのは間違いありません。……ですが、多くのオーストリア人が「合邦」を歓迎しました。ナチ体制を支持しました。そしてヒエラルキーのさまざまのレベルにあって、ともに体制を支えました。多くのオーストリア人が、第三帝国の抑圧の措置や迫害に加わりました。その際、重要な地位に就いている者もいました。私どもはオーストリアの市民が負った道徳的な共同責任を、今日もなお無視することができません。……私どもは自分たちの歴史のあらゆる事実と全国民の行為を、良きにつけ悪しきにつけ認めねばなりません。良きことは自分たちの手柄とし、悪しきことは謝罪をしなければなりません。生き延びた方々と亡くなった方々の子孫とに対し、……私は今日、連邦政府の名においてもまた、はっきりと謝罪をしたいと思います。これを我が国の政治文化の規準として、またヨーロッパの新しい政治文化に対する私たちの貢献として。[200]

レンナーがこのような考えを、一九四五年の戦争終結直後ないしその後に表明していたら、どのような結果になっていたかは誰にも分らない。ソ連はこわもてだった。したがって、当時そのような宣言は想像を絶したもの、とまでは言わないけれども、考えにくいものだったと思われる。筆者の考えでは、明らかに必要なことがついにきちんと語られるのに、四六年もかかった、と言って、もっぱらレンナーを非難することはできない。このように考えれば、処理されない罪をめぐってゲジーネ・シュヴァンが言うことに賛成できる。

放置された罪がもつ政治的意味は、それがみなを取り巻く社会的環境となって、我々の責任を問い質すことである。これもまた、たびたび語られる集団責任のひとつの側面である。犠牲者の被害に対する集団責任だけでなく、行為者が自らの罪を片付け、そして子孫が羞恥を処理して、それらが民主主義の障害にならないようにする集団責任である。[201]

歴史家集団に属して、深くこの時代と取り組んだ一流の歴史家たちは、今日一貫して、レンナーの犠牲者テーゼが国家を支える日和見主義であり、シニカルな現実政策ではないとしても、必要悪だったと見なしている。ギュンター・ビショフによれば、このことをもっとも明瞭に表現したのはアントーン・ペリンカであり、かれは、建国の父たちにとって大事だったのは「真実ではなく、実際の政治」だった、と言う。[202]筆者の考えでは、ドルフースとヒトラーの独裁に惑い、第二次大戦によってひどく窮乏して打ちのめされた一九四五年のオーストリア国民は、真実を告げる使徒を待ち望んだのではなく、責任意識をもつ政治家を、つまり、はずせそうにない苦悩と悲観の枷を打ちこわし、迎えるに価する将来の見通しを示す政治家を期待したのだ。我々は今日、分割されなかったオーストリアで七〇年以上にわたる平和を祝う。この平和は、天から降ってきたものではない。これは選りすぐりの二三の言葉がつくりだしたものではなく、豊かな政治経験、高い道徳的責任感、そして前向きの未来戦略の成果である。

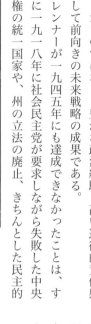

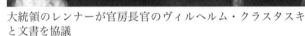

レンナーが一九四五年にも達成できなかったことは、すでに一九一八年に社会民主党が要求しながら失敗した中央集権の統一国家や、州の立法の廃止、きちんとした民主的な行政だった。[203] オーストリアが済ませた国家建設の事業は、民主主義の三党による円滑な協力と意欲的な協働のおかげだった。[204] 一九四五年一二月二〇日、レンナーは国会両院総会で連邦大統領に選出された。就任演説の中でレンナーは次のように語った。

大統領のレンナーが官房長官のヴィルヘルム・クラスタスキと文書を協議

皆さま、どうか安心していただきたいと思います。私は、簡単に申し上げれば、自分に忠実であり続けます。つまり、民主主義への私の不滅の愛、私の変わることのない民主主義の信奉、そして私たちの祖国であるオーストリアに対する私の生まれつきの、決して揺らぐことのない愛を貫きます。[205]

仲介者であり和解を導く人

レンナーはまた、仲介者・和解者の役割をよく心得ていた。[206] この意味でアルフレート・マレータ――長年にわたり国民議会議長職にあった――は、一九八〇年にグログニッツで開催された現代史証言者の会で思い出を語った。

連邦大統領ドクター・カール・レンナーは、一九四九年、コンツェルトハウスで開かれた生前最後となる、オーストリア国民党の大規模な選挙集会で私たちに語りかけ、言いました。「私にはふたりの子供がいるのです。ひとりは、私の所属する社会党であり、もうひとりは、あなた方の党ですよ」[207]

レンナーは、連邦大統領でもある自分が、連合国を相手にオーストリアの要望を代弁する者として最適任だと思っていた。一方、後継首相のフィーグルが、ソ連に対し強く出なければいけないのに、弱腰で合意を優先して辛抱しすぎだ、と考えていた。[208] ところで、フィーグルはひじょうに適応の才に恵まれていたにもかかわらず、エンゲルベルト・ドルフースに対しては距離を置くことができなかった。逆にかれは、首相としてのドルフースを特別に記憶に止めるように努めた。[209] これに対し、あるインタヴューの中でロバート・ナイトは、レンナーを「生気あふれ、権力を意識し、ほとんど尊大とも言える人物」だったと評した。[210]

ヴァルター・ラウシャーによれば、レンナーは大統領職にあった全期間を通じて行動的であり、諸政党と連合国にとっては、しばしば野心満々の大統領だった。大統領に就任してさほど時間の経たない段階で、憲法学者でウィーン大学学長のルートヴィヒ・アダモヴィチを督励して、連合国四か国による日常茶飯な国家事項の妨害を乗り越える策をふたつほど検討させた。その策をもって、高官の構成するオーストリア代表団が連合国の四つの首府を訪問するか、あるいは直接に国連を訪れ、プレゼンテーションすべきだと考えた。[211] さらにレンナーは、スイスに倣ってオーストリアも中立を追求すべきだ、と早い時期に考えた有力政治家のひとりだった。一九四六年四月のある講演で、かれはある「大国」における「二度の苦い経験」について語った。また、地勢学上同じような中立のスイスで成功したことが、オーストリアで成功しないわけがあろうか、と修辞の疑問を呈した。ノルベルト・レーザーはこのレンナーお気に入りの考え——その核は、オーストリアのアイデンティティの一部ともなった——を後に賞賛した。

……スイスを模範にしてオーストリアをヨーロッパの真ん中で、平和を愛好し、遠くまで光を投げかける共同体にすること、そして地勢を生かして諸民族をつなぐ(völkerverbindende)使命を果たせるようにすること。レンナーは、旧オーストリアを「オーストリア諸民族の連邦共和国」に変容させねば、という自分の警告が誰の耳にも届かずに消えていき、世界史の発展が頭上をかすめていくのを経験しなければならなかった。第二共和国でかれの考えは、その死後になってからとはいえ、実現し、以前には想像もされなかった繁栄を我が国にもたらした。[212]

レンナーは、一九三三年前の憲法状態も一九三八年前のものも再興することを拒否した。というのは、単に再興が問題なのではなく、未来と新秩序の建設、そして社会主義の実現が関わっていたからである。選挙法では一九二〇年に戻るのではなく、［政党乱立を防止するため］一九一八年に回帰すべきだと考えた。[213] レンナーはすでに一九四五年四月初めには、州の権限を弱めた新憲法を望み、国民による直接の大統領選挙を拒否した。だが、何よりも共産党に対する不安から、［新憲法を制定せず］憲法移行法を使って［一九二〇年憲法の］一九二九年修正版を採用することが甘受された。[214]

元行政裁判所長官、クレーメンス・ヤブロナーによれば、連邦大統領は危機のとき、一九二九年修正憲法を基にして、従来ほとんど顧慮されることのなかった潜在的な権力と実行力をもっている。この点をめぐる議論は、かつて一九二〇年憲法を修正する討議のクライマックスをなし、ここにはキリスト教社会党が政党民主主義の信頼性を毀損しようとする意図が現われていた。同党の最年少議員［後の首相］、クルト・シュシュニクは報告者として明確に述べた。「連邦大統領の直接選挙により、議会制民主主義は枷をはめられた」と。憲法に沿って新たに成立した「大統領制共和国」にもかかわらず、［大統領の］ヴィルヘルム・ミクラスは、危機の続く長期の在職中、特段に人目を惹くことはなかった。レンナーが少し長く病んで、憲法の規定通り、国民党所属の首相、レーオポルト・フィーグルに大統領権限が移行した一九四七年、アードルフ・シェルフは、「大統領は憲法と民主主義の真の守護者であり得る。だが、そうであるとは限らない」と述べて、憲法の弱点を突いた。オーリヴァー・ラートコルプは、二〇一六年の連邦大統領選挙戦に関連して述べる。レンナーが連邦大統領に選出されてからは、現状に鑑みて、しかも妥協を図る「オーストリア的体質」を云々して、一九二九年修正憲法が孕む極めて専制的な核が看過されている、と。かつての政党間の冷戦の残滓を取り除きながら、現代に即した憲法の制定が必要だと筆者も考える。[215]

レンナーはその後も、いろいろと試みを続けた。ある種非公式の閣僚評議会を大統領のもとに設けること、［大統領が］首相を代理できること、大臣任命への参与権をもつこと、州知事を任命できること等の提案を行った。だが、党友であり、副首相のアードルフ・シェルフの抵抗に遭って実現しなかった。シェルフは、レンナーの立場が強化されれば、それはすべて社会党を強化することになる、と見て取ったが、社会党党首のかれは、レンナーをときどき公然と批判した。レンナーはそこでシェルフに不信感をつのらせていった。

僕［シェルフ］はいろいろ提案を行ってきました。何よりも僕が言うのは、省庁と恒常的に接触して、あなたが当然必要とする最新の情報を入手するだけでなく、同じく大臣たちが当然に必要と考える、国家元首との意見交換をどうしたらできるか、ということです。だが、たまたま僕が顔を出した、たとえばグルーバーやフィーグルとの意見交換には、前向きなことは何もありませんでした。あなたがあまりに性急だったからです。僕は内政でも外交でも、あなたの影響力を高めるよう、いろいろ提案してみましたが、うまくいきませんでした。残念至極です。[216]⑭

さらにシェルフの見解では、大統領府が大統領の周りを現実離れした儀式で固め、大統領が重要人物たちと交流することを妨げている。「同等の者」とだけ直接交わるべきだ、という言い分だ。これでまた、かれは重要な情報から切り離される、と。[217] 大統領府は全体として依然、ヴィルヘルム・ミクラス時代と同じやり方で動いている、と言われた。マンフリート・ラウヘンシュタイナーはそこでいみじくも、レンナーを「代替皇帝」のようなものだと述べた。たとえば、米国人が書簡の中でなれなれしく呼びかけたことに、レンナーが怒ったという例を引く。[218]

『新世界と社会主義』（一九四六年）と題する冊子で、レンナーは改めてマルクスのテーゼを批判した。それは、国家が労働者を抑圧するばかりで、打ち倒されねばならない、というテーゼである。レンナーによれば、一〇〇年が経過するうちに、すべてはすっかり変わった。従来の官憲国家の臣民から、ブルジョア共和国の形式的には同権の市民が生まれた。この間にわかったことは、国家は多様であり、社会主義を創出する唯一の手段だということである。[219] どの社会主義政党も、自国の成熟度に応じて国家を社会化の手段として確保しなければならない。だがその都度、国家をヨーロッパ全土で、統一的経済領域の平和共同体（Friedensgemeinschaft der Ökumene）に組み込まねばならない、と。[220] オーストリア労働組合同盟の第一回大会でレンナーは、「自由国家から社会国家へ」と題する報告を行った。国民集団（Volkskörper）全体が基層から完全に組織化されて初めて、国家は真の社会国家となる。それによって国家は組織された社会と同じものとなり、個人から全体に至るまで、個人とともに全国民の自由、自主決定、共同決定の思想に安らぐことになる、と。[221]

レンナーは代議制度の自由な決定を擁護して、一党支配制度、つまり「思想の兵営」で行われる思想の蹂躙を弾劾し、肉体的暴力による決定、「本物の兵営」での決定を非難した。暴力国家を経由するのではなく、民主的法治国家を経てのみ、秩序立って安全に、しかも無駄に物と血を犠牲にすることなく社会国家へと到達する。これに対し、暴力は繰り返し、新しい報復の暴力とみなの悲惨な状況を招く、と。[222]

こうした思想をもったレンナーの正しさを改めて証したのは、ほぼ二〇年後にエーゴン・バールが、ヴィリー・ブラントの新たな東方政策・緊張緩和政策の基礎として策定することになった政策だった。バールは一九六三年七月六日、トゥッツィングの福音アカデミーで行った「接近による変容」と題する講演の中で、当時の新しいドイツ外交政策の目標として、西側世界が主張する「力の政策」の放棄を訴えた。相手側の変容は、時間を掛け、多くの小幅な歩みを積み重なることによってしか達成されない。したがって、東ヨーロッパ諸国との接触は、緊張緩和の環境で行わねばならない、と。[223]

レンナーは、民主主義の本質とは何かという問題を、従来よりも差し迫ったものと見なした。かれが民主主義の前提として要求したのは、費用のかさむようになった官僚機構が、貧窮化した国民経済にとって維持可能なものであるべきだ、ということだった。官僚たちの地位と活動について、受け継がれてきた半封建的な観念は永久に消滅しなければならない。[224]国民代表の課題は、一方では、国家に対し国民を代表することであり、他方では、国民に限りなく多くのことを要求する国家を正当化することである。国民代表制は、国家への理解を国民のあいだに確保するもっとも優れた道具である。国民代表制がなければ、国家は国民から疎遠になってしまう。[225]異なることは誤解を生みやすく、異なった機関の協働は摩擦を生みやすい。誤解と摩擦というふたつの悪弊を避けるため、異なった団体は相互に理解するようにしなければならないし、決して相互の尊重を失ってはならない、と。[226]

勢力比例配分制度と社会的パートナーシップは、レンナーによって全面的に支持された。かれはすでに一九一四年、比例選挙導入に際して、均衡制度の考えが示唆する従来からの制御のファクターに賛意を表明した。比例選挙は、多数派に支配を委ねるが、同時に少数派にもそれにふさわしい代表を保障するというものである。ただし、均衡制が元々もった相互の制御機能は、一九五〇年以降、ふたつの連立政党（国民党と社会党）の間で権力を全面的に分有するやり方に席を譲った。[227]言葉はまったく異なるけれども、レンナーはすでに戦間期に、あるひとつの「階級闘争」を支持した。そこでは利害対立の決着が、平和的手段で交渉のテーブルにおいてつけられる。したがって、レンナーが第二共和国の社会的パートナーシップを予測したのは当然のことだった。[228]

国民から委託を受けた者は無報酬

公的民主的団体の役職に就くすべての者が自分たちの報酬・扶養に関して範を仰ぐべきは、レンナーの指針だと筆者は考える。

国民より委託を受けた者は、報酬を受け取らない。それが賃金であろうと、俸給であろうと受け取らない。その者が課題を遂行するために必要とする自由、またその者にとって不可欠の自由を確保するため、その者は受託期間中、皆とまったく同等の生計費を日当の形で受け取る。国家による扶養を請求する何らの権利を有しない。その者の扶養は、個人の稼得によるか、あるいは政党の責務にとどまる。[229]

ある者は次のように記す。レンナーはいかにも人のよさそうな人物で、成り上がりの素振りすら見せず、まさに小市民の「豊かな生活」を送った、と。[230] この叙述と、レンナーによる上記の厳格な指針とが、どのように一致するのか、不思議でならない。[共産党所属、文化・教育担当]大臣のエルンスト・フィッシャーが一九四九年九月、国立歌劇場の無料入場券乱発廃止を報告したとき、首相は再び厳格な態度で応じた。「私はもともと、大臣だったら誰でも自分のポケットから払うことに賛成ですよ……」[231]。ただ、レンナーはすでに生存中、時折持ち上がる非難をかわさなければならなかった。インスブルック⑮出身のカール・グルーバーは一九二五年三月二五日、レンナーを非難して言った。レンナーは政権にあるとき、私腹を肥やし、この政権のときほど、多くのものがかすめ取られたことはなかった、と。グルーバーはレンナーが起こした名誉毀損裁判を、名誉毀損謝罪の広告を出すことで免れた。

私[グルーバー]は、この発言にいかなる根拠もないこと、また、この発言が捏造されたものであることを表明します。したがって、自分が行った発言を撤回し、謝罪するとともに、ドクター・カール・レンナーが処罰を求める提訴を撤回なさったことに感謝申し上げます。[232]

レンナーはグルーバーに訴訟費用のほかに、償いとしてグログニッツの児童福祉協会に五〇シリングを支払わせた。一括給与として支払われ、議会出席日数に関わらない俸給は、帝国議会議院規則の変更により一九一七年に初めて導入された。これにしたがって、帝国議会議員はこれ以降、議員としての出費を填補するものとして、月々一〇〇〇クローネを得た。議員が議会出席義務の他に別途生計を立て、生活費を稼ぐ可能性をもつことは、一九一八年一一月二二日の連邦法公報四二号（一九一八年）で定められた。一九一九年四月四日の同公報二二一号の法では、議員と大臣の給与を包括的に規定した。首相の月額給与は三〇〇〇クローネに達した。首相と副首相には公邸と公用車があてがわれた。首相の出張費用支給は、国家公務員一級に準じて行われ、一九二〇年以降、法の各種規定において返上不能が定められた。一九二四年以降には、国会議長に国会議員給与の六六%が職務加算された。さらに議長には公邸と公用車が与えられた。[233] 連邦大統領は、就任と辞任に際して、公務員職階XI・俸給水準六の四〇〇%に当たる俸給を手にした。また大統領には公報二三号（一九四六年一二月一二日）の法により、在職中、謝礼が支払われた。[234] 謝礼原則が初めて給与原則に移行したのは、公報二七三号（一九七二年）によってであった。[235]

協働による憲法に則った体制

フンベルト・フィンクは一九九二年のある日曜日、グログニッツにあるカール・レンナー博物館でたったひとりの訪問者だったが、そのかれが『クローネン・ツァイトゥング』紙で「カール・レンナーとは、誰だったのか？」という疑問を投げかけた。

カール・レンナーという人物に対する恥ずべき無関心――何と言っても、かれはオーストリア国家の苦悩と苦痛に満ちた成立と生長を、政治の最高の職にあって共に形作った――は、我々自身が慣れ親しんだ恐るべき無頓着を証す数多くの証左のひとつに過ぎない。我々のこころの内の何か奇妙な欠陥や、我々の本能の何か不可解な退化に妨げられて、我々は自己の運命に関心を持つことができない。[236]

一九八八年、イェルク・ハイダーが「できそこない」のオーストリア民族などと戯言を語ったが、[237] カール・レンナーはすでに一九四六年、メルクで開催されたオーストリア建国九五〇周年式典で的確に述べている。

> 私どもは際だった個性、そして他のあらゆる国民とは異なる個性をもっていますので、自分たちが独立した民族（Nation）であると宣言するのにふさわしく、また、その権利を有

しています。言語共同体が我々とドイツのドイツ人とを結びつけていますが、これは障害にはなりえません。スイスのドイツ語話者にとっても、言語共同体がスイス人（Nation）を標榜する妨げになることはありません。[238]

もしカール・レンナーがヴァルター・ラウシャーの次の一節を読むようなことがあれば、おそらく、そこに再び自分を見いだすことだろう。

かれは政治行為において穏健で責任を自覚し、行動が肝要なときも、あらゆる急進主義を厭い、不断に和解と協働を求めた。世界政治の中で小国オーストリアがつつましく振る舞うよう呼びかけたことと相まって、まさにこうした個性が、かれを第二共和国の偶像にしたのだった。[239]

エーリヒ・ツェルナーは筆者に宛てた書簡（一九九六年）で次のように述べた。帝国に始まって第二共和国にいたる五度の国政の変貌によって、レンナーという政治家は一連の問題に直面しました。ドイツ系モラヴィア人として生まれ、レンナーは初め諸民族集団（Nationalitäten）の諸権利に肩入れし、次に大ドイツ構想とオーストリア愛郷主義とを結びつける試みを行いました。ナチ体制による強制的諸措置はレンナーを覚醒させ、また、ズデーテンドイツ人の追放は、かれに重くのしかかりました。さらに占領下のオーストリア大統領として、穏健で融和的な政治家であるところを見せました。[240]

パウル・レンドヴォイは、レンナーが統一の構築者として、また、民主主義の擁護者として成功を収めたことを、かれの政治家としての功績に挙げた。

ところで、オーストリアがドイツのような分裂の運命を免れたことや、ソ連占領地区の存在にもかかわらず、自国に民主主義的な統一を確保できたことは、現代人の目に映るさまざまな制約にもかかわらず、それは何をおいてもレンナー——オーストリア史において大いに議論の余地があり、謎に満ちた指折りの人物——の政治的深慮遠謀と断固とした行動のおかげである。[241]

レンナーは、成功をかたく決意した社会的な成り上がり者だった。しかし、かれの「勝利への意志」にもかかわらず、その政治上の軌跡は、一連の後退に覆われていた。ドナウ帝国を民主化しようとする試みや、後にワイマール共和国に合流しようとする企ては挫折をみた。第一共和国でかれの連立政策が機能したのは、共産化の危機と労働者層の動員によってブルジョア陣営に協働せざるをえなくした期間だけだった。レンナーが内乱を阻止しようとした試みだけでなく、職能身分代表制国家と折り合いを付けようとした試みもまた破綻した。[242] かれの第三帝国への接近は、少なくとも家族のユダヤ系の一員が難を逃れるのに役だったけれども、［ナチと］できる限り距離を置こうとする勇気にもかかわらず、かれ自身のイメージをひどく損なった。レンナーのスターリンへの接近は、信じられないような話のままである。

レンドヴォイは自著の中で、ボーデン湖畔のフースアッハで起きた大騒動の顚末に触れている。社会党所属の運輸大臣、オットー・プロープストは一九六四年、新造船の命名にあたり、フォールアールベルク州政府が一致して「フォールアールベルク号」に賛成していたにもかかわらず、「カール・レンナー号」にこだわった。これを阻止しようと、三万のデモ隊がフースアッハのドックに集結した。[243] ゲールハルト・ヴァナーは、その著『「フォールアールベルク号」対「カール・レンナー号」、フースアッハ事件』で次のように要約した。第二共和国初期の歴史で初めて、一州の憤激した市民がウィーンの中央集権主義者に抵抗したのだ、と。この類例のない出来事は、政治的党派の色合いに応じて、反乱あるいは革命、大規模デモ、市民イニシャティヴと呼ばれた。結局、プロープストがフースアッハに来ることはなく、船は「フォールアールベルク号」と名付けられた。『フランクフルター・アルゲマイネ』紙は、ささいなきっかけが、とうとう州の連邦主義とウィーンの政府官庁との原則をめぐる論争に行き着いた顚末を報じた。[244] 残念なことに、それによって故カール・レンナーの思い出もまた巻き添えを食ったことである。レンナーは一九一八年にも、また一九四五年にも、連邦主義に強く反対していた。

リヒャルト・ザーゲによれば、「帰納的マルクス主義」というレンナーのパラダイムからは、かれの著作をさらに活性化する可能性が生まれる。レンナーが示したことは、マルクス主義の危機が語られるとすれば、それは、マルクスを引き合いに出すだけで、分析の矛先が、ブルジョア資本主義社会の社会的現実と経済過程に届いたと信じるときだけだということである。これに対し、マルクス主義が経済的・社会的過程の研究方法として今日もなお、まったく有効だというきざしがある。「帰納的マルクス主義」がレンナーにとって意味したものは、現実の状況の経験的事実から出発して、「ブルジョア」科学による問題設定にも目配りをしながら、次の段階で剰余労働とか剰余価値というマルクスのカテゴリーの観点から経験的事実を分析することだった。ただし、その前提は、古典的な革命の展望を捨て、「資本の塹壕」（レンナー）における具体的な改良活動に切り替えることである。[245]

カール・レンナーはオーストリアの外では、何よりも法社会学創立者のひとりとして知られている。オニャティ（スペインのギプスコア県）にある法社会学国際研究所の壁を飾る一五人のもっとも重要な法社会学者の記念牌の中に、レンナーの名を記したものも含まれている。その決め手となったのは、レンナーの初期の著作で、雑誌『カンプフ』（一九〇四年）に掲載された「法制度の社会的機能、特に所有について」であり、もうひとつは、少数民族の諸権利を守ろうとする、オットー・バウアーとの共同の努力である。[246]

ジェイミー・ブロクは、「現代世界の創造者」シリーズで『カール・レンナー、オーストリア』（ロンドン　二〇〇九年）を出版し、とりわけ一九一九年〜二三年の和平諸会議を扱った。[247]日本では二〇一五年、筆者の作品が『カール・レンナー』のタイトルで翻訳出版された。その何よりの動機として、翻訳した青山孝徳は、カール・レンナーによる民主主義のための理論的・実践的働きかけを挙げた。というのは、民主主義が一九四五年以降の日本で、繰り返し不十分さを露呈したからである。オーストリアの社会民主主義陣営では、レンナーは大衆におもねるように（populistisch）「人民の心」に訴えかける、カリスマ性をもった政治家だった。[248]架橋する人だったカール・レンナーが、進化の原則とされる協働を極めて綿密に追求し、労働運動のために国家に接近して変換の手応えを得たことを、ウィリアム・M・ジョンストンはその著『オーストリアの文化・精神史』［邦訳名『ウィーン精神』］で印象的に結論づける。

キリスト教社会党と協働しようとするかれの覚悟は、外的状況と相まって、一九四五年以降、オーストリア社会民主党の態度に変化をもたらした。これと同様に、かれは東西の平和共存を擁護する草分けでもあった。諸対立を活気ある全体にまとめるという、オーストリアの才能を備えて人を魅惑した思想家は、ほんの僅かしかいなかった……。[249]

リヒャルト・ザーゲによれば、変貌する政治的文脈に対し、レンナーが柔軟に政治的対応を行ったことを、日和見主義と解釈することは珍しくなかった。ザーゲはこの仮説に、次のようなテーゼで反駁しようとする。それは、レンナーによる政治の理解が、可変的・実践的要素と不変的・規範的要素をもつというものである。戦術的手段を実践に投入する次元では、その俊敏さにおいてレンナーを凌駕する者はいなかった。けれども、レンナーの政治実践において、規範として目標を設定する段になると、その優先順位は不変だった。まずオーストリアの公益が来て、次に労働者階級の解放が置かれた。[250]

数々の変貌に彩られた人生を送ったレンナーは、「特性のない男」（ローベルト・ムージル）などではなく、「挫折を知らない政治人間」とでもいうべき人物だった。かれは希有の労働能力と、高齢に至るまで維持された創造性とを備え、自己の内で充足していた。残された文献資料、非文献資料を問わず、そこでうかがえるのは、成人したレンナーが一度として深刻な「アイデンティティー・クライシス」を克服する必要のなかったことである。農民の出自と断絶してから、かれには人格のあらゆる要素――経験に心を開くと同時に豊かな構想をもった政治家、オーストロマルクス主義の理論家、叙情と社会を歌う詩人、社会民主主義の愛郷主義者、そして労働者階級の教育者――が併存していた。かれの人格発展のダイナミズムは、変化する社会的・政治的文脈に応じて、人格の特定の層が活性化され、その他の層は後景に退いたという点にあった。[251]

ヴィルヘルム・ブリヤンにとって、カール・レンナーは戦間期社会民主主義者の典型であり、かれにおいて実践重視と社会改良主義が最良に仕立てられていた。レンナーでは、マルクス主義の諸概念がその伝統の内容を失い、新たな内容を得ていた。レンナーは「労働者階級が階級敵と対峙するところならどこでも、革命を実践する」という文言を換骨奪胎した。[252] かれは社会が和解不能なふたつの階級に分裂するのを批判し、「多元社会」を構想した。そこでは多数の集団が国家をその都度、自己のために「利用する」。社会主義とブルジョア・リベラル国家の対立を止揚することはできないが、結局のところ、民主主義的社会主義はブルジョア国家を完成させる。

民主主義的社会主義は国家に社会的内実を付与し、人々を「無責任で恣意的な権力」から解放する。ラサールと同じように、レンナーにとっても民主主義は、一九三二年の時点でもなお、理想的な統治形態であり、負わせた傷を同時に自分で治す伝説上の槍にも比肩された。第二共和国でレンナーの国家肯定は完成を見る。

国家は国民の全体利益を満足させるために存在する。国家が望むもの――そのひとつの法律――が、全員を拘束する……。諸動向の混沌の中から、全体あるいは圧倒的多数の役に立つ動向を、国家は解き放つ。[253]

レンナーが一九四九年のメーデー・メッセージで、第二共和国が徐々に構築されたことを皆に感謝したことは、同時に、限りなく終わりのない協働への覚悟の表明だった。

心をこめて行われ、犠牲を覚悟した協働によってできあがった、四年間にわたる憲法体制には、諸政党だけでなく、連邦・州・自治体、政府や利害代表、都市と農村、企業家と労働者が参加し、同体制は、一方ではファシズムと戦争の混乱した過去と、他方では我が国民の未来との間に、幅広く、静穏で安全な境界地帯を設け、正真正銘の、成功を収めた自治の時間帯を差し挟み、真の民主主義の歴史的段階を設定しました。参加者たちは、我々国民にとって新しい伝統、自分たちにふさわしい、栄えある伝統を打立てました。これは二度と絶えることはないでしょう。私は、しかとこれを確信していますので、公職において、そして個人の持ち場でこの協働の作業に参加した皆さんすべてに、大統領として、心より感謝申し上げねばならないと思っております。[254]

リヒャルト・ザーゲは、人間としての、そして政治家、理論家としてのレンナーの性格をまとめるにあたり、ヴァレンシュタインを語ったフリードリヒ・シラーの言葉に遡った。

歴史上この男の性格像は／各陣営の毀誉褒貶の渦に揺れ動いています／
けれども、いまこの舞台で芸術は／この男の姿を、皆さまのお眼にもまたお心にも／
……これまで以上に近しいものとしてお示しすることでしょう［濱川祥枝 訳］[255]

レンナーの生涯と活動にどのように焦点を当てようとも、かれはまっすぐの道を歩み、あらゆる障害物と突然の状況悪化にもかかわらず、断固として歩み続けた。いつもその場で解決案を提示し、より大きな不利益を避けるために妥協を厭わなかった。レンナーがオーストリアや労働運動、公正のために、そして全体が生き延びるために力をつくしたことが、ハープスブルク帝国末期の左派の批判者や、ナチの地獄の後に生まれた世代を勢いづかせ、かれらはレンナーの業績を否定しようと試みたが、しかし、結局のところ破綻を見た。

第二章　征服戦争に反対、名誉ある和平を！

幸福な平和のとき

「一九一四年以前に生きた者だけが、生とは何かを本当に知っている」とは、ドイツの歴史家、フリードリヒ・マイネッケが、第一次世界大戦によって、これに先立つブルジョア文化の黄金時代に区切りが付けられたことを評した言葉である。[1] シュテファン・ツヴァイクは、世紀転換点およびそれ以降の前例のない興隆全般を、感激をこめて記す。

路上には、夜、ほの暗い光のかわりに電燈が輝いた。商店はその人の心をそそる新しい美観を、メインストリートから場末にまで持ち込んだ。今や電話のおかげで遠距離の人と話ができたし、新しいスピードを持つ馬のいらない車でそこまで飛んでもゆけたし、ギリシャ神話にあるイカルスの夢を実現して大空を天翔けることもできた。便利さは上流の家に止まらず、一般市民の家々にまでおよび、もはや水を泉や筧から運んでくる必要もなく、もはや苦労してかまどで火を起す必要もなくなった。衛生が普及し、不潔は消滅した。人間はスポーツで肉体を鍛えられて以来、いっそう美しく、力強く、健康になった。路上で畸形の人々、瘤つき、手足を切られた人々を見ることもいよいよ稀になった。これらの奇蹟はすべて、進歩の主天使である科学が果たしたのであった。社会的な問題にも進歩が見られた。一年一年と個人には新しい諸権利が与えられ、……大衆の貧困という問題も、もはや克服できないものとは思われなくなった。いよいよ広範な層に選挙権が与えられ、それによって彼らの利益を合法的に擁護する可能性が与えられた。社会学者や教授たちは、プロレタリの生活態度をいっそう健全に、さらには幸福にさえつくりあげようと、相競った。――それゆえ、この世紀が自分のなしとげたことを楽しみ、十年経つごとにそれはただよりよい十年間の予備段階だったと考えていたとしても、何の不思議があろう。人々は、ヨーロッパ諸民族間の戦争というような野蛮な逆行を、魔女や幽霊を信じないように信じなくなった。我々の父祖たちは、寛容と和協のまちがいのない結合力というものを信頼し、それを頑固なほどに確信していた［原田義人訳］[2]。

世紀転換点［一九〇〇年］以降、民族問題解決のために真剣な理論的努力が払われた。皇帝、フランツ・ヨーゼフ一世は、一八四八年に政権を握って以来、ずっと保守主義に凝り固まっていた、と筆者は考える。ただ少なくとも、かれのあまりに長い統治下でも帝国は分裂しなかった。社会民主党は一八九九年、ブリュン［の党大会］で民族綱領を策定し、これは諸民族の民主的な連邦国家を目標として掲げた。カール・レンナーは、属地主義ではなく、属人主義を掲げて新しい議論の土台を据えた。バウアーもまた属人主義を支持したが、レンナーの帝国理念とは異なって、帝政内部でどのように民族問題を解決しようとも、それは暫定的なものに過ぎないと見なした。ふたりにとって民族主義は、形を変えた階級憎悪だった。レンナーにとって将来性があるのは民族国家ではなく、自律した諸民族を後押しする超民族国家だった。レンナーの基本的な考えは、一九一八年に刊行された『諸民族の自決権』にまとめられていたが、意図された増補は、それ以上なされなかった。トランシルヴァニア出身のルーマニア人、アウレール・ポポヴィチの著書は、帝国の一一の民族集団（Nationalitäten）のために一五の民族国家を構想していた。

継続的に財政調整を行い、共通事項の立法を諸代表団［の協議］に委ねることによって権力分立を強化することは、大公・帝位継承者であるフランツ・フェルディナントの部分的に矛盾を抱えた政権構想にも目標として掲げられた。これはアレクサンダー・ブロッシュ・フォン・アーレナウ大佐やハインリヒ・ラマシュ、グスタフ・トゥルバに由来していた。フランツ・フェルディナントは、将来の「光り輝く人物」とはとても言えなかったが、新しい皇帝としての戴冠を、まずウィーンで、続いてブダペスト、最後にプラハで行いたいと考えた。かれは、ハンガリーのもつ特別の地位を終らせたいと考えていたので、その死は、ハンガリーで歓喜を巻き起こした。かれはセルビア人を敵に回し、自らの死を招いたが、それはボスニア、クロアチア、ダルマチアを第三の「南スラヴ」部分帝国に統合しようとしたからである。かれはこの連邦主義により、ハープスブルク家の中央集権の強化と、［独立への］民族主義的努力の骨抜きを同時に狙った。フーゴ・ポルティシュは言う。帝国はいまだ改革能力をもち、救済され得ただろう、と。マンフリート・ラウヘンシュタイナーも同意見である。ひとりの皇帝に服属する四人の王たちさえ十分に考え得ただろう、と。具体的な民族問題解決の端緒をなすのは、一九〇五年のモラヴィアの和協であり、一九一〇年のブコヴィナ和協、一九一四年初めのガリシア和協だった。

諸民族は自己主張する

ノルベルト・レーザーは、第一次世界大戦勃発前の社会主義者たちの一般的特徴として、あいまいな希望と錯覚だらけの確信とを挙げる。[1] それは、戦争の勃発は阻止しうるであろうし、万が一勃発しても、少なくとも拡大を食い止めることができるだろう、というものである。［レーザーによれば］この自信は、現実の勢力関係の分析に基づくものではないし、抵抗あるいは介入の客観的可能性の有無を理性的に吟味したものでもない。さらに言えば、基本的に革命的とはおよそ言えない自己の意志、そして手を下そうとすらしない意志を、自ら現実的に評価したものでもない。この自信は、自己を過大に評価することによって育まれた夢想に基づくものであり、人々は、この夢想を抱いたまま、現実に寄り添った。これと対照的にカール・レンナーは、すでに一九〇七年の『カンプフ』誌への初の寄稿で次のように表明していた。

諸民族間には互いの諸関係、現実の力関係がある。法はそれらを限局せず、保障せず、紛争と自助の地平に止め置く。諸民族の儘にならない法は、効力を失い、民族の自助と民族の自衛権を承認する。

諸民族は存続し、自己を主張し、自己に属するものを確保する。諸民族は、自分たちを不意打ちから守ってくれる傭兵の常備軍を備えるほかない。危急の際は自らが武器を取るしかない。ひょっとして諸民族は平和を望むかも知れない。だが、傭兵は戦争のために存在し、戦争を望む。諸民族の自由にならない法は、まさに民族戦争の手はずを整える。[3]

国際法上、戦争は当時、実際に弾劾されておらず、国際紛争を解決する合法的な手段だった。また軍備の範囲、増強速度、様態は、ほとんど各国それぞれの専管事項だった。こうした体制は、力をますますたくわえる社会グループ、なかんずく社会主義者たちによって断固否認された。社会主義インターナショナルは、［先述のレンナー寄稿と］同じ一九〇七年のシュトゥットガルト大会で、大衆ストライキや武装蜂起で重大事態に対処することを慎重に検討したが、多数の支持を得られなかった。しかしながら、一本の決議が、大会参加国の労働者階級とその議会代表に対し、もっとも効果的と思われる手段を用いて戦争の勃発を阻止すべく、あらゆるものを動員する義務を課した。それでも戦争が起きてしまった場合は、その早急な終結を支持するとともに、戦争によってもたらされる経済的・政治的危機を人民大衆の覚醒に利用し、それによって資本主義階級支配の排除を促進することに全力をあげて取り組むことが義務とされた。インターナショナルの数知れない平和宣言で、差し迫る戦争と間近な革命について間断なく語られたが、アルベルト・フックスに言わせれば、だれもそれを信じなかった。[②] 人々は何十年もこうしたことを耳にしたが、言葉だけだと考えた。すべての加盟政党に宛てたインターナショナル執行委員会の決議にしたがって、一九一二年一一月一七日にヨーロッパの大都市で国際集会を組織するよう要請が行われ、レンナーはベルリンで平和を語った。

　オットー・バウアーとともにカール・レンナーは、民族固有の危機と世界政治の危機との連関に人々の注意を向けようとしたが、徒労に終った。すでに一九〇二年、カール・レンナーは『オーストリア諸民族の国家をめぐる闘争』序文で断言していた。

　一〇年、二〇年のうちに世界は分裂する。我々が早急に解決に至らねば、賭けの失敗だけに止まらず、自分たちの運を天に任せることになろう。[4]

「オーストリアと南スラヴ人」と題する『カンプフ』誌への寄稿（一九一三年初め）で、レンナーは人々に次のことを思い起こさせた。南スラヴ問題は、すでに五年来、世論の関心を引き、いらだたせ、悩ましている。一九〇八年の［ボスニア・ヘルツェゴヴィナ］併合のごたごたと一九一二年のセルビア紛争に際し、同問題は戦争の危機をもってオーストリア人を脅かし、ほとんど世界戦争を引き起こすばかりだった。国民の数え切れないほど多額の財産が軍備に注ぎ込まれ、また、経済危機による損失で毀損された。そうした危険と犠牲には誰も無関心ではいられず、深刻な考慮を要する。オーストリアの統治者たちにはどうでも良いことでも、少なくとも諸国民（Völker）にはそうはいかない、と。さらにレンナーは批判した。きわめて古くからの南スラヴ問題は、この「頭が空っぽな国」の政治家どもによって未だ解決されない。この国では残念なことに、すべては即座にもみ消され、抑圧された者の喉までせり上がった不満の声を、官憲が猿ぐつわをかませて押さえつけるばかりだ。オーストリアでは解決すべき課題は、なきがごとしであるし、実際になすべき行為は、なきがごとしである。誰も物事を根本的に捉えようとしないし、誰もひとつの道を最後まで究めようとしない。

こうして四〇年来、すべては口の端に登り、吟味され、手が付けられ、そして再び放り出された。結局、何も達成されなかったし、何も完成されなかった。過去半世紀の歴史は、逃したチャンスが脈絡のないままに連なる編年史である。問題がひとつひとつ、一〇年ごとに浮上し、まるで間欠熱のように規則的だ。ただ次々と深刻になり、最後は死に至るだろう。[5]

レンナーは具体的にオーストリア政府を非難して言う。南スラヴ人たちとトルコとの対決の機会[③]を戦術的に巧く利用しなかった、と。

歴史上、まれに見る貴重な機会のひとつだった！　オーストリア外交は最初の銃声を耳にする前に、自国が表に出なかった中立の代償として、自国に必要と考えられるすべてのものを要求し、友好裡に確保できたのではないか。それをのがしてしまった。オーストリア国外の南スラヴ人は、あっと驚く武装行為を繰り広げた。これは、チュヴァイ［Slavko Čuvaj 伯爵＝クロアチア総督］とその同類の弾圧によって作りだされた、国内の［南スラヴ人の］気持ちを鷲づかみにするに違いない。以前ならば友好裡に入手できたものを獲得しようとすれば、今後はどこでも、どんなやり方でも、勝者たちの自尊心を傷つけるだろう。[6]

レンナーのこの断言は、どんな犠牲を払っても平和を求めると、つい先頃バーゼルで宣言した社会民主党が、突然戦争賛成に回った証拠だと、ブルジョアの新聞で受け止められた。こうした新聞では、ヴィクトール・アードラーとカール・レンナーが、無責任にも反セルビアの憎悪をあおっている、という非難が浴びせられた。実際、カール・レンナーはここで引用している寄稿文で「不幸の予言者」の役割を演じようとした。かれは次のような問題を投げかける。オーストリアという大国と、ドイツ人やハンガリー人等からなる歩兵の大軍とが、現状を維持しようと血を流す防衛の闘いで、孤立した小国、セルビアだけを相手にするだろうか、と。

我々は予言しようというのではない。ただ、ついでに述べるだけである。ルーマニア王国では、その中核となる人民がトランシルヴァニアの谷間に定住している。もちろん、カロル国王は今日、ミラン国王時代と変わらず、我が国に対しておとなしくしている。いま我が国の仇敵はほぼすべて、初めは友好国だった。諸国はいろいろ期待を抱いていたが、満たされないままに終った。おまけに、オーストリアとイタリアが一緒になって、アルバニアを独立させようとしている。両国は友好の武器援助をすることで、アルバニアを作り上げる。ちょうど一八六四年にオーストリアとプロシャが一緒になって、シュレスヴィヒ・ホルシュタインを占領したようなものである。実際ここで、どんな台本も及ばないような、将来の紛争の機会を大胆に予測してみよう。攻撃点と着手点を設ける。そこでセルビアは、孤立状態から抜け出す。セルビアのもとへ、その将来の同盟者がはせ参ずる。軽侮する南スラヴのピエモンテ王国［＝セルビア］に同盟者を作るという、この見事な機会は必ず訪れるだろう。[7]

レンナーが南スラヴ人について『カンプフ』誌に掲載する記事原稿を完成させたのとほぼ同じ頃（一九一二年一二月八日）、皇帝、ヴィルヘルム二世を頂点とするドイツ帝国指導部は、不可避と見なされる大規模な紛争に次の機会を捉えて決着を付けるという決断を事実上、下した。海軍の艤装の観点から技術上やむなしとして、戦争を開始すべき時期は一九一四年六月末となり、そのとき、戦艦を通すためにヴィルヘルム皇帝運河を拡幅する工事が完了する見込みだった。その間に軍事的、心理的、外交的戦争準備が行われた。ジャック・ハッナクによれば、オーストリア・ハンガリー政府が主戦論の政治方針を堅持していたと証明するのは難しい。[4] だが、いずれにしても、戦争運命論、つまり、当事者たちを在る方向——できれば自分たちのために避けるべきだった——に押しやろうとする、何か来たるべきものから逃れられない、という思い込みに囚われていた。そこで、森でひとりになった者が不安から大声を上げるように、当事者たちはサーベルをガチャガチャさせて、その音で「Xデイ」への不安を紛らせようとしていた、と。

内政面では［一八六七年憲法の］緊急令条項（第一四条）に基づいて一九一四年三月、帝国議会の機能が停止された。これは疑いもなく、上記の自らが選び取ったと思われる没落に向かう手続きの一環だった。カール・レンナーは四月初め、憲法が保障した国民代表機関に対するこの恣意的な措置に対し、その後有名となる「無分別の体制」と題した『カンプフ』への寄稿で応え、首相、カール・シュテュルク伯爵がクーデタを敢行し、憲法違反を犯したと主張した。併せてレンナーは、この国民代表機関である議会の破壊が世論の注意をさして引くこともなく、蛮行が平静に受け止められたことを強く非難した。この事態は、鋭い感覚をもったレンナーには、一体誰が今後、勝手気ままで貪婪な荒くれ集団を統御していくのか、という問題とも結びついていた。［レンナーは言う］どのみち、すべて良く整っていて、足りないのは銃剣と大型戦艦だけだ、とばかりに人々は振る舞っている。オーストリアの東の世界全体が新たな秩序をつくり出そうとしていて、間違いなくロシアはまもなく立憲国家になるだろう、と。この憲法違反が、最終的にどこに向かわざるを得ないかを、レンナーは直感する。

国の賢者の誰が言ったのか、私は知らないが、戦争を首尾良く始めようとする国家は、その前段の平和の内に憲法の作業を終えていなければならない。というのは、危機のときには、もう遅すぎるからである。[8]

レンナーはさらに述べる。民族問題は、雑誌記事などによっては真に解決されない。それはただ、戦争だけが決するだろう。だが、次のことはしかと認識し、はっきりと言わねばならない。民族問題を何十年も未解決のままに引きずっている国家は、隣国を戦争へと挑発し、同時に自国が戦争に勝利できないようにしてしまう。いずれにしても戦争の混乱の中では、休火山のように見える火口から突然に火を噴くことがある。そして今日、支配者の将来を見据えた配慮が、現行の国境の枠内で解決できないことを、明日には剣が解決するだろう。しかも、オーストリア＝ハンガリーという、この国の意に反しての解決である。この種の怠慢のつけを国家や国家形態は、たいてい自らの存在を代償に支払った、と。

諸民族（Völker）の同盟

まさに現実の先を読む、こうした説明とは対照的に、この時期、社会主義インターナショナルは第一〇回大会の準備を開催地ウィーンで行っていて、一九〇七年のシュトゥットガルト大会と一九一〇年のコペンハーゲン大会で始めた「社会主義者の戦争反対行動の組織化」を完成するという課題を掲げる予定だった。この第一〇回国際社会主義者大会のために、レンナーはすでに「諸民族（Völker）の聖なる同盟」と題する寄稿を執筆していただけでなく、［大会用の］歌の作詞もしていた。数週間後の九月一五日から一九日まで、同じくウィーンでベルン国際平和ビューローの第二一回世界平和大会が、国際法学者、ハインリヒ・ラマシュ名誉総裁のもとに開かれる予定になっていた。

この二度めとなる平和大会は同時に、皇帝、フランツ・ヨーゼフ一世の「平和への努力」に国際的な敬意を表するものと考えられた。これに先行して国際社会主義者大会が開かれることで、国内政治における多少の評価が期待された。

レンナーは一九一四年三月七日、ウィーン大学で社会主義学生自由連盟のメンバーを前に「法理念としての民族とインターナショナル」と題して講演し、ブルジョアの平和運動とともに社会主義の平和運動を取り上げた。その中でレンナーは、帝国主義的民族主義の代表的思想家であるドイツのフリードリヒ・フォン・ベルンハルディを断固として退けた。ベルンハルディは、戦争を道義にかなった必要物であり、単なる悲劇的な不幸ではない、と位置づける。レンナーは、この種の猛獣哲学から明確に距離を置いた。この哲学は、人間の法共同体に代わって無秩序の中の混在を想定し、殺人行為を文明の最初の梃子と見なし、普通の評価からまったくかけ離れて、暴力行使、殺人、破壊、戦争を道徳にかなった企図だと言う。［レンナーによれば］これは人間性とも、法の理念ともまったく関係がない。

諸民族が猛獣のようにお互いを永遠に待ち伏せ、ときどき襲撃を繰り返し、ずたずたに肉を引き裂き、最後は民族が次々と、ある民族——今日すでに人口の大半を擁し、またじきに銃剣の大半をもつことになる中国人——の獲物になるなどということが、諸民族の最後の世界史的運命であるとしたら、それは諸民族にとって本当に悲惨な状況です。西洋のあらゆる遺産のうちで、武器の操作がもっとも迅速に学ばれることを、日本人が証明したではありませんか![9]

［レンナーは続ける］ブルジョア平和運動はすでに何十年も、諸民族（Völker）共存の法的秩序を支持する人々をすべて世界中で糾合した。イデオロギーの要素と経済利益がここで一緒になったが、動機と要求は、しばしば互いに大きくかけ離れている。諸国は一体となって法の共同体を形成し、国際法のもとにあって自衛を禁止し、もしくは、それを存亡危急のときに限定する。正当・不当の判断は、国際司法裁判所に委ねる。世界連邦国家あるいは「ヨーロッパ合衆国」が、当然のことながら長期の目標になる。世界国家理念と世界平和理念は今日の実践に照らして、いずれにしても革命的である。ブルジョア平和運動は、国際法、司法権、判決執行の第一歩を踏み出し成功した。しかし、その要求を最後に実現する者は別の勢力だろう、と。ここでレンナーは、プロレタリアートとプロレタリアのインターナショナルを示唆する。プロレタリアートのもとで、

ひじょうに古くてそれ故に厳粛な、人類の融和と連帯の信念は決して消滅しなかった。以前は連帯感情に過ぎなかったと思われるものが、ここでは積極的な意識、認識であり、行為への意思を意味する。社会主義インターナショナルも武装自衛を排除した、諸民族（Völker）を越える普遍的な法秩序、平和秩序を最終目標として掲げる。社会民主党は、人類の最高利益のために、みなに闘いの準備をさせる、と。

現行の経済体制の転覆だけが、それだけが、支配的国家権力体制と国際法上の無秩序とを打破することができるし、打破することでしょう。この転覆はまた、国家の内部でも同時に、外交官という職業集団と将校層とが、社会権力と畏敬の頂点から滑り落ちることを意味します。そうした階層が簡単に説得に応じたという歴史的な実例はありません。こうしたことの大胆な実現のため、社会主義はプロレタリアートに、つまり、人類の圧倒的多数に呼びかけます。社会主義は、かれらを政治権力奪取のために教育し、待ち受けます。プロレタリア独裁が国際秩序を築き、無秩序を治め、世界に平和を確保することを。[10]

［レンナーは続ける］社会民主党の出発点は、現存する国家ではなく、生き生きとした諸民族である。民族は新しい秩序の担い手であり、民族共同体（Völkergemeinschaft）ないし民族同盟（Nationenverband）として想定される。この共同体ないし同盟は、世界国家と名付けられるのでなく、「インターナショナル」と一言で呼ばれる。社会民主党は、民族を解体不能であり、決して解体してはならないものと考える。ジャン・ジョレスは、諸民族を結局のところ、人間文化のさまざまな宝箱と呼んだ。世界の組織化の問題は、インターナショナルと民族との権能分担にある、と。

我々の今日の状況を申し上げます。世界は混乱を極めています。地球は、バリケードを築いて敵対する諸国に分割されています。人類は武装して、互いに殺害の脅迫を行う人間集団に分裂しています。無秩序が国際的な法の状態です！　けれども実際には、諸国は相互に、そして諸民族（Völker）は互いに、かつてよりも緊密に一体化しています。全人類を包括する法秩序によって、全般的な平和とその保障を待望しています！　この矛盾は、何ともひどいものです。大切なのは、世界を新たに組織化することに他なりません。新しい世界が生まれようとしています！[11]

戦争準備の合図が何か月も前から、ほぼすべての国によって発せられていた。まだ一九一三年の内にドイツ軍は、帝国議会の戦費増額決議で著しく強化されていた。一九一四年初めパリ市は、将来の軍事動員に備えて大量の小麦を貯蔵することを決めた。その数週間後、ロシアの国防大臣が次のように発言して注目を引いた。ツァーの陸軍兵員を実質的に三分の一増強するとともに、攻撃に主眼を置く戦争指導原則を適用するだろう、と。その後暫くして、［ロシア］議会は、近々行われる全面動員演習の予算を審議した。そして四月、英・仏・露の海軍協定がパリで締結された。

［歴史家の］イマヌエル・ガイスは、第一次世界大戦のもっとも重要な前提として、一九一四年以前の世界政治の大枠条件となる帝国主義の時代を上げる。具体的にはドイツ帝国、その内部構造と外交、同盟諸国、とりわけオーストリア＝ハンガリーとオスマン帝国、協商三国（仏・露・英）、民族民主主義から民族革命までを掲げる南スラヴ人の独立運動である。こうした独立運動は、一九世紀にはオスマン帝国を相手にしてしていたが、二〇世紀初頭からはオーストリア＝ハンガリーを敵視した。上記の要因はすべて、ひじょうに複雑な過程において相互に働きかけ、第一次世界大戦の前史、勃発、経過、結末を規定した。それでもなお、サラエヴォで一九一四年六月二八日、オーストリア＝ハンガリーの皇位継承者、フランツ・フェルディナントとその妻、ゾフィーが若いセルビア人活動家に暗殺されたニュースを、世論は青天の霹靂のように受け止めた。だが、『労働者新聞』のウィーンにある編集室で、ユーリウス・ドイチュはこの晩、大事件が起きたときにいつも編集室を覆う興奮の渦を見なかった。サラエヴォの暗殺がひょっとして戦争につながるのではないか、というかれの疑問に、フリードリヒ・アウスタリッツが応えた。

戦争があるって？　宮廷が治めるヨーロッパの、その宮廷のひとつが、王を殺した者たちの肩をもつ、とでも考えるんですか？　セルビアは急いで殺人者を罰して、自分が罰せられないようにするでしょう。そうしたら、再び静穏が戻ってきますよ。[12]

実際、一九一四年七月初めの各種新聞は、人々が戦争を覚悟せざるを得ないと思ったなどとは伝えていない。だがウィーンその他で、人々の暮らしは従来のままだった。だ、その後すぐに戦争の雰囲気が高まり、七月半ばからは、ベオグラードの反オーストリア・デモや、その地での陰謀活動、セルビア政府の挑発的な態度云々という記事が長々と書かれ、緊迫の高まりが伝えられた。『労働者新聞』は戦争の雰囲気を抑えるように、七月一七日にはまだ、「これが戦争の混乱につながる、とは誰も真剣に考えていない」と報じていた。しかし、その一週間後には、オーストリアがセルビアに発した応答期限付き最後通牒のニュースによって、ついに戦争の危険が誰の目にもはっきりと否定し得ないものになった。

世界戦争への階段

フリッツ・カウフマンは自著『オーストリア社会民主党』で、実際の戦争準備の長い連鎖を指摘した。これは世界戦争の芽が伸びていく段階である。まず、フランツ・フェルディナントを取り巻く戦争派閥があり、［参謀総長］ヘッツェンドルフの、同盟国であるイタリアを敵とする予防戦争計画を経て、レーオポルト・ベルヒトルト伯爵の運命的な反セルビア外交に至る。これに比して「恥ずかしいことに、社会民主党は何も対抗策を講じなかった、と言わざるを得ない」[13]。第一次世界大戦は勃発のかなり前から、左翼急進派の企業経営者であるフリードリヒ・エンゲルス、プロシャの参謀長、ヘルムート・フォン・モルトケ、そして長期にわたり［ドイツ］社会民主党の委員長だったアウグスト・ベーベルというような、まったく相貌を異にする同時代人たちによって、二〇世紀の大惨事の始まりとして予感されていた。レンナーは言う。[5]マルクス主義学派は、世界大戦が差し迫っていることを予言し、あらかじめその原因、つまり、資本主義の帝国主義的発展から描いていた。だが、帝国主義の本質把握では一致が見られなかった、と。

すでに一九一四年七月二三日、［社会民主］党執行部は、取りやめが予想されるウィーンの社会主義者国際大会を協議した。執行部の何人かは、大会開催と政府への抗議に賛同したが、レンナーは開催を望まないひとりだった。社会民主党執行部が戦争勃発の不意打ちをくらったのは間違いない。七月二五日には、オーストリアのドイツ系社会民主党議員たちはまだ、あらゆる戦争責任を拒否すると表明していたが、ここに至って批判もせず、おそらくは利己的な動機から戦争への全般的な熱狂に同調して行った。戦争が勃発してから初めて発行された『カンプフ』誌は、この事態を穀物の実った畑に降る雹に喩え、ウィーンの社会主義者大会の取りやめを遺憾としたが、国家による暴力の行使を、ヨーロッパの国家間に存在する微妙な法的状態を踏まえた自己主張だ、として正当化した。

　我々社会主義者が戦争の破壊作用について言いうること、

それは、今起きていることは我々の意向に沿うものではないこと、我々の目的、方法は別にあること、我々はこうした世界に属さず、我々の時がやがてやって来ることである。[14]

「ドイツ帝国の拡張欲求を抑止」するには国際プロレタリアートの力はあまりにも弱い、とするこの寄稿の認識は、まだしも前向きだった。ドイツ宰相、テーオバルト・フォン・ベートマン＝ホルヴェークの最側近補佐官だったクルト・リーツラーはその日記の中で、フリッツ・フィッシャーの『世界強国への道』の中核となるテーゼを提供した。ドイツの戦争目的は全体として、ヨーロッパにおけるドイツの覇権確立に帰結し、ドイツの「中欧」構想によって覆い隠されるとともに、それによって保障されもする、と。リーツラーは関連して、ドイツの「世界制覇」を、宰相が実現すべき最終目的である、とまで語った。

二〇一三年、オーストラリアの歴史家、クリストファー・クラークは、第一次世界大戦勃発の原因に関する著書［邦訳『夢遊病者たち』］で次のテーゼを提起した。一九一四年に先立つさまざまな危機や戦争に鑑みて、ヨーロッパの政治家、外交官、経済界のキーパーソンを詳細に分析すると、かれらがまるで夢遊病者のように振る舞ったことがわかる、と。クラークは、戦争責任を、こちら側、否、あちら側にある、というように一方的に押しつけるのでなく、ヨーロッパがどのようにして、誰も望まなかった戦争に引きずり込まれていったかを正確に描き出す。かれは勢力間の関係を内在的に描きながら、あるひとつの国だけに簡単に罪を押しつけるようなことを避けている。ただ、第一次世界大戦に関する、このおそらくもっとも重要な著書は、セルビアからは忌避された。［セルビアの］国家神話に疑問を投げかけたからである。クラークは著書で、サラエヴォにおけるふたり［皇位継承者夫妻］の殺害を、それ以上重大な帰結を招いたはずのない、単なる不幸として故意に瑣末化することに反駁した。著者は言う。

二〇〇一年九月の世界貿易センターへの攻撃は、単発の象徴的事件が――より大きな歴史的過程に深く絡め取られているとしても――政治を決定的に変更し、旧来の選択肢を時代遅れのものにし、新たな選択肢に予測されざる緊急性を付与する可能性があること示す、格好の例となった［小原淳訳］。[15]

ウィーンで行われたふたつの遺体との別れは、「地味な埋葬」として進められ、外国の元首を葬儀に招待するなどということは話題にもならなかった。高齢の皇帝、フランツ・ヨーゼフ一世は、外国からの訪問客にウィーンで会うことを望まず、招待すれば自分が責任を負わねばならないことをふたつ、初めから避けていた。ひとつは、この機会に首脳レベルで発言せざるを得なくなることであり、もうひとつは、暗殺の責任を［セルビアに］どう取らせるのか、外交折衝しなければならないことだった。それ以上に、皇帝は一九〇九年以来、戦争が不可避であるとの確信を強めていたのだった。フランツ・ヨーゼフ一世は、一九一四年七月二三日の対セルビア最後通牒送付だけでなく、七月二八日の宣戦布告でも決定的な役割を果たした。その際、かれは超法規的権力も用いた。皇帝は戦争を望み、自らの死に至るまで、停戦や単独講和を口にすることがなかった。

『労働者新聞』に掲載された一九一四年七月二八日付けの社会民主党第二宣言は、「我々の」兵士に挨拶を送った後に述べる。もっとも大切な課題は、組織を維持することである。官憲との衝突を生む恐れのあることはすべて避けてほしい。何より言葉使いに気を配り、重大な犠牲を払うことのないように、すべての同志に注意を喚起した。ついに一九一四年八月五日、『労働者新聞』は、フリードリヒ・アウスタリッツ編集長が執筆した「ドイツ民族の日」と題する記事を掲載した。これは、前日の夕方、ドイツ国会で戦時公債が採択されたことに応えたものだった。［ドイツ］社会民主党によるこの戦争賛成は、ドイツ精神のもっとも誇るべき、もっとも力強い高揚だと称された。外交団が適切に行動したかどうかは、後の時代が判断するであろう。死も悪魔も、この偉大で優秀な民族（Volk）、「我らがドイツ民族（Volk）」を屈服させることはできないだろう。ドイツ社会民主党は、議員ひとりひとりが公債に賛成した。ドイツ人に権利が与えられないとしたら、それは世界史の逆行だろう、と記事は締めくくられた。この寄稿によってアウスタリッツは、党執行部に反旗を翻したわけではない。ただ、ヴィクトール・アードラーが、民族の連帯を呼び覚ますのにやり過ぎだ、と語るに止まった。アードラー自身、戦争開始のニュースに「自然現象」のごとくショックを受けた、と述べた。かれに元々備わっていたドイツ民族主義の態度が反ロシアの姿勢とともに、思いもよらない強さで吹き出した。つまり、ヴィクトール・アードラーにとって、これは疑いもなく防衛戦争であり、重要なのはオーストリアというより、むしろドイツの存続だった。いずれにしても一九一六年の夏に入るまで、アードラーは中欧同盟諸国の勝利を予想していた。

問題は我々だ

カール・レンナーは、これとは別の記憶、つまり、戦争が開始されて間もない頃のヴィクトール・アードラーについての記憶をもつ。当時、党指導者たちが何人も党本部の最上階に集まって、党がどのような態度を取るべきか議論した。その際、ヴィクトール・アードラーの一言がレンナーの注意を特に引いた。「問題は我々だ。我々が、ただの人として問題になっているのだ。そして我々の運命と我々の未来が[16]」

レンナーは述べる。世界戦争はその影をはるか以前から投げかけていた。マルクス主義学派は、世界大戦が差し迫っていることを予言し、それをあらかじめ、その原因、つまり、資本主義の帝国主義的発展から描いていた。帝国主義をめぐる論争と、戦争が差し迫っているとする認識とは、戦術的な論議に火を付け、戦争勃発前にはドイツ労働者階級を激しい論争に巻き込んだ。それは、民主主義という政治的目的を達成し社会主義を実現するための、革命手段としての政治的大衆ストライキをめぐる論争だった。他方、一九一四年に予定されたウィーンの社会主義者大会は、その決議により、戦争を不可能ならしめて平和を確保するはずだった。突然の世界の大火は、こうした問題を照らしだし、それとともに人々の当惑をさらに深めた。

各国のプロレタリアートは突然、免れられない板挟みの窮地に陥った。自分の国家と民族の側に立つのか、それともすべての兄弟党とともに、しかも同時に同じやり方で、すべての国家とその政府に抗して、同じようにインターナショナルの側に立つのか、というものである！[17]

オーストリア＝ハンガリーがセルビアに宣戦布告した一九一四年七月二八日、『労働者新聞』は声明をひとつ出した。起草者はオットー・バウアーに他ならなかった。声明は言う。党のすべての同志がまずもって負う義務は、「我々の組織を保全すること、官憲に我々の組織を抑圧したり、煩わせたりするきっかけ、口実となる根拠を……まったく与えないことである」と。招集された兵士と労働者に「熱い思い」が贈られた。これによってオーストリア社会民主党は、戦争に反対する闘いを事実上放棄し、自党とその新聞・雑誌に対し、完全に受け身の態度を取ること、非常事態によって、すでにどのみち大きく制約された合法性の枠を遵守することを申し渡した。戦争勃発の翌日には、オットー・バウアーが少尉として入営した。すぐに一中隊の指揮を執り、ヴィクトール・アードラーとカール・ザイツに、ロシア戦線から手紙で自分の奮闘ぶりを次のように伝えた。

自分は、ある町からロシア軍を駆逐しました。ともかくも、軍事的に大きな戦果を上げることができました。これによって「我々の将軍」（フリードリヒ・エンゲルス）もまた満足なさるでしょう、と。ところが、すでに一九一四年一一月二三日、バウアーはロシア軍の捕虜となった。というのは、かれの大隊司令官、ダウベク少佐がその後すぐにカール・ザイツに知らせたところによると、「あまりに勇猛果敢にロシア軍に向かったからである」。

ハンス・ハウトマンは、一九一四年七月・八月から始まって一九一六年・一七年の代わり目に至る時期を、労働者全般がただ耐えるだけだった「上からの」階級闘争「の時期」と名付けた。生活のあらゆる領域で、それまで見られなかったほどに強制、暴力、抑圧が強化された。こうした状況で資本、国家、軍隊は、労働者に次々と打撃を加え、労働者たちは、ほぼまったく抵抗しなかった。これが「城内平和」と呼ばれる。労働者たちは、軍需工場経営者の威嚇に動揺させられ、自分たちのストライキ指導者が逮捕あるいは「招集」されたため、敢えて抵抗に踏み切らなかった。したがって、後にオーストリア共和国となる領域では一九一四年七月から一九一六年一二月の期間に、全体で僅か二五件のストライキしか起こらず、参加者は八五三一名に止まった。他方、そのストライキは、ほんの数時間しか続かず、経済要求の枠組みを越えることがまったくなくて、ほぼ例外なしに何の成果もなく終った。オーストリアの社会主義者たちは、議会で戦時公債を承認するジレンマから免れていた。というのは、議会が一時閉鎖され、ヨーロッパで唯一、戦争開始時に招集されていなかったからである。秩序を重んずるカール・レンナーは、一九一四年一二月、この状況が社会民主党にとって幸いではなく、むしろ瑕疵だと見なした。

1914年のカール・レンナー
（1870～1950）

人民代表機関の任務と義務は、もし招集されていれば、あらゆる措置を審議し決定することである。その措置とは、陸上および全海域の戦争がもたらす国内経済の動揺によって必要とされるものであり、また、国家財政の大規模な投入から要請されるものである。[18]

［レンナーは続ける］議会は、良き社会主義者たちが排除したのではない。社会民主党は、どのように非難されようとも動じない。党は可能な限りのことを行い、人民のために代表機関を活発に強力に維持しようとした。社会民主党議員団は、民族派ショーヴィニストたちの近視眼的な幻惑や政府の絶対主義政治によって自分たちが沈黙を強いられたなどと認めるわけには行かない、と。オーストリアの社会主義者たちが戦争の勃発を阻止できた、とは誰も言わない。だが、戦争を遂行するすべての国々で、戦争の勃発とともに社会主義の連帯が脆くも破綻したと、かれらが主張したとき、かれらは事態をきちんと見ていなかった。

ヴィクトール・アードラーが暗黙の内に甘受した社会主義理念の倒錯に対し、初めから異議を唱えた唯一の人間は、その息子のフリードリヒだった。かれは父の信条の変更に気づいて大きな驚きを覚えた。フリードリヒ・アードラーは一九一五年、『フォルクストリビューネ』紙に自らの「批判的観察」をまとめた。

> ある同志は、我が国の参謀本部の最高指揮官が立っている丘の上にいるかのように議論し、別の同志は、政府の思考過程に完全に陥った。ある者は、全ドイツの利害だけに注目し、他の者は、オーストリアの歴史的使命を自らの考察の出発点とした。そのような考え方で生きるのを止めよ、と我々は誰にも言わないが、戦争が起きる前に我々が世界を考察していた観点から、引き続き眺める権利を奪われたくない。つまり、社会民主主義の視点を。[19]

フリードリヒ・アードラーの批判的な視点から見ると、カール・レンナーは特に重要な役割を演じた。［アードラーによれば］このカール・レンナーは明確に自己と戦争の経緯とを一体化し、学問的な権威を含む自らの全権威をもって、戦争を引き起こした者たちをかばう。ドイツ帝国が戦争の勃発をオーストリア＝ハンガリーの自由裁量に委ねたことを、レンナーは無視し、初めから［英仏等］協商国の責任を中欧同盟国の責任と同等に見る。かれは、ドイツ帝国議会における八月四日の社会主義者の決定［戦時公債賛成］を神話のごとく正当化する。そのやり方は、ドイツにとって現在、最悪の窮境が、歴史的には将来名誉になる、と予言するものである。［さらにレンナーの主張だとして］ドイツ社会民主党は、他国のすべてのプロレタリアートの師匠であり、他国の全兄弟党の悪意を不当にも一身に引き受けている。まさに同党が戦争を理論的にも実践的にも真剣に几帳面に受け止めたからである、と。

イマヌエル・ガイスは一九九四年、第一次世界大戦勃発への責任を次のようにはっきりと修正した。

ドイツ帝国の好戦グループ自身、主観的には世界大戦なぞ望んでいなかったに違いない。勝てるという見通しがもてなかったからである。……セルビアとロシアは今やともに、ドイツおよびオーストリア＝ハンガリーと同様、地域紛争の勃発に大きな責任を負う。それによってまた、［ヨーロッパ］大陸規模の戦争誘発に途方もない責任を負う。しかし、ドイツがウィーンで地域紛争を決定的に使嗾しながら、それが含意した大陸戦争に意識的に目をつむり、しかも、意義ある調停努力をすべて遮って大陸戦争を確実なものにしたことにより、大陸戦争を、ひいては世界大戦総体をも引き起こした最大の責任はドイツにある。ただ、最近、シュティーク・フェルスターが立証したように、ドイツ参謀本部の最高将官にとっても、世界大戦は勝つ見込みのない戦争だった。[20]

クリストファー・クラークは、一九一四年の戦争勃発を悲劇と呼び、犯罪とは言わない。凶器は、それぞれひとりひとりの重要な行為者の手の内にあったかのようである。

一九一四年の戦争をもたらした危機は、各国に共有されていた政治文化の帰結であった。しかし、それは多極的で、まさに相互作用的でもあった。……一つだけ明らかなことがある。一九一四年の政治家たちが手に入れようと格闘した報酬は、その後に続いた大変動にまったく見合わなかったという点である［小原淳・訳］。[21]

レンナーは言う。ドイツの［社会民主］党執行部は戦争勃発前、その一員である［ヘルマン］ミュラーをパリに派遣し、［独・仏の社会主義］政党が同じ議会行動を取るよう試みたが、成功しなかった。だが、ドイツは少なくとも唯一の社会民主党執行部として試みを行った、と。さらにレンナーは、次のような論拠をもち出す。ドイツとオーストリアの党執行部は戦争勃発後、インターナショナル事務局の会合を強く要望して、行動する用意のできた、たったふたつの党だったが、フランスがいつも反対した。この点で特にフランス人は、良心の呵責を一切示すことがなかった、と。さらに、レンナーは強調する。自分自身が心より賛同するジョレスの考え方もまた、現実の前に挫折せざるを得なかっただろう。いろいろな国の社会民主主義者がそれぞれの国の政府に対してもつ影響力は、ひじょうにさまざまだったからである。義務を遂行する能力の点でさまざまな代表者たちは、約束をしたとしても、まさにそれを果たすことができない。約束の履行が可能なのは、みなが同じように政府に参加しているか、あるいは野党でいるときである、と。レンナーは問う。たとえばフランスのマルセル・サンバとドイツのフリードリヒ・エーベルトとが、戦争の継続により両国内部の力関係がひっくり返る前に、戦争目的と和平条件を話し合っていたら、一体どうなっていただろうか、と。そして結論を出す。抽象的な和平意思は、決して両者とも同じように効果的に表明することができない。なぜなら、大臣を出す党が、戦争を遂行する政府に席を占める限り、約束を遵守することがまったくできないからである。フランス人もドイツ人も自衛を放棄できないだろう。インターナショナルが力不足で、敗北の暁には自分たちの存在を保障してくれない限り、それはできない。したがって、自衛の権利をもち出しはしたが、ドイツとフランスの社会民主党は、インターナショナルに反旗を翻すことはなかった、と。

「党の抱える現今の問題すべての出発点は、諸国民の間の戦争にではなく、諸階級の和平にある」（フリードリヒ・アードラー）。驚いたことに西側諸国すべてにおいて、支配者も被支配者も予期しないうちに突然確立された城内平和は、ある者には恐ろしいばかりの不意打ちとして、他の者には先行きの明るさを示す天啓として作用した。……プロレタリアートが決然として戦争に参加したことは、さまざまに説明され、正当化される。一方ではフリードリヒ・アードラー流に、戦争はプロレタリアートの手法として排除されるが、他方、特に労働組合の分野ではいくつか意見が出され、それによれば、プロレタリアートは、他の諸階級と同じように基本的に民族的帝国主義に関心を抱き、この枠内で社会主義の諸目標を追求しようとしている。[22]

レンナーは議論を続ける。幅広い層のフランス・プロレタリアートは、アルザス＝ロレーヌ奪還を道義にかなった行為と位置づけており、実際、問題は奪われた土地の回復である、と。ここでレンナーは、フランスがドイツから攻撃されたことを無視している。かれはベルギーの中立侵犯に対する法的異議申し立てという英国参戦を、帝国主義戦争の口実へと改釈する。しかし、レンナーはベルギー自身には、ドイツの侵略者に対する正当防衛の権利を無条件に認める。かれの議論はますます昂じて、ドイツの「社会民主」党に対する批判は客観的ではないと言う。というのは、戦争の勃発に見舞われた諸国のすべての党、すべてのプロレタリアートが、決定的な点でまったく同じような態度を取ったからである。戦争の不意打ちを食らったわけではないイタリア、米国もまた例外ではない、と。このような一九一七年中葉に刊行された『マルクス主義と戦争、インターナショナル』の論調とは異なって、その二年前の『カンプフ』誌への寄稿では、イタリア労働者に対して次のようなまったく別の態度を取っていた。

> この間、イタリア・プロレタリアートによる自国ブルジョアの帝国主義的主戦論者に対する英雄的な闘いは、社会主義の実践経験と理論認識を途方もなく豊かなものにした。我々は社会主義者として、大きな驚きとともに、イタリア社会民主主義者の多数の英雄たちに挨拶を送る。ガリバルディが遙か昔、ヨーロッパの若い民主主義にとって光り輝く手本となったように、勇敢なトゥラーティとその仲間たちは、世界の社会民主主義にとって光を放つ未来の模範となった。ショーヴィニズムの嵐の中の堂々たる巌である『アヴァンティ』紙［イタリア社会党機関紙］は、クアルト・フェルゼン⑥を将来の人々の記憶から消し去るだろう。……達成しうる最高のものを、すなわち、道徳上の勝利をイタリアの同志たちは手に入れた！[23]

レンナーが自己を中欧同盟諸国と同一化することで、どれほど真実から遠ざかったかは、ルートヴィヒ・ブリューゲルの『オーストリア社会民主党史』最終巻で確かめることができる。中立の立場を取った国は別として、それ以外の協商国の社会主義者たちは、若干の例外はあるものの、戦争回避に可能な限り動いた。しかし、戦争を阻止できなかったときも、かれらの多くは、しばしば個人の大きな犠牲も厭わず戦争反対の立場を貫いた。

確固とした行為

レンナーは多くを思い煩わない。戦争はありやなしや、と修辞疑問を発する。［社会民主］党がこの明々白々な事実を認め行動を決意したことに、とやかく言うとすれば、それは党を不当に扱うことになる。断固としてことを行うことが大切であり、防衛の意思を固めねばならない。塹壕の中にいる者は知らねばならない。すなわち、自分が兵士として自分と国を守らねばならないし、これは、自分と党が戦争の責任を負わないことで、はるかに純粋な良心をもって行い得ることである。これこそ、［社会民主党が］ドイツ帝国議会で戦時公債に賛成した意義である。ドイツ社会民主党は、一九一四年八月四日に対外的な規範を犯してはおらず、どの観点から見ても正しく行動した。フランス人についても同じことが言える。これを云々しようとする者がいたら、まず証明すべきは、何か別の行動、たとえば、同時の国際的な統一行動が可能であったとか、あるいは、そうした行動の申し出が、一方の側から行われたとかいうことである、と。

カール・レンナーは特に「城内平和」という事態について議論する。かれが繰り返し強調するのは、ドイツでもフランスでも社会民主党が一九一四年八月初め、戦時公債に賛成票を投じたことである。城内平和は、すべての西側諸国で突然に思いもかけず結ばれた。支配者にとっても被支配者にとっても、予期しないうちにやって来た。ある者には恐ろしいばかりの不意打ちとして、他の者には先行きの明るさを示す天啓として作用した、と。レンナーは、戦争をプロレタリアートの手法としてまったく排除するフリードリヒ・アードラーに対し、自著『マルクス主義と戦争、インターナショナル』で「城内平和」を次のようにまとめた。「領民の古い習慣では、初めに領主の館が燃えても、自分の家に類焼しそうならば消火活動を行う」[24]

プロレタリアートが成熟すればするほど、ますます積極的に戦争に関与する、とレンナーは確信していた。［かれは述べる］このことを、プロレタリアートを断罪しようとする前に知っていなければならない。否定し得ないことは、プロレタリアートの人口に占める割合が大きくなれば、資本への関与も企業家と比べて大きくなり、国の政治権力への参与も拡大し、経済的・政治的関心と共同責任も大きくなって、肉体的・精神的なジレンマが大きくなることである。ジレンマというのは、開戦の責任が誰にあろうとも、始まってしまったひどく忌まわしい戦争を、それが防衛戦争の性格を保持する限り、プロレタリアートの利害のために自らの双肩に担い、戦争の負債と結末の清算とを終戦後の国内論議に委ねることである。ところで、国家は戦争の当初、労働者階級に対して全能である。だが、国家が戦争の間にその力を消耗すればするほど、絶対に代替不能な労働力を有する階級の力がついには強くなる。とりわけ消耗戦では、数と力で劣るプロレタリアートが最後には国家の中で強くなるのは、強力で良く組織された労働者が自分たちの国家の中で強いのと同じである、と。

自著『オーストリア更新』の「国家前進！」の章でレンナーは述べる。秩序だった国家がなければ、人々は国の内外で安全に胸をはって暮らせない。革命の志もまた、秩序を前提とし、その秩序は、より高次の秩序に成長するか、新しい秩序によって置き換えられねばならない。無秩序は革命の志には役立たない。なぜなら、政治活動の基盤そのものと手段とを破壊するからである。秩序ある国家は、その他すべての公的生活の第一の前提であり、そうあり続け、誰にとっても、もっとも身近でもっとも必要なものである、と。

［レンナーは続ける］あらゆる国、あらゆる町と村で、そしてあらゆる協議会と団体、あらゆる通りと家並みで、同志たちは自発的に支援の活動に立ち向かった。かれらは至る所で、戦争が開始された当初すぐに、そしていまだ一九一七年にも、憎むべき相手とともに協議の席に着いた。というのは、問題は国民と国だったからである、と。レンナーが反対したのは、大衆による戦争への意思表示、怯懦、影響力に対する懸念、資金の憂慮、そして生来の卑屈さに基づいた意思表示であり、こうしたものはすべて、労働者階級の到達した水準を満たしていないからである。労働者階級の使命は、毎日、毎時間、防衛のために命を賭けることである、と。レンナーの説明は、国家における勤労大衆の地位の向上に及んだ。プロレタリアートはもはや市民社会の外側に居ない。どの公共団体（Gemeinwesen）でも数の上で最大の階級になった。それに止まらず、まさにその戦士である。高度に発展した工業諸国では、プロレタリアートはすでに独自の国民集団（Volkskörper）だと自覚している。これに対し、搾取する者はこれに寄生する者として位置づけられる。プロレタリアートが前進するにつれ、自らが生きる公共団体とますます一体化する。公共団体を脅かすどんな危険も、ますます労働者階級をも脅かし、脅威は、まさにこの階級にとって最大である。非合法の専制的な政府のもとで呻吟するプロレタリアートが、戦争を通じて隣国により「解放」されたとすれば、これは再び、誰よりもプロレタリアートに破壊と貧困をもたらす、と。

このことを左派の理論家たちは忘れている。プロレタリアートの政治的解放も社会的民主主義も、資本主義の発展という豊かな樹木からしか獲得されない。粉々になった経済体の発育不全で反り返った木材からは得られない！　そのような解放の試みで思い起こされるのは、眠る坊主の額に止まったアブを石ころで打ち殺して、庇護さるべき坊主もまた殺してしまった無骨者のことである。[25]

［レンナーは続ける］したがって、戦争が勃発したとき、自らの国家に合流する以外に取るべき態度はあり得なかったが、これを社会愛国主義としてそしるのは不当である。労働者は単に資本に従うばかりでなく、国家にも所属し、この国家への帰属、そしてその法の強制から逃れることはできない。これに対し、社会主義諸党の戦争参加においては、法的な強制あるいは事実上の強制がなされたのではなく、自ら望んで従ったのである。むろん、意思の点で一定の違いはある。ただ、どの党も自由に選択して決定したの

ではなく、なべて義務に束縛されて決定を行った。公民の義務として認められ承認されたことを、断固として自らにも引き受け、せざるを得ないと考えられたことを行うよう決断した、と。

これは意識的な義務の遂行だったが、決して自由な選択に基づく、主権者としての決定ではなかった。これを支配階級は望んだが、プロレタリアートはそうではなかった。かれらは、これまでいつも開戦か非戦か、自ら決定することができず、この決定を一度も、まともな感覚をもった人に弁明する必要がなかった。[26]

レンナーは戦争の真っ最中［一九一六年初め］に、自著『オーストリア更新』序文で述べる。社会民主主義運動の栄えある看板は、時代の要請、当面達成可能なこと、そして義務を理解し、心に留め、労働者とともに公共団体全体を一歩一歩押し上げることを常に記していた、と。一九一四年九月、カール・レンナーは、ブリュンの地区疾病金庫で演説し、自らの考えを述べた。戦争の実際の過程で、既存の多くの価値評価や従来の考え方が改められた。戦争はそれぞれの国、ひとりひとりの人間、各国民総体の驚くべき能力を明るみに出した。戦場の内外で、平和なときには思いもよらない勇敢で偉大な行為や人間愛の偉業を目にした。最初の数週間を概ねやり過ごし、恐れたほどには事態が悪化しなかったことが、少なくともこれまでのところ明らかとなり、また、当面、この見通しは変わらないだろう。戦争そのものが、経済をすっかり駄目にしなかったこともはっきりした。もちろん、敗北の暁には事態は別であろうが。こうして生まれた適応能力によって我々が確信するのは、みなが「強いられた戦争」だと考えるこの戦争において、国家の生命力・生存能力、個々の民族全体と諸民族総体 (die Volks- und Völkergesamtheit) が維持されるだろう、ということである。一九一五年五月にレンナーは『カンプフ』誌上で抑制された調子ながら、厳しく何か月にもわたって続くつらい責め苦の戦争と魂が受ける衝撃とについて語り、戦争の責任を決然として引き受けた者たち自身が、戦争をぞっとするものだと感じている、と言う。

闘争と法

注目に値する精密さでレンナーは、一九一五年の『カンプフ』誌と後の『マルクス主義と戦争、インターナショナル』とで戦争の法的基礎を究めた。この研究が戦争のきっかけと個人の責任を問うものではないことを、レンナーは特に明記する。闘争と法は相互に排斥しあう対立ではなく、弁証法的対立である。闘争は「我々の時代」の特別の刻印であり、固有の哲学である。この洞察に照らせば、驚くこともないと思われるのは、すでに平時に自分を闘士で戦士だと感じる個人からなる集団が、歴史上、従来よりも速やかに戦争に外見上慣れただけでなく、内面でも受け入れたことである。というのは、時代精神のひとつが戦時に、自らの行為がまったく制約を受けないことを知ったからである。したがって、戦争に驚愕したヨーロッパ人の戦争への覚悟もまた、基本的にまったく驚くべきものではない。もちろん、国家と国家の関係、国民と国民の関係を律するいわゆる国際法がある。しかしこれは実に難しい性質のものである。すなわち、諸国家は共通の法規範に縛られているわけではない。また、条約遵守の法的義務もない。

最高権力と法は、そのときどき、当該の国家に存する。バールフ・デ・スピノーザの『神学政治論』から出発してレンナーは結論する。もし条約遵守が国家自身に不利益をもたらすのであれば、国家は遵守を免れる、という考え方は一般には改められたが、実際にはこうした場合に適用されて、ヨーロッパ外交の暗黙の了解に含まれている。どの国家が歴史的進歩の原則を体現しているか、ということを判断しうる機関が当面存在しないので、結局のところ、野蛮な時代の神の裁きしか残らない。［判定のための］水中への身体投棄や火上歩行が姿を変えて戦場での戦いとなる。強者の法では、権利追及の戦いは行い得ない。戦いの勝利が、ここでは自ずと権利を確立する。つまり、新しい権利を作るのである。

そこでレンナーは、生き残った権利を壊し、新しい権利を打立てる戦争と、現行の権利をもち出し、貫徹させようとする戦争とを区分する。そうした権利追及の戦争を、レンナーは初めから正しいものとする。しかしながら、国家相互の関係において、権利追及の唯一の手段は自らの力である。これは再び、ヨーロッパの文化が負う深い傷である。法的にこの欠陥は、ある国家の権利が犯されるたびに、繰り返し戦争の原因とならざるを得ない。権利追及の戦争は、一定の次元で自衛権と血の報復をもって戦われる。しかし、問題は許容された権利追及である。経験の一般に教えるところによれば、攻撃する国家の政治家も防衛する国家の政治家も、自国民と中立国の前では、敵国の態度が法に反し、秩序に悖っており、自国の振る舞いは法を遵守しようとするものに過ぎない、と主張する努力をする。また、主張とそれに対する反論を判断できる権能を備えた裁判官が別途いないため、個々の市民、国家の利害関係者、さらには世界中の世論を、それらが権能において劣っていて、たいていは力をもたないけれども、議論を判断する唯一の者として頼む努力を行う。

だが、近年はこうした戦争の正当化が根拠を失った、とレンナーは言う。条約違反でもなく、秩序破壊を理由とするわけでもない戦争は、気まぐれの戦争（Mutwillenskrie-ge）である。「我々の時代」の法意識は、支配者でも被支配者でも、そのような戦争に反対する、と。レンナーは読者に示唆する。各国の社会民主党は戦争に反対して、サボタージュ、ゼネスト、新兵のストライキのような手段を大会で論議したが、その際想定したのは、そのような気まぐれの戦争だけだったに違いない。いずれにしても、ツィマヴァルト派がどこで誤ったかと言えば、あらゆる戦争を気まぐれの戦争と評価した点である。すべての戦争を単純に気まぐれと貶めることはできない。法秩序の枠内でも自力を認める場合がある。レンナーは、カント以来よく引用される、ふたりの難船者の例を挙げて説明する。ふたりは角材に摑まって助かろうとする。だが、角材はひとりしか支えられない。この場合、ふたり目が犠牲になることによって、ひとりだけ助かる。この非常事態にふたり目を殺すことは違法行為ではない。この非常事態にある者は、法秩序の機関として、あるいは恭順者として行動するのではなく、命の危険にさらされた、道義の適用されない動物の領分で盲目の自然の力に突き動かされて行動する。まさに危機は律法を知らず。

結局のところ、これと密接に関連する疑問は、非常事態の戦争もあるかどうか、ということである。そうしたものがあれば、合法性などという問題はもはや意味をもたない。ここでは法は、どのような判断規準も提供せず、行為の問題が残るだけである。つまり、真の危機が存在するかどうか、存在するとして、それはいつのことか、ということである。これが存在するのは、国民生活の対外的成長諸条件と国内の発展諸条件とが、国家において継続的に損なわれるときであり、また、こうした生活の諸法則が既存の国境と合憲の枠を乗り越えて、その国境と枠を粉砕するときである。このような真の危機は至るところに存在し、従属する経済領域が経済的依存から脱却できない結果、自己の解放を経済的にではなく、政治闘争によってのみできる場合である。どのみち、一方の当事者の非常事態は、相手方の正当な自衛の根拠となり、これが今次大戦のもつれ具合でもある。批判は皮相に戦争に向けられてはならず、むしろ非常事態という事実こそ批判されるべきである。非常事態は、緩和され克服されねばならない。実際の、あるいは思い違いの非常事態戦争は、権利追及の戦争と本質的に区分される。

この目につきにくい法形式の違いは、ふたつのハーグの平和会議で明らかとなり、結局のところ、今日なお、平和の友による努力を台無しにし、軍縮を挫折させ、調停裁判にすっかり委ねることを不可能にしている。これが、各国が軍備増強を譲らない理由である。ただ、まさにこの理由で、十分に増強を行った、あるいはし過ぎた国々が、軍縮問題を好意的に扱おうとし、新興国がこれに強固に反対する。[27]

レンナーは述べる。非常事態の戦争は、場合によっては常に起こり得る。だが、この非常事態が、ある法秩序によって克服される時もまたやって来るかも知れない。けれども、戦争批判が目的を果たさないことがある。それは、批判が戦争という事実には向かうけれども、非常事態という事実、非常事態そのものに向かわず、何よりも、そうした非常事態を緩和・克服する機関が何ら存在しない事態に向かわないときである。

今次大戦が恐ろしいのは、それがまさに非常事態の戦争として行われていることである。それは全体として権利侵害に報復する戦争ではない。しかも、それがどのように、またいつから最終的に新しい権利を確立する戦争になり得るのか、という兆しが、どこにも見えない。この世界大戦では、法感覚に適合すると考えられた［戦争の］規定がすべて当てはまらない。この戦争に民主主義対専制の闘いを見ようとする議論の仕方も子供じみている。何と言っても、民主主義の西側諸国の側に専制のロシアが与しているからである。国家秩序対無秩序の戦争というわけでもない。自己を、完成された法治・秩序国家と評価するプロイセン＝ドイツの側に、憲法、法治の観点から芳しいとは言い難いオーストリア＝ハンガリーがいるからである。軍国主義に抗する戦争でもない。というのは、プロイセンの軍国主義に対抗するのだ、とフランス人が叫ぶからといって、フランス国家が昔から軍隊の栄光に取り付かれていて、今日のフランス軍国主義がドイツ軍国主義に引けを取らないことを忘れるわけにはいかないからである。平和愛好の祖国対征服国の戦争でもない。英・仏・露は、半世紀にわたり絶え間なく征服を続け、ドイツもまた植民政策の冒険で過去二〇年の間、こうした例にこと欠かないからである。さらには、新と旧の国家秩序の戦争でもない。なぜなら、いわゆる民族の名において戦うフランスは、歴史的・人種的に疑いもなくドイツの地であるアルザス・ロレーヌを再び併合しようと相変わらず懸命だからである。

有力な解釈によれば、この戦争は同じく高度に文明化されたふたつの民族の間の競争であり、ふたつの競合する経済間の、生存を賭けた動物同士のような戦争である。ただ、今日では、もはや餌場を求める闘いではなく、販路と資本投下の場が問題である。レンナーは世界大戦の動向をまとめただけでなく、明らかにその残酷さに突き動かされていた。同時にかれは、オーストリアでは国家も民間も政策の方向性に関心が向かないことを批判した。

東西で起きている諸国民（Völker）の間の恐ろしいばかりの殺戮に、ヨーロッパの地は恐れおののき、この殺戮はヨーロッパを揺さぶり、訳もわからない諸国民に降りかかる。まるで実を付けた畑地に襲いかかる不意の暴風雨のようである。まだ知識人も普通の人も、訳のわからないことに茫然自失の体で、これからどうなるのか、どうすべきか、納得できないでいる。ヨーロッパのいわゆる世論は、至るところで交戦国の統制に制約され、それ以上に、自国の勝利を熱烈に願うが故に上の空となり、当然のことながら、重要な課題——諸国民に自制を促し、事態を把握させる——を果たし得ていない。しかしながら、マルクス主義がすでに今日の動向の諸法則を明示し、途方もない大破局を予測して事前に解明していたことを、学問と政治の世界が驚きをもって見いだす納得のときは、もはや遠くない。[28]

法秩序の破産

レンナーは疑問を投げかける。諸国家を戦争に追いやった、国家の抱える苦境は本物だろうか？　諸国民の国内発展と対外成長の諸法則に、別のやり方で、可能な限り保証を与えられなかったろうか、と。この問いは、和平問題の核となるものでもある。いずれにしても、世界大戦は、従来の国際法や人類の法秩序に破産をもたらした。レンナーは、地球が民族相互に、国民（Staatsvölker）相互に分裂することに抗し、戦時の殺戮行為に抗議して、長年にわたり自分が尽力したことを思い起こした。各国のプロレタリアートは、世界のこの無秩序化に対抗する高次の歴史的課題を果たさねばならない。労働者階級は世界組織を完成しなければならない。これだけが、諸国民の平和を保障する。世界大戦が始まるまで、この理想は甘い夢想で通用していた。これに対し大戦勃発以来、不合理きわまりない夢想だとされる。どうしたら戦争終結後、持続する平和がこの資本主義世界で、その諸対立にもかかわらず可能だろうか、とレンナーは必死で答を求める。かれはこの答をあらゆる方向に求め、とりわけ「我々自身」や平和を求める人士とは異なって容赦なく求める。かれらは、あまりに容易く、見かけだけの平和の可能性と中途半端な平和の保障とに喜んで騙される。

社会民主党の出発点は、生存のための闘いであり、この闘いは、プロレタリアート特有の哲学と見なすことができる。闘争はまた、永遠の社会的カテゴリーであるが、戦闘をともなう闘いではない。インターナショナルの予見される将来の世界秩序によって、まず諸国民の力が全面的に伸ばされ、これまで何世紀にもわたり成果を収めた以上に、これから何十年かのうちにさらに前進させられるだろう。プロレタリア・インターナショナルは、哲学的ないし道徳上の信念に頼むのではなく、世界経済へと向かう経済発展に賭ける。その発展によって、上部構造としての世界国家が要請され、時至れば無理にでも設立される。

レンナーは、政治家や政党の責任という個別の問題は二の次だと考える。戦争の原因とは何か、という核心の問を発しなければならない、と。かれは、ひとつの最高権力を打立てることを要請する。それは、調停裁判の判決を履行することもでき、相応しい権威を備えねばならない。諸国家、諸国民を越えて、共通の多くの財を管理するひとりの管理官を併せて任命しなければならない。諸物は共同の管理の下に置かれ、共同の利用に供される。こうして諸国民の共同体（Völkergemeinschaften）の行動は、権力の一方的な削減を伴うことなく、真に安全を高めることができる。

こうした解決策は、社会主義の精神に適っている。戦争は歴史的事実として受け止められる。戦争はまた歴史的進歩の道具であり、社会民主党は、戦争を自己の目的に適合させねばならない。

その際、決して忘却したり、否定したりしてならないのは、社会主義は、諸国民の自由な合意を通じて達成されること、そして、諸国民の平和同盟とインターナショナルが目標とされることである。レンナーは述べる。人間精神は、窮乏、戦争、大災害にすっかり屈することがない。反対に、こうしたものは、時に先見の明を与えてきた、と。

住まいの灰の中から、街の廃墟から、フランドルやポーランドの血塗られた戦場から崇高な憧憬、そして、それとともに山をも動かす信念が生まれるだろう。ヨーロッパ文化世界の平和共同体が生まれるし、生まれねばならない。[29][⑦]

各国社会民主党が努力しなければならないのは、自国の政治機構を、できる限り国民の意思にしたがわせ、その状態を維持することである。外交と軍事は、国民代表に対して責任を取り、国民代表の監督下に置かれ、政府は国民代表に対し、国会自身、公民全体の完全な選挙によって選ばれねばならない。戦争が繰り返される危険に対し、各国プロレタリアートのもっとも重要な国内政治の課題は、国家権力と国民の意思とを一致させ、その一致を維持すること、そして軍隊を、組織された常備の国民軍構想にますます近づけることである。この原則と要求を国際会議で検討し、決議にまとめ、採択し、各国プロレタリアートの同時平行的な活動の指針に高めることである。単なる言辞と会議では、戦争は阻止できない。民族感情の高揚を抑止するため、経験的には戦時だけに行われる国境の変更を行わず、多民族国家の枠内で諸民族の自治を確立するべく努力する。その際、正真正銘の戦争原因として、イレデンタ⑧と戦わねばならない。諸国民の諸関係の秩序は今日、資本主義の従属的諸関係によって規定されているが、その究極の秩序は、社会主義社会で初めて可能であり、同時にプロレタリアートが解放されることによって可能となる。こうした制約のもとではあるが、インターナショナルの大会は、歴史をもたない諸民族の覚醒を促進し、諸民族の抑圧と闘わねばならない。これが可能で有益、かつ具体的な国際行動であり、このことを今次の戦争が明らかにした。今やっと、インターナショナルとして何をなすべきか、我々は理解したのであり、我々はこの導きの星にしたがう。周りの世界には勝手に言わせておこう、と。

ハンス・ハウトマンは、こうした考えを次のようにうまくまとめる。社会民主党は世紀転換点以来、日常闘争において革命の終局の目標を見失い、進化的な見解に身を委ねた、と。それにしても、戦争勃発に際して社会民主党指導部の取った態度は、多くの党員と支持者たちにショックをもって受け止められた。社会民主党が、どのみちすでに曖昧な中立という、受け身で待機の立場に拘っただけでなく、言葉と行動をもって支配諧級の利害と一体化したからである。このことは、ウィーンの警察本部から内務省に宛てた報告の中で、褒め言葉とともに言及された。この受け身の態度をあざ笑うかのように、オーストリアの労働者たちの経済状態は、戦争勃発以降、あらゆる面で悪化していった。何千という企業が操業を停止し、それとともに帝国のオーストリア側では失業が破滅的な水準に達した。社会民主党指導部の対処の仕方は、いずれにしても党員基盤に根ざしていなかった。戦争が開始された時も、その後戦争が継続された全期間を通じて、党執行部の会議録や『労働者新聞』、党会議の報告・討論記録のどこを見ても、戦意にはやる労働者大衆が党指導部に対して、支配諧級と共に利害共同体を形成するよう、いわば押しつけを行ったなどという記述はどこにもない。

カール・レンナーは戦争という現象とその影響について、単に科学的・理論的に取り組んだだけということはなかった。かれはまた初めから、現実政治の上で何らかの貢献をしようとしていた。一九一四年八月にレンナーは、何と党内反対派の一員、すなわちフリードリヒ・アードラーの「左派」の一員だった。レーオポルト・ヴィナルスキ、マックス・アードラー、ローベルト・ダネベルク、テレーゼ・シュレージンガー、アナ・フライ、ガブリエーレ・プロフト、そしてヨーゼフとイーダのシュトラサー夫妻といった者たちが参加する左派にレンナーが一時的に所属したことは、次の理由によると思われる。それは初め、かれらが、とりわけ党内の過度のドイツかぶれに反発したことである。レンナーはオーストリアの復活を公然と支持していて、カール・ロイトナーやエンゲルベルト・ペルナストルファー、ルード・モーリッツ・ハルトマンといった人物たちが騒々しく旧いドイツ主義を称揚するのを良しとしなかったので、自分を左派の一員と見なすことができた。一九一四年八月一七日、カール・ザイツが党執行部で、『労働者新聞』が当局の虚偽を拡散したとして同紙を批判し、戦争をもっと冷静に報ずるように求めたのに対し、ヴィルヘルム・エレンボーゲンだけでなくレンナーもまた、それに同調した。誰もが「祖国防衛」の原則を承認していたが、公的にこの立場を表明するに当たり、やり過ぎることへの懸念からだった。

一九一四年一二月の『カンプフ』誌上でレンナーは、満足げに思い起こした。社会民主党議員団の根気強い圧力により、立法に重要な進展が見られ、そのお陰で戦争が銃後の人間たちにかける負担が大きく緩和されたこと、国が多くの者の衝撃的な貧困に突然見舞われずに済んだことである。一九一二年一二月二六日の法律（被動員者家族の生計補助法）は、該当者だけでなく、国家にとっても有益に作用した。ドイツ帝国とは対照的に、オーストリアでは遺憾ながら、経済的・社会政策的にまったく準備不足だったからである。いずれにしても、ドイツ帝国の戦争準備は世界全体を驚愕させた。

［レンナーは続ける］社会民主党議員団は、議会閉鎖に甘んずることなく、党執行部と共同で一九一四年一〇月一九日と二〇日、戦時扶助という国家課題に関する決議を取りまとめた、と。そこで重要だったのは、パンの原材料穀物を大規模に販売する際の最高価格設定と穀物供給の国家による計画的組織化、統一された製粉・パン焼き規定による小麦粉とパンの供給統制、パンの原材料穀物の飼料転用禁止、人造飼料生産奨励、ライ麦・トウモロコシ・食用ジャガイモによる蒸留酒製造禁止である。議員団と党執行部の決議は、議会閉鎖中のため、一〇月二二日、シュテュルク首相に直接手渡された。その際、議員のアードラー、

ザイツ、レンナー、ゼーリガー、ピットーニからなる代表団は、帝国議会の再招集を要求したが、成功しなかった。会談の最後に社会民主党議員たちは、新聞検閲局の活動停止を求めた。

プロレタリアートのための諸要求

戦場に出ていないプロレタリアートを、物価騰貴と失業という最悪の結果から守り、戦場にあるプロレタリアートとその家族については、かれらを戦争という大事件の余波から守れ、という要求のいくつかを、政府はすぐに叶えた。［一九一四年］一一月一日、二本の省令が発せられ、戦時のパンについて定めていた。製粉・パン焼き令もまた決定され、すでにその前には、ジャガイモとともにパンの原材料穀物を蒸留酒製造に使用することが制限された。その他、軍隊へのビスケット供給により、すでに長期にわたり打撃を受けていたハマー製パン所の経営立て直しが行われた。消費協同組合は戦争開始後、組合員の貯蓄引き出しによって大規模な財務危機に陥った。この状況でレンナーは、ドイツの友人たちに援助を要請することを考えた。だが、党執行部は［一九一五年］八月三日に決議を行い、レンナー、ザイツとともにヴィクトール・アードラーを大蔵大臣のアウグスト・エンゲルのもとに派遣し、信用供与を求めることにした。面談は成功した。

レンナーによれば、［穀物］最高価格指令が失敗したのは、ハンガリーからの異議だったことは明らかだった。レンナーはまた、とりわけ金融機関を憂慮した。商品市場と同じく、大して備えができていなかったからである。資源不足も、戦争が長びけば、多くの産業にとって深刻なリスクとなろう。さらには、労働供給の計画的確保を奨励しなければならない、と。レンナーは国家による失業者援助を導入するよう要求し、それを出征兵士家族の公的生活扶助と同程度のものとすべきであるとした。また、戦争税徴収と戦時公債発行を助言した。ドイツの例に倣い、レンナーは、軍備のための資産課税を特に要求して、既存の税に戦時割増を上乗せしたり、間接税を上げたりすることに、あらかじめ反対した。戦争初期の数か月、社会の非常事態の影響の度合いが思いかけず大きくなかったことを、レンナーは上述の生活扶助法と、とりわけ社会民主党系労働組合のお陰だとした。労働組合は戦争が始まって数週間のうちに、平時に蓄積した多額の基金をほとんど、大量の失業者のために支出していた。さらにレンナーは、生活扶助法の適用を出征兵士にまで拡げること、戦死者の寡婦と孤児の扶養を継続すること、戦争の惨禍が直接に及んだ地域の将来への備えを国家が行うことを提唱した。

戦争はすべての市民から、ひじょうに重い犠牲を要求し、最大の犠牲を払うのは戦場の兵士である。ところで、今日、ほぼすべての成人が上限年齢に至るまで兵士である。人類の歴史上一度として、戦争が今回のように、年を取った男たちによって担われたことはなかった。かつて兵士であることは仕事であり、何万という、市民生活に適合しない冒険者たちの金稼ぎであり、後には、今もなお英国のように、何十万という傭兵の仕事だった。……しかし、この戦争は予備役兵士と兵役経験者、予備役将校によって戦われ、常備の軍隊は、その後に控えている。古くから提起されながら、いつも誤解されてきた、社会民主党による国民軍の要望は、当然のことながら、我々が要求した準備も組織もなしに、思いもかけずに実現された。軍隊は数週間のうちに「武器を携えた国民になった」。かれらは、少数の職業軍人の指揮下にある。[30]

レンナーは、塹壕や戸外のテントにいる何百万という人間を待ち受ける厳しい冬に警鐘を鳴らして述べる。できることは、じっと耐えること、身近な人間、見ず知らずの人間を問わず、人々との連帯の義務を果たすこと、平和が再び、荒れ果てた耕地を回復し、嘆き悲しむ心を生き返らせる幸せの時代を思って、強く希望をもつことだけである、と。

カール・レンナーは、オットー・バウアーが招集されてから、フリードリヒ・アードラーとともに『カンプフ』誌を編集した。かれが直ちに同誌のイデオロギー面を取り仕切り、左派は当初まだ、世論に訴えることができなかった。だが、ついに左派の批判が、戦時愛郷主義の熱狂に抗して表明されると、レンナーは左派に背を向けた。かれが倦まずたゆまず「戦時社会主義」を宣伝したため、フリードリヒ・アードラーの激しい批判を浴びた。レンナーは後に、自分の国家経済構想をついに実践に移すことに成功した。一九一五年一月七日、社会民主党は、糧食補給問題戦時委員会に参加した。党執行部の承認を得て、レンナーも一九一五年三月二七日、戦時穀物交易庁に入庁した。オーストリアとドイツ両国の社会民主党執行部の会合（ウィーン、一九一五年四月一二～一三日）で、カール・レンナーは真っ先に「征服戦争」に反対し、「名誉ある」和平を訴えた。この会合の焦点は、レンナーが起草した決議だった。その中で、とりわけ次の点に言及された。止まない軍拡競争は、自動的に世界の大惨害を招かざるを得ないこと、和平の希求は、自己を主張する意思と力に由来しており、自分が弱みを覚えるからではないこと、和平は、ある国民が意気消沈するものであってはならないこと、文化諸国民(Kulturvölker)すべての共生を可能とするものであることだった。ヴィクトール・アードラーは、社会民主党をもっとも深いところで突き動かしている動機について明言し得ないことを遺憾とし、「リープクネヒトとその仲間たちが、扇動的に状況を利用すること」に強い嫌悪感を示した。

レンナーは、オットー・バウアーが『労働者新聞』の編集から外れたため、一時的に編集スタッフとして迎え入れられた。同新聞でかれは、相互に密接につながる一連の新聞記事を一冊の本にまとめる、という方式を始めた。いわば一冊の本を分割して、連続物として発表するようなものだった。これは、レンナーの『オーストリアの更新』や『マルクス主義と戦争、インターナショナル』という著書でも行われた。レンナーは『労働者新聞』にほぼ毎日、人心安定を意図した記事を書き、とりわけ惨憺たる食糧事情に取り組んだ。

フリードリヒ・アウスタリツは、ドイツ系オーストリア社会民主党とドイツ社会民主党の見解の差異を認めた。曰く、オーストリアはともかくも、セルビアに対して公然と征服戦争を開始した、と。フリードリヒ・アードラーは、戦争とプロレタリアートによる和平政策を同時に「とことん進める」ことは不可能なことをはっきりさせた。ヴィクトール・アードラーにとって、敵がどんなに優勢でも、ドイツの屈服があり得ないことは自明のことだった。さらにエンゲルベルト・ペルナストルファーは、決議案に「自国への容赦」を多少とも込めるよう強く求めた。ジグモンド・クンフィが、征服戦争への明確な拒絶が欠落しているではないか、と抗議したのに対し、ヴィクトール・アードラーは述べた。征服への抗議は、誰もが口にする。だが、その時、人々は奇妙な立場に立っている。つまり、他人が征服することには抗議するが、自分自身が征服を望むこともある。ちょうどポーランドのように、と。世界の経済問題一般についてレンナーは述べる。

西から東へ、さまざまな成熟度の資本主義ブルジョアが横並びになっている。食べ過ぎた英・仏、腹のくちくなったドイツ、がつがつしたロシア、ちょうど目覚めようとしているトルコのブルジョアという具合である。英・仏は、すぐ後から梯子を無理矢理登ろうとする者を突き落とそうとする。後者は、さらに自分より下にいる者を蹴落とそうとする。英・仏が勝利すれば、両国の独占的地位によって、その他すべての国が両国の資本投下国にすぐにも変貌させられそうである。中欧同盟国が勝利すれば、まず間違いなく、他のすべての国が後を追う。資本主義が普及し、それに続いて社会主義が世界中に拡がり、世界経済の連邦化が起こる。またこの戦争も経済的階級闘争ではあるが、形が変わった階級闘争である。闘う階級が国家権力を手に入れれば、……この闘いを、もはや経済手段ではなく、政治手段、国家手段によって、つまり、武器をもって遂行する。社会主義の観点からは、間違った、不当な手段である。[31]

戦争目的論争と食糧管理問題

オーストリア［社会民主］党執行部で一九一五年七月一日、ドイツ社会民主党との次回会合準備が進められるうちに論争が起きた。レンナーが述べる。和平宣言は、ごく一般的な表現に止め、具体的な問題に踏み込むべきではない。オーストリアにとって政治的和平行動は、ただバルカンに対してのみ機が熟していて、対ロシア・イタリアはまだ、まったくその時ではない、と。ヤーコプ・ロイマンがもっとバルカン半島の同志と接触するように求め、会議をひとつ提唱した。そこには党執行部全体の他に、バルカンの分離主義者や中立諸国も参加することを提案した。これに対し、ヴィクトール・アードラーが総括した。フランス人やベルギー人は、政府に参加しているため、会議に参加できないだろう、と。結局、ドイツ系オーストリア社会民主党とドイツ社会民主党両党の党執行部会議がベルリンで開催された。代表団がウィーンに帰国して、一九一五年七月一三日、戦争目的に関する議論が詳細に行われた。ここでペルナストルファーが、和平宣言を出すことについて根本的な疑問を呈した。曰く、それはドイツの脆さの徴と受け取られる恐れがある、と。レンナーはついに、反対者たちが繰り返し取り上げる問題含みの自説を主張した。

> 併合を原則として拒否するのは、まったくナンセンスです。正当な要求とは、ドイツが［自国の］西側にある領土の獲得を求めない、というものです。ベルギーについては、同国が将来の戦争を阻止する存在となるように環境を整えます。東部の問題は、最重要視しなければなりません。東部にあるのは併合対象地域だけです。ロシアのヨーロッパにおける全権力が何に基づいているかと言えば、同国がヴィスワ川地域［ポーランド］を保有していることとです。今、和平に努力すること、つまり、停戦のことですが、これは永続する平和のためには何の役にも立ちません。今、「停戦」を叫ぶことは、一五年経って再び出征しなければならない息子たちへの裏切りです。ポーランド問題は、会議ポーランド[9]を独立させることに成功したとき、ドイツとオーストリアの社会民主党に

とって大きな課題を生みます。そうなれば、［オーストリア領］ガリシアとプロシャ領ポーランドを、これにくっつけねばなりません。ユンカーと工場主たちは、これを望まないでしょう。ですが、社会民主党は、これを擁護して激しく戦わねばなりません。[32]

アウスタリッツは、戦争目的は達成され、防衛は成功した、忍耐の標語は役割を終えた、と反論した。フリードリヒ・アードラーも、社会民主党の戦争目的は唯一防衛であり、それは達成された、と見なし、ヴィルヘルム・エレンボーゲンは、ヨーロッパ国家同盟こそ主たる要求だ、と述べた。ペルナストルファーが、平和デモのタイミングが巧く選択されているかどうかに疑念を呈し、自分は基本的にレンナーの立場に賛成である、と述べたのを受けて、カール・ザイツがレンナーに反論した。「レンナーは、ペルナストルファーがかれの立場を是認したことにより、罰せられました。ペルナストルファーは、我々がこれまで社会民主主義者と名付けてきた存在からまったく縁遠い者になりました」[33]

一九一五年九月九日、議員のブレットシュナイダー、レンナー、ザイツ、そして女性同志のプロフトが首相のシュテュルク伯と面談し、社会民主党と労働組合、消費者組織、婦人組織の名において食糧問題に関する包括的な覚書を手渡した。この二時間に及ぶ面談には、内務大臣代理として局長のリター・フォン・シモネリも参加した。社会民主党代表団はまず、すでに実行に移された指令に言及するとともに、ウィーンとかボヘミア西部工業地帯等で顕著となった食糧供給の不足を指摘し、広範な労働者層の生計が困難になっていることを詳細に説明した。とりわけ、鉄道員や郵便職員、並びにその他公務員が直面する困難が話題にされた。請願書では最終的に、戦中に手配された貯蔵食糧調査結果の公表、パン原材料穀物の飼料転用禁止強化、パン切符割当の手配が要請された。シュテュルク首相が述べた。政府はこうした苦情を受けて、原則として好意的に対処し、詳細な調査を命じるだろう、と。社会民主党代表団は、重労働を行う者への食料割当拡大を最終的に決定する前に、労働組合から意見聴取するよう要求した。［首相との面会を承けて］ついに一九一五年一〇月半ば、マティアス・エルダシュとレンナーが内務大臣を訪問した。目的は、労働者消費協同組合――日々、多くの人間と接触し、その家計について感触をもつ――の経験を基に、糧食補給状況が全般的に逼迫していることを政府に知らせ、提案を行うとともに、当局の積極的な介入を要請することだった。

［内務］大臣のハイノルト男爵は、食糧供給が政府に

とって常に重大な課題であることを社会民主党［代表団］に断言した。一九一五年一一月二日、社会民主党の代表団が新たにシュテュルク首相のもとを訪れ、一一月三日には陸軍大臣を訪ねた。代表団には党執行部代表の他に議員のザイツとレンナーが加わり、アルプス地方を代表してグラーツのアウグスト・リントナーとインスブルックのジーモン・アブラム、さらにボヘミアのゼーリガー、モラヴィアのエルダシュ、婦人全国組織のアーデルハイト・ポップがいた。消費地用に冬季備蓄を手配するため、あと三ないし四週間しか時間の余裕がなく、自由市場で手配することは考えられないので、徴発が不可欠であり、先延ばしできないことが言及された。代表団はそこで政府に、どのような措置によって対処可能か、提案を行った。さらに、最小限の商品をハンガリーから供給すること、労働者へのパンの配給を優遇すること、生活補助を引き上げることを要求した。代表団は陸軍大臣には、堡塁建設の労働者の雇用関係にからんで繰り返される苦情、とくに病者の扱いをめぐる苦情と、クリスマス休暇の要望を伝えた。わけても、軍需工場で働く労働者たちの苦情処理窓口を、遅ればせながら設けることを要求した。また、陸軍大臣の管轄ではないものの、一般の食糧事情改善の願望も伝えられた。陸軍大臣は、出された提案にはできる限りの注意を払い、住民の「忍耐」が容易となるよう、権限の内で力を尽くすことを約束した。

カール・レンナーの出版・政治活動を正しく位置づけようとすれば、かれの膨大な著作から片言隻句を、あるいはその時々の状況に応じて語られた個別テーゼを、正当化や批判のために引き合いに出すだけでは不十分である。これまで詳述したように、レンナーの考えや見解は決して孤立したものではなかったからである。それらは、戦時の党の［国家に対する］忠誠とか、社会状況改善のために取るべき経済組織上の諸措置、また、「持久」の可能性、並びに戦後秩序とかに関わる。さらにかれの判断は、それまでに繰り返し主張された考え――我々は国家に一歩一歩浸透し、変化させ、ついには奪取する、という考え方――から、しかも一体のものとして生まれていた。レンナーには、オーストリアのフリードリヒ・アードラーのような、あるいはドイツのローザ・ルクセンブルクやカール・リープクネヒトのような「夾雑物のなさ、純粋さ」が欠けていたことは確かである。だが、レンナーは現実を直視する政治家(Realpolitiker)として、ただ理論的に活動するだけとか、あるいは、実現不能な未来モデルを構想するだけということは望まず、かれにとって、今この場で行動することこそが大切だった。フリードリヒ・アードラーは、同時代の同志たちよりはるかに先行していたが、他方、レンナーは、右派とともに同時代の地盤に足を付けていた。以前に国際的な連帯を表明していたからといって、レンナーが現状を見る目を曇らせることはなかった。後々、現在の視点から、レンナーの戦中の行動や積極的な関与を、その実際の結果を認識することなく非難するのは、あまりに安易というものだろう。というのは、［レンナーにとって］国家は郷土（Heimat）として保持されるべきであり、最終的に誰にとっても郷土であるべく形成されねばならなかったからである。

レンナーの著作物が示すのは、かれのもつ深い歴史的造詣、とりわけ、関連するすべての諸国が、どのように成立したかという知識だった。レンナーが戦争と平和を熟慮する中で、この造詣がとりわけはっきりした。かれが国家なるものを確認する作業は、ここから説明可能であるし、今日の見地から説明がつくというばかりではなかった。したがって、ノルベルト・レーザーの言は首肯できる。レーザーは、世界大戦中にレンナーの行ったことは、社会民主党が客観的な諸困難に直面して、いかに現実主義的に折り合いを付けるかを模索したことだった、と判断する。レンナーは、現実のインターナショナルと、国際的な共生の不十分な法形式との矛盾を指摘したのだ、と。レンナーは、民族の衝突は、諸民族が権利主体として確立（Verrechtlichung）されることによってのみ解決され、紛争を無視することによっては解決されないと考え、長年にわたり、この見解を変更することはなかった。同様に、かれは国際的な憲章（internationale Verfassung）を、漸進的な発展の中で必要不可欠な目標と見なした。ノルベルト・レーザーは言う。

レンナーはこの考えによって、国際連盟と国際連合という組織の精神的先駆者、パイオニアのひとりとなった。レンナーに国際的な考え方が欠けていたために、あるいは、かれが軍国主義に同感を覚えたがために、党の戦争政策を支持したのではなく、また、八月四日の政策を唯一可能な道と考えたのでもなかった……。[34]

レンナーがまさに第一次世界大戦との関わりで、社会主義の諸原則を拡大解釈した、あるいは矮小化した、否、それどころか裏切った、と非難する多くのジャーナリストや歴史家とは対照的に、レーザーは次のように考える。レンナーによる帝国主義の議論もまた、まったく伝統的なマルクス主義であり、かれが帝国主義の特性について幻想を抱くようなことは決してなかった、と。レーザーによれば、この場合、レンナーは、自らの態度を根拠づけるためにも、マルクス主義の立場から自己に有効な論拠を引き出したのに対し、左派の代表者たちは、普段ならば言及しようともしない主観的な要素を、あまりに拙速に頼りにしていた。非革命的な政党で、主観的要素が初めて効果的となるのは、戦争の進展そのものが効果を発揮する機会を与えたときだった。エルンスト・グラーザーによれば、何よりもレンナーの未来像――苦痛［戦争］を経て生まれる、組織された諸国家共同体――が、オーストロマルクス主義左派の、戦争社会主義というレンナーの考え方に対する抵抗を誘発した。[⑩]［レンナーに好意的な］ハッナクすら、レンナーが「帝国主義のイデオロギーに恐ろしいほど接近していた」と述べるほどだった。[⑪]

ナウマンの「中欧」構想

欠乏経済としての戦争経済と社会主義とにどのような関係があるのか、と疑問視された。また、レンナーがよりにもよって、ドイツの帝国主義的征服政策の代表者であるフリードリヒ・ナウマンに接近したことが論難された。一九一五年、ドイツで『中欧』と題する著書が出版された。著者は自由思想家連合に所属する、ドイツ帝国議会議員のフリードリヒ・ナウマンである。ナウマンが自分のテーゼで働きかけようとした相手は、「穏健」な戦争推進派のドイツの政治家たちであり、ドイツとオーストリアの連合を要望し、同連合が、とりわけ経済力によって、周辺諸国、ことにバルカン諸国に対し影響力を及ぼすべきだとした。ナウマンを反動的、帝国主義的な考えをする者だとして非難することは決してできないとはいえ、かれの主張は、ドイツの「戦勝和平主義者」によって改釈され、征服衝動の正当化、奨励、理論的基礎付けに動員された。

ナウマンの『中欧』は、社会民主党の右派、とりわけカール・レンナーに強い影響を及ぼした。カール・カウツキーやルードルフ・ヒルファディング、マックス・アードラー、ローベルト・ダネベルク、フリードリヒ・アードラーは、レンナーが「帝国主義的ドイツ征服政策」の代表者であるナウマンに接近したことに異を唱えた。ヒルファディングは一九一五年末、『カンプフ』誌に「ヨーロッパ人、非中欧人！」を寄稿して、ナウマンに次のように反駁した。ナウマンやその他の者が想定する中欧は、すべての民族がドイツ人の政治的・経済的隷属民になる体制を作ることに他ならない。だが、ドイツ人自身がひとつの政策の道具に成り下がり、その政策の内実を決めるのは、ドイツの支配諸階級である、と。ヒルファディングは、ナウマンが自由貿易主義者、自由主義者、民主主義者から保護関税主義者、権力政治家に変貌したことを指摘した。ナウマンはオーストリアの社会政策家、オイゲン・フィリポヴィチ――因みに、かれはレンナーの師である――を引用した。フィリポヴィチは、勃興するオーストリア工業がドイツ工業との自由競争に耐えられるまで、オーストリア工業のために関税を要求した。ヒルファディングはさらに、対外的には保護関税により統一せざるを得ない国内の権力諸関係に注意を促した。一八七一年以降のドイツ帝国の発展からわかるように、西側（ライン・ルール地方）が急速に発展し、東部は後進地域に止まった、と。

［ヒルファディングは続ける］これに階級的政治的に対応するのが、重工業家とユンカーの提携である。これに応じて、「中欧」ではハンガリーの反動貴族の地位が強化されるだろう。バルカン半島でも、同地の封建構造が永久化されるだろう。とりわけ中欧の保護関税同盟が、英国の保護関税を必然化し、次の世界大戦を誘発するだろう、と。こうしたヒルファディングの反駁の正しさは、ほんの一年後、中欧同盟国の「和平目的」をめぐる考え方によって証明された。カール・レンナーはヒルファディングのこうした考え方に驚かされた。レンナーは、ナウマンのテーゼが純粋の征服計画に悪用される可能性を承知してはいたが、魅了されたのは、その巨大経済圏構想だった。レンナーは、戦争を超民族的経済圏実現のために利用することに意義があると思った。

ハンス・モムゼンは述べる。カール・レンナーはここで、まったく根拠のない楽観主義に陥っていた。かれが完全に見逃したことは、中欧問題のどんな解決法もドイツのヘゲモニーを前提としており、これが西側諸国にまったく受け入れがたいことだった、と。ヴィクトール・アードラーは、かれ自身が左派から、戦争を少なくとも間接的に正当化していると非難されていたが、そのかれが一九一五年四月、レンナーに対し、できるだけ自重して政治的態度表明を避けるように勧めた。とはいえ、オーストリア＝ハンガリーの統合が確保されるのは、自分より大きなものに順応したときだ、とも述べた。したがって、レンナーは［ヒルファディングと］同じ『カンプフ』誌（一九一六年一月）に「現実か妄想か？」という記事を寄稿して応えた。レンナーは述べる。ヒルファディングの描写は、多くの正しい筆使いをしながら、主線を二三カットし、他の線をほんの少しずらしただけで間違った絵を描いてしまう好例である。これはまた、どのように歴史的事実を反対物にねじ曲げるか、表向きは純正の社会主義原則から、まったく非社会主義的、非民主的なスローガンを引っ張り出すか、という例である。このスローガンは、労働者たちを自分たちの最悪の敵対者と同じ戦線に押しやるに違いない代物である、と。

レンナーは、ナウマンの著書には多くの誤謬と欠落があり、所詮それは、ひとりのブルジョアがブルジョアに向けて書いたものであることを認める。ジャック・ハッナクは、レンナーが素晴らしい機転を利かせて当時の正統マルクス主義者であるヒルファディングを、かれ自身の武器を使って攻撃したことに驚きを隠さない。［レンナーは記す］ヒルファディングは、学校の課題をしくじった。かれの判断に同意することはできない。社会民主主義者としてこの著書［『中欧』］を見逃せない。ドイツの帝国主義者たちと違ってナウマンは、ドイツ民族に、何はさておき征服の方途を勧めるというのではなく、隣国との条約締結を推奨する。ドイツがオーストリアの諸民族と誠実に手を組み、トルコとの提携の道を進むならば、まったく帝国主義的ではない。ナウマンは社会民主党の同盟者ではないし、ブルジョアとして敵のままである。したがって、かれが「塹壕」を弁護するのも無理はない。だが、ナウマンが征服の方法だけに止まらず、兵士が立ち止まったところで、かれの著書を始めること、かれが平和構築、国制構築（Verfassungswerk）、諸国家、諸国民の友好――これは、法という方法で経済領域の拡大をもたらそうとする――を企てていることを見ないのであれば、盲《めしい》同様だろう。

レンナーは、この中欧構想の危険に警鐘を鳴らした。すなわち、ドイツ帝国、オーストリア＝ハンガリーの多くのブルジョア代表者がもつ構想が、海外［進出］の代替として機能すること、あるいは、ナショナリスティックな征服実験の基盤として機能し、克服できない障害となることである。レンナーは一九一六年の聖霊降臨祭にミュンヘンで、ドイツ、オーストリア＝ハンガリー両国の相互に接近を図る経済諸団体の大会に出席した。

［そこでは］次の見解が一致して明確に承認された。すなわち、ブルガリアとトルコを含めた中欧同盟国の経済連合は、対等の者が同盟することによって成立し存続すること、征服や覇権によるものではないことである。とりわけ、同盟と征服の間、つまり、拡大された経済領域が同盟によって生まれることと、西側諸国あるいはロシアが征服によって、自らの世界帝国を築いたこととの間には大きな違いが存在する。自由意思で形成される経済連合を帝国主義と呼ぶことはできない。たとえ、それが植民地征服と同じ資本主義の衝動に発しているとしても。[35]

［レンナーは記す］世界分割の状況を観察すれば、中欧

同盟国は、もはや大国ではない。したがって、中欧のブルジョアジーが不安を覚えるのも理解できる。ブルジョアジーだけに任せて、生成しつつあるヨーロッパが採用する反動的な保護関税の特性を強化してはならない。中欧は「ふたつの主権国家の自由な同盟であり」、ブルガリアあるいはトルコが何ら問題なく加わることができる。レンナーはさらに述べる。

自分が全部の国々と同時に連合できないからという理由で、[独墺]ふたつの隣国もまた連合したくない、というのは、強情な子供の反抗だろう。……そうした経済同盟には、カルテルのもつ極度の曖昧さがつきまとっている。経済同盟は、ブルジョアが自分たちのために目指すものであり、ことにブルジョアに任せておけば、間違いなくそのようになる。……実際に武器を手にして肩を並べるということは、反軍国主義者がまったく評価しないとはいえ、大衆の間に強い現実的な感覚を呼び起こす。つまり、人々が敵方の世界に抗して、身体と命をかけて連帯している、ということである。……中欧は千年の現実であり、妄想ではない。……残念ながら我々が直面する現在の戦争は、終戦を迎えるに当たって、統合された中欧をそっとしておこう、と世界が了解するような終わり方をして欲しい。……新規の戦争を、我々は全力を上げて阻止したい。そのため、政治的に実証された状況は、経済的にもそのままであって欲しい。[36]

ローベルト・A・カンは回顧して次のように断定する。レンナーが条件付きであるとはいえ、まさにフリードリヒ・ナウマンの中欧構想に賛同したことは、広く社会主義陣営を越えて批判を巻き起こした。まったく珍しいことに、レンナーのような本質を見通す精神の持ち主が、自分の改革提案の失敗と、帝国への肩入れがもたらす、ほぼ間違いない悲劇的な結末とを、一九一八年の遅くまで見通せなかった。明晰さの点ではるかに劣る多くの人々には、オーストリア＝ハンガリーの運命が、すでにかなり早い時期に極まったと思われたにもかかわらずである。レンナーは戦時中、帝国を救済しうるという信念や、中欧同盟国の反攻が成功するという確信を堅持していただけに止まらず、時とともに社会主義右派の政策と一体化していった。だが、実際には戦争は、オーストリア帝国を改革する提案実現の機会を奪っていった、と。

『中欧合衆国』と題した冊子で、カール・カウツキーもまた極めて批判的にナウマン思想と取り組んだ。ジャック・ハッナクは述べる。社会民主党は野党として、支配権力とはっきり対峙するにはまだ十分に強力でないと感じていた。そこで本来は統治者に向かうべき批判が党内に向けられた。レンナーが批判されたとき、想定されていたのは、実は別の者たちだった、と。戦争が終って四年後、レンナーは、ベルリンで行った「ドイツ、オーストリアと東部諸国民」と題する講演で述べた。ナウマンがその書を刊行する前に、かれと中欧についてじっくり議論するのは楽しかった。だから、かれがどのように考えていたのか、その思想にはなじんでいた。かれの考える中欧に属する諸民族は、国家主権を備えてドイツと連合すべきだ、としていた。ナウマンは、プラハ、ブダペスト、レンベルクで、自分の思想が理解されるよう、ひとりで頑張った、と。

私自身、あるひとつの中欧の形が望ましいと認めていました。そこでドイツ軍とオーストリア軍がワルシャワに進攻したとき、『労働者新聞』の論説で民族の解放を祝って、ポーランド民族に友好の挨拶を送りました。もっとも、この論説は、党内で私に対する容赦ない批判を数多く招きました。まだ、両国の政府と軍指導部の途方もない分別のなさが判明していませんでした。それは後にブレスト＝リトフスク［講和］で露わになりました。[37]

［レンナーは続ける］ふたつの中欧同盟国は、中欧構想を帝国主義的に理解していた。ドイツは中欧東部の占領を、もともと望んでいた自らの経済領域の拡大と見なし、ウィーンの宮廷は、皇帝、カール一世がポーランドの王冠も手に入れる可能性を思い浮かべ、また、ベルリンの宮廷は、ホーエンツォレルン家の親王たちをさまざまな王位につける機会がやって来たと考えた、と。レンナーはさらに、ナウマンが「こうした計画にすべて反対だった」ことを保証する。計画が、ブカレストとブレスト＝リトフスクの講和条約ですでに具体化し、重大な結果を招来しそうだったにもかかわらずである。ドイツ帝国は［一八四八年の］パウルス教会の伝統を再び受け入れることを怠り、後にドイツに抗して樹立された民族国家を、将来の可能な同盟者として大胆に後押しする機会を逸した。また、世界に向かって自陣営の正当性を主張し、勝利を得るための前提として、西側諸国［の領土］への関心がないことを表明すべきだった。民族の不幸は、ふたつの宮廷とその王朝政策、ブルジョアジーの帝国主義的傾向、職業軍人の高慢だった、と。ナウマンの中欧は、僅かばかりとはいえ、帝国主義的性格をもっていた。したがって、レンナーの見解は、決してナウマンのものと完全に一致していたわけではない。レンナーの誤謬は、ナウマンの中欧構想の中に、中欧の民族国家連合へつながる第一歩を見いだしたことだった。

すべて「生焼け」の議論の技

　フリードリヒ・アードラーは一九一六年一月、『カンプフ』誌に「多数派の罪か少数派の罪か？」と題する記事を寄せ、ドイツ社会民主党の少数派議員団に肩入れした。少数派は、帝国議会で初めて議員団多数派に抗して公然と戦時公債に反対票を投じ、これによって党の分裂を招いていた。二か月後、レンナーは「社会主義の危機に寄せて」という『カンプフ』誌の記事で応えた。ここではフリードリヒ・アードラー――戦争を遂行するすべての国の社会民主党を、同等に非難の対象にしていた――に的を絞るのではなく、改めてルードルフ・ヒルファディングを相手にした。レンナーは、［ドイツ］帝国議会における、一九一四年八月四日の社会民主党議員団多数派の立場を再び擁護した。［レンナーは述べる］当時の危機は、月ごとにますます大きくなり、同時に、被支配国民のための決定は、ますます重大で難しいものになっている。したがって［当時］、防衛の意思は、積極的に表明されなければならなかった。塹壕にいる兵士が良心に恥じることなく、自国を守ることができ、自分が党とともに、戦争に何ら罪を負うものではないと確信をもてるためだった、と。最後にレンナーは、ヴィルヘルム・テルが代官の舟を［嵐の湖で］巧く操った話を喩えとして持ち出したが、これが問題含みだった。［レンナーは述べる］テルが［舟を救うべく］全力を尽くしたからといって、代官を赦したわけでも、取り入ったわけでもない。かれは、まずは代官を救い、決着を先延ばししたのだった。戦時公債賛成の事情も同じである。その正当化は、郷土（Land）を前にして自分たちもしなければならない。だが、それは明日為すべき課題である、と。

　この説明にミヒャエル・シャハルは『カンプフ』誌（一九一六年四月）の「テルの射撃はなかった！」で反論した。シラーによる『ヴィルヘルム・テル』のどこにも、テルが縛りを解かれた後、代官とかれの公用舟を救おうとした、と結論できる箇所はない。むしろテルは、嵐がわき起こったとき、苛斂誅求者をその運命に任せた。まだしも実直な［厩の長である］ハラスのルードルフ騎士や代官の家来たちも、自分たちにも危険が及んでいるからと、テルに手を貸してくれるように説得できなかったろう。むしろテルは、代官の舟の舵を険しい岩礁に向けて取り、そこで波に突っ込ませようとした。最後、テルは［難を逃れた］代官を人通りのない道で待ち伏せ、確保しておいた弩《いしゆみ》で仕留めた、と。

　レンナーは『カンプフ』誌のこの号で、文献に基づく上述の皮肉を受け止めねばならないだけではなかった。マックス・アードラーとローベルト・ダネベルク、フリードリヒ・アードラーが、レンナーを真っ向から徹底的に攻撃した。マックス・アードラーは、当時の社会におけるプロレタリアートと資本家の連帯という、レンナーの比喩を批判した。ふたつの極は、一本の磁石の棒でつながっているだろうが、決して協働できない。同様に、階級意識をもったプロレタリアートは、支配階級に対してと同時に、国家に対する鋭い対立関係を決して見失うことはないだろう、と。マックス・アードラーのこの主張は、ジャック・ハッナクが指摘するように、一九一六年には正しかっただろう[12]。だが、レンナーは間違った比喩を使ってはいたが、間違いなく実在した傾向を言い当てていた。

　ローベルト・ダネベルクも同様に、レンナーが戦争を火災に喩えるのを批判した。放火という犯罪は別にして、火災では不幸な偶然あるいは天災が問題となる。戦争は人間の所業であり、災難ではない。したがって、政治的に検討し、批判しなければならない。政党が認識すべきは、戦争が一国の人間全員の所業ではなく、支配者の仕業だ、ということである。戦争か平和かという決断が、国民代表の前に提起されたことは、一国たりともなかった。反対に、どの国の議会も事後的に招集され、軍隊はすでに発進していた、と。フリードリヒ・アードラーは、「軽率な諍いか政治的対立か？」と題する記事で、後に特設法廷で行う弁論の先取りを行った。かれは、きびしく全力を上げてレンナーを非難する。曰く、客観性の仮面をかぶり、多数派のために意図的に弁護を買って出た。レンナーは、自家薬籠中の「生焼け議論」のあらゆる技を使い、自分が右派に属することを認めようとしない。かれにとって大事なことは、自分が中道に位置すると思わせることである、と。

　かれ［レンナー］は右派の役割を、オーストリアではロイトナーやペルナストルファーに押しつけている。だが、我が国固有の状況に規定されて、我々は、ふたつの極右派と対峙している。それは、ドイツ民族主義右派と特殊オーストリアの右派である。ペルナストルファーやロイトナーに対する論議は不要であろう。かれらが自家撞着を起こしていることは、明々白々だからである。だが、社会主義の用語を駆使するレンナーについては、かれが戦争開始後、本冊子『カンプフ』誌」に初めて発表した記事に鑑み、一度はっきり言っておかねばならない。かれは今、中道の社会愛郷主義を代表するだけでなく、もっとも右翼に位置する社会帝国主義の、オーストリアにおける代表者だ、ということである[38]。

レンナーは『マルクス主義と戦争、インターナショナル』で、複雑に絡み合った「社会帝国主義」と「社会愛郷主義」を詳細に取り扱った。戦争勃発は、プロレタリアートにとって逃れられないジレンマを意味した、と。

自分の国家、自民族（Nation）の側に立つのか、あるいは兄弟諸党と一緒になって、同時に同じようにインターナショナルとその政府に反対し、皆と同じようにインターナショナルに付くのか、という選択である！　第三の脱出口、熟慮された中道、賢者の言葉に言う中道は、自ずと不可能だった。誰も議論に関わり合っていられなかったし、誰もが即座に明確な行動を起こさねばならなかったからである。[39]

レンナーは、ふたつの批判を遺憾とした。ひとつは、戦時において戦術的に強く要請される国家信奉の表明が、社会愛郷主義として批判され、もうひとつは、一時的に否応なく必要とされる、自国ブルジョアジーとの城内平和が、社会帝国主義として批判されたことである。前者はインターナショナルへの裏切り、後者は階級闘争の原則への裏切りとされた。［レンナーは述べる］戦争に巻き込まれた国ならどこでも、その国の労働者階級が例外なく戦争に参加することは、今日、歴史的事実であり、賞賛したり、非難したりするのではなく、説明されるべき事態となっている。しんがりに参戦した国々では、参戦は、世界のもっとも民主的な国々においてよりも注意を集め、また、疑念の余地が少ない。ここでは、不意打ちにあったとか、戦争に驚かされた、惨禍を知らなかったとは、もはや言えないからである。

［レンナーは続ける］どこでも、そして戦争のいかなる局面でも、プロレタリアートは、戦争の勃発だけでなく、戦闘行為の継続に対してすら、積極的に抵抗したりせず、あるいは敵意を漂わせた受動的な抵抗すらしなかった。ただ、さまざまだったのは行動の具合だった。戦争目的がただ祖国護持という消極的目的であれば、急進派の目には社会愛郷主義者の烙印を帯びた者と映った。これに対し、戦争目的へ積極的に関与して領域拡大を擁護する者は、社会主義的帝国主義者の烙印を押された。ふたつのカテゴリーはともに、資本家階級支持者ないし国家信奉者と見なされた。たとえ、自分を良き社会主義者だと思っていたとしてもである、と。レンナーは世界を見渡して、プロレタリアートと民族が、危機的状況においてはほぼ一体化している、と考えた。

平和の護持に全力を尽くすのは、どんなプロレタリアートにも義務である。と同時に、戦争が現実となり、国際共同体が壊れれば直ちに、民族と国家の自己保存のために全力を尽くすことは権利である。[40]

レンナーは、利潤と賃金の比からプロレタリアートに生じうる実際の危険を精確に認識し分析を行った。確かにより大量の利潤からは、より大きなパンもまた期待できるだろう。だが、それとともに階級闘争が止揚される、あるいは、社会主義の終焉が始まるわけではない。現在の闘争において帝国主義はまた、より大きな分け前を意味し、将来の闘争においては、より大きな遺産を意味するという結論に誤って導かれるならば、あまりに軽率である。単純に資本主義的帝国主義と社会主義的帝国主義は並べられない、と。

保護関税と自由貿易

オットー・バウアーによれば、保護関税は、資本流通に有利に影響するが、また生産資本の配分を変化させる。レンナーは、これが国内資本投下の動向に与える影響を指摘するにとどまらず、保護関税の作用並びに年間労働生産物の賃金と利潤・利子・地代への分割に注意を促した。農業保護関税は、農業賃金上昇をまったくもたらさず、ほんの一時的に、借地人利得の形態で農業利潤の増加をもたらし、最終的には単に地代上昇、つまり、土地価格の上昇――これが、農業そのものにもっとも不利な影響を与える――に行き着く。したがって、人口に膾炙した帝国主義の決まり文句がそのまま明解というのは、見かけだけのことで、詳細に見れば、まったく曖昧模糊としており、決して資本家階級全体に適用されるわけではない、と。

［レンナーは続ける］一方の利潤が、必ずしも常に同時に他の利潤を意味せず、より大きな利潤が常に同時に、より高い賃金を意味しない。ここは慎重でなければならない。労働者階級は倍も慎重でなければならない。あまりにもしばしば、甘い菓子の包みで鞭を送りつけられたからである。むろん、帝国主義の拡張政策は、その結果を保護関税の不完全な循環を通じて（durch den fehlerhaften Zirkel des Schutzzolles）もたらす。その上、拡張政策は、英国の例が証明するように自由貿易の基盤の上でも可能である。英国労働者階級の立場から言えば、そうした自由貿易の基盤の上に展開される拡張政策に文句をつける理由はない。しかし、他の国々の労働者とその将来の利害にとっては、そこから懸念が生まれる。ヨーロッパの労働者の労働生産物は一部、他国に移送される。ここには特別な問題、つまり、

ヨーロッパの労働者が自分の労働生産物のこの部分を二度と目にしない、という問題の起点がある。さて、ここで問題となるのは、いまやこの資本が国内ではなく外国で機能しており、ヨーロッパの労働市場における需要が減退することである。本国の労働者階級は、「国」（Nation）にとって死活の意味を失い、代わって、いわゆる「クーリー」が仕事をする。したがって、商品輸出の形態ではない外国への資本投下は、帝国主義的植民化の特徴をなす、と。

レンナーは、かれが知る限り、労働者が帝国主義にもつ相対的な共同利益に、最初に批判的な光を当てた人物であるオットー・バウアーを引用しながら、次の結論を出した。経済を知らない人間だけが、利潤と賃金の利益相即や、さらには両者の積極的な連帯までも肯定できるだろう。一国の資本にもつ共同利益によって［労働者］階級自身が完全に取り込まれるならば、これぞ、社会主義的帝国主義だろう、と。

［レンナーがオットー・バウアーを引用］「労働者階級は、資本主義の利潤追求を恐ろしい力として憎悪する。この力は、我々の文化財産の取り分をめぐる労働者階級自身の闘争に次々と新たな制約を設け、労働者階級の子供たちを搾取し、親を飢えさせる。この力は今日、労働者たちを過度の超過労働へと追いやり、明日は失業者として路上に放り出す。賃金を切り下げ、食料品の値上げを行う。労働者階級は、疑問を質さざるを得ない。この過酷で永久に貪欲な力」――ここで英国資本家階級の支配する諸国の飢餓を思い起こすべし――「のためにすべての国々、すべての民族を犠牲にする、というのは正しいことか、と。こうして労働者階級は、至る所で帝国主義の敵となる」[41]

広範な党員たちを前にした、戦争目的をめぐる最初の大論争は、一九一六年三月二五日から二八日まで「ドイツオーストリア社会民主党全国集会」で行われた。レンナーはここで行われた報告のひとつを担い、それは「オーストリア通商政策とハンガリーとの和協」と題されていた。レンナーが提起した公式の決議は、「ドイツ帝国およびバルカン諸国との緊密な経済関係」を求めていた。

ヨーロッパ南東部の人々（Völker）の必要性を満たし、永続的に満足を与える秩序が構築されるのは、オーストリア＝ハンガリーを民主的連邦国家に改変することによってのみである。この国家では、すべての民族に同等の権利と同じ発展の可能性が保証され、諸民族の力は、大きな政治的・経済的総体に統合される。この総体に、北部にある自由で独立したポーランドと、南部バルカン半島の自由な人々の独立連邦(Bund freier Balkanvölker) とが、自己と共同の利益のために、大きなグループとなって参加できる。[42]

ミヒャエル・ジーゲルトは、この決議の経緯を批判的に研究し、次のことを指摘している。この文章で二度使われた「独立」という文言は、フリードリヒ・アードラーが強く要求して、党執行部が取り入れたものだった。また、結語の文言である「参加できる」も同様で、元々は「編入する」となっていた。その他、フリードリヒ・アードラーは「民族自治を民主主義の基盤の上で真摯に実行する」という動議や、「他国領土の占領および戦時賠償」の放棄提案でも少数派に止まった。ヴィクトール・アードラーが反対演説を行った後、フリードリヒ・アードラーの動議・提案は否決された。ただ「左派」は、上述の［採択された］決議へ、以下の文言を追加するよう行ったローベルト・ダネベルクの動議が満場一致で採択されたことにより、初めて成功を収めた。

保護関税を採用する中欧は、帝国主義の目的に仕えるだけであり、経済手段をもって戦争を継続することを意味する。これは、ヨーロッパ諸国民・諸国家共同体へと進む一歩ではなく、むしろ、戦争の主要原因に数えられる状況に拘泥することである。[43]

こうして、諸民族共同体（Völkergemeinschaft）という考えが事実上、戦後のためとはいえ、党に蘇った。フリードリヒ・アードラーと同志が提出した別の決議案――ツィマヴァルト会議［一九一五年九月］の決議と同じもの――は、投ぜられた一〇〇票以上のうち僅か一五票しか獲得できなかった。これは「左派」が一九一五年五月の第一回［党］全国集会で獲得した票よりも四票多かった。レンナーもこの決議案には反対した。

レンナーの新聞記事を集めた著書『オーストリア更新』の第二巻序文で、かれはドイツオーストリア社会民主党全国集会の成果として、社会・経済・政治的諸要求の作成と基礎付けを挙げた。その実現のため、労働者階級は戦争経験に基づいて闘うものとされた。曰く、こうした諸要求は、オーストリアおよび国外のドイツ系プロレタリアートにとって立派な活動プログラムを提供するだろう。その他社会民主主義運動の変わらぬ栄誉とされたのは、同運動が時代の要請、そして当面達成可能なもの、時代の義務を理解して見失わず、労働者とともに共同体全体を一歩一歩向上させようとしたことである、と。

［レンナーは続ける］現代工業国家を念頭に、国内の経済政策を意識的・徹底的に改変することは、経済プログラムの第一番に挙げられる。著書で次のことを指摘することが、自分にとって大事である。つまり、工業国家の要請するものが、労働者階級の大会で初めて一貫してまとめられたとはいえ、その実現は、あらゆる階級が国家の枠内で協働することによってのみ可能である。そこで、社会民主党が先行してプログラムを策定したとは言え、プログラムの主張を独り占めしようなどとは思わない。それが人口に膾炙すればするほど、国家とプログラムそのものにとって望ましいことである。本来、国民経済の改革はブルジョアジーの課題である。そのブルジョアジーが、残念ながら分裂しているため、労働者階級が、ブルジョアジーのし残したことを最後まで推し進める義務を背負い込まされている、と。

かなりの数のヨーロッパ諸国から社会民主党の政治家が第二インターナショナル大会のため、スイスの小村、ツィマヴァルト（一九一五年九月）とキーンタール（一九一六年四月）に集まった。レーニンはその協議において、帝国主義戦争の内乱への転化というテーゼを打ち出した。だが、フリードリヒ・アードラー自身は、ツィマヴァルトの協議に参加しなかった。開催者から十分に「左派」だと評価されず、招待状も受け取らなかったからである。レンナーは、ツィマヴァルトに集まった左派を、社会愛郷主義の対極にある存在だと評した。これは、民族や国家を否定し、少なくとも防衛の否定を標榜する者たちで、革命主義を首尾一貫させ完成すると考えられた。

レンナーは、ツィマヴァルトを起点として、すべての国で党を分裂させたのは左派だと主張した。かれは、国際主義思想が、国籍から生まれるあらゆる義務を止揚しようとする純粋さは認めた。［レンナーは述べる］けれども、自らツィマヴァルトに赴こうという気には、まったくならなかった。ツィマヴァルト［左派］が誤認しているのは、国家から組織された世界へという跳躍は、思考の世界では即座に完了するが、国家から世界国家へ、民族からインターナショナルへという転換は、長く困難で矛盾に満ちた歴史的過程を要する、ということだ、と。レンナーは、ツィマヴァルト会議が一国主義的な（nationalistisch）考えの浸透に抗する不可避の対応だった、と酌量する。だが、確信のもつ情熱が、欠如する具体的な組織を代替できるわけではない、と言う。レンナーは、プロレタリア運動の必然的にして無条件の国際化が今後も衰えることはないだろう、というツィマヴァルトの中心思想を受け入れるが、その方法には与し得ない、と述べる。ユートピアの国際主義から科学的な国際主義へと導かれねばならない、と。

軍務とシュテュルク首相殺害

レンナーの回想［一九三二年］によれば、戦争開始後二年間の多大な人命喪失によって一九一六年、兵員補充対象が年長者にまで広がった。そこでレンナー自身もまた、適正検査を受けた。これについて、帝国陸軍省一九一六年八月二八日付けの書類は記す。

> ドクター・カール・レンナー、帝国議会付属帝国図書館局長、先の徴兵検査に際し合格と判定。任命布告によれば、同人は予備糧食調達官試補。後に登録簿に記載。兵役期間満了とともに除隊。旧兵役経験者動員に際し、再任依願[44]。

同書類は、志願者の任用を希望し陸軍省第一二部へ配属したいと要請する担当部署に回付された。レンナーは第一二部に一九一六年一〇月九日、退役糧食調達官試補として紹介され、軍務についた。主計部は、アスペルン・リング［現シュトゥーベン・リング］にあった［陸軍省の］巨大な建物内に置かれていた。

一九一六年三月末の第二回［党］全国会議以降、社会民主党は政治活動と言える活動を、まったく展開して来なかった。年央には、党と労働組合組織のどのレベルをとっても、メンバー数は戦時中の最低に落ち込んだ。一方、四月末のキーンタール会議のころ、左派の動向が顕著となり、影響がオーストリアの労働者にも及んで来た。こうした空気の急激な変化は、一九一六年夏の中欧同盟諸国の戦況悪化やハープスブルク帝国の危機の深化とも明らかに関わっていた。フリードリヒ・アードラーは、何か月も間断ない内心の危機に耐え続けていた。かれは政治的敵対者である父と対峙するという思いを、もはや抑えることができず、党執行部の会議では、かれとペルナストルファー、レンナー、ロイトナーとの対立が、ほとんどつかみ合いのけんかになることもあった。フリードリヒ・アードラーは、すでに一九一五年初めには、政治的暗殺を犯すという考えを抱いていたが、ハンス・ハウトマンは、アードラーがピストルに手をかけた個人行動の原因を、右派の党指導者たちとの対立――時折、個人的な誹謗中傷にまで至った――とともに、左翼急進派の影響力拡大に見た。

レンナーが二角帽をかむり、サーベルを下げた糧食調達官試補の制服で公民の軍務を果たしている間に、フリードリヒ・アードラーは、一九一六年一〇月二一日の午後、四発の弾を発射して、首相のシュテュルク伯をマイスル・

フリードリヒ・アードラー（1879～1960）

シャードゥンホテルの食堂で殺した。これによってアードラーが、決定的な転換を招来したわけではなかった。というのは、シュテュルク体制は、もはや新たな要請に対応しておらず、解体を前にして何とか踏みとどまっていただけだったからである。けれども、アードラーの弾丸は、この過程を大きく促進した。当時、国家警察長官で後の連邦首相、ドクター・ヨハッネス・ショーバーは、アードラー家の友人であり、レンナーの友人でもあったが、自ら逮捕者を自分の車で警察署に連れて行った。ヴィクトール・アードラーは、レンナーとアウスタリツ、ザイツから知らされた。フリードリヒ・アードラーの行為は狂人のもの、という『労働者新聞』の報道とは対照的に、父親は、病的とも言うべき理想主義をもった男の断固とした行動だと考えた。

暗殺から一二日後、ウィーン・ファヴォリーテンの労働者会館で開催されたドイツオーストリア社会民主党第三回全国集会で、左派ははっきりと党内に再統合された。そして党執行部は初めて、政府による併合なき和平達成という、わかりやすい決議に踏み切った。類似の決議が、一二月に多くの党州組織（Landesparteien）でも採択された。とりわけ中欧同盟諸国の和平提案をきっかけに、ついに社会民主党の和平集会が催されるようになった。

糧食補給チームの理事会にて

一九一六年一一月二一日、皇帝、フランツ・ヨーゼフ一世も最期を迎えた。ただ、皇帝は自ら、シュテュルクの後継者としてドクター・エルネスト・フォン・ケルバーを任命していた。ケルバーは、すでに一五年前にも首相職にあって、硬直化したオーストリアの国家機構に、時代に適合した行政の精神を注入して活性化を図ろうとしていた。かれはレンナーの政治的著作を通じて、レンナーを個人的に知っていた。ふたりは、すでに一九一〇年以来、折に触れて顔を合せていた。ケルバーの指示で、レンナーはある晴れた日の昼前、当時首相府が置かれていたヘレンガッセ七番地に来るよう言われた。そこで軍服を着たレンナーは、首相の哄笑を誘った。ケルバーは驚いて言った。祖国はレンナーを、もっとましに使いこなす術を知らないようだ、と。かれはレンナーに説明した。政府は食糧供給の困難に対処するため、食糧管理庁設立を計画しており、レンナーを他の六人とともに首脳部に招聘する、と。国民への食糧供給を統括する官庁が正式に設立されたのは、一九一六年一二月一日だった。レンナーの他に、ふたりの帝国議会議員が理事会に予定されていた。ヨドーク・フィンクとローベルト・フライスラーだった。

これによってオーストリア社会民主党の歴史上初めて、ひとりの党員が政府の公職に招聘された。先に党執行部はレンナーに対し、この新官庁の責任ある地位に就くことを思いとどまるよう忠告していた。［党は次の理由を上げた］当該官庁の設立は遅きに失している。実効性をもった食糧供給の業務は、帝国のふたつの国［オーストリアとハンガリー］が共同で統一的に遂行すべきである。現状は、ふたつの政府の指示と軍当局の独自の命令によって妨げられており、社会民主党は、食糧供給事業の将来の具体化に責任をもてない、と。新しい官庁が実際に設立されたことで、党執行部は態度を変えた。［表明された見解は次のものだった］

今問題となっている招聘先は、全責任をともなう執行権の付与された部署ではなく、理事会であり、これは責任ある部局に専門家として所見を述べ、協力する用意のある部署である。既に存在する、まったく特徴のはっきりしない、したがって、影響力も限られた糧食補給諮問委員会——これにドクター・レンナーが所属している——は、その委員が個別に招聘され、［新官庁の］理事会で恒常的に協力することに以前より賛意を表明していた。［新官庁である食糧管理庁の］責任そのものは、指令の迅速さと統一性のために、もっぱら食糧管理庁長官と政府が負うものとされる。今や、こうした組織に関する提言が基本的に実現し、この枠内でドクター・レンナーの協力が求められた以上、党執行部は、この形態で行われる同志の協力に、もはや異議を唱えるべきではないと考えた。[45]

一九一六年一一月二六日、党執行部幹部会がケルバー首相と直接に話し合い、上記の事情をはっきりとさせた。その際、ケルバーは語った。自分は一方で、ドクター・レンナーのような専門知識をもった人物が協力してくれることを重視するとともに、他方、当然のことながら、すべての命令の責任は政府がひとりで負い、食糧政策の批判——政党が新聞や場合によっては議会で行う批判――を、このような協力があるからといって制約するものではない、と。党執行部は、レンナーが職務を引き受けたことを理由とする実質的な束縛や政治責任を、それがどのようなものであれ、明白に否定した。

その後暫くして、アントーン・ヘーファー少将が食糧管理庁の新長官に任命され、レンナーの上司となった。ヘーファーは、レンナー本人とかれの仕事ぶりを直接知っていて、このことを皇帝、カール一世に話し、［皇帝の居所の］ラクセンブルクにレンナーを招き、引見するよう皇帝を説得した。レンナーは結局［一九一七年四月末］、南部鉄道線とメートリング＝ラクセンブルク線を乗り継いで同地に赴いた。民族問題の専門家として、政治関係の著作者として、食糧問題のみならず、重要な問題全般を皇帝に投げかけようと、あらかじめ心づもりしていた。レンナーは、チェコ人の取り扱いという、［帝国にとって］命取りにもなりかねない案件とともに、「民族自治」を勘案した憲法改正の必要性を考えていた。レンナーは後に、若い皇帝との会見を回想する。

私はゆっくり、皇帝のほっそりしてまだ子供っぽい姿、柔和な顔、珍しい顔つきを眺めた。皇帝はそれとわかる戸惑いの表情で、腰を下ろすよう促し、ためらいがちに最初の言葉を発した。ヘーファーから食糧管理庁について報告を受けた。新しい首脳部とはうまく行っているのか？　最大の難点はどこにあるだろうか、と。[46]

レンナーは応えた。ふたつ、重大な不手際があった。ひとつは一九一四年秋、食糧供給問題をめぐって、ハンガリーにオーストリアからの分離を許したこと、ふたつ目は一九一五年の春、あらゆる経済学者の進言にもかかわらず、総督府や郡長、市長を食糧管理の責任者にしたことである。これによって食糧管理が、非効率的になっただけでなく、地方分散化された、と。レンナーは、自分が一九一四年秋に行った提案――実現することはなかったが、商業組織を通して実施する、真に中央集権化された食糧管理の構築――を想起した。皇帝の返答は、レンナーがはっきりと当惑を覚えるものだった。

私［レンナー］は、組織の基本的な欠陥を指摘したのだった。それは根本的な変革によってしか除くことができなかった。皇帝は素朴な言い回しで応えた。「朕はどのみちすでに、ハンガリー首相と話しておるぞ。朕はヘーファーに命じて、プラハ総督府に電報を打たせた」云々。私は理解が得られそうにないことを見て取り、わかりやすい言い回しを用いた。

「プラハの総督府の背後にはチェコ民族が控えております。いまだ解決のつかない民族事情は、食糧管理にとどまらず、統治を麻痺させ、戦争遂行を脅かすに違いありません。何十年にもわたり放置されたことに、急いで取り組まねばなりません」[47]

最後にレンナーは、皇帝に自分の最新の著書『オーストリア更新』を手渡した。皇帝は、レンナーが本も書くことに驚きながら同書を受け取った。皇帝は、レンナーの目には、カール皇帝は世論の動向全般に疎かった。だが、ユーリウス・ドイチュの回想は、まったく異なっていた。将校のかれは、これより半年ほど前、当時大公・帝位継承者のカールとエッチュタールで会見していた。カール大公は、自分［ドイチュ］を何度も会話に巻き込み、自分の意見に興味を示した。大公は、自分がごく若いときから社会民主党員であることを知っていたにも拘わらずに、と。

まるで同年のふたりの戦友が話し合っているかのようだった。私には、好奇心に満ちて、何でも吸収してやろうという人物と向き合っているような感じだった。この人物は、あらゆることについて知ろうとする健全な意欲をもっているようだった。[48]

しかし、レンナーはカール一世を評価するに当たり、ひじょうにきびしい見方をしていた。かれは、何の経験もない弱々しい子供が統治しているかのようで驚いたのだった。

農民が誰ひとり、自分の農園を委ねようと思わない人間が、帝国を統治しなければならないのだ。統治困難な帝国を、その存立のもっとも困難な時期に統治しなければならないのだ！　君主制の命運は尽きた。しかし、皇帝は今、帝国の戦争の真っ只中で、諸民族と一人一人の運命を決定しているのだ！　戦争の結末はどうなるだろうか？　オーストリ＝ハンガリーは、どんな結末を迎えるだろうか？

その後、レンナーは知ることになる。皇帝は、レンナーが「フリーメイソン」ではないかと疑い、自分の暗殺を画策しているのではないかと不安を覚えていた、というのである。一六年後⑬、レンナーは、この会見を総括して言う。皇帝の側からオーストリアの更新を期待することはできなかったし、残るは、世界の新秩序に備えることだけだった、と。

［ケルバーの後任］首相のハインリヒ・クラム＝マル

ティニクは、レンナーを民族省（Völkerministerium）と称する省に招聘することを検討した。けれども、社会民主党がまったく賛意を示さなかった。一九一八年一月のストライキに際してレンナーは、ヴィーナー・ノイシュタットでストライキ参加者と国家権力との間の調停者たらんと試みた。かれは、このストライキ運動が早めに、多少とも惨禍の少ない戦争終結をもたらすかもしれない、と考えた。ただ、かれは二日間［怒った労働者に］ウィーン地方裁判所支所に押し込められた。それ以前に、エトゥムント・グライゼ＝ホルステナウ少佐の仲介で、レンナーを帝国政府の首班に据えようとするカール一世の最後の試みが失敗していた。社会民主党はとっくの昔に、将来を先取りしていた。後には、カール・レンナーが、溶けて小さくなった「ドイツオーストリア」暫定首相に就任することに同意を与える。

オーストリア＝ハンガリーの戦争責任

［第一次］世界大戦の開始によって、自国は危険にさらされた。そこで、戦争を遂行するすべての国において、労働者階級は非常事態に直面して行動を起こした。中欧同盟諸国の労働者も協商国の労働者も、「自衛」を放棄することができなかった。企図されたセルビア懲罰遠征からは何も生まれなかった。東部ではロシア軍がガリシアに進攻した。一方、ハンガリーは、ロシアによる「地ならしのローラー」のような攻勢によってカルパート山脈の峠で脅かされた。一九一五年五月、中欧同盟諸国軍は共同してタルヌフ、ゴルリツェ付近でガリシアとブコヴィナの奪還に成功し、ワルシャワ、コヴナ、ブレスト・リトウスク、ヴィルニウスを占領した。これまで中立を保ってきた同盟国イタリアが［協商国側について］参戦したために、第三の戦線が生まれた。

すでに一九一五年夏、レンナーは「この戦争が前代未聞の長期に及ぶ」と語っていた。秋にブルガリアが中欧同盟諸国に加わり、セルビア、モンテネグロおよびアルバニアの大部分が占領された。ロシアのアレクセイ・ブルシーロフ将軍は、タルノポルでの攻勢に失敗した後、中欧同盟諸国に大敗北を見舞った。一九一五年一一月半ば、レンナーは、思っていたほど早期に和平には至らないと悟った。かれは一九一六年初春、戦争の頂点は過ぎ去ったと考え、『労働者新聞』で一九一六年が「将来の和平の年」になると宣言した。ところが、これに反して、ロシアに相対する北東部戦線において、オーストリア軍だけで三〇万人の損失を被った。ウィーンでは一九一六年五月一一日、初めての飢餓暴動が起きた。一九一六年八月二七日、ルーマニアが協商国側について参戦したため、東部戦線がひじょうに長く延びたが、中欧同盟諸国は一二月、ブカレストを陥れた。ブルシーロフのさらなる攻勢の試みが失敗し、イタリア軍による三回のイソンツォの戦闘も、さほど成功を収めなかったため、中欧同盟諸国には安定が見られた。

一九一七年の二月革命の渦中で、皇帝、ニコライ二世が打倒された。戦争の三年を経てレンナーは、再開された帝国議会で「すべての自由の復活」を要求した。一九一七年五月、かれはストックホルムの国際社会主義者大会で、さまざまな民族集団の連帯の気持ちが再び芽生えつつあることを確認した。レンナーは帝国のため、国内外を問わず和平を望んだ。戦争は、広範囲にわたり猛威をふるっていた。対イタリア南部戦線の陣地戦、そしてソンム河畔で大量の血が流れたにも拘わらず、ヴェルダン付近とフランドル地方で膠着した独仏英の西部戦線、ドイツによる無制限潜水艦作戦などである。ウィーン、プラハ、プルゼニュ［ピルゼン］では、もっと人間的な労働条件、物価騰貴の収束、食料供給改善を求めてストライキが起きた。一九一七年秋、イソンツォでオーストリア軍およびドイツ軍は、華々しく戦線突破に成功した。ロシアでは、ボリシェヴィキを率いるレーニンが一〇月革命で権力を掌握した。レンナーはこの展開を歓迎し、帝国にも同じことを期待した。何とレンナーは、もし自分がロシアにいれば、ボリシェヴィキと行をともにしたろうと思った。西側から和平準備の兆しが現れ、米国大統領、ウッドロー・ウィルソンが一四か条を発表、ブレスト・リトウスクでは、中欧同盟諸国が新生ロシアと交渉していた。

『カンプフ』誌でレンナーは再び、国内政治の反対者たちと対峙していた。［かれは述べる］党とは、社交クラブやギムナージウムでなく、「戦う軍」であり、それはプロレタリアートの利益を実現する存在であり、その意見を押し通そうとするものではない、と。一九一八年一月のストライキは、レンナーとその仲間によって小火《ぼや》に抑えられた。ウクライナとは［穀物供給が確保される］パンの和平となり、ペテルスブルクとは過酷な条件の和平となった。その結果、ポーランドとチェコは、［ハープスブルク］帝国からますます離反していった。レンナーはいまなお、この帝国を改革しようと考え、廃止しようとは思わなかった。全般的な厭戦気分は暴動、反抗を引き起こし、それを抑えつけようとする軍の措置は国民を憤激させた。軍からの大量脱走も起きた。一九一八年六月、ピアーヴェ河口でのオーストリアによる最後の攻勢は挫折し、晩夏にドイツの戦線は、アミアンにおける協商国の戦車攻撃により大幅に後退した。オーストリアによる水面下の和平の試みは協商国に退けられ、今や中欧同盟諸国は、ウィルソンの一四か条を交渉の基盤にしようとした。変わることなく、レンナーは倦まずたゆまず帝国の維持を訴え、著作物を通じて誰よりもチェコ人に働きかけた。プラハ、アグラム［ザグレブ］、ブダペストで、そしてウィーンでも政変が起きた。一九一八年一一月三日、南部戦線ではハンガリー軍撤退の後、［発効の日時に］解釈の余地を残すヴィラ・ジュスティ⑭の休戦に至った。ヴァルター・ラウシャーは、カール・レンナーもまた、やっと新しい現実に追い着いたと見る。

レンナーもまた、強い印象を受けた様子で、新たな進展をすぐに配慮した。まったく新しい展望がひらけ、レンナーは、ドナウ地域で連邦の性格をもつ国家同盟を構築する計画を放棄した。ドナウ連邦の考えは潰えた。東欧、中欧の至る所で民族国家思想が勝利を収めた[49]。

第一世界大戦は、軍人では総計一〇〇〇万の死者、二〇〇〇万の負傷者を生み、加えて何百万人もの民間人の犠牲者を作りだした。何百万もの人間が捕虜となり、追放され、長期にわたり、故郷を離れねばならなかった。オーストリア＝ハンガリーは七八〇万人の兵士を動員し、そのうち二〇％が斃れた。もっともスペイン風邪は、世界中で二五〇〇万から四〇〇〇万の命を奪い、世界大戦以上だったのだが……[50]。

ヘルムート・コンラートは、戦争責任について述べる。戦争を直接に引き起こしたハープスブルク帝国の責任は明らかである、と。だが、それは、当時、政治の相貌を作り上げた利害、同盟、期待、不安がない交ぜになった中で、ひとつの要素でしかない。一九一九年のヴェルサイユ条約第二三一条では、オーストリア＝ハンガリーに、一九一四年の侵攻に対する第一の戦争責任があり、それによって同国が大量の死亡、都市・農村・インフラストラクチャーの破壊責任を負う、とされた。

第三章　国家狂信者、協働者、連立主義者？

権力問題から法的問題への転換

カール・レンナーは勉学を終えて、担任教師であるアーロイス・コルニツァーから、心配の要らない「立派な大人」として見送りを受けた。ギムナージウムの高貴で人文主義の夢の世界を離れて何週間も思案したレンナーは、本来の生活と未来には別の物差しと基準があることを悟った。スッラの国家体制や古代ローマの軍隊組織、マーリウスの軍制改革は知っていても、オーストリアに憲法があるかどうか、あっても、どんなものなのか、まったく知らなかった。学んだことは、レンナーの視野を狭め、古めかしく現実の世界から遠いものだった。そこで、壁の向こうに目をやるだけでなく、それを飛び越えて外で新しいことを始めねばならなかった。まずはクンツェンドルフにある国の一連の施設を見学し、ウィーンのつらい兵営や、さらに倍もつらい国費給付生の勉学を予期した。

私は稼ぎたかった。若い農業労働者や日雇いの子供のように、稼いで下から上へと這い上がり、公民の大事と自分に思える世界に下から入って行きたかった。私には国家を知ることが何よりも大切なことと思われた。[1]

カール・レンナーは、理論的にはフェルディナント・ラサールの視点から社会民主主義に接近していった。そして最初から、法や国家、民族、世界組織という、自分で導き出した判断基準の相互関係に関心を集中させた。この作業により、かれはオーストロマルクス主義の樹立者のひとりとなる。レンナーは自分の国家論によって、マルクス・エンゲルスの立場と真っ向から対立したが、それでも、いつもマルクス主義を引き合いに出し、そのことを社会民主党員の義務だと感じていた。フランツ・グルーバーがその社会学研究「カール・レンナーにおける自決権」で明らかにしたように、レンナーは、自分の国家観をマルクス主義と調和させようとした。マルクスとエンゲルスに依拠した、国家に否定的な思想を、俗流マルクス主義として評価しなかった。また、マルクス主義と明確に矛盾する「自分の」発言をすべて、マルク主義理論のさらなる発展だと公言した。さらにレンナーは、マルクス主義を大衆の慰謝の説に変えようとする試みをすべて拒否した。ケルゼンはとうとう、レンナーが自分の国家論をマルクス主義と妥協させようとする試みを「見込みのない企て」だと見なした。

精神的自由はレンナーにとって、個人のもつ最高度の自由権だった。人権について講演する中で、思想を支配しようとする国家の絶対権力を、精神的再生のあらゆる源泉を枯渇させるものだと弾劾した。レンナーにとって国家は、人民全体の利益を叶える機能をもっていた。したがって、国家の本質は、法的規準化にある、つまり、官庁に市民統制権を与え、市民の服従を義務づける立法にあると見た。レンナーにとって法は、和解と妥協の機能をもち、それによって人々の全般的な共生を保障するものだった。レンナーは最初から「権力問題を法の問題へ転換すること」を訴えた。国家の組織形態を法に結びつけることで、国家なるもの（Staatlichkeit）は持続的な社会形象（soziale Konfiguration）として表現された。国家はレンナーにとって、いわば人間社会の最高形態となった。したがって、かれは国家と搾取機能とを同列に置くことに断固として反対する。レンナーは階級闘争の人間化、法制化（Verrechtlichung）、制度化を擁護し、階級闘争は、マルクスが言うような非妥協的な対決では決してなく、むしろラサールの言う「和解の叫び」だった。レンナーは、階級利益をもつことは、すでに半ば平和を意味し、理解は多くの闘争を緩和する、と考える。憲法が腕ずくの闘争に代えて投票の闘争を設定したように、理解によって、衝突よりも妥協の優先される可能性が出てくる。

一九一七年に発表された『マルクス主義と戦争、インターナショナル』でレンナーは、社会的利益を貫くために法と国家がもつ意味を指摘していた。レンナーは結局のところ、国家と法に社会のもつ技術的手段を見いだし、したがって、国家もまた社会主義実現のための手段のひとつであり、国家を拒否したり、ましてやそれを相手に闘ったりすることは考えられなかった。レンナーは、マルクス主義者たちのように国家を否定的にイデオロギー化することに反対し、またその逆の肯定的なイデオロギー化にも反対する。国家が、支配階級の単なる執行機関ではあり得ないし、また法が、利害を単に条文化したものでもあり得ない。ましてや国家は、倫理的理念の実現ではなく、法は超自然的な、神が与えた秩序そのものでもない。レンナーは法を価値中立的なものと捉え、専制や独裁下にあって極めて冷酷な実効性、憎むべき不正にもかかわらず、その法が社会を束ね秩序づける限り、有効と考える。レンナーによれば、革命的な心情もひとつの秩序を前提とし、その秩序は、より高次の秩序として形成されるか、あるいは新たな秩序に代替されねばならない。無秩序はまた、反対派にとっても役立たない、と。

民族と民族主義は、レンナーによれば、一民族の他民族に対する権力行使に行き着く。どの民族も固有の人格 (Eigenpersönlichkeit) をもつ。民族は、民族主義者の考えでは、絶対的で責任を負わず、束縛されず、力に訴える。社会主義の考えでは、民族は諸民族が作る家族の一員であり、そのことで人間秩序に制約される。民族主義に必然的なのは、民族の自由と平等ではなく、民族間の支配、従属である。そこでレンナーは、民族主義に代えて、国際的な共同体における民族の法理念を強く要請する。

レンナーは述べる。社会民主党は、国家をめぐる闘い、国家の掌握、その共同支配、そして少なくとも権力機構の中立化をめぐる、正当にして必要かつ熱意を込めた闘いに際して、スコラ学的なこだわりに妨げられたり、ひるんだりしてはならない。現存の経済様式は変わらないとはいえ、職場において一歩一歩、プロレタリアートが権力拡大を実現するのと同じように、国家をめぐる闘いでも、ひとつひとつ、橋頭堡を確保しなければならない。レンナーにとって当時の社会秩序は、形成途上の社会主義を覆うブルジョア的・資本主義的外皮に他ならなかった。レンナーはこの発展過程を積極的に促進し、一緒になってこれに働きかけたいと考え、そのためには妥協も必要だった。左派からレンナーは、マルクス主義の用語を使って、たとえば多民族国家としてのハープスブルク帝国の保持の必要性を論証しようとした、と非難されたが、他方、かれは匿名で、ひじょうに保守的な文体の表現を用い、さまざまな情報媒体を通して社会主義思想を広めようとした。

批判者たちの批判の焦点には、レンナーが第一次大戦中にフリードリヒ・ナウマンの中欧構想に加担した姿勢があった。

私［レンナー］の中欧構想の理解は、ナウマンの見解と完全に一致するものではない。私は戦争が始まってすぐ、オーストリア中心主義の見解を投げ捨てた。というのは、今や問題となるのは、もはやドナウ帝国だけではなく、全中欧の建設だとはっきり受け止めたからである。この建設は、帝国主義的な力による行為でも占領でもなく、また覇権計画でもなく、中欧民族合衆国建設でなければならない、と考えた。[2]

レンナーのハープスブルク帝国に対する親近感

ニーダーエスタライヒ州議会で一九〇九年[①]、レンナーは、かつて［帝国］議会図書館員として、職務に関わる限りにおいて皇帝への忠誠を誓ったことを明かした。［レンナーは続ける］法治国家は職務の範囲外で、市民の信条を無視して貢献を強いることはできない。したがって、現行法とは別の法律を求める権利もまた留保する。国家形態は転換する。だが、信条は心の内にあり、したがって消すことはできない。自分は共和主義者ではあるが、熟慮の結果、この国家に逢着した。社会民主党が国事に関して、まさしく他よりも明晰で高度の見解を保持しているからだ、と。[3]

党幹部会（Parteigremien）の同意を得て、レンナーは一九一六年、オーストリア帝国食糧管理庁の理事に一時的に就任した。[②] 食糧問題の専門家であり、シュヴェッヒャトにあるハマー製パン所で長年、支配人を務める娘婿のハンス・ドイチュの助言を受けて、レンナーは毎週、『労働者新聞』に一般向けのいわゆるジャガイモ欄を書き続けた。どうしたら簡単な材料と代替の道具を使って食事が準備できるか、レンナーは倦むことなく実例を上げていった。かれの敵対者たちは、それを、戦争を長引かせるものだと位置づけたが、レンナーにとっては、住民を飢餓から守る種々の措置のひとつに過ぎなかった。フリードリヒ・アードラーが一九一七年の裁判演説でレンナーを批判し、また、党内の大多数が自分に背を向けても、レンナーは引き続き、国家護持・戦争継続の態度で調停を図るべく関与を続けた。［一九一八年］一月一四日から二四日に掛けて「飢餓・和平ストライキ」が帝国を襲い、労働者評議会が設けられたとき、ヴィーナー・ノイシュタットの一四人の職場委員からなる代表団がレンナーに率いられ、食糧大臣、ヘーファー将軍と交渉を行った。政府はストライキ中の労働者の要求に応えて、戦争終結、食糧事情改善、拡大民主化の導入、戦時中であっても労働者を市民法の保護下に置くことを約した。レンナー、ヴィクトール・アードラー、フランツ・ドーメスの提案で、労働者評議会はこの説明を受け入れたが、レンナーは革命を掲げる同志の怒りを、身を以て感じさせられた。ヴィーナー・ノイシュタットで開かれた騒乱に近い集会で、しばらく拘束状態に置かれたときのことである。[4]

レンナーは一九一七年の党大会で、自分が国家狂信者であると言われることに異議を唱えた。自分は国家に対して盲目ではない、として、労働者たちの基礎的でありながら十分に満たされていない社会的需要に注意を促し、肝腎なことはかれらを援助することだ、と述べた。[5]『カンプフ』誌でレンナーは、自分は自分のことをよく知っている、と断言する。自分は、どこにでも顔を出さねば気が済まない存在ではない。そんなことは、まったく望まない。社会主義は実に多くの精神的領域を拓き、これからは、これを耕すことが大事だからだ、と。[6]ところで、レンナーは党の境界を越えて協力する才に恵まれていた。経済人のユーリウス・マインルを中心とする和平運動に共感を覚えた。これにはハインリヒ・ラマシュやイグナーツ・ザイペルも加わっていた。[7]一九一七年六月、皇帝、カール一世が、すべての民族と政党を糾合した幅広い連立政権を提唱したとき、社会民主党は当初、カール・レンナーを当てるつもりだった。しかし、徹底的な検討を経て、レンナーは自分が戦時内閣に参加することを断り、また、党議員団も党の参加を拒絶した。[8]レンナーは何度も大臣候補として名前が上がったものの、そのような招聘に応じることはなかった。一九一八年一〇月になってもまだ、レンナーがヴィルヘルム・アイスナー＝ブープナ大佐に向かって、オーストリア帝国首相に関心があり、最後の君主主義者だと自称した、と言われる。レンナーは後にそのことを訊かれて、大佐の説明は誤解だと一蹴した。[9]

［陸軍総司令部］広報担当少佐、エトゥムント・グライゼ＝ホルステナウは、当時、カール・レンナーやアントーン・フーエバー、フーゴ・シュルツと行ったある予備会談で、ブルジョア体制は終焉を迎えており、革命を阻止しうるのは社会民主党だけだ、と考えた。それを承けて皇帝はレンナーを招き、首相職を提供したが、党は承諾しなかった。[10]ところで、ある新聞記事をめぐって、レンナーはミヒャエル・ハイニシュと論争になった。レンナーは自分の論争の姿勢を、ブルジョアのモラルとプロレタリアのモラルという二重のモラルがあると言って擁護した。それ以来ハイニシュは、レンナーの内にふたつの魂が、つまり、真剣な政治家の魂とすさんだデマゴーグの魂とが併存しているのだろうと考えた。[11]ハイニシュの推測が全面的な賛同を得られるわけではないけれども、この性格描写には多少とも真実味があるかも知れない。レンナーはいつも、出来事や事実と自分の想いとを一致させることに長けていたからである。かれは改良主義を非難されたとき、自分がもしロシアにいたら、おそらくボリシェヴィキと一緒に闘うだろう、と思わず知らず応えていた。[12]

アントーン・ペリンカによれば、レンナーは、ときとして支配層と明白に対峙しても、架橋を試みる反対派として、対立を前向きに克服する用意のあるところを示した。支配者たちにとってレンナーはいつも信号灯のようなもの、つまり、かれが対立者であるとしても、自分たちの権力基盤を少し拡げ、もちろんレンナーの立場とレンナー本人に配慮することで、権力の正統性をより確かにすべきことを示す指標だった、と。[13]だが、こうした大ざっぱな断定は、何がレンナーをして、こうした行動を取るべきだとさせたのか、その動機は何だったのかを証明しようとすると、事実を前にして耐え得ない。

国家を重視する者、立法・行政の専門家、社会学者、法理論家であるレンナーは、共生のための具体的な諸改革・改良を目指して組織モデル、構想、指針を数多く考え公表した。ヨーロッパで他にこうしたものを提示したのは、レーニンとチャーチルだけである。国家およびあらゆる政党の責任者たちは、レンナーの能力をよく承知していた。しかし、レンナーは、自分を持ち上げようとする申し出にもかかわらず、社会民主党がそうした招聘に同意しない限り、一度として受け入れなかった。レンナーが全力を傾けようとした動機こそ、もっとも重要である。かれが何かに参加して、その場に居たのは、まずもって（それだけとは言わないけれども）多数の者から苦悩や飢餓、内戦、貧困、危機を遠ざけるためだった。持ちこたえる、じっと耐える、そして可能ならば協力する、それは、眼前の怪物のような国家が、その縛りと強制を投げ捨て、社会共同体へと発展するのを待つだけでなく、むしろその方向に働きかけるためだった。

集中政府の首相

ハープスブルク帝国の解体が進行するダイナミズムに驚き、オーストリアのドイツ〔語〕選挙区選出の全帝国議会議員が、一九一八年一〇月二一日、ドイツ民族政党連合会会長、ヴィクトール・ヴァルトナーの司会のもと、ニーダーエスタライヒ州庁舎に参集し、暫定国民議会を樹立した。[14]全部で二〇八人の議員のうち、社会民主党は三七名に過ぎなかった。キリスト教社会党とドイツ民族派ないし自由主義グループは、ほとんど茫然自失の呈で問題に直面し、この期に及んでも帝国保持を望む一方、社会民主党は唯一のグループとして、帝国や封建制、官憲国家に反対し、民主共和国を掲げて新しい国家秩序を受け入れる覚悟ができていた。[15]オットー・バウアーは、協働の体制樹立を呼びかける党の文書に署名していたが、[16]民族革命、政治・社会革命について語り、この過程で階級関係の著しい変移が起きたことに言及した。革命勢力は当初、保守・反動勢力と比べてひじょうに強力で、事態がボリシェヴィキの実験に至らなかったのは、ただ社会民主党の慎重な態度、特にバウアーとフリードリヒ・アードラーの思慮に負っていた。レーテ［評議会］独裁が行われていれば、諸州の離反、農民の反抗、内戦、協商国［戦勝国］の介入を招いていたことだろう。[17]

レンナーは緊迫した状況に鑑み、すべての勢力が協働することを訴える。統治という概念には今後、大した価値は認められないだろうが、国事は協調して進めねばならない。まずはすべての主要な階級の必要を満たし、頭上に屋根を、家に竈を設け、共に生きるためにもっとも必要にして、もっとも基本的な前提を築かねばならない。そうして初めて、世界観をめぐる政治的な大問題の決着に取り組むことができる。あらゆる政治的な対立にもかかわらず、この不安定な状況では、ブルジョア、農民、労働者は停戦しなければならない。そうすることによってのみ、共同生活の沈みかけた船をまっすぐに保つことができるだろう、と。[18]

カール・レンナーは社会民主党右派の代表として、大部分自分が書き上げた憲法草案を、政治上の敵対者たちと話し合った。街頭に繰り出した大衆と貧民街の住人たちは、もはやハープスブルク体制と何の関わりももたない新しい憲法に期待したが、すべてが実現したわけではなかった。[19]レンナーは、キリスト教社会党のドクター・アーロイス・ハイリンガーが行った警告――旧憲法の第一四条［緊急事態条項］を、何としても新憲法から外すべきである――を、次のように述べて容れなかった。皇帝の勅令はもはやないのだから、それは無用の長物である、と。こうして、宿命的な一九一七年の戦時経済全権委任法もまた有効なままだった。[20]ともかく新たに作られた諸条項は、ドイツオーストリアを、民主主義の共和国であり、ドイツ共和国の一部である、とするものだった。[21]レンナーは国家統合の保障を、各州に要請したドイツオーストリアへの加盟宣言によって確保した。いわば国事詔書③の代替である。

レンナーによれば、現実の政治は、何が時と場所に相応しいかを注意深く観察し、それに賢明に適応することで行うことができる。[22]どのような国家が問題になろうと、レンナーは概念区分に囚われることなく、原理に拘泥することもなく、むしろ、国家のどのような外的変容であろうとも、意識して追跡して行った。レンナー自身は、現代文明の方法をもって行う統治を宣言し、これを、従来の官房政治から統治の絶対的な透明性への転換だと了解した。[23]一九一八年一〇月二八日、レンナーは暫定国民議会からドイツオーストリアの構築指針を提示するよう委託されたとき、すでに自分で書き上げていた五章からなる憲法草案を取り出すことができた。かれの「国家権力基本制度」は、一〇月三〇日、いわゆる「緊急に架ける屋根」として決議された。ここからさらに生まれたのは、検閲廃止、十全な結社・集会権の確立、国家・政府形態法、諸州に残った国家権力の継承法、司法権基本法、領土範囲・国境・国際関係法、公民権法だった。[24]

新憲法の個別の案件、たとえば、さまざまな委員会、特に政府権力が帰属する執行委員会を作る案は、レンナーに発するものではなく、バウアーの発案だった。[25] 暫定国民議会の議長にはヨハン・ネーポムク・ハウザー［第一議長］、フランツ・ディングホーファー［第二議長］、カール・ザイツ［第三議長］が就任し、この三人に国家元首の資格が与えられたが、一九一八年一二月の追加条項により、同資格は最終的に国家評議会理事会（三人の議長および国家官房長、国家公証人）に帰属した。国家評議会は新憲法第五条にしたがって、自己の内から国家記録係の国家官房長を任命した。『労働者新聞』は驚いて記す。「この大して重要でもない指示から、実際にはすでに正真正銘の首相（Ministerpräsident）職が生まれようとは、誰が思ったろうか？[26]」

ラインハルト・オーヴァディークは詳細な分析を行って、国家官房とその管理の長をめぐって、憲法の文言と実際の間に明白な乖離があることを確認した。レンナーはすぐに「宰相（Staatskanzler）」の肩書きを用い、初めから――国家評議会の一員として、法的に大臣の責任を負わないにもかかわらず――内閣の長の地位に就いて、それに応じて国民議会でも首相の席に座った。一〇月憲法のうち、施行されることのなかった第一五条によれば、ひとりの国務次官［＝大臣］が内閣の長を務める、ということになっていた。レンナー自身は自らの官房を「全国家行政の全般的調整者、立法の本来の発議者、閣内の仲介者、国民議会との直接の接点」だと見なしていた。ついに国家官房が、旧来のオーストリア帝国（k.k.）内閣首相府の業務全般を引き受けた。『労働者新聞』は次の結論を下す。単なる補助機関と考えられていた国家官房が、最終的に手に入れた格別な重要性は「もっぱら同志レンナーの包括的な才能のおかげである[27]」。国家評議会は三人の国会議長、二〇人の国会議員、さらに代替の二〇人の国会議員からなり、これは国務次官会議［実質的に内閣］を意味した。レンナー自身は、これを行政の任を負う機関、すなわち政府と名付けた。[28] かれは意識的に曖昧な表現を用いて政府トップの地位をこっそり手に入れたが、かれの負った任務と能力のために、まったく矛盾を来たさなかった。レンナーは、うまく現実政治に手を架け、すでに一〇月三一日、最初の閣議の議長職を手に入れた。これは国家官房長の権限に属するものではなかったが、一度として手放すことはなかった。[29]

一九一八年に成立した集中政府を率いたのは社会民主党で、これは閣僚の数に基づくものではなく、レンナー首相とオットー・バウアー外相の強い個性によるものだった。[30]主要な三つの階級であるブルジョア、農民、労働者からなる集中政府は、レンナーによれば、事態の矢継ぎ早の展開に直面して、必要に迫られて成立した。[31]社会民主党は一九一八年が終るのを待たず、党執行部が呼びかけて、一九一九年二月一六日に予定された憲法制定国民議会の選挙戦開始を告げた。レンナーは語る。強力で民主的な中間層を形成することにより、多数を勝ち取ることができる。社会民主党はハープスブルク家の復活を恐れ、キリスト教社会党はボリシェヴィズムを、ドイツ民族派はマルクス主義者とユダヤ人を恐れる、と。[32]レンナーは、党内の批判者たちを前に自分の立場を強化するため、有無を言わせない多数派を必要とした。選挙は社会民主党に四〇・七六％の相対的多数をもたらし、三五・三九％のキリスト教社会党が続いて、ドイツ民族派は一八・三六％だった。その他にいくつか分派が存在した。レンナーはこの選挙結果に、旧い官憲国家を解体し自治を求める声を認めた。[33]左翼陣営は、ブルジョア陣営と協働し、妥協することを改めて強いられた。レンナーは一般に、かれの妥協の用意と「敵対陣営との協力者イメージ」のため、時代の人として描かれる。[34]しかし、単独ある人間が超党派の協働に適していることを理由に、

第二次レンナー内閣組閣後の閣議（1919年3月15日）。左端に立つのはヴィルヘルム・ミクラス、右端に立つのはハンス・レーヴェンフェルト＝ルス、前列、フェルディナント・ハーヌシュ（右）とオットー・グレッケル（左）に挟まれたカール・レンナー、前列左端はユーリウス・ドイチュ

政権を率いることができない、ということには必ずしもならない。ただ、レンナーはおそらく、そのために自党から推薦されることはなかったろう。それはバウアーの役回りだったろうから。けれども、五〇年後の大連立家、ブルーノ・クライスキーにはよい手本が与えられた。

大連立と講和代表団団長

一九一九年三月一五日、連立政府が樹立された。それは当初、労働者と農民からなる共同政府で、連立を組むキリスト教社会党の先頭には農民代表者が立っていた。[35] 政府樹立に先だってミヒャエル・ハイニシュは、キリスト教社会党のリヒャルト・ライシュを財務次官に推奨するため、首相府にレンナーを訪ねた。

私［ハイニシュ］がレンナーの待合室に入ると、面会を求める人々で一杯だった。だが皆、再び家路につかねばならなかった。レンナーが議会から呼び出しを受けたからである。かれは私に、短いけれども一緒に車で行かないかと誘った。……レンナーがすでに片足を議事堂入り口の階段に架けていたとき、私は訊ねた。「ところで、ライシュはどうかな？」ライシュは三日ほど旅に出ているよ、という返事に、三日くらい待たねばならないだろう、と思った。だから、シュンペーターが財務次官に任命された、という記事を翌日読んだとき、私の驚きは、それだけいっそう大きかった。[36]

ヨーゼフ・シュンペーターは、ハイニシュの見解では、戦時中は協商国支持で、当時はドイツとの合邦反対論者であり、何を考えているのかよくわからない人物だった。これは入閣するに当たって好条件とはいえない、とハイニシュは考えた。シュンペーター任命の実情は、と言えば、ルードルフ・ヒルファディングがオットー・バウアーに推薦し、後者が任命を押し通したことで行われた。けれども、金融投機と汚職を理由に、まもなく世論の疑惑の的となった。その結果、レンナーは、思い切り情け容赦なくシュンペーターを解職し、放り出すようにして追放した。[37] そこでキリスト教社会党のライシュが、財務次官としてシュンペーターの後継者となった。副首相は、妥協合意の用意ある同党農民グループの代表、ヨドーク・フィンクだった。無党派ではハンス・レーヴェンフェルト＝ルスが、引き続き国民食糧供給を担当した。

社会民主党は絶対多数を擁しなかったが、連立政権の外観は社会民主党一色だった。その理由は、活動的なカール・レンナーが引き続き首相として政権を率い、内務分野も管掌したことにとどまらず、外務次官のバウアーや国防次官のユーリウス・ドイチュ、教育次官のオットー・グレッケル、さらに社会次官のフェルディナント・ハーヌシュがいたことである。[38] レンナーはこの［キリスト教社会党との］協力を、単なる活動の取り決めだと理解した。したがって、かれは政府声明を出して、議員に対し、連立の拘束に縛られないよう求めた。レンナーは共和国の存立を、動かしがたく破棄できない事実だと言う。共和国に反逆する者がいれば、それが誰であろうと打ち破られるだろう、とレンナーは攻勢をかける。かれが強調するのは、労働と自由の権利、国民経済の新組織化だった。各層が犠牲を払わねばならない。協働することが必要である、と。かれは新しい精神エリートに期待し、自信をもて、と言う。ドイツオーストリアは、蔓延する意見とは異なって、経済的にも未来があるからである。外交政策の指針は、ドイツとの再統一だ、と。[39]

レンナー自身の見解によれば、かれの最初の政府は、初めの一〇〇日で、一〇年分にも匹敵する成果を上げた。[40] 当時の秘書、マルチ・ペルツァーが語るには、レンナーはその職にあって調和に配慮したが、どんな陰謀も許さなかった。何週間も続けて、一日一四時間から一六時間の仕事は当たり前だった。

議員の誰もが、そして政府の誰もが最善を尽くし、レンナーも例外ではなかった。ウィーン駐在の協商国代表は、いつもストレスの種だった。レンナーは日中も夜間も、いつ呼び出されるか分からなかった。[41] 閣内でレンナーは、誰か閣僚が苦境に陥れば、その者がどの党に属していようと、誠実に振る舞った。次官補のヴィルヘルム・ミクラスが公用車を不適切に乗り回した、として非難されたとき、レンナーはかれをかばった。[42]

一九一九年五月初め、レンナーはサン・ジェルマンで開催される講和会議のオーストリア代表団団長に任命された。オットー・バウアーが断固たる合邦賛成派であり、団長を務めるなどということは問題にならなかったが、レンナーは一九四一年になって回顧する。バウアーは屈辱的な和平の汚名を負いたくなかったのだ、と。[43] レンナーは合せて一九か月の首相在任中、四か月を国外のサン・ジェルマンで過ごした。オーストリア代表団は、厳しく監視されたメディシス通りの屋敷街で過ごし、外出は護衛つきだった。レンナーは初めから指揮を執り、団員を作業グループに分け、毎日、会議を行い、自前の広報室を設立した。孤立と外出不能は、強いられた共同体の中でいらだちと攻撃性を招いた。そこで舞台監督よろしく、レンナーは毎日、約六〇名の団員たちに仕事を作りだし、本気で取り組ませた。[44]

ウィーンとの連絡は、電報あるいは二週に一度のクーリエ［外交伝書使］を使った。

レンナーは長く待たされて気が滅入り、フェルトキルヒ④でフィンク、バウアーと会って話し合った。合邦が禁止されてバウアーが辞任したあと、レンナーは外務大臣も引き受け、二度、戦勝国の前に出て、よく習い覚えたフランス語を使い、ドイツオーストリアが［ハープスブルク］帝国の権利・義務継承国ではないことを縷々説明したが、無駄に終った。[45] レンナーは南部でイタリアへの大規模な領土割譲とユーゴスラヴィアへの一部割譲、北部でチェコスロヴァキアへの割譲を阻止できなかったが、その代わり、イタリアの支援で可能となったブルゲンラント編入と、ケルンテンで実施された［帰属をめぐる］住民投票の成功とを、先行きが見通せない状況で成果と見なした。[46] 特筆すべきは、経済的な譲歩が引き出されたことだった。一九一九年九月一五日の第六回全州会議でレンナーは総括を行った。講和条約はほとんど耐えがたいものだが、これに勝るものは達成できなかった、と。[47] 精神的・政治的犠牲がいかに大きかろうとも、一九一九年九月一〇日に講和条約が調印されたことによって、オーストリア共和国の国際法上の承認がなされた。レンナーは共和国のために国歌を作詞し、国家の紋章をデザインした。レンナーが講和代表団団長に任命されたとき、すでにかれは連立の存続を気遣っていた。このことは後に［一九四一年］レーヴェンフェルト＝ルスに宛てた書簡で明らかとなる。

私の第一の思いは、国内で何が起きているだろうか、ということでした。副首相のフィンクは非力で、かれの党では民主的な農民グループから、連立に反対する教権派（ザイペル！）に、一方、社会民主党ではバウアーの左派に指導権が移りつつありました。両党には連立に不可欠の、国家のために党利を引っ込め、その汚名を引き受けようという融和的な体質も力も欠落していました。[48]

組織された大衆の信任委員たち

こうした妥協の心構えをしたレンナーは内政で常に、二大政党の内部で遠心的に働く力を制御するという大きな努力を要求された。キリスト教社会党はすでに一九一九年末、レンナー政府の反対を押し切って州務省を設立しようと試み、同時にハンガリーの右派勢力と連携してレンナー政権を排除しようとした。[49] けれども、ときとして、すでに触れたレンナー自身の第二の［デマゴーグの］魂が不和の原因だった。

レンナーが国民議会で一九二〇年初めに行った演説は、人口の六分の五を代表する二大国民政党の連立擁護に等しかった。曰く、二党は互いに対立する世界観にもかかわらず、我慢して強く賢明に自己抑制するだろう。二党［連立］は、極めて大きな危険にさらされた国を救うために形成された協力の共同体であり、犠牲を共有する共同体である。階級闘争は、皆のために街頭から机上に移しかえられ、血は流れないけれども、粘り強く闘われる、と。[50] さらに［議事録から］文字通り引用する。

したがって、私たちが体現する体制を標語風に言えば「町と村で組織された大衆の信任委員たちを介した政府」であると申し上げたい。官僚や警察、軍隊の政府ではなく、役所の政府でもありません。組織された大衆の信任委員たちと毎日協働することが、政府の強みであります。……ある階級の他の階級に対する独裁ではなく、すべての勤労階級による、勢力に応じた権力の分有であり、したがって、単独支配ではなく共同支配であります。国民経済で一緒に働く皆の、それぞれの勢力に応じた共同支配であり、全国の信任委員たちの共同支配でありますが、それが従来の純粋な官憲政府よりも巧く社会危機を乗り越える能力を与えております。[51]

いくつもの容赦ない体制に耐え、許容し、それと協力する動機として、レンナーの脳裡には基本的に何が浮かんでいただろうか。それは、大勢の人間の運命を改善し、苦痛と不利益を防ぎ、不正を軽減することだった。レンナーは合法政府の首班として、こうしたことをすべて一九一八年と一九年の連立により、その制約にもかかわらず、積極的に、しかも構想に則ってかなりの程度に実現した。レンナーの当時の表明によれば、かれにとって治政とは、自由や安全、進歩、生活の質を基礎づけ、それらを拡大することだった。レンナー政府の内政上の大きな功績は、次官、フェルディナント・ハーヌシュによる社会政策であり、その諸法と政令は、今日なおオーストリア社会制度の主要構成部分を成している。さまざまな発意によって時期が画され、一九一八年一一月から一九一九年三月までは緊急措置の時期、一九一九年の三月から八月までは急進化の時期、一九一九年八月から一九二〇年一〇月までは確定の時期だった。[52] いくつか例を上げれば、失業者支援、八時間労働、労働者の有給休暇、児童労働・婦人夜間労働の禁止、帰還兵である労働者の雇用義務、社会パートナーによる解雇の承認義務、労働者の企業内および企業を越えた共同決定、経営協議会および労働会議所の導入、団体協約の導入である。[53] 社会民主党の文化政策の試み、特に学校教育と婚姻に関わるものは、オットー・グレッケル、アルベルト・ゼーヴァーの名と結びついており、ザイペルはそこに伝統への挑戦的な傾向を嗅ぎ取った。[54] レンナーは、一九一九年に行われたハープスブルク＝ロートリンゲン家の国外追放と資産接収を表向きは誇ったが、[55] その一年ほど前、ザイペルに対して「自分の意思に反して国家評議会の法案に取り込まれた帝室財産条項について、ひたすら陳謝していた」。[56]

連立破綻

国防次官の通達をめぐる激しい応酬に続いて行われた、まさにレーオポルト・クンシャクの演説（一九二〇年六月一〇日）が連立破綻につながったのは、運命的という印象を与える。レンナーの必死の調停工作も、この破綻をくい止めることはできなかった。[57] そのクンシャクは一年前、連立が特定の目的達成のため、誠実に形成された作業共同体ではあるが、解消可能であり、別れることのない恋愛結婚あるいは理性婚ではない、と語っていた。[58] オットー・バウアーは一九二〇年の党大会で、自分の率いる党が積極的に連立の終焉をもたらしたのであり、それは連立した社会民主党が徐々に弱体化したように見受けられたからである、と述べた。[59] イグナーツ・ザイペルは『ライヒスポスト』紙で、連立が崩壊せざるを得なかったことを遺憾とした。だが、かれはすでにその前にレンナーと会談を重ね、社会民主党との同行を整然と解消することを目指していた。[60]

少数派政府もまた、先の見通しがあるとは思われなかったので、二四日間の交渉の後、次官のミヒャエル・マイアーを首席とし、フェルディナント・ハーヌシュを代理とする、非政治的な暫定内閣形成を決定した。もはや首相はおらず、レンナーはただ外務次官［＝大臣］として閣内に止まった。かれはフランチェスコ・サヴェーリオ・ニッティ［首相］とカルロ・スフォルツァ［外相］の影響下にある民主イタリアを頼みながら、何よりも経済圏再興のため、チェコスロヴァキアとの友好関係に意を用いた。[61] 比例内閣は一致した意思も公約ももたず、あるのは、新しい選挙と本格的な連邦憲法の準備だけだった。[62] 党内で周縁に追いやられたレンナーは、もっぱら外務次官としての活動に集中した。[63] ザイペルは、すでに四月二〇日の予算審議の中で、憲法制定が遅延していることに苦言を呈し、この業務をレンナーから取り上げて次官のマイアーに移すよう要求し成功した。すでにその三週間前、レンナーはマイアーに、ウィーンとニーダーエスタライヒとの［分離］交渉が極めて難しい様相を呈していることを報告し、特にキリスト教社会党の都市部のグループが両者の切り離しに執拗に抵抗

する様を告げていた。［マイアー宛書簡でレンナーが述べる］

私［レンナー］はこの件を推進するため、個人的に根回しを行い、法案の概略を仕上げました。これは分離を実施するため、一部を国民議会に、他をニーダーエスタライヒ州議会に上程しなければなりません。このやっかいな件は、間違いなく憲法改正に先行する基本問題のひとつであり、また両党関係の深奥部分に触れるものでありますので、内密に交渉を行って速やかに解決すべく、あらゆる努力を払っております。[64]

レンナーはすでに、ハンス・ケルゼンに対し憲法草案の策定を依頼し、目標として連邦国家形態を取ること、中央機関の権限を強化すること、国家形態は代議制共和国とすることを掲げていた。レンナーが提案した一連の自由権は、意見の一致が見られず、旧い国家基本法［憲法］にある公民の一般的諸権利を残した。[65] ケルゼンは三五年後［一九五五年］レンナーを回想して記す。「非凡な才能をもち、天才的な人物であるが、同時に人生を楽しみ、善良で親切な人物」だった、と。[66] こうした性格はまた、特に大連立の首相として相応しかった。

特段の必要性がないにもかかわらず、連立の軌道から外れたことを、レンナーはバウアーとザイペルの責任だと考えた。労働者が樹立した民主共和国は、その必要もないまま無抵抗のうちにブルジョア共和国の保守主義者たちに委ねられた、と。ノルベルト・レーザーはその研究で、一九二〇年の連立破綻について、レンナーは当時、なぜもっと強く連立継続に力を尽くさなかったのか、という問いを投げかけた。レンナーが自らこの問いに応える。多くの社会民主党員にとって、ブルジョアと連携すること自体が罪過だったからだ、と。［連立後］再び速やかにブルジョア国家を忌避しない者は、改良主義者だと見なされた。バウアーの頑なな態度が連立参加を不可能にした［と、レンナーは考える］、ただし、参加には党の分裂という危険を冒さねばならなかった、と。レーザーはこの議論および仮説――連立の継続が共産主義者たちの脱党、ひいては党の再分裂を招いていたのではないか――に言い訳を見る。どのような犠牲を払おうとも、党の統一を護持しようとすることは、党の行動能力と選択の自由を後々まで狭めた、と。[67] ローベルト・A・カンは結論として、レンナーの政策が一九二〇年以降も続行されていたら、少なくともナチの侵略者による工作がひじょうに困難になったのではないか、と推し量る。カンによれば、そうした［レンナーのような］考えに貫かれた、断固とした政治は、「合邦」からパール・ハーバーまでの一連の事件の流れを、おそらくは変え得たかも知れない、と。[68]

カール・レンナーは、連立とは、労働者階級が国家に対する請求権を行使する形式である、という理論を主張した。かれによれば、国家は労働者階級の所有物であるとともに、ブルジョア階級の所有物でもある。したがって、労働者階級は国家権力に参画する権利をもつ。議会が街頭の階級闘争を立法機関に移し替えたように、連立は、議会の階級闘争を行政官庁の会議室に移した。社会民主党は、たとえ自分がジュニア・パートナーであっても、依然価値あるものを生み出し、悪しきものを避けるために連立すべきである。階級闘争そのものは、街頭の示威行進に存在するのではなく、むしろ経済や職場にある。労働者たちを間違って硝煙の中へ誘導するのではなく、生活の不可欠な重要事に目配りすべきだ、と。[69]

ブルジョア共和国とオーストロファシズム

一九二〇年一〇月一七日の国民議会選挙で勝利したキリスト教社会党［一六六議席中、七九議席］は、ミヒャエル・マイアー首相のもと、四人の政治家と八人の官僚からなる少数派内閣を組閣した。影響力を失ったレンナーは状況に適応して、一九二〇年一一月二三日の議会演説で明言した。労働者の利益は、社会民主党がブルジョア内閣にいっさい参加しないほうが、より巧く保証される、と。[70]フェリクス・エルマコーラの意見では、その後の反動の進展にもかかわらず、憲法は構想においても、それ以降の解釈でも連立に親和的だった。[71]一九二二年八月二三日に党大会が決議したオットー・バウアー起草の宣言は、社会民主党がブルジョア諸政党と協働するのは、完全な経済的崩壊が迫っている、と見極められたときだけだ、とした。そのときはじめて、一時的な協働がオーストリアを危機から救うひとつの手段になり得る、とされた。この明白な連立の申し出を、ザイペルは拒否した。レンナーはレンナーで、ジュネーヴ［経済］健全化議定書［一九二二年］に鑑み、社会民主党が一九二〇年に連立を延長していたら、とんでもない失策を犯すところだった、と強調した。

八九名の死者と何百名という負傷者を出した一九二七年七月一五日の司法会館焼き討ち事件の後、内戦を防止するため、社会民主党が参加する政府への道を拓くよう、ザイツとバウアーは、ザイペルに［首相］辞任を強く勧めた。優勢を意識したザイペルは、またもや連立の申し出を退けた。党執行部の了承のもと、レンナーもザイペルと合意に達しようと積極的に動いた。ザイペルは、今はその時期ではない、とコメントして、レンナーの要求をはねつけた。[72]

予算健全化の問題でエンダー内閣が辞職し、連邦大統領、ヴィルヘルム・ミクラスは一九三一年六月一九日、高位聖職者、イグナーツ・ザイペルにすべての政党が参加する集中内閣の組閣を委託した。ザイペルは、具体的な政策目標を掲げた時限の救国内閣（社会民主党四名、キリスト教社会党三名、大ドイツ党と土地同盟からそれぞれ一名）樹立に向けて努力した。[73]ザイペルは、このイニシャティヴが成功するのは「もっとも容赦のない代表者たちが席を共にする」場合だけだと考えて、自分のもっとも強力な敵対者であるバウアーを副首相に見込んだ。バウアーはこのやり方に「センセーショナルな展開」を見た。レンナーはこれに対し、お互いをよく理解する穏健な人物たちが構成する内閣を支持した。つまり、ザイペルとバウアーのいない内閣である。ザイペルはこれに反対だったので、いまや国民議会議長になっていたレンナーは、鋭い口調で［一九三一年の党大会の席上］述べた。「何も変りません。従来のままです。かれ［ザイペル］は、今後も護国団を祝福し続けることでしょう。［連立によって］一時的に我々が、かれの不名誉を肩代わりするというわけです。そんなことを我々はしません！」[74]

レンナーが否定的に口を挟んだ結果、［社会民主党］議員団は、満場一致で集中政府に反対を表明した。[75]これによって社会民主党は、自分たちの権力基盤と民主主義を、いまだ救い得る最後の機会を逸した。レンナーは大連立主義者ではあったが、社会民主党で自分以外の者が政府首班に就くべきではない、と確信していた。国家レベルの積極的な協働に賛意を表する豊かな理論にもかかわらず、レンナーは、ザイペルとバウアーの二頭政府に立ちはだかった。かれはそこに、僅かのチャンスすら見ようとしなかった。レンナーがこのエネルギーをもって、二一か月後の一九三三年三月四日、［自党の一票を上乗せするため］国民議会議長を辞任するように言うバウアーの依頼に頑強に抵抗していたら！と惜しまれる。レンナーに人を見る目があった、とは必ずしも言えないだろう。かれは［一九三一年一二月三一日］、よりにもよってエンゲルベルト・ドルフースに宛てて、民主主義が農民と労働者階級をより良き未来へと導くだろう、という希望を記した。[76]

議会の文字通りの自己排除⑤は、一九一七年制定の戦時経済全権委任法を使った権威体制の出発点となる。議会を再び機能させようとする試みは、どんなものでも阻止されざるを得なかった。レンナーが［議会］主務委員会を招集しようとしても邪魔された。大統領のミクラスは、ザイツやレンナーと話し合いはもったけれども、積極的に動こうとせず、その態度は曖昧だった。[77]ムソリーニは一九三三年八月、［アドリア海沿岸］リキオーネでドルフースに対し、社会民主党の解体と露命をつなぐ民主主義の終焉を強く促した。[78] レンナーはなおもテーオドール・ケルナーに向かって、忍耐とそれによる勝利の夢を語り続けた。ただ、国会議員のルードルフ・マンハルターに向かっては同年一〇月、少し別の言い方をした。

ドルフースは、もうまったく話ができないだろうか？　事は急を要する。ドルフースは、我々からあらゆるものを入手できる。事前に書式で、我々が全権を、つまり、議会の無期限排除の権限を付与する、と約束しよう。[79]

もともと社会民主党右派で反主流派の指導者であるレンナーは、一九三三年一一月、党執行部の同意を得て、妥協を目指す攻勢をかけた。何人かの穏健なキリスト教社会党員、連邦大統領、土地同盟に「国家非常事態法」試案を送った。このすでに条文化されていた草案の内容は、と言えば、国民議会を招集する、議会は「ヒトラーの運動に抗して、厳かにオーストリアの独立宣言」を行う、ドルフースには緊急令の［統治］路線を継続する包括代理権を与える、議会自らは、長期にわたり休会する、憲法委員会が政府案を永続的に審査する義務を負う、というものだった。

レンナーは決議の猶予期間を、一九三四年一月一五日までとする同意を取り付けた。けれども、ドルフースは、接触することにすら反対を表明した。最後にレンナーとオスカル・ヘルマーを中心とするグループが、一九三四年二月初旬にイニシャティヴを取った。社会民主党所属の州議会議員が党執行部の指示をきっかけに、土地同盟が行う議会救済行動を支援すべし、というものだった。このため、四つの州都——護国団が最後通牒を突きつけて、ブルジョア政党を揺さぶっていた——との接触が行われた。

和解の申し入れは、一九三四年二月一二日に公然たる内乱が勃発するまで続けられ、突然に中断される。レンナーは、ニーダーエスタライヒ州庁舎で行われていた、そうした会談の最中に逮捕され、一〇〇日間にわたり勾留された。[80] 頭をもたげつつある全体主義体制とすら、協調する道を見つけようとするレンナーの努力は、かれが生涯にわたって辿った路線、つまり、独裁にすら、共同体に同化しようとする国家（den die Gemeinschaft gesellenden Staat）を認めることと軌を一にしていた。レンナーが行ったことは、ドルフース一味に取り入ろうとすることではなく、迫り来る血まみれの闘争を阻止しようとする、見込みのない努力だった。ここでもまた、かれにとって大切なのは多くの人間であり、この人々の苦悩を減じようとすることだった。

レンナーが勾留中に、急進的な幾人かの二月蜂起指導者とは距離を置いた、とアントーン・ペリンカのように非難はできようが[81]、不幸を回避するためなら、どんな悪魔とも手を握っただろうなどと言うことは決してできない。抵抗運動に参加しないことも首尾一貫していた。レンナーは抵抗を望まなかった。可能な限り協調する振りをし、神経を研ぎ澄まし、生き延び、身を守ることを望んだ。

レンナーの「合邦」賛成

レンナーが、一九三八年四月三日付けの『新ウィーン日報』(Neues Wiener Tagblatt) に掲載された「合邦」インタヴューを受ける気になったのは、かれのもつ現実感覚による。合邦は国際的な禁止命令にもかかわらず、レンナーにとって、また小国となったオーストリア共和国の党派を越えた多くの政治家にとって、二〇年にわたり導きの星だった。国家体制の問題を検討する委員会の委員として、レンナーは合邦に関する答申の中で述べていた。合邦はどのような形式でも可能であり、全州がそっくり移行するために法的に同化する過渡期間を要する。合邦を勝ち取るため、社会民主党は先頭に立って、ドイツ統一の途上、同じ望みを抱くいかなるグループとも協力することを厭ってはならない、と。一九二九年、レンナーは『日曜ヘラルド』(Sonntagsblatt Herold) 紙上で、米国が音頭を取り各国が参加する世界会議を開催して、合邦を可能とするよう提案した。レンナーはズデーテンドイツ郷人会に加盟し、また、オーストリア＝ドイツ人民同盟の一員でもあった。一九三三年にヒトラーが権力を掌握して、社会民主党の綱領から合邦条項が削られてから、レンナーは党規約に忠実に、オーストリアの独立論者として振る舞った[82]。また、一九三四年の［内乱後］予審判事の前でも同様に語り[83]、ドイツ軍による侵攻直前の数多くの談話でも同じように振る舞った。

ただ［合邦論者であっても］レンナーは、ナチズムを政治的な敵対者と見なし、闘いを辞さなかった。すでに一九二九年、ナチがかれの名を［合邦宣伝の］プラカードに載せようとするのに激しく抗議していた。またレンナーは何度も、ナチ・ドイツに迫害されたドイツの活動家のために介入し、消費協同組合では根気強く、ナチ党員の浸透の危険に警鐘を鳴らした。一九三七年にパリを訪れた際、『ポピュレール』編集長のオレスト・ローゼンフェルトや外務大臣、イヴォン・デルボスに向かって、オーストリア国内から見た合邦の実際の危険性を詳細に説明した。レンナーが合邦インタヴューで語ったことは目新しいものではなく、また、ナチへの無批判の迎合でもなかった。かれはその中で、非民主的な合邦実現のやり方を突いていた。

「賛成」を公に表明したレンナーの背中を押したものは、かれの確信あるいは、このリップ・サービスをすることで、到来するナチ体制が、ひょっとしてすべてのオーストリア人にとって耐えうるものになるのではないかという、おそらく漠然とした思いだった。［ドルフースの］職能身分代表制国家はレンナーを投獄し、何年にもわたり政治活動を妨げた。レンナーにとって、職能身分代表制国家との和解調停はなかった。だが、もしかすると、ドイツ［第三］帝国とはあり得るかも知れない。市民は、自分たちの国家の敵であってはならない。自分たちと国家とを同定しなければならない。ヒトラーのドイツも、時間の経過とともに変容すると思われたからである。独裁の矛盾は死に至ることを、レンナーは知っていた。かれの「合邦」インタヴューのみならず、その半年後に著わされたズデーテンラント問題の冊子（未刊）の中で、レンナー自身が一九一九年に実現しようと努めながら、当時挫折した諸目標が論評されている。こうした目標は、民主主義者であるレンナーにとって、ほぼ二〇年後［一九三八年］、かれとはおよそ無縁なひとりの独裁者によって実現された。重病を患っていた孫のカール・ドイチュ＝レンナーは回想する。レンナーはベルリンまで行き、全力を上げて国家指導者であるヒトラーと宥和を計ろうとした、と。ただ、ヒトラーの征服戦争の初めから、この冒険がどのような結末を迎えるか、レンナーは徐々に確信していった。[84] 実際、何百万という人間の命が失われ、オーストリアの大部分が焦土と化した。

第二共和国の樹立者

三つの政党すべて[⑥]が参加する一九四五年の集中政府は、ソ連の意にかなっていたが、レンナーの本来の構想とはまったく異なっていた。レンナーは四月一日、トルブーヒン麾下の赤軍にグログニッツで遭遇し、ホッホヴォルカースドルフに置かれた赤軍第九親衛軍司令部に連れて行かれた。レンナーはすでに四月二日、スターリン宛ての書簡で社会民主主義者と共産主義者による対等の「小連立」を提案した。かれがこの政府形態を望んだのは、オーストロファシストたち、つまり、キリスト教社会党や土地同盟、祖国戦線、護国団、帝政主義者をナチと同じように扱って政界から排除しようとしたからである。

しかし、スターリンは、そのような赤と赤の政府は、西側諸国の同意を決して得られないと見通して、数日後の返書でレンナーに断固として要求した。オーストリア政府は、必ず保守主義者たち、もしくはキリスト教社会党や農民を取り込んで樹立しなければならない、と。[85]⑦

マンフレート・ムーグラウアーは「レンナー政府におけるオーストリア共産党の政策」と題する研究で推測する。レンナーは四月中にウィーンにおける政治情勢を知悉するにつれ、共産主義者に対する態度を明らかに変化させたのではないか、かれはウィーンに戻って、それまでの考えを修正し、共産主義者を自分の構想から大幅にはずそうとし始めたのではないか、と。[86]⑧ フーゴ・ポルティシュは、レンナーの存在の意義を明解に述べる。

かれは共産主義者と共闘する、とスターリンに持ちかけ、その他にもいろいろのことを行った。いったいどうして、そんなことができたのだろう！　こうしてかれは、スターリンを動かして自分を信用させた。共産主義者たちが人民民主主義憲法を導入しようとしたとき、レンナーはかれらを出し抜いて、一九二九年の旧憲法を据えた。[87]

レンナーは大元帥、スターリンに保証する。オーストリアの労働者階級は、ソ連に限りない信頼を抱いており、国の将来には間違いなく社会主義がふさわしい、と。ソ連自身にとっても［四月一五日付けの］書簡にある、レンナーの本心からの賛美と下心あるおべっかとを区別することは容易ではなかった。[88] レンナーはここで実際に、自分のふたつの魂を、それが最大限役に立つと思われるやり方で操った。レンナーは四月二〇日⑨にウィーンに戻ってから、共産主義者に対しブレーキとなり、いわば大連立を前提にした解決策を模索した。つまり、社会党と国民党のために、両党の影響力に応じて有利に運ぼうとしたのである。［結果として］共産主義者は内務省と教育省を手に入れ、一二人の次官［＝大臣］）のうち、社会党と共産党には三人ずつ、国民党には四人が割り当てられた。アルフレート・マレータは、この大連立が政党間のつかの間の協調を成し遂げただけに止まらず、オーストリアがまさに必要としていたものだった、と言う。[89] 政府の最高機関は政党の党首三人、つまり、アードルフ・シェルフ［社会党］とヨハン・コプレニヒ［共産党］、レーオポルト・フィーグル［国民党］からなる内閣評議会で、いわば大統領の機能を果たした。

重要なことは、レンナーの集中政府が初めから、四つの占領地域に分割された全土の先頭に立ったことである。独立宣言では、オーストリア共和国の再興と一九三八年に強いられた合邦の無効が宣言された。レンナーの首相としての影響力は強く、エルンスト・フィッシャーが首相独裁だと言い、カール・ザイツは民主主義のない絶対権力だと語った。レンナー内閣の法律は本来、政令とも言うべきもので、初めソ連は承知し置くのみで杓子定規なことは言わなかったが、［一九四五年］七月九日の第一次管理協定以降、連合国の裁可が必要になった。レンナーはスターリンに宛てて書いたように、自分の首相職の役割を、ブルジョアとプロレタリア両陣営間の、そしてふたつのプロレタリア分派間の公平な調停行為だと理解していた。[90]

［一九四五年］一〇月二〇日、政府は連合国理事会から承認された。わずか五か月のうちにレンナー政府が、国家をそのあらゆる基礎の上に再建し、行政をそのすべての機関で正常化し、また社会秩序を隅々まで整えたことによって、大部分の隣国に比して、見た目にも一歩先を行く様相を呈した。一九四五年一一月二五日の国会選挙では、国民党が八五議席で首位、社会党が七六議席で続き、共産党はわずか四議席に留まった。[91] 連邦大統領となったレンナーは、自分が国民党、社会党というふたりの子供の父親だと称して、大連立を超えた自らの超党派性を完成させた。[92] ハインツ・キーンツル⑩は、カール・レンナーが一九四八年に行った講演を思い起こす。レンナーは、とりわけ次のことを語った。

> 私どもの子供たちは、二〇年代と三〇年代の初め、ふたつの句を唱えたものです。「民主主義は十分ならず（nicht viel）、社会主義こそ目標だ（Ziel）！」と。私たちはオーストロファシズムとナチズムという、民主主義のない独裁のもとで暮らす労苦を強いられました。ですから、一九四五年に塹壕から出て、喜びのあまり手を挙げて、みなで民主主義を祝いました。[93]

民主主義が最良で、もっとも安全、もっとも人間的な社会変革の方法と確信して、[94] レンナーは自分の母国、オーストリアの五つのすべて異なる国家形態のもとで、一九〇〇年から最期まで、さまざまな役割を担って自分を試した。まずは［帝政時代］、まったくの反体制派でありながら、敵対的な国家が時代に合わせて歩めるように改良策を提示することから始め、次いで［戦間期］、時代に流され、ついには孤立させられたアウトサイダーを経験し、最後は［戦後］、異なった諸政党を束ねて、「今、まさにここでこそ、生活条件全般を改善すべし」という合意に持ち込んだ卓越した国家指導者になる。

フリードリヒ・ヘールは、筆者の一九八三年に出版した、少しまとまった初めてのレンナー論を読んで「レンナー、愛郷者」のタイトルで『フルへ』紙に書いた。

フリードリヒ・アードラーやオットー・バウアーの対蹠者で

あるカール・レンナーは、第一共和国の運命的な破産を防ぎ得たひとりではなかったろうか。もし、口先だけ勇ましい党友の煽動に抗して、自分を貫くことができていれば……。レンナーは……一九二六年の致命的なリンツ党綱領に反対した。一九二七年［の党大会で］、オットー・バウアーに反対して立ち上がったのは印象深い。『労働者新聞』の煽動に異を唱え、一九二九年には、ショーバー［首相］に対する悪意をもった中傷を批判した。大ドイツ主義のレンナーは、一九一八年にも一九三八年にも合邦に賛成し、まったく一貫していた。

カール・レンナーはその晩年、左派の中の左派の同志の目には、もはや存在しない過去の人となった。……レンナーは中道の人だった。だが、中道は、第一共和国の憎悪が跋扈する風土の中で、その価値を認められることはなかった。まさにこの人、この人物が第二共和国をみなの目の前に差し出したのは、かれが元々もっていた正しさの表れである。それは運命的な過去に対する拒絶、それをかれは一身に示している。……保守的社会民主主義がオーストリアにあったとすれば、レンナーはそれを、身をもって示した。かれは同志として、思想家として、また人間として、変転の中に持続性を求め続けた。[95]

第四章　協同組合活動家として

「労働者は経済活動で達成する」

私［レンナー］を労働者階級に結びつけるものとして、真っ先に理論とか政治的な大望が来るのではありません。一八八二年に両親が破産して、私たち子供は、無一物で世間に投げ出されました。それ以来、プロレタリアートの生活と苦悩は、私自身のものでした。意気軒昂な学生として大学生活の最初数か月、カント哲学の講義に顔を出しながら、貧しい公営の給食所に労働者を訪ね、そこで講義と討論をもとうとしました。当時まだ、政党なるものが存在することを知りませんでした。同じ頃、労働者の子供である私の妻と結ばれました。持ち物といえば、全部で四枚ないし五枚のシャツと靴がふたつだけ。プロレタリアートとの心からの仲間意識は、こうして生まれましたので、付け焼き刃ではないのです。この基本的な立場を出発点に、私は自分の政治活動の一日目から、いつも次のことを考えていました。それは、労働者階級が積極的に何かを手に入れること、何かを所有すること、自助の活動を行うことです。外に向かって闘うことは、いつも私にとって運動の半分でしかありませんでした。他の半分は、内部を作り上げる作業でした。[1]

レンナーは六〇歳のとき、アントーン・フーエバー宛の手紙で、自分が労働組合運動と協同組合運動へ傾倒する動機、また、どんな［労働］会館にも、どんな消費協同組合の店舗にも覚える喜びの理由として、困苦の青年時代の体験を、そして自分史と出自を上げた。[2] すでに一九一四年、レンナーは協同組合宣伝・教育中央本部が催した職員講習会の開会講演で、協同組合の任務は、党と組合とともにプロレタリアートを組織し、その統一された力を解放のために役立てることである、と述べた。協同組合の地位が、党と組合の影に隠れ、それどころか過小評価されていた時代と国々があった、と。[3] したがって、レンナーは、党や労働組合と並んで、協同組合組織が労働者階級の闘争にとって重要であることを、労働者たちに教えることを繰り返し求めた。かれは協同組合を、労働者階級がもつ「第三の武器」と名付けた。[4]

レンナーは、協同組合がプロレタリアートの歴史の中で果たした役割を描き出した。その目的は、消費協同組合の活動家、職員、会員に向かって、かれらの仕事が物理的に「骨折りで、楽しくもない筋肉と神経の浪費、日々の単調な作業、つまりは犠牲」であるかも知れないけれども、この活動に尊厳と厳粛さを与えるのは「かれらが誰のために、何のために勤務するか」という意識であることをはっきりさせるためだった。[5] 一八〇〇年以降、英国の労働者が機械と産業資本主義のせいで耐えねばならなかった嘆かわしい状況を、レンナーは印象的に描く。労働運動のこの「非合法」時代、ロバート・オウエンはその進歩的なイニシャティヴを社会的に発揮して、スコットランドの紡績工場を経営しながら、労働者たちに健康と快適さを保証して事業の成功を収めただけでなく、立法にも影響を及ぼした。[6] こうして始まった熱心な試みの時代は、賃金労働者に相当の成果をもたらしたが、計画と経験の不足により一八四〇年頃終焉した、と。

> 大規模な大衆運動と、特に大衆に基盤を置く経済の営みは、たやすく生まれるものではない。諸階級は経験から学ぶ。しばしば失敗が、ただひとりの教師であり、最初の頃の損失は、後の成功の保証である。[7]

レンナーは要するに、ロッチデール公正開拓者組合による消費組合設立（一八四四年）を、英国協同組合運動のそもそもの始まりとする。規約を定めての設立、その精神と実践により、協同組合の組織形態が英国労働者階級のみごとな所産となった。[8] レンナーは、オウエン主義者、チャーティスト、禁酒主義者が始めたロッチデールの試みを成功させた要因を上げる。

一、フラノ織工の徹頭徹尾プロレタリア的、社会主義的精神と純粋さ、犠牲者精神、忍耐力
二、かれらが組合で機能させる完全な民主主義
三、資本には高くない個定利子だけを支払い、純益は組合員に、その販売に応じた配当として分配する反資本主義思想
四、この配当自身は、再びできるだけ事業に使い、組合の資

本力を迅速に強化する[9]

レンナーはさらに、フランスのルイ・ブランの言う協同組合の作業場と、それと関連する試み――国家自身が社会主義を導入し、私的資本を国家との競争により排除する――に話を進める。[10]自由主義者のブルジョワ、ヘルマン・シュルツェ＝デーリチュは、フランスの実験に影響されてドイツで最初の協同組合を設立するとき、協同組合への国家援助を原則的に退けた。協同組合は経済的自助の非政治的組織であり、シュルツェ＝デーリチュは労働者のためではなく、中産層のために活動した。労働者は自己資本を蓄積し、職人となって自己を解放すべきである、と。[11]フェルディナント・ラサールは、シュルツェ＝デーリチュへの批判が過ぎて、労働者に対し労働組合も協同組合も駄目にしてしまった。ラサールは、改善をもたらすのは消費組合ではなく、ただ生産協同組合だけである、と主張した。ラサールの影響で、ドイツ労働者の経済諸組織、何よりも協同組合は、さらに長い間、社会民主党から仲間はずれにされたままだった。[12]一九一〇年のマクデブルク党大会で初めてドイツ社会民主党は、消費協同組合を全面的に支援することを表明した。[13]オーストリアでの方針転換も、ほぼそれと平行して起きた、とレンナーは考える。[14]

オーストリアでは最初の協同組合店舗がテースドルフに作られてから四〇年経過しても、[15]つまり、一八九六年になっても、消費者運動と［社会民主］党とのはっきりした対立が存在した。エルンスト・グラーザーによれば、この対立が生まれたのは、経済活動自体をしばしば怪しげなものとして受け止めるイデオロギー上の理由だけでなく、消費協同組合が比較的頻繁に破産して、党の信用が失われたためだった。[16]たとえば、一八九七年の社会民主党大会は言う。「経済協同組合は、労働者の状況改善に適していない。党大会はその設立を決して勧めない」。[17]しかし、その二年後、ブリュンで開催された大会では、うまく管理された消費協同組合は、多くの場所で一定の条件のもとでは労働者に役立つ、とされた。[18]ヴィクトール・アードラーは当時、これを次のように言う。「注意しながらではありますが、『消費協同組合が社会民主党の子供』になるよう努力しなければなりません」[19]

一九〇一年、二〇の消費協同組合を包含する「労働者・勤労者・経済協同組合総連合会」が設立され、[20]その後、一九〇三年の党大会で表明された。オーストリア・プロレタリアートの政党、労働組合が強化された今、協同組合組織も労働運動に役立てられねばならない、と。[21]一九〇四年、「労働者・勤労者・経済協同組合総連合会」と「ブルジョア・自由主義的」「総連盟」とが「オーストリア消費協同組合中央連合会」に統合された。[22] 一九〇五年、最終的に「オーストリア消費協同組合大量購買会社（GÖC）」が設立された。[23] この年、当時、帝国議会図書館員だったカール・レンナーも協同組合に興味を向けた。主に上級国家公務員に率いられた第一ウィーン消費協同組合で、内部改革が障害に直面していたとき、具体的な提案を掲げて総会に参加した人々の中にレンナーがいた。[24]

カール・レンナーの肖像と帝国議会選挙（1907年）投票の呼びかけとを載せた郵便葉書

中間取次の排除のために

一九〇七年、カール・レンナーは、八六名の社会民主党所属帝国議会議員のひとりとして議会入りを果たしたが、一一月には党友であるアントーン・シュラメルとともに、食糧価格高騰に反対する緊急動議をふたつ提出した。レンナーは提案理由の中で、自分が産業労働者の利害を代表する者であると宣言したが、[25] それに加えて、自分の党を農業協同組合の支援者であるとも呼んだ。

我々の念頭に浮かびますのは、農村で働く人々が、自分たちの協同組合を通して我々に生産物を供給し、我々が自分たちの協同組合を通して産品を受け取ることです。一言で申し上げれば、農村の生産者と都市の消費者との間で環が閉じられます。そうしますと、中間取次が除かれます。[26]

レンナーはさらに続ける。協同組合は農村でも、都市と同じように発展しなければならない。産業労働者は、自分たちの協同組合を平穏の内に運営できねばならない。消費協同組合は食糧価格高騰に対して、第一の防衛組織ではあるが、残念ながら、まだ弱すぎる。よりにもよって、この消費協同組合が今、課税されようとしている。農業協同組合がこの課税に賛成するなら、自分たちへの課税が免除される、と思わない方がいい。この点において不平等はありえない。[27] さらにレンナーは次のことを指摘する。農業協同組合は国家補助を受けるが、組織労働者の消費協同組合はひとつとして、補助を請求したことがない。

我々が農業協同組合に対する、この補助について何も触れないことを喜び給え。だが、消費協同組合へ課税したいなどと考えないでいただきたい！ 我々は必ずこの考えに断固として反対します。我々の消費協同組合は自分たちにとって、生産者の組織、すなわち労働組合と同じように貴重なものです。我々の全教育組織と並んで大切なものです。[28]

一九一〇年、オーストリア消費協同組合中央連合会第七回大会の席上、レンナーは初めてオーストリア協同組合員を前に「農業協同組合と消費協同組合」のテーマで話す。[29] この講演の核心は、消費協同組合が農業協同組合に比べ、官庁によって継子のように扱われてきたので、消費協同組合に反対する小うるさい政治的宣伝が不当であることを証明することだった。[30]

片方だけに与えられる国家援助を、レンナーはやり玉に上げる。

我々の目にこのやり方は、口先だけうまいことを言いながら、実は、騙して協同組合思想を堕落させるものに他なりません！ と申しますのは、協同組合なるものは、まったくの初めから、集団で、かつ手を取り合って自らを助ける行為だからであります。これは生産者ないし消費者の提携組織であり、これにより、協同組合員は自助を組み合わせて、大企業と一体となっているあらゆる利点を、自らにつくり出そうとするものだからであります。[31]

階級が組織的に行う自助――それは資本家階級の握る国家によって妨げられ、圧迫されている――の代表者を自認するレンナーは、国家援助の道徳的側面に踏み込んでいく。

問題は、国家援助がトロイの木馬ではないか、ということに尽きます。それが我々の協同組合を堕落させはしまいか？ 我々の協同組合もまた、他の協同組合と同じように、国庫に取り付いた政治的寄生虫ではないか？　この点で、誠実な消費協同組合員であれば誰でも、それが間違いであることは、もともと分っておりましょう。我々は、決して国家援助を望むものではありません。[32]

［レンナーは続ける］誰もが消費者である。したがって、誰もが消費協同組合員でありうるし、組合員でなければならない。消費協同組合は、階級闘争の重要な手段ではあるが、ひとつの階級だけの手段というわけではない。消費協同組合はみなの公益の組織であるから、結局のところ、公益の措置が支援としてふさわしい、と。[33]レンナーが一九一〇年、グログニッツで別荘を入手したとき[34]、地元の消費協同組合支配人であるアンドレーアス・ヴコヴィチと懇意になった。かれは何よりも協同組合の実務にレンナーの目を開かせてくれた。[35]一九一〇年に「小住宅対象住宅厚生国家基金」が設立され、一九一〇年から一一年にかけて、公益住宅組合が雨後の竹の子のように増えた。[36]そこでレンナーは一九一〇年、ヴコヴィチとともに「ノインキルヘン地区住宅・住宅団地公益協同組合」（本部グログニッツ）を設立した。その定款は目的を次のように定めた。「事業内容は、自前で小住宅を建設し、管理すること。……事業目的はもっぱら、組合員に適正な価格で快適・機能的な小住宅を提供すること」[37]。後にレンナーは回想する。

私は、自分が初めてグログニッツにやって来たときのことを楽しく思い出す。家並みの間に消費組合の小さな建物が立っていた。それは、本当にみすぼらしく、薄汚れていた。そこに消費組合運動が根を下ろしたことから、別のものが生まれた。現在、そこにやって来て目にするのは、協同組合の大規模な店で、ここまで消費組合は規模を拡大した。店の前には、堂々とした協同組合住宅の建物が立っている。その後には協同組合の会館がある。こうした財産はいまやすべて労働者階級のもので、家並みの半分が、かれらのものである。労働者の永久の拠点であり、力の要素である。[38]

この協同組合住宅の階段吹き抜けにある記念碑に言う。「グログニッツ住宅協同組合に感謝し、帝国議会・州議会議員、ドクター・カール・レンナーおよび支配人、アンドレーアス・ヴコヴィチ氏に捧げる　管理部　一九一二年四月」[39]

消費協同組合連合会会長

レンナーは、とりわけ住宅建設プロジェクトの資金調達問題に取り組んだ。かれはそこで得られた経験を、公共住宅建設推進法案を練り上げるのに利用した。アンドレーアス・コルプによれば、レンナーは何と自由主義派議員の支持も得て、具体的な成果を上げた。[40] レンナーをオーストリア消費協同組合中央連合会会長に指名・選出した様子について、その場にいたフランツ・ヘスキが後に伝える。

一九一一年六月六日、地方から連合会大会にやって来た代表者たちは、ドクター・レンナーが連合会会長職受け入れに事前同意したという知らせに驚くとともに喜んだ。選出は全会一致で行われ、喜びに包まれた。[41]

レンナーが一九一一年、「オーストリア消費協同組合中央連合会」会長に選出されたのは、その財政危機の最中だった。レンナーが主導して設立した「オーストリア労働者団体信用連合会」により、差し迫った破産は何とか回避された。困難な状況は、十分な資本基盤のないままに野放図に拡大を志向した結果であり、また、コスト意識を十分にもたず、引きも切らずに新たな協同組合を設立した帰結でもあった。その数は一九一二年に四三四と最高に達した。協同組合とその中央機関であるオーストリア消費協同組合大量購買会社（GÖC）の積み重なる銀行負債は、その存続の危機を招いた。危機は第一次世界大戦まで完全には克服できなかった。大戦中、食糧管理の枠内で消費協同組合に主要な役割が割り振られたことで、組合は初めて経営的に息を吹き返すことができた。[42]

会長就任に当たり、レンナーにはすでに構想ができあがっていた。協同組合の思想は、新しい連合会会長にとって、資本搾取に抗する、防御のための大変に重要な、道義にかなった武器だった。かれは協同組合の自助を、単に日々の政治に役立つ補助的な武器にすぎない、と考えることは決してなく、むしろ、経済的に従属するすべての者の手近にある救済の手段であり、民主的な経済秩序を構築する基礎そのものだと考えた。購買の財布を賢明に使うことは、消費の面から資本主義経済の重要部分をひとつ根本的に変革する手段となりうる。[43] レンナーは消費協同組合に「階級全体の共通の家計を、個々の家庭が補完している」様を見いだした。[44] 労働者階級のための国民保険構想を扱う報告の中で、レンナーは一九一三年、「等しく脅かされた生と等しく無力の死との共同体」を作ることを要請する。[45]

商人の旧い格言があります。我々も自分たちの協同組合で、それに従うべきであり、そうしなければなりません。つまり、良きものはすべて報われる、というものです。我々は、自分たちの組織が良きものであると考えます。ですが、職場の信任委員たち、また、協同組合運動のために活動した婦人たち、労働者階級の解放思想を広めようと、冊子や新聞を何年にもわたって配布した男性たちは、個人としても集団としても報われておりません。けれども、今度こそ、ひょっとして、時がめぐってくるかも知れません。この世を去って久しい我々の殉教者たちではなく、かれらの子供たち、かれらが所属した階級全体が報われる時が。[46]

これより三年後、早くもレンナーは、真の利害代表機関としての労働者会議所設立に動いた。会議所は意見書を提出し、労働者が関わる重要問題の調査を行う機関である。[47]すでに当時、レンナーはまた、［議会］物価騰貴委員会に法案を一本提出していた。それは、消費者諮問委員会の管轄下に置かれる「消費協同組合信用準備基金」を設立することで、消費協同組合の信用を促進しようとしたものである。この基金は、消費者組織ないし、それが設立する「消費協同組合中央金庫」に必要な設備・運営資金を、債券価格現価に応じた利率で貸し付けようとするものだった。[48]

レンナーは労働者を「世界で指折りの銀行家」だと見る。

……貯蓄金庫に預けられた預金によって、労働者は中産階級の銀行家である。ライフアイゼン金庫に預けられた預金では、労働者は農民の銀行家である。郵便貯金に預け入れられた貯金の大部分により、労働者は国家の銀行家である……。[49]

レンナーは消費協同組合運動の金融によってもたらされる新秩序に大きく注目した。かれは、倦まずたゆまず組合員を啓蒙した。もし組合員が、商品購入で現金を支払ったり、また、出資金を払い込んだり、準備金を積み立てたり、貯蓄預金を貯めたりして、協同組合の期待される業績の前提を自ら作り出す用意がないならば、組合員は協同組合に何も期待できない。[50]消費協同組合運動は、商品市場に影響を与える手段、商業の暴利と闘う手段を作り出す。だが、高い利息が、労賃切り下げや商業の暴利と肩を並べる。つまり、貸し付けを求める労働者とその組織が、貸付資本の法外な利息によって搾取されている、と。[51]レンナーはそこで運動のために別の資金源を求め、金属労働者と建設労働者の労働組合にそれを見いだした。労働組合は、レンナーと組合指導者のハインリヒ・ベール、ドーメス、メスナーとの個人的関係を通じて、協同組合運動に強い共感を示し、大量購買会社（GÖC）に相当の貯蓄預金を振り向けてくれた。けれどもレンナーは、運動全体の金融力を持続的に統括し、正しく慎重に管理運営したいと考えた。そこでレンナーは、［オーストリア帝国］労働組合委員会書記、アントーン・フーエバーの支援を得た。その結果、一九一二年に協同組合と労働組合の共同金融機関が設立され、それはGÖCと消費協同組合中央連合会を大銀行への依存から一挙に解放し、同時に出資者に多大な利益をもたらした[52]。レンナーは一九一三年、『消費協同組合』誌で、この「オーストリア労働者団体信用連合」について記す。

労働組合は宣伝活動と闘争とを行う性格上、相当の基金を保有している。その基金を、従来の状況では資本主義の銀行に預けねばならない。組合はそこでは僅かの利子を受け取るだけで、同じ銀行がしばしば、ほぼ同じ金を、返済できないほど高い利率で党や協同組合機関、あるいはそれらの監督組織に貸し出す。この意味で、銀行は信用の中間商人である。だが、銀行は大規模な中間商人であり、最大の利益を得る。そこで当然のことであるが、この中間商人を排除して、労働者諸組織――一方では信用を供与し、他方では、信用の提供を求める――を直接に結びつけ、ひとつの協同組合に統合することを試みた[53]。

根本的経営刷新

消費協同組合中央連合会幹事会と大量購買会社（GÖC）監査役会との間で同一人物の兼務が行われていて、［連合会会長］レンナーもまた、GÖCの顧問として力を尽くした。GÖCにとって財政上の重い負担は、ウィーンの消費協同組合「フォールヴェルツ」とハマー製パン所だった。レンナーが確信していたのは、自分が集中的に、しかも継続的に協力することで、組合員自身に損失を及ぼさず弊害を除去できる、ということだった[54]。GÖCの流動性を確保するために、一九一三年、オーストリア全土の協同組合が財政的に相当な犠牲を払わねばならなかった[55]。一九一三年から一四年にかけて連合会の協力を得て、第一ニーダーエスタライヒ労働者消費協同組合、［ウィーン］消費協同組合の「フォールヴェルツ」、そしてGÖC自身で管理組織の根本的再編が手がけられ、遂行された[56]。当時まだGÖCの経営陣に加わっていなかったレンナーが経営への関与を強めることで、ドクター・ベノ・カルペレスによる投機的経営の影響が抑制され、引き続き、大胆なプロジェクトからの撤退が図られた[57]。

一九一三年五月、レンナーはグラースゴウで、国際協同組合同盟中央委員会入りを果たした[58]。一九一四年五月にかれは、協同組合職員向けコースに参加する者に対して、いわば国際的な訴えをまとめた。

協同組合関係者の皆さま、皆さまは大義のために尽力なさっておられます。皆さまがなさる日々の仕事の退屈さ、単調さは、実際には偉大な思想と高邁な目的の故に敬われております。皆さまがなさるどんな手助けによっても、数知れない多くの人々の経済的解放に貢献なさっています。皆さまは、この地上のあらゆる文化国で活躍する一〇〇万の解放者の、骨身を惜しまぬ一員です。この高邁な使命の誇らしさは、皆さまの双肩にかかっています。[59]

民族国家に対して超民族国家に未来指向の国家組織を見る[60]レンナーは、一九〇七年には若き帝国議会議員となり、インターナショナルを代表する者として、ブルジョア政党の国会議員を非難して言う。かれらが国境を当然視することを止めない限り、自分たちのあらゆる党綱領の故に国境を越えて行くことはできない、と。[61]そのレンナーは、一九一四年八月の第一次世界大戦勃発のために、第二インターナショナル大会（シュトゥットガルト、コペンハーゲン、バーゼル各大会）の決議――戦争を遂行する政府に闘いを宣言するという決議――を本来、実行に移さねばならないはずだった。[62]そして協同組合理論家、W・P・ウォトキンズのテーゼ――国際協同組合運動は、人々（Völker）を民族国家から解放し、世界的規模で話し合いに基づく解決策に向かわせるための、もっとも効果的な手段のひとつになり得る[63]――を、当時すでにレンナーも意識していたはずである。というのは、レンナーが協同組合思想に全面的に向き合っていたことは周知のことだったからである。

ヨーロッパのたいていの［兄弟］党と同じく、オーストリア社会民主党もまた成果を危険に晒したくなかった。オーストリアによる対セルビア最後通牒交付の一九一四年七月二三日に党執行部で行われた討議で、消費協同組合連合会会長のレンナーは、迫り来る戦争の危険を考えて、集会を開催することに反対を表明していた。[64]実際に戦争が勃発して多くの消費生協組合員が急いで自分たちの貯蓄預金を引き出し、消費協同組合が劇的な財政危機に陥ったとき、レンナーがまず考えたのは、援助を手にするためドイツの同志のところへ駆けつけることだった。だが、最終的に思い起こしたのは、一九一一年から一二年にかけてのバルカン半島危機の過程で行われた動員の間、オーストリア・ハンガリー銀行が諸消費協同組合に対する手形貸付の供与枠を三倍に増やして支援したことだった。そこで党執行部は八月三日、ヴィクトール・アードラー、カール・レンナー、カール・ザイツからなる代表団を、金融支援を乞うため財務大臣、エンゲルのところへ送る決議を行った。代表団は、諸消費協同組合のために土地信用銀行を通じた一〇〇万クローネの貸し付けを確保し、ハマー製パン所を抵当にしてGÖCが貸し付けを受け取った。[65] 同製パン所は再び陸軍にビスケットを納める注文を受け、これにより消費協同組合企業の立て直しが図られることになった。[66]

一九一四年一〇月二〇日に開かれた党執行部の会議でレンナーは、国家経済構想案を提出した。同案は、かれが一九一〇年に出した国家支援要求を新たに取り上げたものだった。また、レンナーが政府の申し出と党執行部の同意を経て一九一五年三月、戦時穀物交易庁に入庁後、同案は有効に活用された。[67] ミヒャエル・ジーゲルトによれば、レンナーが国家機関で果たした任務を正当化するイデオロギーとして「国家による経済への浸透」(**Durchstaatlichung der Wirtsschaft**) 理論が成立した。この理論によってレンナーや他の者は、支配者の穏便な戦争目的と植民地獲得要求とを是認するところまで進んで行った。[68] 特にレンナーがドイツで主張された「中欧」構想に接近したことで、左派は、かれを「社会帝国主義」の擁護者だとレッテルを貼った。[69] 批判的に回顧すれば問題だと思われそうなことも、第一次世界大戦当時、自分たちの組織と施設の存続を憂慮する協同組合員の目には、当然のことながら別様に映った。ヘスキの後年の回想によれば、一九一六年の不作の後、軍当局の要求は全体主義的となり、それは協同組合にとって存続か消滅かの危機だった。

ここで再びドクター・レンナーが登場し、説得力をもった雄弁によって労働組合の友人たちと一緒になって、とうとう最後には軍当局の思惑をあきらめさせ、協同組合および労働組合側からの提案を、ドクター・レンナーが代弁して受け入れさせた。軍需産業のための食糧連合会が各国で次々と設立され、こうした連合会の執行部は、経験を積んだ消費生活協同組合の決定的とも言える影響下に置かれ、また協同組合は組織を上げて協力した。こうして短時日のうちに、在庫食糧の安定した配給が始まった。消費協同組合の組合員は、たとえ軍需企業に勤めていなくても、同企業の従業員と同じように優先的に配給を受けた。これにより、消費者全体だけでなく国家に対しても、どれほど貴重な貢献をしたかは計り知れない。[70]

同じように衣服材料が不足の物品となり、軍当局の在庫を配給しなければならなかった。この状況でもまた、消費協同組合の組合員が民間商人に身を委ねるという、ダモクレスの剣の危機が迫っていた。レンナーの力強く、したたかな影響力行使により、大量購買会社（GÖC）が、所属する協同組合のための全国衣料廠に擬せられた。こうして手頃な値段が確保され、闇商売を抑えることができた。[71]

食糧管理庁理事会

一九一六年、予備役の糧食調達官試補だったレンナーは招集されたが、［首相］エルネスト・フォン・ケルバーを介して、ラクセンブルクにいた皇帝、カール一世を訪ねること、戦時経済体制の一環である食糧管理庁理事会に招聘されることが伝えられた。[72] 社会民主党はそれまで長い間、食糧供給を調えることに如何なる責任も負わないとして、レンナーに責任ある地位に就かないよう何度も忠告していたが、実際に戦時の食糧管理庁が組織された後、党は一九一六年一一月、レンナーが食糧管理庁理事会に専門家・協力者として入庁することに同意した。[73] ただ、一九一七年には党の要請により、レンナーは再びこの職を辞さねばならなかった。レンナーの「オーストリア国家への忠誠」を、この年、フリードリヒ・アードラーはその法廷演説で激しく攻撃したが、[74] すでに『カンプフ』誌で皮肉を込めて次のように述べていた。

> レンナーの観念世界全体は、プロレタリアートを政治権力奪取からそらすことに向けられている。その思想体系は一貫している。国家秩序の維持は、専制政府の課題であり、社会主義への道は、消費協同組合の中を通っている。[75]

レンナーは実際、戦時経済下の国家資本主義による私的資本主義の置換に注目していて、前者から、レンナーが唱道する社会的共同経済に至る道もまた、それほど長いものではない、と考えていた。[76] 帝政が一九一八年一月のストライキによって揺さぶられたとき、レンナーに率いられた職場信任委員の代表団は、食糧大臣のヘーファー将軍から何よりも、戦争を継続しない、食糧事情を改善する、という約束を取り付けた。[77]

レンナーはその後何年も経った協同組合大会（一九二六年）の席上、第一次大戦中の自分の行動について釈明し、自分を批判する者たちが何ら代替策を提起しなかったことを非難するとともに、当時、歴史上の拠るべき先行例がなかったではないか、と語った。さらに、もし違った行動を取っていたら、オーストリアの労働者協同組合は抹殺されていたのではないか、だが実際には、この協同組合を国家の供給機構に組み込みながら、自主管理は放棄しないことが了解されていたのではないか、と。レンナーは、当時責任ある地位に就いていた協同組合員が戦争の長期継続を望んでいた、という非難に抗して言う。「戦時経済の指導的地位にあった協同組合員が戦争に夢中だった、と主張するのは、破廉恥きわまりない」[78]

一九一八年秋、オーストリア消費協同組合中央連合会は、新たな定款に基づき、従来の地区連合会を、数の上でより多い郡連合会に置き換えることに着手した。さらに幹事会が［中央］連合会を統制する方式に代えて、方針を策定する委員会が活動を開始した。同委員会のメンバーだったカール・レンナーは、国家官房の長、そして首相としての自分の任務のために協同組合における活動を縮小し、ついには停止しなければならなかった。[79]まもなく中央連合会からは、ポーランド人、スロヴェニア人、イタリア人の協同組合が分離し、チェコスロヴァキア領となった地域で活動していた多数の協同組合も、続く数か月の間に同連合会から出て行った。こうして五二八を数えた協同組合のうち、いまだ中央連合会に残るのは一五四に過ぎなかった。[80]同連合会は、ことのほか難しい課題の前に立たされた。というのは、多くの私営の店が閉鎖されたため、協同組合への加入が不釣り合いに増加したからである。いまやこうした組合員の面倒を見なければならなかったが、危機が収まると、かれらは再び脱退していった。[81]エーヴァルト・シュテルナーが言うように、この頃、組合員の誰ひとり、オーストリアの存続可能性を信じていなかったろう。[82]一九一九年一一月九日、ウィーンで開催された中央連合会大会の席上、組合員であるレンナーの職務遂行が支障を来たす間、会長職がマティアス・エルダシュに委託された。[83]

労働者銀行設立

一九二〇年秋に連立政権が終焉して、カール・レンナーは再び協同組合活動に力を注いだ。当時、インフレが亢進し、監督当局がまったく時代遅れの対応を取ったために[84]協同組合運動は資金を必要としたが、これを民間銀行から調達することができなかった。レンナーが精力的かつ粘り強く支援を行うことによって、この頃としては十分な六〇億クローネの借り入れを銀行団から得ることに成功した。ヘスキによれば、すでに計画されていた労働者銀行設立まで、この資金によって何とか遣り繰りすることができた。[85]一九二一年になって初めて、労働者銀行設立に具体的に取りかかることができた理由が、レンナー自身は、戦後初期の混乱した経済状況にあるとしたが、アンドレーアス・コルプはこの遅延を、レンナーが一九一八年以降、国政で抱えた課題［による繁忙］のせいだと考えた。[86]一九二一年六月二二日、オーストリア労働者団体信用連合会総会の席上、新たに選出された執行部に対し付託が行われた。それは、労働組合委員会、ドイツオーストリア消費協同組合連合会、消費協同組合大量購買会社（GÖC）の三者と恒常的に連携して、労働者銀行株式会社設立の準備を進めることだった。[87] レンナーが共著者となった『労働者銀行の課題覚書』から引用する。

ここで言われるのは、誰か私的事業者あるいは私人グループに奉仕する企業ではないし、定款に縛られて、そのようにしかできない企業でもない。設立される銀行は、自行のためにだけ、自己目的のためにだけ活動するのではない。いかなるものであれ、収益を目的とする事業を遂行するのでもない。ここで重要なのは、労働者の諸公益信用協同組合がそれぞれに、これまで成功を収めた多様な組織領域で経験したことを集約し、労働者階級に単一の信用組織を創出することである。類似のものとしては、事業者に貯蓄・貸付金庫があり、農民にライフアイゼン金庫がすでに長年にわたり存在する。[88]

労働者銀行は、あらゆる銀行業務を行うために、その法的理由から株式会社となるが、協同組合の自助精神に則って運営される。国は労働者階級に対する責務を放棄した以上、同階級に自助を可能とするよう、あらゆる法的可能性を提供する義務を負うものである、と。[89] 一九二二年一月三〇日、レンナーはこの覚書を財務大臣、ギュルトラーに手渡し、速やかな処理を指示するよう依頼した。[90] 同時にレンナーは、内務大臣兼任のショーバー首相に会い、自分が近々に労働者銀行設立に動くことを伝えた。同銀行はブルジョアの生業に介入するつもりはまったくなく、もっぱら労働組合と協同組合の金融需要に応えるものである、と。ショーバーもまた迅速な処理を依頼された。[91] 一〇日後、ショーバーは返事を出した。申請書には二三、形式的な不備があり、したがって、申請者は案件担当者と話をつけること、同担当者はすでに遅滞なく財務省と接触したこと、速やかな処理が指示されたことを連絡した。[92] 財務大臣、ギュルトラーは、一九二二年三月二二日付けの返書でレンナーに伝えた。財務省は［申請側の］ドクター・ジャック・フロイントリヒと必要な定款変更について話し合ったこと、しかし、認可授与の正式申請書が内務省からいまだ到着していないこと、ギュルトラーは、内務省の［申請書］原本到着を待たずにすむよう、写しを要求したこと、労働者銀行設立は、いずれにしても財務省が店晒しにすることなく、逆に促進する、と。[93] 翌日、財務省の担当者は、提出申請書がいま手元に写しである、と書き留めた。

警視総監および首相を務めたドクター・ヨハッネス・ショーバー（1874～1932）

同書類に拠れば、労働組合委員会（ウィーン一区、エーベンドルファー通り七番地）、消費協同組合大量購買会社GÖC（ウィーン二区、プラター通り八番地）、フロリッツドルフ製パン所・有限会社、オーストリア労働者団体信用連合・有限責任登録協同組合が上記株式会社設立を申請した。協同組合［銀行］資本は一億クローネ、一〇万株の即金全額払込無記名株式への分割（券面額、一〇〇〇クローネ）が予定される。引受人リストによれば、労働組合委員会とGÖCがそれぞれ額面四〇〇〇万クローネを引き受け、フロリッツドルフ製パン所と信用連合がそれぞれ額面一〇〇〇万クローネを引き受ける。[94]

申請された設立は、勤労者のあらゆる層に見られる動向——事業・生計目的に役立つ経済組織のために中央金融機関を創ろうとする動向——に発している、と。[95] 一九二二年五月一五日、内務省は、申請の出ていた「ウィーン労働者銀行株式会社」に設立認可を与える意向をついに固めた。ただ、条件が付けられ、それは、合意された変更を定款に加える、ということだった。[96] 一九二二年六月二二日、ウィーン市役所で労働者銀行設立総会が開催され、真っ先にカール・レンナーが初めての執行役員会に選出された。[97] さらに六月二八日には、執行役員会会長［社長］選挙が催され、全会一致でレンナーが社長に、フランツ・ドーメスとフランツ・ヘスキが副社長に選ばれた。[98] 選出された社長のレンナーは、次の声明を発表した。

GÖCに割り当てられた、労働者銀行執行役員会の席と、社長という無報酬の名誉職を私がお引き受けしたのは、従来私が進めてきた設立準備と、ほぼ一〇年にわたる信用連合会の経営で自分に課した課題とを完遂し、労働者銀行を、労働組合と協同組合の社会機関・共同支援組織という軌道にしっかり乗せるためであります。[99]

執行役員会の議事録からは、レンナーが労働者銀行の抱える多様な組織・人事問題と成長の課題とに積極的に取り組んだときの、幅広い関心と関与がはっきりと見て取れる。

一九二二年九月、北ドイツで相次いで開かれた会合に参加する機会を利用して、ハンブルク大量購買会社の金融部門を訪れ、「自分たちの労働者銀行のために、いくつか示唆を得ようとした」[100]。労働者銀行株式会社の初年度業務報告で、レンナーは次の結論を引き出した。初年度は、労働者銀行が存在することの正当性をおおむね証明しただけでなく、銀行が確かな基盤の上にあって正しい方法にしたがっており、無理のない課題を自己に設定したことを示した、と[101]。

一九二三年九月、「協同組合顧問会議」を設立した複数の経営協議会を前にして、レンナーは、労働者銀行の意義と協同組合一般について、その根本に踏み込んでいった。

> 私たちは、銀行資本に対して何の力ももちませんでした。最近までは。これについてお話しすれば長くなります。私が労働運動に参加した第一日目から、私に取り付いた考えを申し上げますと、金融資本に武器を手渡したのは、もともと、むしろ労働者自身ではないか、というものでした。私は調べました。郵便貯金の貯金者は誰なのか。大半は労働者であります。地方でも誰が貯金して、誰が下ろすのか。たとえばグログニッツでは製紙労働者であり、繊維労働者です。実業家が貯蓄金庫から金を引き出して労働者と闘う、これはたまさかのことではなく、一般的なことです。私は笑われました。空っぽの鞄を抱えた労働者が、その中に何をもっていると言うのか？　奴らは何ももっちゃいない！と。……事実はこうです。労働者は、その多くの人数故にいつも、国の資本力の主要部分を拠出するのです[102]。

レンナーは、経営協議会に注意を促す。労働者の賃金が預金され、それによって大企業は拡充されたかも知れないが、労働者自身には何も起こらなかった。労働者銀行がどういう組織かと言えば、緊急対策準備金への強制拠出金並びに疾病金庫および傷害保険の掛け金だけでなく、労働者の余裕のお金や労働組合資金、社会基金を集め、貸出資本を創出する。同資本により労働者の諸機関を設立して、ますます多くの自主生産を興し、そこで階級としての労働者が労働者を雇用する、というものである。これによって資本がすっかり排除される、と[103]。レンナーは、協同組合方式が、商業資本・銀行資本と肩を並べる唯一の方法だと言う。闘争の方法を新しい時代に合わせねばならないし、労働組合の闘争は、協同組合の活動によってのみ、効果的に補完される、と[104]。

私たちの消費協同組合やGÖCは、経済危機にもかかわらず、よく持ちこたえただけに止まらず、多くの売上高と売上量を達成しました。私たちは自分たちの組織を強化し、この間、一連の自主生産を確立しました。そこでは労働者が、直接に労働者のために働いています。ブリュンにある靴工場で働く靴職人は、労働者階級に直接雇用された労働者です。……ただ残念ですが、労働者が労働者を雇用できないこともある、と言って置かねばなりません。その際は、民間の事業者のもとで採用され、外国の靴工場に仕事を与えることもあります。労働者の半分だけでも、自分たちの義務を意識してくれれば、私たちは一年中、することがあります。私たちは自分たちの大量購買会社をもっています。自主生産しています。私たちは資本主義を排除します！[105]

役員は私腹を肥やさなかった

レンナーは労働者に向かって説いた。大量購買会社（GÖC）は、立派な建物と諸工場を作ったけれども、役員たちは貧しいままだ。かれらは、決して私腹を肥やさなかった。すべては労働者が出した儲けであり、分配することなく、皆の階級所有として留保される。

このような労働者企業は、労働者にきちんと支払いたい、きちんと出荷したい、利益を使っていつも新たな生産工場を購入したい。これが、労働者が自主生産を行い、商業全体を排除し、ひいては銀行資本を排除する道である。[106] 労働者銀行は、GÖCを短期のうちにブルジョア銀行の負債から解放し、繊維部門が大量に衣料を供給できるようにした。労働者は自給のために、ますます多くの資本を必要とする。こうして経済全体を支配できる。

労働者の子弟自身が、有能な支配人や練達の商売人となるでしょう。経済生活に影響を及ぼし、ひいては支配するため、私たちは仕組みを備えています。この仕組みの中で、協同組合、GÖC、労働者銀行は先駆者なのです。[107]

レンナーは明解に説いていく。利益を上げるのは当然のことであるし、この利益を労働者の支払い改善に使う。一七年前に負債まみれだったGÖCは、いまやかなりの財産を保持している。

私たちも利益を上げたいと思います。それが私たちのもとで社会資本となり、全体としての労働者が、個別に労働者を雇用するために使われます。これが私たちの計画です。［生協の］「小売商店」を設けるだけに止まりません。実に偉大な、自らを解放する思想であり、よき将来へと向かう道であります。[108]

レンナーは経営協議会に次の要望を行った。経営協議会とは別に、協同組合の管理下で「貯蓄・貸出団体」を組織し、これが労働者銀行に代わって個人の貯蓄を引き受け、記帳し、労働者銀行に引き渡す、というものである。これによって、労働者が労働者銀行に直接行かなくても、職場で仲介機関を通じて預金を預けることができるようになる。[109] これ労働者銀行の社長として、レンナーは給与を一切受け取らなかったが、就任後二年経って初めて、労働組合組織が僅かばかりの、いわば報酬を押しつけることを許した。組合では、役員たちがまったく無報酬で活動するのを望まなかったからである。[110]

ジャック・フロイントリヒは「レンナーと労働者銀行」と題する記事で次のように強調した。レンナーは、まずは政治家であり、学者・教師であるが、銀行の社長としては「壮大な事業構想や先見の明をもち、また、あらゆる事業状況を洞察力鋭く把握することによって、社長としての職責を、銀行の利益にかなうよう果たすことを心得ていた」。[111] 一九二六年末には兼職禁止法のため、カール・レンナーを含めたすべての政治家が、最終的に労働者銀行を去らねばならなかった。レンナーは後にこの関連で「兼職禁止のナンセンス」を話題にしている。[112] レンナーは社長を辞任し、その後、公式には労働者銀行の役職に就かなかった。[113] エミ・フロイントリヒは、レンナーの協同組合運動への打ち込み様を次のように描き出している。

レンナーは協同組合運動で常勤の従業者というよりも、大胆に設計する人であり、困難が出現するたびに決定的な影響力を及ぼす。かれは細部に拘ることを嫌う。組織的・管理的事項に気配りすることは、かれの豊かな精神的素質に反する。そのようなことは、喜んで別の人に任せる。かれは、あらゆる重大な決定に加わり、面倒な状況で、しばしば解決策を見つけ、新しい考えを案出する。考えられるあらゆる制度のために、もっとも整った規約を手品のように取り出すことができる。だが、その規約がどのように適用されるのか、ということには大して興味を示さない。かれは、自分の活動のあらゆる分野で、いつも別のひとに仕事上の道を譲る用意がある。[114]

レンナー自身一度、協同組合活動家について次のように述べた。「難しい状況では、日常の手順は助けにならない。そんなとき助けになるのは、創造的な考えだけだ！」[115] GÖCの抱えた主要問題のひとつに、子会社、関連会社という、ある種過去から引き継いだ余分な荷物があった。レンナーの指摘によれば、GÖCは、［第一次大戦後の］社会化の過程で当然のことながら、重要な共同経済企業に参加したが、消費意欲が後退し、さらにインフレが亢進するにつれ、他の共有者が退出して、靴公益企業や布製品・衣料株式会社、繊維株式会社の株式をすべて正式に引き受けざるを得なかった。[116] レンナーによれば、GÖCにとっての最善策は、こうした企業を売却するか、清算することだった。

しかし、我々は資金と従業員を簡単に投げ出すような心魂をもち合わせていない。落ち着き先が決まるまで、こうした企業を保持することは、協同組合の義務であり、気高い誇りである。これがGÖCにおいて、かねてからの我々の協同組合政策であり、これ以外にはあり得ない。[117]

エーヴァルト・シュテルナーは、こうした企業のうち最重要のものとして、ザルツブルクのユニオン事業所やリンツのソーセージ・燻製品工場（一九二七年「リンツ・ソーセージおよび燻製品製造所有限会社」に転換）、リンツのシュパーテン・パン製造所を挙げた。融資を引き受けた労働者銀行は慎重にことを進め、当該企業を協同組合の需要経済に組み込む見通しがあれば介入し、こうした保証のないところでは難色を示した。たとえばシュタファ・コンツェルンは、解体され協同組合化されたが、ハマ・パン製造所の民営化は黙認された。[118]

一九二四年に可決された合併推進法に基づいて一九二五年、GÖCの総会は、同社の有限会社形態を転換すること、新たに項目を整理した協同組合定款の作成を目指した。[119]

ギュンター・ハロウペクは、その徹底した経済研究で詳述する。消費協同組合は、通貨が安定しても一九二三年以降、深刻な危機に新たに見舞われた。レンナーの説明を借りれば、これはもっぱら外部に原因があった。レンナーは、小規模店・零細店との新たに生じた幅広い競争を嘆く。これらの商店は、元国家公務員によって営まれていた。通貨・予算健全化の犠牲になった官僚たちは、こうした収入によって僅かな年金を補おうとした。これに対し、消費協同組合は十分な賃金支払いを覚悟しなければならなかった。他方、チェーン店や百貨店のような小売の新しい近代的な形態は、その資本力で消費協同組合を陵駕していた。消費協同組合は、資金源として労働組合資金を活用し、レンナーが社長を務める新設の「労働者銀行」を通じて自己の存続を確保した。第二次世界大戦まで消費協同組合は、職能身分代表制国家が命じた店舗閉鎖計画により、逆説的ではあるが安定を保った、と。[120]

協同組合の新たな定款

レンナーは一九二五年二月六日、支配人のヘスキ、ポール、エルダシュ、ヴコヴィチに自分が書いた大量購買会社GÖCの新協同組合定款草案を「厳秘」で渡して言い添えた。これはまずは殴り書きであり、文言に重きを置いていない。重要だと考えるのは、人々がそもそも草案に書かれていることを望むかどうかだ、と。実際、この七ページの草案は、レンナーが並外れた専門知識をもっていたことを示しており、以下の点について詳細な提案を行っていた。（一）大量購入連合を結成するかどうか、（二）変更するとして、取引を連合会員だけに限定すべきか、という問題への私案、（三）法人税法への顧慮、（四および八）地域下部連合および目的別下部連合を組織すべきかどうか、（五）現在の資産と会員を［有限］会社から協同組合に移すべきか、（六）管理効率の向上、（七）合意形成と代表制度、（九）決算剰余の払い戻しについてだった。[121]

レンナーは、長年にわたり協同組合運動のために無私の態度で活動してきた。その態度は、引き受けた職務のために取らざるを得なかった、というわけではない。そのかれが、協同組合となったGÖCの第一回総会で、社長に満場一致で選出された。[122] 社長としてレンナーは一九二七年、支配人学校をウィーンのチャルトリスキ宮で発足させた。[123]

エミ・フロイントリヒは、カール・レンナーがGÖCの社長でありながら、かれがもっていた仲間意識を振り返って、感銘を覚えると評した。レンナーがいつも人を助ける用意があり、「おそらくは自分が興味を覚える業務分野であっても、人がそれを見つけ出して、いわばそこを耕し、種を撒く」のを支援したことを指摘した。[124] 協同組合運動でもまた、レンナーは決してお飾りの人物ではなかった。それが示されたのは、レンナーが支配人のヤーロ・ローレンツに自分の見解を表明したときだった。ローレンツがレンナーの人事に関わる決定に異議を唱えていたのである。レンナーは一九二五年、書簡で支配人に語る。

しかしながら、ふたつの点で、私は貴方に自分の見解をはっきりさせなければなりません。貴方が誤解したままではいけませんので。

私は［協同組合］連合会の長として［GÖC］監査の権限をもち、誰を監査人に任命するかは私の専管事項です。したがって、我々の監査人の誰かについて問責がなされるとしても、あらかじめそれを退けます。さらに貴方に率直に申し上げます。私が送り込んだ監査人と懇意にする、あるいは、その者を退けたりなさいませんように。GÖCは今では連合会の協同組合です。連合会の規約だけでなく、自組合の規約によっても連合会の監査に服します。したがって、私はGÖC、その各部門、さらにGÖCが参加するあらゆる組織を、私が望む者に限なく監査させます。この点に関して誰にも口を差し挟ませません。[125]

さらにレンナーは続けて、支配人のローレンツに対し断言する。自分は［GÖCの］選出された社長として、GÖCが共同経済企業に参加したことにより失われた一クローネといえども調査し、「容赦」しない。協同組合に働く者は誰でも、決められた責任を負うが、まさに自分の、つまりレンナーの責任もそうであり、自分もまた責任を果たすつもりである、と。[126] クリーニング株式会社の総支配人、ティホが勝手に私的目的のために四億クローネを引き出し、後に返済した事実[127]をレンナーが知って、かれはオットー・バウアーに宛てた手紙で語る。

僕がプラター通り［GÖC］の事業を再び引き受けてすぐに思ったのは、ティホが不実な管理者であり、ヘスキやローレンツは、これを見抜いて終止符を打つほどの力と眼力を持ち合わせていない、ということだった。僕がそこで長の地位に就いて経験したのは、この地位にいなければ、したたかな管理部門の実態を解明することはまったくできない、ということだった。[128]

こうしたレンナーの態度がすでに一九二三年、ある事態を招いた。秘書のW・ヴィルヘルムと広報のS・カフに基本的な問題をめぐる重大な意見の相違があって、ふたりは連合会の職務から退いた。[129] ふたりは一九二五年から二六年にかけて、指導的な協同組合活動家を標的とした新聞キャンペーンを開始した。これによって、民間銀行、国立銀行のスキャンダルを、ほぼそのまま協同組合にも投影しようというブルジョア陣営の批判を支援した。[130] ビラの中で、特にレンナーが誹謗された。「その思いは金儲けに絞られている」と。[131] レンナー自身はこれについて、ハンブルクのアウグスト・カッシュに宛てた手紙の中で述べる。連合会の中で、これまでカフは長い間大目に見られてきた。ひとつは元ウィーン市長、ロイマンの義理の息子であり、また、「まったくの悪《わる》で、いつでも敵陣に寝返りかねない」者だと知られていたからである。十分な年金を与えて退職させたが、カフの年金額は、自分のこれまでの実際の報酬よりも多い、と。[132] 支配人のアントーン・ポールがレンナーに伝えた。一九二七年一一月二八日のGÖC監査役会で、オーストリア協同組合運動に尽くしたレンナーの功を多として、長年の活動に報いるため、満場一致で年金が認められた、と。[133]これに応えてレンナーは言う。自分の協同組合活動との関連で、悪意に満ちた攻撃とうんざりする係争が続く中で、こうして認められるのは慰めである。

私は確信していますが、自分が協同組合で働いていた全期間にわたって、一度として個人的に何かを欲したことはなく、一度としてある地位を、事態が必要とする以上に不当に長く保持したことはありません。このため、自分自身の人生設計で多くのものを犠牲にせざるを得ませんでした。[134]

チェコ人への接近とファシストの排除

大量購買会社（GÖC）社長の資格でレンナーは、以前の連合会会長職の場合と同じように、引き続き外国でオーストリア協同組合運動を、とりわけ国際協同組合同盟執行部で代表した。[135]一九一八年の［帝国］崩壊以降、消費協同組合の四一五の商品を後継諸国から購入しなければならなかったので、レンナーに言わせれば、「自分たちの行うほぼすべての、ひとつひとつが貿易になってしまった」。[136]レンナーはそこで、すでに一九二一年のカールスバート［カルロヴィ・ヴァリ］滞在をきっかけに、同地に滞在していた砂糖製造業者たちと話し合った。その際、［そのひとり］フェルディナント・ブロッホ＝バウアーが極めて好条件の契約を提示した。[137]逆にレンナーは後になって、ブロッホ＝バウアーのためにトマーシェクに働きかけ、かれをユングファー＝ブレーツェン城にある財産の没収から守ろうとした。[138]また一九二六年、プラハの国会議員、アルフレート・マイスナーにプラハの会計監査当局に干渉してくれるよう依頼した。それは、プラハのチェコ協同組合大量購買会社が一九一九年に提出した清算のための決算が認められるようにするためだった。その理由は、ウィーンのGÖCが、要請された当該資料を何年も後に、もはや取りそろえることが出来ないことだった。レンナーは言う。双方、つまり、チェコとオーストリアの購買会社は当時、分離に当たって利害対立していたので、そのことだけ取っても、書類の信頼性は保証されるのではないか、と。[139]プラハのチェコ協同組合大量購買会社社長、エーミール・ルスティクが高い評価とともに明言するところによれば、レンナーのもつ影響力が作用して、オーストリアの協同組合運動とチェコの同運動との間につきまとった強い敵対意識は大幅に緩和された。[140]すでに一九二二年、レンナーはフランスの協同組合活動家、プワソンをオーストリア協同組合運動年次大会に招請し、一九一八年以来、オーストリアの協同組合の基盤がしっかりしてきたことを、かれに示そうとした。[141] 一方、レンナーはまた、国際協同組合同盟の枠内で政治的な発言も行った。たとえば一九二四年、ジド教授に向かって、フランスとベルギーがルール地方を占領し続ける限り、フランス語圏の国で開催される国際的な催しには参加したくない、と語った。[142]「我々の国の政府が遠慮しなければならないのなら、少なくとも『社会』が、我々の考えを率直に述べねばなりません」[143]

　レンナーがことに苦々しく反応したのは、国際協同組合同盟の決議だった。それは一九二三年に開くヘント［ガン］の展示会にファシストのイタリア協同組合の参加を許容するものだった。[144] レンナーは、イタリアではファシストが消費協同組合の出先から人々を追い出したではないか、[145]と言い、ファシストから殺人予告を受けた旧友のヴァレンティーノ・ピットーニを、GÖCで支配人のグリーザーの後任としてウィーンに来ないかと非公式に誘った。[146] レンナーはまたバーゼルの大会で、ハンガリーのホルティ支持者を非難する動きに加わった。もっともレンナー自身は、ホルティ支持者たちがブダペストの姉妹協同組合に対し、イタリアの協同組合が受けたような被害を少しでも与えた、とは考えていなかった。[147] レンナーは、ハンブルクの協同組合の友人であるハインリヒ・カウフマンに宛てて書く。「どうして我々がこの野蛮な行為には口をつぐんで、かわいそうなヴェルガニーニ①が強いられた日和見路線に同調するのか！　僕はそんな気になれません！」[148]

　レンナーは一九二六年、協同組合同士の連帯の観点から財務大臣、ヨーゼフ・コルマンに働きかけを行った。ブルガリアの農民生産協同組合が中間商人を介在させず、自分たちの栽培したタバコをオーストリアで売れるように、というものだった。[149] レンナーはまたさまざまな寄稿文の中で、ソ連の協同組合が大きな成果を上げるだろうこと、そこでは、協同組合の自助から国家による支援への移行途上にあることを高く評価した。[150] レンナーがソ連で模範的と評価したもの、つまり、国家による支援を、同時にオーストリアでは非とした。なぜなら、それが協同組合を駄目にしてしまうからである、と。[151]

　オーストリアの外務大臣、アルフレート・グリュンベルガーに対し、レンナーは一九二二年に提案を行い、ソ連と通商関係を結び、条約を締結するよう勧めた。レンナーは大臣に向かって説く。自分の考えでは、ソ連は自然のこととして、オーストリアの労働者が設立・運営する諸組織、特にGÖCと労働者銀行に、民間企業に対するよりも強い信頼感をもっている。財務大臣がオーストリアの企業家、商売人の間にもそうした理解を呼び覚ませば、功績となるだろう、と。[152] 一九二六年、レンナーはロシア・ナフタシンジケート社長のゲーオルク・ルーモフに私信をしたためた。労働者銀行および資本力をもつドイツグループと共同で、アンゲルンにあるリュトガー社の大規模石油精製・処理工場の再操業をしないかともちかけた。[153]

レンナーはオーストリアの協同組合運動のために、危機の年だった一九二四年、米国の銀行からも借款を得ようと試みた。米国の協同組合活動家でドイツによく通じたジェイムズ・ウォーバスに宛てた書簡で述べる。「協同組合の各機関は、全般的な不安定に影響を受けることなく、自立しています」。したがって、協同組合は、十分に担保を提供できます、と。[154] 一九二七年、レンナーは、デパート・チェーンをもつ米国の友人、エドワド・A・フィリーンに、自分がオーストリア国内の安定化と連立政権樹立を目指して力を尽くしていることを支援してくれるよう依頼した。そのため、オーストリアで連立政権が形成されるという条件でのみ、［首相］ザイペルは米国の機関から借款を得られるようにして欲しい。ただし、自分自身の名前が出ないよう望み、純粋に米国が主導したという体裁を取って欲しい、と述べた。[155]

レンナーは協同組合でもまた、政治的な対立の高まりに対処しなければならなかった。かれが共産主義者の煽動を阻止できたのは、何よりも、連合会の職員で高位の女性共産党員を、社会民主党が解雇せよと要求したのに対し、これを拒否したからだった。これによって、連合会は共産党からの揺さぶりに晒されなくなった。[156]

寡黙な蟻のような仕事

レンナーは「労働運動の三位一体」と題する講演（一九二九年）で、社会民主党は政治運動であり、労働組合運動は賃金引き上げ、労働条件改善、労働時間短縮を獲得する闘争である、と特徴づけた。［レンナーは続ける］協同組合運動は、労働者を消費者として最終的にまとめ、商品市場でかれらを守る。この第三の運動は、さほど言及されることがなくて、現在では「下女」のようなものに他ならない。多くの者が協同組合の話題に肩をすくめ、疑問を発する。「食料品の店がどうしたって言うんだ！　そんなもの、なくてもいい！」と。[157] その原因は、帝国の崩壊とインフレ以来の、労働者による労働組合闘争だった。資本家たちは、戦争の帰結をすべて労働者に転嫁しようとした。他方、政治的思考は、共和国樹立に囚われていた。社会状況の改善闘争は、共和国と民主主義を目指す闘争と同じように皆の関心を引く。これに対し、協同組合活動家は、その傍らにひっそりと立つだけであり、協同組合は、商品市場を相手にゆったりと活動して、政治や労働組合のように人々の想像を掻き立てることがない。たとえば英国あるいはベルギーと違い、オーストリアはもっぱら政治を志向する。オーストリアの労働者の間に、もはや「左派と右派」という分裂はないが、中には「政治家になりたいだけ」の人もいて、かれらにとって、政治がすべてを為すべきであり、協同組合は「ナイフやフォークの類の道具」であり、「雑貨屋さんに過ぎない」[158]。だが、オーストリアの労働者は、いつも次の点で際立っている。

かれらには、運動が一面的であってはならず、政党とともに、団結した強力な労働組合組織と、そして同じように強力な協同組合組織とが存在しなければならない、と昔から分っていました。これは私たちの仲間であるドクター・ヴィクトール・アードラーの大きな功績なのですが、かれは、労働運動の多面的な展開に最大の価値を置きました[159]。

レンナーは結局、次のことを率直に認めた。不動産分野の借家人保護、パン屋による夜間のパン焼き禁止、従業員の労働条件改善という重い負担が掛かり、消費協同組合の生産性は大きく損なわれた、と。

レンナーは批判する。女性たちは、消費協同組合の店を通り過ぎ、別の店へ行ってしまって、「協同組合で」購入しなければならない、とは思わない。その土地に消費協同組合の店があるからこそ、他のすべての店の値段も前者の水準にまで引き下げられるというのにである。もちろんこれは結局、自分たちが費用を負担することになる。ただ乗りはできない。消費協同組合の店がないところでは、あったらいいと思うが、いったん、できてしまえば、人々は時として無関心に振るまい、店が閉鎖の危機にさらされると、はっと目が覚める、と。レンナーはそこで、率直に次の疑問を投げかける。

皆さんは協同組合運動を望ましいと思っていますか？　必要だと思っていますか？　労働者階級の闘争の、本当に有用な武器だと思っていますか？　思っているのでしたら、運動に集まって欲しい。思っていなければ、すぐにも消費協同組合を清算した方がいい。じり貧にはしたくありません！[160]

レンナーは労働者に対して数字を示す。かれらがオーストリアの人口に占める割合は六〇％。この六〇％が、供給されるあらゆる商品の大部分を消費する。この支払いのため、労働者は週六日間、つらい労働を行い、資本家から賃金をもぎ取る。週六日間の労働に支払われる賃金全体は、何十億という額になる。したがって、勤労大衆の消費力はまた、巨大な力になる。労働者は自分たちの賃金を、資本主義の店を通じて商人資本家に還流させてはならない。消費に際しては、熟慮して購入しなければならない。商人が手元に残すものは、かれの儲けである。これに対し消費協同組合の剰余はすべて、その地における労働者階級の社会資本である。協同組合が存在するところでのみ、労働者もまた故郷のようなものをもつ。レンナーは、たとえばグログニッツを例に引く。そこでは、かつて家並みの間に小さな消費協同組合の建物が立っていた。

今そこにやって来ますと、消費協同組合が大きくなって、組合の大きな店が目に入り、その前には立派な協同組合の住宅があります。後には協同組合の会館が立っています。これらはすべて労働者階級の資産であり、家並みの半分がかれらに属します。これはいつも労働者の拠点であり、力の基盤です。[161]

［レンナーは続ける］労働者階級は消費協同組合を通じて、選挙の結果、ついにグログニッツの町全体を手中に収めた。政治的な熱狂だけでなく、実際の拠点もまた必要である。ところで協同組合は、すでに現在の国家の内でより大きな力を獲得する最善の道である。労働者はひとりでは無所有、無資本であり、将来もそのままだろう。けれども、階級としての労働者は全体として、所有物を手に入れ、私的資本に対抗して社会資本という武器を磨く。[162]政治が雷雨に喩えられるのに対し、労働組合は公然の野戦、協同組合はつねに蟻のような沈黙の働きである、と。労働者は政治的には波の谷間にいるが、多くのものを手に入れた、とレンナーは考える。

労働運動もまた、波の動きのように進みます。ご覧なさい。我々は、政治的に奪取可能なものを手に入れました。共和国を樹立し、皇帝と大臣、知事の権力を打ち破り、工業地帯ではすべて、自分たちの市長を据えました。オーストリアで都市と工業地帯は、社会民主党の手中にあります。そこでは政治的に、長期にわたり新たに獲得すべきものはありません。我々は守りの姿勢でいるのです。[163]

たとえばスイスと違って、オーストリアではこの一〇年、協同組合は何の成果も上げていない。この点で決定的なのは、効果的な宣伝が欠落していることである。また必要な理解も欠けている。今まさに、これを挽回しなければならない。売り場の前に組合員がみな列を作る必要がある。消費協同組合は、皆がびっくりするようなことで、とやかく言われたくないことはわかっている。そこで自分［レンナー］がそうすべきだと思うのは、［協同組合の］それぞれの出先に小口金融の窓口を設け、そこでは常に返済が目につくようにし、借り入れが目立ってはいけない。掛け売りや割賦販売は、組合員の間の信用組織によってのみ排除できる。この組織が協同組合として商品債務を解消して、それを期限付きの金銭債務に転換し、こうして救済された者に、すぐにも現金による購入を可能とする。ウィーンではバウアーとローレンツが音頭を取って、協同組合の経営協議会組織が存在し、一方では各職場単位と、他方では協同組合と直接の関係を保っている。[164]

　労働者階級には、自分たちの金をとんでもない金融機関に預けないように警告がなされ、預金のために労働者銀行が作られた。さらに各職場は、その経営協議会から特別の協同組合活動家を任命し、労働者の経済諮問委員会を設置すべきである。協同組合運動には結局のところ、絶大な力が宿っている、と。

　労働者が稼ぐシリングは、もっぱら労働者階級の利益ために支出し、使わねばなりません。苦労して手に入れたお金は、己を守るお金にしなければなりません。商業資本家を太らせるのでなく、労働者の強固な経済的砦を築くために使わねばなりません。そこでは自主管理を行い、社会資本を蓄積します。これはプロレタリアート解放のためにゆっくりと進む道ですが、より確かで大切な道です。[165]

包括的な国際協力のために

　レンナーは、国民国家の関税・通貨政策を使った「近隣窮乏」政策が招き寄せた世界経済の崩壊に、一九二九年以降の極端な世界経済危機の原因を見た。当時、レンナーがどれほど強く自分の無力を自覚し苦しんでいたかを示すのが、［チェコの］ウンター・タノヴィッツ②に暮らす親族に宛てた一九三〇年四月一〇日付けの手紙である。

　第一に、オーストリアには三〇万人を越える無業者・失業者がいて、現在の危機のもとでは、誰かに職を斡旋することはほぼ不可能です。第二に、法律上の障害もあります。外国人の採用が、つまりチェコスロヴァキア国籍の者も含めてですが、この国では許されていません。こうした状況で甥のひとりに、どうやって仕事を斡旋するのか、私には分りません。

皆も分らないでしょう。さらに次のことが加わります。社会民主党は、一〇年以上も政府に反対する野党です。ですから、社会民主党が推薦する人物を、政府も民間企業も採用しません。それでも私が特別の力をもつ、と皆が考えているのならば、とんでもない間違いを犯しています。私はもう一〇年以上、政府を離れています。私が一〇年前に一度政府にいた、ということで、皆はどうも勘違いしているようです。皆の子供について言えば、オーストリアよりもチェコスロヴァキアのほうが、労少なく生計が立てられることでしょう。チェコスロヴァキアは豊かです。オーストリアは貧しい……。[166]

レンナーが状況克服の可能性があると考えたのは、ただ次のやり方だけだった。それは、諸国が包括的な国際協力に一丸となって「国際的な経済共同体や国際的な計画経済により、経済の困難を克服することだけだった」。この協力に含まれるのは、固定為替レートを確立するための通貨協定、国際的な債務協定、資源・農産品の世界市場価格の安定化、並びに労働時間の協調短縮の国際合意である。レンナーは一国だけの経済政策戦略、たとえばルーズヴェルトのニュー・ディールやケインズの反循環的安定化政策に、オットー・バウアーと同じように消極的だった。[167]

とりわけ消費協同組合と大量購買会社ＧÖＣを襲った経済危機に伴う憂慮とは別に、レンナーは二〇年代の終わり、ファッショ的な護国団が協同組合の店や倉庫を脅かすことに、さらに一段と対処しなければならなかった。この脅迫に対しては、臨時の協同組合大会が決議をもって連帯を確認すれば、掩護が提供されるはずだった。[168]それに加えて、永続するかのような内戦の雰囲気の中で運動の中央・地方の書記局が活気づき、行進、ストライキ、ロックアウトに際していつも、資材をもっぱら消費協同組合から徴発した。レンナーの嘆きは、協同組合所有の自動車の徴発、「武器等の」さまざまな禁制品保管に倉庫を使おうとする試み、多額の金銭要求に及んだ。[169]レンナーが、ハンブルク大量購買会社の経営幹部に宛てた書簡に記す。

我々は全力を上げて、こうしたすべての試みに抵抗しました。次回の協同組合大会がこの件に関して、もっと強い決議をすることでしょう。これには、協同組合の宣伝を目の前の騒動と結びつけないように、という要求も含まれます。普段はさほど協同組合に忠実ともいえない労働者まで、大勢で協同組合にやって来ます。今まさに、敵意をもった商人たちが制服に身を包み、労働者に敵対して行進を繰り広げているから、当然のことです。[170]

一九三〇年、政府は営業法の変更を意図し、レンナーによれば「協同組合を狙って決定的な一撃」を加え、これを私企業の恣意に委ねようとしたが、[171]かれは覚書を準備して、変更案が予定した消費協同組合の産業組合（Gewerbegenossenschaft）への強制加入に反対した。というのは、消費協同組合は、産業組合の体面維持に協力しないことはあり得ても、組合員に忠誠を尽くすという義務を放棄できなかったからである。[172]資本主義とは正反対の、つまり、私利を追わず、組合員に尽くす以外に目的をもたない運営方法に敵対する不倶戴天の敵が、私利と商人による利潤追求を掲げて、この営業法の中に姿を現わしていた。[173]しかしながらレンナーは、やはり以前と変らず、労働運動の代表者たち、たとえば一九三三年には『労働者新聞』職員経営協議会委員長のフランツ・フェルクに、協同組合組織で購入と預金を行うよう、連帯に訴えるしかなかった。[174]またレンナーが憂慮したのは、誰よりもナチだった。そこでレンナーは、協同組合職員経営協議会大会で訴える。

ハーケンクロイツの運動は、オーストリアやドイツのたいていの町で商人の子供たちが担っています。商人の父親は、労働者に愛想のいい顔を向けます。顧客として期待しているからです。自分は息子のやっていることに関係ない、と言います。しかし、息子がうろついて、ただ消費協同組合の店をぶっ壊す機会を窺っているに過ぎないことを承知しています。……これがファシストのやり口のあらわな中身なのです。[175]

レンナーは、すでに一九三三年の春に支配人のフランツ・レッシアクに指摘していたように、[176]一九三三年から三四年の変わり目にも、ブルックで行われた懇談の席で注意を喚起した。ナチはあらゆる労働者組織で活動拠点を構築しようとしており、したがって、どれだけ注意してもしすぎることはない。ベルリンの労働者銀行とハンブルクの大量購買会社の管理者が驚いたことに、ヒトラーの権力掌握後、間髪を入れず、ナチ機関に所属する者が経営に招聘された、と。[177]レンナーは一九三四年一月一三日、GÖCの管理部に宛てた手紙で述べる。「したがって、最大限の警戒が必要です[178]」。しかしながら、一九三四年二月一二日の出来事によって、レンナーはナチとは別の側から、政治の場でも協同組合でも一一年間にわたり封じ込められた。レンナーは逮捕され、一九三四年五月二〇日まで勾留された。[179]GÖCには、政府の命により管理委員会が設置された。委員長のドクター・ルートヴィヒ・シュトローブルは、起きたあらゆる政治的変動にもかかわらず、消費協同組合とGÖCのために協同組合の目的を守ろうと誠実に務めた。[180]

消費協同組合ウィーンおよび郊外部の業務報告には、一九三八年三月［ヒトラー・ドイツのオーストリア併合］以降も引き続き、カール・レンナーは監査役会メンバーとして名を留めていた[181]。レンナーは一九四〇年一二月、七〇歳の誕生日を機に、隠棲したグログニッツからGÖCに感謝の念を伝えた。

ウィーン・コンツェルトハウスで開催された、私の六〇歳の誕生日を祝う厳かな式を思い出し、深く心を動かされます。これは、私がGÖCの存続と成果に尽くしたことに対して、あり余るほどの讃辞を頂戴したものでした。……ところで、私は貴GÖCに対し、今後安定して存続され、課せられた大きな経済的課題に取り組まれるだけでなく、併せて勤労大衆の利益のため、引き続き大きな成果を上げられることを願います。私はいつも勤労大衆のことを思い、この人々に自分の仕事と我が愛の最良部分を捧げて来ました[182]。

消費協同組合は、「第三帝国」のアルプス・ドナウ諸大管区③において一九四三年中葉に解体された[183]。それから二年弱して、レンナーはあのグログニッツの協同組合会館――かれが協力して一九一〇年に建てられ、いまや赤軍の最初の地区司令部が一四日間にわたり置かれた[184]――を出て、第二共和国の頂点への道を踏み出した。連邦大統領としてもまた、レンナーは協同組合運動につながりを覚え、一九四八年、消費協同組合連合会大会で挨拶した。

消費協同組合の仕事は、偉大で美しく、国民経済全体に入り込み、社会に新たな秩序を与える仕事です。それは日常的に創造的な成果を上げる一方、人間社会のより美しい未来へと続く、より確かな道を示すという大きな価値を担っています[185]。

カール・レンナーは、八〇歳の誕生日を機に、ウィーン・ホーエヴァルテにある消費協同組合連合会付属教育会館の開館を宣したが、それからわずか二週間後の一九五〇年一二月三一日に亡くなった。レンナーが協同組合で活動したことを思い起こさせるものは、関連する数多くの出版物だけでなく、かれの名前と結びついた幾多の創建がある。一九三〇年に設立されたドクター・カール・レンナー財団は、一九五〇年に刷新され、さらに記念にドクター・カール・レンナー記念牌が作られ「オーストリアの偉大な協同組合の先駆者」と記されている[186]。

失われた遺産

かつてテースドルフの貧しい繊維労働者が作った自助組織が、ほぼ一四〇年をかけて、三一〇億シリングを売り上げるコンツェルンになった。消費協同組合は七〇万の組合員を擁し、一万七〇〇〇人の従業員を雇用していた。ほぼすべての公営住宅に協同組合の支店があり、組合にはドラッグストア、パン工場、精肉工場、そしてシュテフル、ゲルンググロスという百貨店も属していた。だが、見込み違いや経営の失敗、統制と戦略的展望の欠如、そして「赤い」組合員の政治介入により、消費協同組合は一九九〇年代から赤字を出し続けた。［チェーン店の］ビラやマインルとの競争が激しくなる中で、消費協同組合は古めかしく見え、不採算店も閉じないというタブーにしがみついた。

筆者は一九八一年一一月「協同組合活動家としてのレンナー」と題するシンポジウム（於グログニッツのレンナー博物館）の議論で、消費協同組合にとって時代の要請する焦眉の新課題とは何か、という問題を投げかけた。協同組合支配人、アントーン・Ｅ・ラウターがドクター・カール・レンナー史蹟協会会長として司会を務めていたが、かれはそうした革新の必要性を原則的に認めつつも、当時、総支配人、ヘルマン・ゲールハルターの手で行われていた改革の作業を、余分な助言で危うくすべきではない、すべてはゲールハルターひとりに掛かっている、と述べた。ゲールハルターは一九九三年、スイスの［協同組合］ミーグロと業務提携契約を結んだ。資産査定の過程で［オーストリア］消費協同組合のもつ高額の負債が明るみに出て、二六〇億シリングの負債を抱えたまま清算手続きに入り、その時点で第二共和国最大の経営破綻となった。[187]

カール・レンナーが労働者銀行として設立した労働経済銀行ＢＡＷＡＧは、レフコRefco[④]との和議の後、一九九八年から二〇〇五年にかけて行ったカリブ海［オフ・ショアー］投機ビジネスの何十億［ドル］という簿外負債を計上した。ＢＡＷＡＧ内部の監査機関は、一貫して蚊帳の外に置かれていた。二〇〇一年からオーストリア労働組合同盟首脳部は、まったく決議を行うことなく、無制限の裏書保証を与え、その担保としてストライキ資金までつぎ込んだ。二〇〇六年、責任を負う労働組合同盟関係者が退き、ＢＡＷＡＧ保証に関して、当初「黒・青」連邦政府[⑤]が責任を負った。最終的にＢＡＷＡＧは三二億ユーロでセルベールス・キャピタル・マネージメントに売却された。ふたつの裁判で、二〇〇七年から二〇一二年までに全部で一〇人の被告が法廷に立った。ＢＡＷＡＧ頭取、ヘルムート・エルスナーには一〇年の禁固刑が科せられた。ＢＡＷＡＧがその名を保持したのに対し、消費者協同組合は、ただの有限会社として、「オーケー」の名をもった数少ない店舗を擁するだけの、アウスゼールラント［ザルツカマーグート地方］の独自組織として登記された。アウスゼールラント消費協同組合は、二〇〇〇年にひっそりと清算されるまで存続した。消費協同組合の元幹部であるヤン・ヴィーデイが、たいてい駅近くに以前と同じようにある小規模な「オーケー」コンビニ店を八軒経営し、急いで空腹を満たしたい客を相手にしている。これらの店は毎日、日曜日も含めて開いている。[188]

消費協同組合とＢＡＷＡＧの、その時々の役員たちがレンナーの経営書に通じていたら、事態はおそらく別の様相を呈していたのではないか。計画経済、共同経済、私利の抑制は、レンナーにとって私的労働を社会的貢献に変える道具だった。労働者は、経済面で資本に対する闘いを行わなければならない。

道義にかなった考えをする労働者なら、誰にでも分っている。つまり、自分は今のものとは別の経済秩序を望む。否、望まねばならない。自分はそのために生きるのであり、必要ならば死も厭わない！　このように労働者階級は闘争を行う。労働組合を通じて職場で、そして労働市場で闘う。文化的目的のために、数多くの自分たちの組織で闘う。何よりも国家の内で闘う。国家に対し、計画経済を推進し、労働を社会的に秩序づけざるを得なくする。[189]

だが、労働組合と協同組合は、レンナーの死後、それぞれ四〇年ないし五〇年を経て資本主義に順化し、絡め取られて没落していった。

第五章　国家の経済への浸透

適法性（Legalität）の擁護者

レンナーはギムナージウムの勉学を終える頃、あれこれと思案して、修得した世界を自分の現実の世界に転用できないことを悟った。この「誤った道」を経て、かれの希望は次々と代り、まず、新しい宗教に向かい、次には文学の革新に移り、さらにカント哲学を当時の時代精神と融合させようとすることに至った。レンナーが思案の果てにたどり着いた結論は、今日の生活は何よりも経済にその基礎が置かれている、というものだった。「自分は、新しい生活を始めなければならない。事実に基づく生活を！　現代の生活に、すなわち経済生活に足場を築き、そこで自分と仲間のために活動しなければならない！」[1]

リヒャルト・エルトマンによれば、経済構成において資本主義経済と公共経済（öffetliche Wirtschaft）とを区分することは、何十年にもわたって、ごく当たり前のことである。ここで言われるのは、私的所有独占による、拘束されない「レッセ・フェール」の傍らに、共同体に責任を負う異質の要素が入り込んでくることである。つまり、国家・自治体経済であり、今も公共経済と名付けられる。[2] 私的利潤追求ではなく、上位にある全体の福祉（共同の福祉）が表に立つすべての経済形態は、総体として共同経済（Gemeinwirtschaft）と名付けられる。公有企業全体もその一部と解される。特殊には、ドイツやオーストリアで一九四五年以降、労働組合企業群が共同経済と理解される。これらは一九八〇年代に破産の憂き目に遭い、センセーションとなった。[3]

レンナーは、一九二九年の世界経済危機が影響を及ぼす中で、「私経済、国家経済、共同経済」と題する論文を

『カンプフ』誌に寄稿して主張した。マルクスの危機説は、経済の崩壊により、恐ろしいまでに正しさが証明された。マルクスの学説をめぐる学術論争は、現在のところ止んでいる。二五〇〇万に及ぶ世界の失業者による、弾劾し救いを求める叫びが、その正しさを証しているからである。いつものことながら、危機の時代、経済のいかさま師たちが勝利を祝して、危機の犠牲者たちをいらつかせるとともに魅了もする。資本家階級は、もはや自らの名において世論へ働きかけることを行わないのに対し、社会民主党と、団結したプロレタリアートは、半社会主義、疑似社会主義と闘う。ヒトラーの国民社会主義は、経済的に見ると、この種の大規模で成功を収めた試みである、と。[4]

レンナーは社会民主党の右派に数えられ、その改良主義的な見解のために、しばしば攻撃にさらされ、特にフリードリヒ・アードラーの攻撃を受けた。すでに一九一六年、レンナーは『カンプフ』誌上で述べていた。古典的なマルクス主義の転換理論は妄想であり、多くの人間が抱く子供じみた幻想を信じてはならない。この幻想は、社会主義が一階級のめざましい技によって、つまり、クーデタによって下から達成できる、と言う。だからこそ、プロレタリアートの政治権力奪取が体制の急激な転換という形態で起きる、と想定するのは非現実的でもある。レンナーは意識的にマルクス主義者として振る舞い、フリードリヒ・アードラーの厳密な正当性原理に反対する。この原理は社会民主党の試金石として機能し、別の考え方をする者だけでなく、マルクスやエンゲルスからも社会民主党員の資格を剝奪するものだ、と。[5] レンナーとオットー・バウアーとは第一次大戦中、社会民主党内で政治的・理論的に対極にあったが、これに対し、ルードルフ・ヒルファディングの組織化された資本主義理論とレンナーの民主的経済国家構想との間には、理論的出発点だけでなく、政治的・戦略的結論にも注目すべき類似性が見られた。[6]

レンナーは、［オーストリア＝ハンガリー帝国の］後継諸国が、ヴェルサイユ、サン・ジェルマン、トリアノンの「無理強いの諸条約」により切り分けられた姿を批判した。こうした諸国が、経済的に立ち行かなかったからである。

各国民［Nation］に割り当てられた経済領域は、国民にとって最大の意味をもつ。我々の今日の発展に照らして、一般に国家は、一片の土地空間と大差はない。国民として組織された人間集団が、排他的な請求権を求める土地のことである。ちょうど農民が、自分の土地に対して求めるように。土地の私的所有は、私法において、その非社会的性格がすでに長らく見通されているが、それが国家生活においては、ある住民グループによる、大地の表面の一片に対する排他的領土主権として、その再生が祝われている。[7]

レンナーはさらに続ける。一国民（Nation）の経済領域の広がりと性状は、営農の所有規模、地味、土地の形状と同じような経済的意味をもつ。国民経済（Nationalwirtschaft）の耕作の度合いは、ちょうどその領域のひとつの変数である。不毛の経済領域は、国民の生活を長期的には耐えがたいものにする。講和の諸条約によって新たに樹立された諸国家には、ふたつのまったく異なる歴史的傾向が現れている。ひとつは、経済的な萎縮という犠牲を払った、多くの小規模な民族の国民的解放（nationale Befreiung vieler Kleinvölker）であり、もうひとつは、内陸ヨーロッパの経済的細分化という犠牲を伴った、西側諸国の帝国主義の勝利である。その結果、世界経済の指導権がヨーロッパから失われ、米国に移りつつある、と。[8] 一九一九年、レンナーが首相としてサン・ジェルマン・アン・レの講和会議から帰国したとき、かれは社会化の活動をすべて、経済的理由からきわめて懐疑的に見た。否、それどころか、実行不能と見なした。レンナーは社会化の基本的な論点がすでに実証された一九二九年、『実現の道』と題する著作を発表した。それは、直近一〇年の総括を含んでいた。戦後革命の経験から始め、政治的解放闘争、経済民主主義・労働組合・協同組合の生成を扱い、社会的民主主義に至る。[9]

ロシアでは、自分たちの村落共同体に不満を覚える帰還兵の農民たちが、労働者を支持して一〇月革命を引き起こした。レンナーによれば、資本主義から社会主義への伝説的とも言える大転換と、両体制間の例外のない無媒介の対立とは、歴史的発展に即していなかった。革命家と改良家とのイデオロギー抗争では、民主主義と適法性の擁護者であるレンナーは、つねに左派と対立していた。レンナーは、すでにラサールがそうだったように、国家を含めた改良に賭けた。エードゥアルト・ベルンシュタインの社会主義への平和的移行テーゼからも、レンナーは少なからぬものを引き出すことができた。[10]

経済民主主義を通じての解放

レンナーによれば、社会主義の代わりに社会化が登場した。社会化というのは、国家、労働者・職員、消費者による混合管理を前提とした国有化・自治体化である。特にレンナーは、経済民主主義のうちで国家社会主義と自助社会主義とを区別した。これによってレンナーは、ヒルファディングと、かれによる当時の新しい社会発展の理解とに反論を唱えた。レンナーによれば、経済民主主義あるいは産業民主主義に至る道は、経済・社会闘争である。合法的にはふたつの道があり、ひとつは国家・自治体社会主義であり、もうひとつは協同組合の自助社会主義である。さらにレンナーは、労働組合と協同組合を、国家援助を拒否する自助組織だと考える。レンナー自身もまた、国家援助を否定する。［労働者］階級全体を、資本家階級に対抗する共同の経済闘争に動員することが不可能だからである。ブルジョア国家において、しかも現存の敵対関係を前提にすれば、自助社会主義は、決して国家援助を期待できない。この対立は、国家が徐々に基本的な社会的機能を手中にすることで解消される。このようにして国法と国家管理もまた、プロレタリアートの経済的利益に貢献する。こうした考え方は、社会的パートナーシップという手段によって補完される今日もなお重要である。

レンナーは、解放へと導く経済民主主義を、プロレタリアートによる階級闘争と社会化の活動との主要舞台だと考える。国家が管理するすべての分野は、そもそも経済・福祉団体として成立したのだ、とレンナーは考える。国家が発明し、創り、築いたものではなく、国家はただ、社会が案出して、自由な連合体を通じてある程度まで実現したものを引き継ぐだけである。レンナーの理解では［オーストリア］第一共和国を通して、資本主義の経済国家の真只中に、いわゆる自由な経済国家が成立した。資本主義の権威的な強制体制は、今もまだ幅をきかせているが、民主的な経済的自由の結果として、協同組合国家が発展した。レンナーは消費協同組合を、その本質からして社会化の反資本主義形態だと見なした[11]。

国家の経済への浸透という概念により、レンナーは社会化をめぐる議論に大きく貢献した。レンナーがそれによって理解したのは、社会主義に至る実践的な道筋だった。個別の私的経済の細胞組織の中にまで国家(Staatlichkeit)が浸透する。自由主義の時代、そして同時に国家から切り離された経済の時代が終って、国家は経済・社会にますます介入（eingreifen）する。集中化（Konzentration）が進むという、ヒルファディングの理解に対して、レンナーは、現代資本主義の進展する組織化（Organisiertheit）という見解を対置する。これには資本主義の経済主体だけでなく、社会主義の経済主体も含まれる。つまり、カルテルと産業トラストの形成だけでなく、生産協同組合と消費協同組合も含まれる。労働者階級の重要性が増し、その力が恒常的に強化されるので、発展する資本主義は社会管理をも、ますます組織化せざるを得ない。経済民主主義は、依然として資本主義の刻印を帯びているけれども、その母胎では自由な経済国家が発展した。協同組合の経営様式は資本主義のそれに対立しているが、労働組合国家が資本主義経済国家の対極として、一種共存しながら立ち上がっている。

レンナーは、経済民主主義の枠内で剰余価値を廃棄することはできないと考えていたが、繰り返し闘われる賃金引き上げによって、結局、［労働者］階級の標準水準が達成される、と考えた。労働者評議会については、レンナーはその意義を認めなかった。［これに対し］経営評議会は、政治権力を保持する機関に変身することなく、経営を引っ張る機関として、企業民主主義の枠内で企業の共同決定権をもつべきだ、とされた。レンナーは資本主義生産様式の基本的な特性を三つ数えた。ひとつは、生産物が常に商品としてつくり出されることであり、したがって、商品は支配的であり、生産物の特性を規定する。ふたつ目は、剰余価値生産が直接の目的であり、これが生産の動機を規定する。価値と剰余価値の生産は、競争への圧力を高め、費用削減への圧力および労働の社会的生産力上昇への圧力を高める。三つ目は、資本主義の生産現場の労働者は、社会的に労働しているが、資本家の指揮のもとで働いている。労働者による労働生産物の取得だけが、私的・個別的になされ、あるいは流通の代理人を通じてなされる。

レンナーに言わせれば、流通過程から出発しない社会化は、最上の目的を達成し得ない。流通は人間社会の資源交換を司り、そこには社会化の核となる問題があり、働きかける出発点がある。[12] レンナーは、自分の国家学的・法社会学的思考を手掛かりにした社会化の理解に至り、それは生産手段の社会への移行（Vergesellschaftung）が、私的資本所有の廃棄に限定される理解を大きく越えていく。[13] オットー・バウアーによれば、私経済の生産手段を社会に移すことによって、社会に移された産業部門の労働条件を改善するとともに、これまで資本家の手元に渡っていた所得を人民全体の用に供さねばならない。計画に則って組織された道、一歩一歩、社会主義社会という目標を目指して進んでいく道を、バウアーは擁護し、社会主義社会を徐々に建設することを望んだ。[14]

レンナーは、ザイペル、カール・ブーレシュ、エルンスト・リューディガー・シュタールレムベルク、そしてヒトラーとオーストリアのその亜流とを批判して、こうした者は皆、唯一正しいとされる私的経済の賛歌を歌っている、と言う。ひとりの農民が家族とともに自家用の農産物を生産するとき、これは私的経済である。同じことが、靴屋のような職人や小商人にも言えるが、農民とか職人は、他に販売するためにも生産する。かれらは自分のためにも市場のためにも働く。したがって、かれらの営みは、労働の観点から言えば私的なものであるが、これとは別に、社会経済全体の一部でもある。レンナーは農民や職人との対比で、誰もが知るロートシルト銀行[①]を挙げる。銀行はロートシルトの私的経済である。ロートシルトは他の株主と並ぶひとりの大株主で、法的には所有者の役割を演じている。しかし、ロートシルトは、銀行を経営しているのではなく、むしろ毎年、配当を受け取って消費し、雇った支配人たちに銀行を経営させている。株主たちは単にクレディート・アンシュタルト銀行の儲けに参加しているだけで、支配人たちは雇われ人に過ぎない。株主にとっても、支配人にとっても、銀行は「私的経済」ではない。

株主たちが、銀行経営のために自分たちの金を出したと想定するのは間違っている。というのは、銀行を経営する資本のうち、株主が出しているのは僅かな部分で、大部分は預金者が出している。かれらは、貯蓄、収入、そして使途の定まらない財産を払い込み、それらを確実に保存して、そこから利子を得る。さらに預金者には、数多くの貯蓄金庫が含まれ、それらは自ら金を多数の預金者から集める。だから、銀行は全人民の預金を管理している！　したがって、株主たちは、この他人の金を意のままにするので、この場合もまた、問題になっているのは私的な事柄というわけではない。そこで国家はそうした事業を認可制とし、国家による監督を正式に手元に残した。こうして私的な人間たちが、私法の形式で公的な経済を営むことが許される。[15]

たとえばアルピーネ・モンターン社のような大きな工業会社の所有者は誰か、と問えば、この会社もまた、外国の株主に属する。［所有権の］大きな割合が諸銀行に属し、残りは分散した個人の金持ちに属する。株主たちは皆、決して現地で、つまり、ドーナヴィッツで一緒になって経営しているわけではない。そこで運営しているのは、幹部をしたがえた支配人たちだけで、かれらは数千の労働者たちの労働を指揮している。こうした労働者のひとりひとりは、自分の小さな家庭で私的経済を営んでいるが、会社のアルピーネ自体は、そうしたことを行わない。アルピーネでは、労働者たちがオーストリア全国民（Volk）のために石炭を採掘し、鉄鋼を生産する。したがって、結局のところ、そこでは公的貢献が行われ、社会的労働が遂行される。企業はまた、決して株主の金だけで動くものではなく、さらにオーストリア国民の貯蓄でも動くのである。たとえばシュターレムベルクのやっているような農場経営は私的所有であるが、そこでは何百、何千という労働者が働いて、全国民のために食料、燃料、資源等を産出している。この経済は、そこで私的に何も所有しない労働者たちが生産を停止すれば、すぐにも麻痺する。しかし、所有権をめぐって相続者たちが合意せず争って、誰が本来の所有者か分らないとしても、この経済は継続される。すべては不可欠だが、私的所有者だけが不要だと、レンナーは言う。

レンナーはさらに検討を進める。クレディート・アンシュタルト銀行やアルピーネの社長と取締役会が、全国民の貯蓄を自分たちの私的な貯蓄であるかのように使い経営している程度、あるいは、そこで働いている他人を、まるで私的な労働奴隷のように扱っている態様についてである。こうした御仁は、「私的経済」という標語に大きな重みを置いて、自分たちが他人を支配すること、そして他人の財産、つまりは国民の全財産を、手を縛られず自由にすることを擁護している、と言う。

土地所有、工業、金融資本に対抗して労働者・職員は、何年にもわたり自分たちの闘いを行っており、その際、社会民主党は、大土地所有者に搾取される者たちを精神的・政治的に支援している。そこで資本家階級は社会民主党を憎悪し、同盟者を求めて、小市民に次のように言葉巧みに取り入る。社会民主党は小市民の私的経済に敵対し、それを奪おうとしている、と。だが、今なお実際に私的経済が存在して、そこで農民、職人、小商人が自ら家族とともに自分たちの財産を運用しているところでは、社会民主党はそれに敵対して闘おうとはまったく考えない。オーストリア社会民主党のリンツ綱領は、労働による所有をはっきりと認め、それとともに、私的経済を、それが真に私的経済であるならば認めている。[16]

レンナーにとって経済はひとつの過程であり、この過程で経済のすべての要素が互いに絡み合う諸局面を意味した。この過程は、一方では発展を意味し、他方では自己を脱却してある別の経済様式に向かって行く。レンナーはマルクスと同じように、これまで例を見ない進化を将来に予測する。

資本主義的生産様式の科学的分析が証したのは、それが特殊な生産様式であり、特殊歴史的に規定されていることである。それが他の各生産様式と同じように、歴史的条件として前提にするのは、社会的生産諸力とその発展形態との、ひとつの所与の段階である。それは、ひとつの条件であり、それ自体、先行する過程の歴史的帰結であり、そこから、つまり、所与の基礎から新しい生産様式が生まれる。生産諸関係は、この特殊な歴史的に規定された生産様式に対応しており、人間はこの諸関係に、自身の特殊生活過程において、自らの社会的生活を産生しながら入っていくが、この生産諸関係は、特殊・歴史的・過渡的性格をもつ。最後に分析が明らかにしたのは、分配諸関係は基本的にこの生産諸関係と同一であり、後者の裏面なので、ふたつは同一の歴史的に過渡的な性格を分かちもつ。[17]

新しい国家・法理論のために

ギュンター・ハロウペクは、レンナーの「民主的社会国家」に関する研究で述べる。経済・社会秩序転換の出発点・組織的枠組みとして問題となるのは、国家以外にあり得ない、と。レンナーはマルクスに依拠したテーゼ――国家はその本質からして、資本家階級の執行機関に過ぎない――を常に退けた。したがってレンナーは、労働運動の政治戦略の基礎として新しい国家・法理論の発展を強く求めた。[18] プロレタリアートの政治とその実践にとって、繰り返し言及されて、なくてはならない唯一のものは、レンナーによれば「国家だ！……国家以外の何があると言うのか？」[19] かれにとっては、自由な諸経済国家において、労働者国家や社会保険国家もまた大きな役割を果たした。新しい世界は旧い世界の母胎で形成される、とレンナーは言う。新しい民主的経済国家は、全面的に前進している、と。[20]

レンナーは、農民や手工業者の経済生活へ国家が介入することが、いかに必要であることか、と述べる。もし国家が、たとえば保護関税を定めるような経済法、緊急税、家畜売買組織によって農民を保護しなければ、農民たちは、営業規則や保護関税のない自営業者と同じように没落の憂き目に遭っただろう。したがって、国家による経済への介入は生活全般に及び、それはまた必要であって、それ以外にあり得ない。小規模の私経済が苦しむのは、国家が介入しすぎるからではない。苦しむのは、むしろ中途半端に介入するか、介入するとしても、見当違いの仕方でするからである。レンナーが例として挙げるのは、危機のために反乱に追いやられた農民や手工業者で、かれらは、事態を打開する道は暴力しかないと思い込み、自暴自棄になる。レンナーによれば、かれらに対して本物の現実的な国家経済政策を拒んだがために、かれらは苦しむ。国家は農民に、低価格の鉄製品供給を可能としなければならない。だが、国家がそれをしないのは、国家が実際には鉄資本家とそのカルテルを奨励しているからである。国家は私的資本家たちに十分な利潤を確保するため、鉄製品製造の株式会社に助けに駆けつけ、そのため鉄製品価格はかなり高止まりした。農民は国家経済の欠陥のせいで、あらゆる鉄製農機具の価格高騰に苦しんだ。

なぜ我々は、国家というコストの高い機構に費用を支払うのか？　それは第一に、国家が我々に奉仕するためであり、また個々の私経済人が皆の共通利益のために為しえないことを、国家が成し遂げるためである。「国家が私的経済を気に掛けたり、自ら経済行為を行ったりすることはできない」というドグマを奉じる者は、自分の体を支える腕を自分で切り落とす者だ。[21]

レンナーにとって、労働者階級と資本との間には矛盾があるが、資本と国家との間にはない。ヒルファディングの『金融資本論』と比べて、国家の経済への浸透というレンナーのアンチテーゼは、国際的に広く認知されることがなかった。ゲールハルト・ブーホナーはその理由として、レンナーがヒルファディングと違って、自分の見解を持続的に、しかも説得力をもって公刊することに成功しなかったからだ、と推測する。[22]国家が社会主義実現の適切な手段であるかどうか、国家権力の奪取が、その正しい道であるかどうか、という問題に関して、レンナーは次のような洞察に達した。社会的民主主義はマルクスによれば、現存秩序の母胎で発展しなければならないし、その発展は進化的な過程である。その際、現存秩序は、その核においてすでに社会主義的であるが、しかしながら、発展の過程は、転換が完了するまで何十年という時間を要する。レンナーはこの生存域（Ökumene）の進化的な成長を語るのにマルクスを引き合いに出す。だが、マルクスによれば、革命は急激に起きる。突然に法的・国家的上部構造を襲い、逸したものを取り戻し、未来を先取りする。あらゆる革命は、事実の挽回であり、観念の先取りである。[23]

レンナーは次のことを認める。国家といえば、何の役にも立たない現存の法務官僚と政権党を想起する人は、当然のことながら、それに相応しい国家経済に信を置こうとしないだろう、と。一方、レンナーが明確にするのは、ロートシルトを含む従来の「民間経済指導者たち」並びに大規模な金融機関および工業・商業企業もまたすべて、しっかりと経済活動を行ってきたことであり、そして公有でありながら評判のよい実例――タバコ専売公社、国有鉄道管理局、あるいはウィーン市の公企業――が存在することである。レンナーは、利潤に貪欲な資本家たちを思って憂鬱そうにまとめる。

資本家たちは、大きな儲けが得られる限り、国家はとやかく言うな、と考える。会社がすっからかんになり、債務を背負って破産すると、国家は、企業を清算するためにお出ましである！　会社が再び軌道に乗ると、国家は、できることならタダ同然の値段で資本家たちに会社を任せるべきだ、とされる！[24]

レンナーは、敵の論点――なぜ公的機関が経営などできないと言われるのか――にも検討を加える。民間の経営者は、謙虚な経済の奉仕者であることを、とっくの昔に止めてしまった。むしろかれらは、前代未聞の利益配当や高額の報酬、いい加減な謝礼で自分たちの会社を略奪している。こうした会社には、効果的な統制がまったく欠けている。国家がこうした会社を接収すれば、統制できる。全国民から選出された議会をもち、活発な野党を擁する真に民主的な国家は、そうした統制を行い、乱用を阻止するだろう。だが、民間の経営者は、こうした民主的な統制を恐れ、議会主義を嫌悪する。少なくとも、かれらがもっとも好んで行うことは、牽制を掛ける野党を黙らせ、息の根を止めることである。独裁という手段で、不名誉や挫折を取り繕う。

論点は他にもある、とレンナーは言う。国家が経済運営を政治化する、という決まり文句に勝る虚偽はない。資本主義企業は現在、例外なくすべて政治的に運営されている。それは資本家たち少数派による傍若無人の政治であり、非政治的という隠れ蓑のもとに政権党を腐敗させ、諸政党と武装集団に密かに資金援助する。民主的に統治された国家は、多数派に率いられるが、少数派の監督のもとにも置かれている。

厳しい秩序と綻びのない労働規律は、民間企業の威信によってのみ保障される、という主張は、すでにクレディート・アンシュタルト銀行の破綻だけを見ても反駁されている。同銀行では、ひとりの支配人が他の支配人の誤った措置と介入を隠蔽した。国家と自治体のもとにある企業――レンナーはここで、プロイセン国有鉄道を例に上げる――の労働規律は、民間企業の規律に決して劣るものではない。ただ、公企業で労働者たちは、きちんとした扱いと、業績に応じた賃金支払いを要求する。公的機関による経済運営はまた、もっとも厳格な兵営のような規律を保ちうる。だが、問題はむしろ、必要な規律並びに自由な自己決定および民主主義をどのように調和させるかにある、とレンナーは言う。

新しい企業を設立し、既存の企業を拡張する、さらに増加する人口のためのより良き未来を可能にするような剰余、一国民が必要とする剰余を、国家経済はもたらすことができないのではないか、という異議に対し、レンナーは反駁する。オーストリアでは、ほぼすべての経済企業体で十分な剰余があり、それは、法的に全国民に所属する企業体を国民に保持するために十分である。その際、レンナーはロシアの模範例を参照するように言う。そこでは国家経済が、活力あふれる手段により、より良き将来の計画を実現しつつある、と。[25]

まだ商工業の大企業が本物の私経済に取って代わっていないところでは、たいてい真の私経済が存在し、国家には、これを阻害したり、何か別のものに置き換えたりする理由がない、とレンナーは言う。これと異なるのは、以前にはかなり多く見られた、創立者あるいは家族が所有する大企業の場合である。こうした大企業を収用したのは、社会民主党ではなく、資本主義の銀行だが、銀行は、まずはそれらの大企業を株式会社に転換し、そして徐々に食い物にしていった。ところで、公的経済は投機に奉仕してはならず、オーストリア国民が必要とするものを、かれらに供給しなければならない。公的経済は、私経済の需要を満たさなければならない！　どんな私経済も、鉄や石炭等の資源を必要としている。私経済のひとつひとつは、自らこうした必要物資を産出するには小規模であり、弱体すぎる。したがってこの需要充足を、国民は自らの手中に収めねばならない。これが国家経済の原則であり、社会民主党は、これを私経済の原則とともに設定する。これを行うのは、理論好みであるとか、原則のための原則ということではなく、経済発展がそれを命ずるからである。ウィーンの民間経済人あるいは企業所有者、家長の誰もが、電気を自ら発電する必要がなく、ウィーン市を介して、つまり、市の電力公社から買うことに大変満足している。石炭も同じように入手したら駄目だろうか、とレンナーは言う。経済を運営する当該の者たちは、目を見開いて、この厳しい時代に実効的な国家援助を求めるべきではないのか！

クレディート・アンシュタルト銀行の例では、レンナーは、有能な民間経営者たちが惨めに同銀行を破綻に導いたことを指摘した。同銀行は、かなり以前に国家が接収すべきだった、と考える。今や国家は、国民の税を使って、法的に国有化した企業に責任を負う。株主の当該資産価値はゼロだったが、国家が手を引けば、再びゼロである！　株主たちは幸いなことに、自らを収奪した、とレンナーは言う。国家は既成事実を、法律を公布する官報に取り込まねばならない、と。[26]

私経済と公経済

レンナーにとっては、共和国が樹立されてから、ひとつの自由な経済国家が資本主義経済国家の真只中に発展した。資本主義の有無を言わさぬ抑圧体制は、経済のひじょうに広い部門をまだ支配しており、経済総体を特徴づけている。けれども、民主的な経済的自由の結果、ひとつの協同組合国家がブルジョアと農民の協同組合とともに発達した。[27] レンナーは社会化をめぐる論議に、国家の経済への浸透という自分の原理を掲げて寄与し、社会主義に至る固有の実践的な道を、この原理に見いだした。また第一共和国の革命の後も、これを捨てなかった。こうしてレンナーは、意識的に社会民主党左派のマルクス主義理論に対抗した。国家の浸透という考えを、レンナーは戦時経済の観察と、個人の私企業家の時代が去って久しい、という状況から引き出していた。国家は、社会保険と労働者保護を含む私経済全体に浸透した。[28]

レンナーが実践的にも理論的にも社会政策の問題に集中的に取り組んだのは、かれの幅広い「社会化」の理解にかなっている。レンナーは「労働者法的保護国際連盟」の後継として一九二四年に設立された「社会進歩国際連合」の初代議長だった。一九一九年に国際労働機関が設立されたが、この自由な組織がいくつもの重要な機能を引き受けるべきである、とレンナーは考えた。[29] ヴィルヘルム・エレンボーゲンが共同経済の学校を設立したいと望んだが、一九二九年にレンナーは強く否定する。

私たちは、自分たちの団体が主宰して、協同組合のコースを開催します。現在、これが緊要で、私たちが共同体を身近にもたない限り、共同経済を推進することは困難です。そうである限り、若い人たちの目を共同経済に向けることも得策ではありません。たとえそうしたとしても、かれらが後々得るものは、ただ失望だけでしょう。為すべきことはいつも、その場で正しいこと、その時に正しいことだ、と思います。[30]

経済国家を恐れる者たち全員に、具体例を使いながらその意義を明らかにする。国家経済は、農民に人造肥料を、紡績業者に綿花を調達しなければならない。そうした問題の解決は組織にある。

国家は農民全員を協同組合に集約するだけで、農民たちが手元の手段を使いながら自己責任で人造肥料を生産するとすれば、どうだろうか？　また、紡績業者が皆、協同組合に集まって、共同して自分たちの経営責任で綿花を取り寄せるとしたら、どうだろうか？　国家が諸都市をまとめて、都市自らが、家庭燃料用の石炭や工場のボイラーの石炭を採掘するのではなく、共同で調達したらどうだろうか？　その他の場合も考えられよう。そうした場合、国家には実質的にふたつの課題が課せられる。ひとつは個人経営者たちを自由な協同組合に糾合すること、そうすれば、自分たちの共通する需要を共同して満たせる。もうひとつは、監督である。こうした協同組合がカルテルのもつ役割を手にして大勢の者を搾取しないようにすることである。[31]

国家経済とその原則の背後には、さらに高度のものが存在する。そのためには、国家経済は概ね単なる過渡に過ぎず、前段に過ぎない。それは、同じ利害を持つ者たちによる自由な協同組合の協働であり、国家がそれを奨励し、組織し監督する。そして官僚による経済運営を代替しなければならない、とレンナーは言う。

これが「共同経済」と名付けられるものであり、社会民主党がまず達成しようと努めるものである。それは真の経済的自由と経済秩序とを結合し、強制を最小限に抑え、ひとりひとりに最大の自己責任を課し、全体には平穏で安定した、危機に陥ることのない供給を保障する！　この共同経済こそ、社会主義に他ならない。社会主義にとって国家経済は、現在、必要とされる過渡点である。しかし同時に、これは私生活、私経済の責任、労働の果実の自己享受をなくすものでないことは明らかである。経済の兵営を作ろうとするのではなく、経済を営む人々の自由な共同体を作ろうとするものである。[32]

リヒャルト・エルトマンによれば、国家は民間企業のための大規模な計画官庁であり、企業が大きな興味を抱くのは、国家が自分たちの十分な活動と儲けの条件を作ってくれることである。このいわゆる「新自由主義」は、国家の中にしめる政治的な地位に依拠している。したがって、注意を向けるべきは、民主的な国家を一方的な経済的影響から遮断することである。さらに問題となるのは、何十年にもわたって提起された問題、つまり、国家は自ら経済活動を行うべきか、あるいは社会的現実を反映する形態を見いだすかどうか、である。これと真っ向から対立するのは、国家を所有者として宣言し、同時に、政治権力と経済権力の結合を大規模に試みることである。これは、あらゆる自由の息の根を止める。エルトマンはさらに述べる。結局、国家と経済の間に障壁を設けることが重要である。つまり、経済の自主管理という原理である。

さらに「新自由主義」否定の手段を、エルトマンは、カール・レンナーの定式化した「国家の浸透」に見る。国家が二〇世紀前半に経済に課した社会的義務は、すでに自由主義ドクトリンを越えた地平にある。しかし、国家の貿易政策、保護関税、貨幣政策、信用・租税政策もまた、民間経済人の要望からは大きく隔たった必要性から生じている。何よりも社会的浸透が進みつつあり、一般にこれは経済の民主化と理解される。[33]

第六章　合邦思想　一九一八〜一九三八

階級問題としての「合邦」

ハープスブルク帝国の崩壊後、取り残されたドイツオーストリアが共和国として樹立される僅か数か月前に、カール・レンナーは『カンプフ』誌上で、オットー・バウアーが主導して作成した「左翼民族綱領」――これは、結果として［ドイツとの］「合邦」につながる――に公然と反対した。レンナーは同綱領を、ゲーオルク・シェーネラーの全ドイツ主義綱領と同列におき、オーストリアのドイツ人と［帝国］ドイツのドイツ人、スイスのドイツ人が、場合によっては他の分散した地域のドイツ人を含めて、唯一の統一した共同体を形成すべきだとする考えに憤慨した。かれは民族国家への発展を災厄の始まりだと言い、民族を越えた国家形態に無条件で賛意を表明した。[1]

レンナーが大オーストリア主義者から合邦擁護者へ比較的短期に転換するという明らかな撞着は、後にレンナー批判者によるひとつの主要な批判点となる。レンナー自身、後に自分のためばかりでなく、表回想する。それは、社会民主党全体を勘案してしか見ない観察者にとって見かけ上の矛盾だ。と[2]レンナーは、いまだ一九一八年一〇月一一日に、党執行部でバウアーによる合邦の提唱を時期尚早だと位置づけていたが、かけての夜半、オットー・バウアーの書斎でかれと共に、カール・ザイツの委託した合邦宣言を検討した。一九一八年一〇月三〇日以来、国務会議官房長＝首相を務めるレンナーは、ドイツにおける一一月の出来事［革命］の結果、はっきりとバウアーの合邦構想に舵を切った。けれども、かれはまだ初め、幅広い層に合邦の考えが定着するかどうか懐疑的で、国家共同体が寸断されるのではないか、さらに、周縁にある地域から一つひとつ［ドイツへ］編入されるのではないかと恐れた。したがって、「合邦」は下からの運動によって、つまり、一般市民がそれをオーストリアに迫ることによって実現される、と考えた。[3]

レンナーは一一月一一日、国家評議会で自分の暫定憲法草案を提示し、その第二条は、ドイツオーストリアがドイツ共和国の構成要素であると宣言した。レンナーの回想によれば、［帝国］崩壊前にベルリンの議事堂でドイツとオーストリアの社会民主党が意見交換した際、ドイツオーストリアは、いかなる状況でもドイツとの共同体形成に尽力すべきである、という明確な了解が浮上していた。[4]だが、レンナーは、暫定憲法に書き込んだ合邦宣言はベルリンとの接触なしに行われ、(ドイツ系) オーストリアが独自に行ったものだ、と述べた。[5]国家評議会でかれは慨嘆した。ドイツオーストリアは、協商国［戦勝国］によって貧弱な、手の施しようのない姿に貶められ、それにもかかわらず、大ドイツ共同体に加わることもできず、僅か六〇〇万人のドイツ民族部分はオーストリアにつなぎ止められて、この状態はまったく論外である、と。[6]ドイツオーストリアは独立国家として生存不能に思われ、したがって、どこかの大国に依存することが必須だった。

社会民主党にとって合邦問題は階級の問題となり、党は、社会主義ドイツと共に歩むことで自己の後ろ盾を確固たるものにしたいと考えた。[7]内輪で表明されたレンナーによる先述の危惧とは反対に、かれは一九一八年一一月一二日、皇帝カール一世の退位後、国民議会で、合邦を定めた［暫定憲法の］条項について力強く信条を語った。

我らが偉大な民族 (Volk) は、貧窮と不遇の状態にあります。詩人と思想家の民族であることをいつも誇りに思ってきた民族、人道主義の我らがドイツ民族、他の諸民族を愛する我らがドイツ民族、この我らがドイツ民族は、現在ひどく打ちのめされております。しかし、まさにこのとき、特別に総括して、ひょっとすると、敵の狡知から素早く利点を引き出すのが容易にして手軽で、ひょっとすると、それが魅惑的ですらあるこのとき、我らがドイツ民族は、いかなる地方でも知らねばなりません。我々は同根であり、ひとつの運命共同体である、と。

［暫定憲法の］第二条は、我々の信念の告白であります。同条はさしあたり、いわゆる未完の法 (lex imperfecta) であり、その内容を、まずは特別の諸法によって充実させねばなりません。どのように充実させるかについては、ドイツの兄弟たちと協議し、いくつも決議をすることになりましょう。[8]

アントーン・ペリンカが一般化して言うように、ここでレンナーは明らかに、この時点で優勢な時代精神にしたがって行動し、それに抗しきれなかった。ただ、レンナーは、この合邦問題をめぐる支配的な時代精神を理論的にも説明し、正当化する用意があった。[9] もっとも、レンナーが首相府に招聘した憲法学者、ハンス・ケルゼンは、ドイツオーストリア国家の国際法上の地位に関する調査報告の補遺で、議会におけるその頃のレンナーの合邦をめぐる高揚感を、単に派手に表現された国民議会の［合邦］願望に帰している。［ケルゼンは述べる］主権国家のドイツオーストリアは、一方的な意思表明でドイツ共和国の構成部分となることはできない。そのためには国際法上の条約、あるいはドイツ共和国の法律——それはドイツオーストリアの同種の法に対応する——を必要とする。そのような法律制定は、暫定国民議会の権能の内にはなく、選挙によって選ばれた憲法制定国民議会がそうした事柄をはじめて判断できる、と。[10]

レンナーが、従来の自分の見解［大オーストリア主義］と矛盾するドイツオーストリアの民族国家樹立（一九一八年）に後ろ向きに転向したことを、ケルゼンのように説明できるかも知れない。ひじょうに長期にわたって合邦の考えに反対し続けて来たレンナーは、一〇年を経て［一九二八年］、自分と社会民主党の行動を全体として、合邦原理のもとに総括して述べる。自分は当時［一九一八年］、合邦宣言を革命的な一歩であると呼び、国家評議会のブルジョアメンバーを唖然とさせた。社会民主党による合邦の発意は、新機軸ではあるが、歴史に根拠がないわけではない。社会民主党の民族的な態度が引き起こした全般的な驚きは、ただ、社会民主党の民族政策がまったく理解されていなかったことによる、と。回顧するレンナーに言わせれば、オーストリア社会民主党は、つねにドイツ社会民主党と一体となって、実践面でも理論面でも興隆をみてきた。帝国という大きな枠組みの中の「民族自治」と「共通の経済」というスローガンが、第一次世界大戦の結果、破綻をみたとき、少なくともオーストリアもまた民族の統一と自由を獲得すべきであった。

ヨーロッパ地図の塗り替えがはっきりしたとき、我々の土地（Land）と人間（Volk）もまた､ドイツ国家（Reich）と民族に再び繰り入れられるべきであった。一八六六年から一九一八年までのハープスブルク家の狭間の時代を閉じて、一〇〇〇年の歴史を再びしかるべく配慮しなければならなかった。[11]

レンナーがすでに一九一八年一〇月二二日、ベルリンに向う車中で、無党派の食糧問題専門家であるハンス・レーヴェンフェルト＝ルスに向かって、ドイツ＝ボヘミアと、ズデーテン地方のドイツ語地域とがオーストリアから切り離されることを既定事項だと予測していたにもかかわらず、[12]［ドイツオーストリア］国家諸領域の範囲と境界、諸関係に関する法律（一九一八年一一月二二日）は、実質的にズデーテン地方も含めて、ドイツ人の居住する全領域を網羅していた。[13] レンナーはその後数か月しても、ウィーンとニーダーエスタライヒを分離する私案で［モラヴィア南部にある］ツナイム郡［現・ズノイモ郡］をドイツオーストリアに編入していた。[14] またウィーンの将来の重要性が低減することも憂慮して、より大きな国家連合に所属することが必要であると強調し、憎まれ抑圧される少数派として参加するドナウ連邦よりも、言葉の同じドイツとの合邦を優先して考えた。レンナーは一九一九年二月一日の全州会議で、この点について次のように述べた。

私どもは最初から次のように申してまいりました。ドイツオーストリアは単独では存続し得ないし、単独で存続することもないだろう、と。合邦を実行しなければなりません。ドイツとの合邦が行われれば、ウィーン市はドイツ南部全体にとって東方進出の出入り口となり、そのようなものとして大きな商業的意味をもつでしょう。また実際、納税面でも力強い、自立した共同の拠点となることでしょう。[15]

レンナーは続ける。ドイツとの合邦が成就して、もっとも好ましい形態として期待されるのは、ある種の連邦国家である、と。[16] 一九一九年三月二日、外務大臣のオットー・バウアーがベルリンで秘密合邦条約を交渉したが、その一〇日後、憲法制定国民議会は、ドイツオーストリアが自らをドイツ共和国の一部と了解する、と新たに宣言した。[17] 政党の境界を越え、その代表者たちを横断して、合邦の言葉が飛び交ったが、[18] それを実現しようと政治的に動いたのは、ただオットー・バウアーだけだった。レンナーはといえば、言葉では合邦賛成を表明したが、基本的にはオーストリアの中立的立場を支持し、一九一九年の前半には合邦にあまり肩入れしない政治家だった。

ただ、かれは合邦を阻害するようなことは何も行わなかった。[19] 一九一九年五月初旬、講和代表団をパリに送るよう、ドイツオーストリア政府に招待状が出されたとき、ハンス・ハースの見解によれば、社会民主党議員団がレンナーを［代表団長に］選んだのは、ヴェルサイユ講和［条約］が、ワイマール共和国にオーストリアの独立を尊重するよう義務付けていて、レンナーを任命すれば、ドイツオーストリアが外交政策の方向を慎重に変更し、合邦を放棄したと解釈しうるからだった。[20]サン・ジェルマンでドイツオーストリア代表団は、ほぼ確定した条件を突きつけられたが、その条件は、カール・レンナーに対してなされた若干の経済的・領土的譲歩により、最終的には少しだけ緩和された。ただ、ズデーテン地方はチェコスロヴァキアに帰属させられ、南ティロールはイタリアに割譲され、そして合邦禁止がはっきりした。その結果は、オットー・バウアーの外務大臣辞任であり、外務省は、首相のレンナーが一九一九年七月二七日に引き継いだ。レンナーは［国民議会］議長のカール・ザイツに宛てた書簡で、自分の将来の外交政策について首尾一貫した公式の態度表明を初めて行った。

私の見解では、国［オーストリア］は諸大国の政策に介入しませんし、隣国の対抗関係に与しません。大国政治を行いませんし、近隣との敵対政策も採りません。もっぱら国際連盟外交を遂行します。[21]

行動の自由がないオーストリア

［レンナーは語る］ドイツオーストリアは、諸外国のいかなる動向にも距離を置き、自国の経済を再建、新たな社会秩序を創出し、対外的に評判を取り戻すだろう、と。レンナーは何よりも協商国の信頼を得ることに全力を傾注した。かれは次のように言う。オーストリアの独立という既成の状態を受け入れ、危険な政治的駆け引きに決して巻き込まれず、国際連盟を信頼しよう。新しい外交に秘密外交はないし、外交政策全般は、はっきりとしてぶれることなく、ただひとつの方向に舵取りされ、その手段の選択は一貫してなされる、と。一九一九年九月二日、レンナーは講和条約の最終版を受け取った。その八八条で、オーストリアとドイツの合邦禁止が新たに規定され、オーストリアの独立は変更不能、ただ国際連盟理事会の賛成によってのみ変更可能であるとされた。したがって、オーストリアは、自国の独立を危うくする他国の案件から距離を置くこととされた。二日後、レンナーは『ノイエ・フライエ・プレッセ』紙で述べる。この条項によりオーストリアは行動の自由を大幅に失い、合邦への努力は、国際連盟との困難な交渉に委ねられる、と。[22]したがって、一九一八年一一月一二日の［暫定憲法］合邦条項は、憲法制定国民議会により一九一九年一〇月二一日に無効とされた。[23]同国民議会は、領土が切断された結果、「ドイツ東アルプス国」という国名

を制定しようとした。ところが、協商国が国名を指示したので、レンナーは憤慨して語る。

まったくひどいことが起きました。今に至るも我が国の誰も理解できませんし、ショックを克服していません。講和条約は、我々にオーストリアという国名をただ押しつけるだけでした。……そしてこのアルプス地域のドイツ系住民にハープスブルク家とその政策の責任があり、また戦争責任を負う、つまり、戦時債務をすべて負うべきだとしました。こうしてドイツオーストリアから新しいオーストリア共和国、五番目のオーストリアが生まれました。切断された残りの国家、それはオーストリア帝国が分割され残ったもので、ドイツ人だけの国となり、九〇〇年にわたりドイツ帝国の土地でしたが、今やサン・ジェルマンの合邦禁止により、母の土地から切り離され、独立の国を作らざるを得なくなりました。[24]

国民議会でレンナーは九月六日、協商国が要求する「オーストリア共和国」への国名変更を特に取り上げた。「ドイツオーストリア」という名は、もはや事実に一致しない。なぜならば、この名の前提は、従来のオーストリアのドイツ人がこぞって手を携え、ひとつの国家を形成することだからである。だが今や、ズデーテン地方のドイツ人がアルプスの地から切り離され、オーストリアはその本質からして、アルプスの地にあるドイツ人の共和国に過ぎない、と。[25] これに対し、外務大臣でもあるレンナーは、ひとつの折衷案を見いだした。「オーストリア共和国」という名は、協商国との国際法上の交流において用い、「ドイツオーストリア」は、［ハープスブルク帝国の後継］諸民族国家との交流に用いるというものである。かれは国内交流には「ドイツアルペン国」という名を提唱した。[26]

クレマンソーが講和条約へ添付した書簡で、五日以内の条約受諾を求め、もし受け入れなければ、強制的に適用するという、最後通牒にも似た要求にこだわったため、[27] レンナーは九月六日、国民議会に批准を勧め、四日後に調印した。［国民議会］議長のカール・ザイツは、レンナーがサン・ジェルマンで果たした役割に感謝する書簡で、九月二〇日、レンナーの業績を称えた。

……それにもかかわらず、貴殿は、自決原理からして要求することが許された事柄を達成するという幸運に恵まれなかったのですが、それは、我々の利害を代表する、もっとも有能な者でも克服できなかった抵抗に帰せられます。[28]

レンナーはスイスの通信社に対して九月一一日、次のように説明した。今や講和条約を遵守することでオーストリアの懸案となるのは、単独で存続することである。それが不可能であるとわかったときに初めて、国際連盟に対し、

1919年9月10日、サン・ジェルマンの城でレンナー首相が講和条約に署名

ドイツとの合邦を認可するよう訴える段取りである、と。[29]講和条約締結の結果、ハンガリー西部が［オーストリアに］ブルゲンラントとして繰り入れられたことに関連して、ドイツ民族主義思想が、外交分野の政治家でもあるレンナーに見受けられる。レンナーは一九二〇年二月一九日、国民議会で説明した。ドイツ系西部ハンガリーをオーストリアに組み込むことは、すべてのドイツ語人口集住地域を統一するという正当な願望に端を発するものだ、と。ハンガリーはトリアノン講和［条約］受諾後、パリに抗議した。オーストリアを拡大すべきではない。オーストリアは、どのみち、いつかドイツと合邦するではないか、と。[30]ヴィンツェンツ・シュミ［「土地同盟」所属］が行った主張――レンナーは、ケルンテン州とユーゴスラヴィアとの国境問題で、妥協のためにドラウ川［ドラヴァ川］を境界として採用すること、並びに帰属を決定する住民投票を放棄することを提案した――は、レンナーの自決権の理解や、かれのドイツ人を糾合しようとする努力と相容れないし、すでに歴史的にも反論されている。[31]カール・レンナーは、オーストリアのチェコスロヴァキアに対する要求について顧慮した。もしチェコスロヴァキアが、ズデーテン地方のドイツ人について、いくらか理性的な政策を採用するのであれば、チェコ人と話し合いをつける好機である。あくまでズ

デーテンドイツ人に固執して、この好機を逃してもかまわないと言えるほど、オーストリアはいま強力ではない、と。レンナーのこの配慮は、ニッティ［首相］とスフォルツァ［外相］のイタリアにも接近するという、国内で人気の高くない策にも踏み切らせた。レンナーは［イタリアに編入された］南ティロールの運命を重視せずに、ドイツ人とイタリア人を隔てるものが、高い山岳地帯だけであることを望む、と語った。[32]

合邦禁止を遵守しつつ、レンナーは、［パリ駐在］大使のアイヒホフに訓令を与えた。［オーストリアが］文化的にドイツと同族であることを、できるだけ強く、繰り返し打ち出すこと、経済利害の観点から合邦禁止［の問題性］に注意を向けること、ドイツ外交団と密な関係を維持すること、しかし、その緊密な関係を外部に洩さないこと、合邦の考えを声高に主張せず、民族的・経済的に自明のこととして冷静に扱うこと、それは国際連盟の場で実現されるものであること、以上だった。一九一九年一一月二二日、レンナーは議会外交委員会で述べた。交易・交流が完全に自由であれば、理論的にドイツオーストリアは、スイス、オランダ等の小国と同じように存続しうる。しかし、近隣諸国の国家経済制度並びにオーストリアの全面的閉鎖性および経済的貧困は、この可能性と矛盾する。したがって実際には、自立した存在は不可能である、と。[33]

レンナーはドイツの政治家たちに対して、オットー・バウアーが辞任に際して勧めた慰撫とつなぎ止め（Beschwichtigungspolitik）に努めた。かれはドイツ代理公使のフォン・リーパースハウゼンに、自分が自分の手駒を協商国に対して全面開示せず、面従腹背していることを打ち明けた。ドイツ大使、フォン・ローゼンベルクに対しては、こうした面従腹背を強いられることがひじょうに不快であることを訴え、同時に、自分が中欧構想の支持者で、合邦の確信的な同調者であることを表明した。ベルリン［駐在オーストリア大使］のルード・ハルトマンが、合邦に関する国民投票を一九二〇年一〇月にも行い、結果を国際連盟に示すという提案を行ったが、レンナーは、この件をベルリンでこれ以上追求しないよう要請し、国民投票を却下した。[34] 一九二〇年一〇月初旬、国民議会は全会一致で大ドイツ党の決議案——六か月以内に合邦の国民投票開催を命ずる——を採択した。誰よりもフランスがこれに反発し、この反発がまた、［オーストリア］各州の合邦を目指す独自の活動を促した。レンナーはフランスに対しては、講和以来いつも、オーストリア独立の価値を強調し、ドイツと合邦しようという、いかなる意図もないことを力説していた。[35]

レンナーはオーストリアの国際連盟加盟に尽力しながら、

かつて多民族国家だった［自国の］経験につねに注目を促していたが、加盟と結びついていたのは、何よりも合邦禁止条項を修正する期待だった。もっとも修正の前提は、達成がほぼ不可能な連盟による全会一致の賛成だった。[36] レンナーは［国民議会］選挙戦の最中の一九二〇年九月九日、ザルツブルクで自分の民族思想の片鱗を示した。かれは［ドイツ民族主義の］大ドイツ党に連立を呼びかけるとともに、かれらの一貫した信条、しっかりとした綱領、まともな規律を称えたのだった。五日後、かれはインスブルックで大ドイツ党のとある人物を前に、自分が外務省を所管するのは、合邦案件を推進する役に立つことを願うからだと述べた。当時かれは、西方志向という言葉で協商国を指したのではなく、引き続き、ドイツとの合邦を考えていた。[37] ただ、エルンスト・パンツェンベクの見解によれば、レンナーの外交政策は全般的に合邦問題に消極的であり、これは、個々になされた［合邦への］意思表示にもかかわらず変らなかった。[38] ローベルト・A・カンは述べる。レンナーの政策が一九二〇年以降も続いていたならば、ナチ侵略者による工作は、少なくともひじょうに困難になっていただろうし、［一九三八年の］合邦からパール・ハーバーまでの成り行きは変わっていただろう、と。[39]

生存の意思としての合邦

一九二二年一月、レンナーはベルリンの「ゼツェシオン」協会で、あらゆる党派を網羅する政治家たちを前にして「オーストリアのドイツ的課題」と題する講演を行った。かれはそこで、ヨーロッパのドイツ民族に対して、敗戦によって生じた停滞を克服し、世界史における新たな使命を探求するように要請した。その際、問題は過去の再建ではない。一九一八年以降のドイツ政策は、根本的・究極的に新たなものを目指さなければならない、と述べた。[40]

カール・レンナーは、オーストリア中心主義（レンナーの用語）を否定し、ズデーテンドイツやマールブルク［マリボル］、南ティロールを解放しようとする元将校グループやドイツ民族派のいかなる復讐の思いにも明快な拒否を示した。［レンナーは述べる］それはハープスブルク家の再興につながり、近隣諸国すべてを一致団結した敵対陣営に転化させる危険を秘めている。一八六六年から一九一八年まで、ドイツオーストリア人は誰もがオーストリア人として育てられた。この歴史意識は一九一八年以降、何ら意味をもたない。オーストリアはいまや、歴史をもたない民族（Volk ohne Geschichte）であり、それによって、たいていの市民がオーストリア共和国に冷たくする理由も説明される。オーストリ社会民主党の貢献は次の点にある。つまり、一九一八年一〇月の決定的な日々に、「我が」人民（Volk）の南東部の系統［オーストリア人］と［ドイツ］民族との太いつながりを政治意識の中心に押し出したことだ。当時、合邦への意思は同時に、生へのただひとつの意思だった。[41] オーストリアの民族性（Volkstum）、すなわち、今日言うところのドイツ民族のオーストリアの系統は特別であり、他のあらゆる系統とはほとんど比べものにならない。ドイツオーストリア人は、ある種の混淆であり、他のドイツ人の系統が到達したことのない精神の柔軟さ、特別の適応能力と多様性——ただし、実際の適応力には欠けていた——のブレンドである、と。[42] レンナーは、ドイツオーストリア系統の独自の性格を経済生活と科学、文化に見る。

形而上学でも人種理論でもなく、ただ実際に観察してみると、この系統は無数の個体を含んでいる。かれらは、さまざまの言語（イタリア語、チェコ語、ハンガリー語、ポーランド語等）をあやつり、さまざまな国、人々（Völker）とその特性を知り、西方のきちんとした商習慣と東方のやり方を熟知し、音楽ではアルプス地方の民謡を、スロヴェニアの刈入れ歌のもつ哀愁の音色やチャルダッシュ、プスタのリズム、チェコやポーランドの歌などと結びつける。一言で言えば、高度の順応性をもった種であり、ドイツ人の他の系統には同種のものが見あたらない。[43]

［レンナーは続ける］勝利した協商諸国は、不和の戦後秩序を作りだした。それにもかかわらず、ドイツは大陸の中欧・西欧の国々の中で今も最大の国で、もっとも成功を収め、経済的にもっとも力強い国である。したがって、新興諸国は略奪と勝利にもかかわらず、ドイツを恐れ続けねばならない、と。レンナーは改めて経済の中欧の創設を語る。

どんな政治同盟も、それがいかに緩いものであっても、問題外である！……ちょうどドイツが完全に武装解除されて非武装である一方、小規模の近隣諸国が武装しているので、我々ドイツ人は、民族の指導権が非軍国主義グループの手にある限り、経済の政治に対する勝利を当てにすることができる。我々の再興力の源泉は、経済だけに存する。[44]

［レンナーによれば］ドイツの民族性（Deutschtum）の本領は、経済的・文化的理念にある。

我々がその理念で満たされれば、オーストリア人もドイツのドイツ人も、合邦問題で少し落ち着いて考えるだろう。我々にしばらく政治的合邦が拒まれていることは苦痛であるが、我々が近い将来、軍事的・政治的課題をもたないと知ることで、［合邦］放棄は再び耐えうるものとなる……。[45]

［レンナーは続ける］オーストリアは自己の責任で、民族全体の課題を少し引き受けねばならない。すなわち、ドイツ民族全体と南東ヨーロッパとの間を仲介する課題である。したがって、将来の見通しとは、オーストリア人が連邦［Reich］の一部を成し、同時にこの連邦の南東の出入り口と成ることである。オーストリアは今や［連邦への］帰還の途上にあり、物乞いとして帰るのではない。国家としてオーストリアは持ちこたえることができず、したがって、連邦は負荷と負債を一度引き受けねばならない。しかし、オーストリアの生産と民力は連邦にとって利益となる、と。[46] レンナーは一九二二年秋、ジュネーヴ議定書に反対した。なぜなら、少なくとも今後二〇年、合邦の断念を意味したからである。[47]

「ザルツブルクの良き歴史家」

第一共和国初代大統領、ミヒャエル・ハイニシュは回想録で、自分がユダヤ人にたいそう親和的で反ナチだったと描いている。かれは一九一九年初頭、首相、カール・レンナーの推薦依頼により、アングロ銀行頭取、ドクター・ユーリウス・ランデスベルガーを選りすぐって大蔵大臣候補に推薦した、という。ハイニシュによれば、ランデスベルガーがユダヤ系であることを理由に、この提案をレンナーはすぐに退けた。[48] ハイニシュは一九三八年、ヒトラーのオーストリア進駐を歓迎する由を公表したが、上記回想録では、かれは職能身分代表制国家もナチ体制も同じように拒否したという。[49]

国民党所属の元ザルツブルク州知事で歴史家のフランツ・シャウスベルガーは『オーストリア政治年報』二〇一二年版収載の「カール・ルエーガーとカール・レンナー、記念文化における二重基準」で主張した。［一九］二〇年代の議会議事録を詳細に検討すると、著名な社会民主主義者のカール・レンナーは、旗幟鮮明な反ユダヤ主義者に数えられる、と。[50] シャウスベルガーは、レンナーの反ユダヤ主義と合邦をめぐるかれの陶酔とについて徹底的に討議するよう要求した。これによって、かれは一種の牽制として、クルト・バウアーのレーオポルト・クンシャク［国民党所属］に関する論攷に応えた。[①] もっともこのようにしても、クンシャクの実態に何らかの影響が及ぶものではないのだが。

月刊誌『ツークンフト』の編集者、ルートヴィヒ・ドヴォルジャクは『スタンダード』紙の「『役立つ』引用の怪しい扱いについて」という記事で、シャウスベルガーの批判的検討が実際にはどの程度正確なのかを点検した。シャウスベルガーが当該の記事で引き合いに出したのは、明らかに一九二二年一一月二六日の本会議における論議だった。議題は首相、ザイペルが取りまとめた「ジュネーヴ借款」で、オーストリアは対価として、国際監視のもとで著しい緊縮策を強いられた。レンナーの意見では、ジュネーヴ［議定書］の財政健全化は「ユダヤ大資本の軛につながれることに他ならず、それによって所有階級はますます国と疎遠になり、ユダヤ的になることだった」。ドヴォルジャクは詳細に描く。レンナーがジュネーヴ借款に反対したのは、それによってオーストリアが他国の政治動向に左右されるからだった。レンナーは当時、キリスト教社会党の首相、ザイペルを非難して言った。ザイペルは「自らがユダヤ的と呼ぶ国際資本に支配権を委ねた」。これによって、「ユダヤ資本」を攻撃したのがレンナーでないことが明らかとなり、結局のところ、キリスト教社会党の反ユダヤ主義的宣伝が明るみに出る。ノルベルト・レーザーは、レンナー演説の中の「ユダヤ金融権力」という表現を、事実確認に過ぎないと注釈し、レンナーはまったく、それによって何か反ユダヤ主義の決まり文句を使用したのではない、と述べた。[51]

さらにシャウスベルガーが提出した論証――レンナーは、キリスト教社会党にユダヤ人問題で断固とした処置を求めた――もまた、文脈から切り離され、別のものに変えられている。レンナーは一九二〇年一一月二三日、キリスト教社会党を攻撃して言う。同党は以前、連立内部でいわば野党として振る舞い、今や政府に就き、経済、外交、社会政策等、すべての分野で単独の決定が可能である。したがって、責任も他に転嫁することができない、と。続いてレンナーの演説は、シャウスベルガーが脈絡から切り離した引用部分にさしかかる。「選挙戦は実は、こうした事柄をめぐって戦われたわけではありません。それはユダヤ人問題をめぐってでした。諸君［キリスト教社会党］は、今やユダヤ人問題を解決する機会を得るでしょう……」。レンナーは自分が反ユダヤ主義の選挙戦展開に興味が無いことを強調するため、次のように続ける。

　私は確信しています。諸君の身近にユダヤ人がいなければ、あのドクター・イェジャーベクが自ら東部ガリシアに赴き、何千という東部ユダヤ人を宣伝材料としてここへ連れてくるでしょう。もっとも、この問題は選挙で決着が付き、また中傷とさげすみ全般も片付きました。[52]

反ユダヤ主義は、そもそも極めて異質な諸要素が混在した運動体であるキリスト教社会党にとって、存立の初めから内在するイデオロギー的基盤だった。これに対し社会民主党は、反ユダヤ主義でない唯一の党として、また、ユダヤ人の解放と同権に尽力する党として自己了解していた。実際、レンナー自身もまた反ユダヤ主義の罵詈雑言の対象で、かれに因んで「宰相橋」と名付けられたグログニッツの橋に一九三〇年、「ユダヤの豚野郎」と落書きが刻まれた。[53]

レンナーの同時代人も、また後の世代も、レンナーをその時々の自分たちの「非難の的にしやすい人物」として利用した。レンナーが、そのあらゆる政治行為において示した生真面目さや責任感を考えれば、一九三八年三月から四月の「レンナーによる」「合邦賛成を非難しようとする拳」を実際に振り下ろす前に、その拳を慎重に検討する必要があろう。リヒャルト・ザーゲは二〇一六年に出版されたレンナーの政治的伝記で、かれを社会民主主義の世紀の政治家と呼んだ。レンナーはハープスブルク帝国没落後、小国となったオーストリアの命運を誰よりも代表する者であり、同時にかれの「合邦賛成」によって、かれの活動はすべて再検討の対象になる、と。「レンナーがヒトラー・ドイツとの『合邦』に賛成したことは、長年にわたるかれの名声を減殺しただけでなく、むしろかれの活動全般を疑問に付した[54]」。ところで、レンナーはユダヤ系の親族をかかえていたばかりでなく、ノルベルト・レーザーが言うように、極めて寛容で人間的な政治家・人物であり、当時、わけても家族の内に同性愛の素質をもった人間を抱えることを受け入れていた。アマーリア・シュトラウス＝フェルネベックは、グログニッツのローカルスキャンダルを伝えている。レンナーの孫のカールが、ある若者と懇意になろうとした、というものである。[55]一九四六年のクリスマスに、大統領であり祖父のレンナーは、「愛する孫のカール」に自筆の詩を添えて自伝を贈った。

長く我らを離したふたつの大陸！／自然の猛威などでない／我らをさほど長く離したのは／人の悪意と人の愚かさこそ／不幸、我ら家族をさほど長く／別々に割いたのは！／やっと我らに安らぎが約される／愚か者にも賢者にも、よこしまな者にも敬虔な者にも／やって来た家族の再会／幸せかみしめ、臨むは再会[56]

オーリヴァー・ラートコルプは言う。レンナーの態度は、カール・ルエーガーの綱領となった反ユダヤ主義と違って公然としたものではない、と。ロバート・ナイトは、反ユダヤ主義が決してレンナーの世界観の核ではなく、かれを直ちに反ユダヤ主義者だと言うことはできない、と断言する。いずれにしても、レンナーはクンシャクやルエーガーと異なって、一度としてユダヤ人を集団として非難したことはなかった。[57] シャウスベルガーの「まったく中傷に過ぎない新たな」主張が、レンナーの不倶戴天の敵によってそのまま広められたので、我々はルートヴィヒ・ドヴォルジャクの発言に声を大にして感謝しなければならない。曰く、歴史家に我々が期待するのは、論争の衝撃性を狙うあまり、省略によって引用文の意味を変えたり、引用文を文脈から切り離したりしないことである。[58]

カール・レンナーはヨーゼフ・カルナーの筆名で一九〇五年、選挙権要求の冊子を著し、前書きに詩を掲げた。「立て、人民よ！　嵐は始まらんとす！　誰か怯懦を決め込み、懐手のままでいようか？」[59]

作家のテーオドール・ケルナーは一八一三年、この詩によってドイツの「青壮年」にナポレオン・ボナパルトに抗して武器を取るよう呼びかけた。この一節をナチの宣伝大臣、ヨーゼフ・ゲッベルスが何度も引用した。たとえば一九三二年の選挙戦の最中や、一九四三年のスターリングラード大敗後のベルリンにおいてだった（一九四三年二月一八日）。[60] オーストリアの歴史家にしてナチ・ドイツの国会議員だったハインリヒ・フォン・ジルビクもまた、科学アカデミー総裁の名でこの引用を行ったとされる。シャウスベルガーのような歴史家たちの主観的なやり方を取れば、時代錯誤にもかかわらず、若いカール・レンナーをまさにナチの先駆者として「暴露」できそうである。

しかしながら、ブーヘンヴァルトの強制収容所から生還して、世界的にもしかるべく評価されるマルコ・ファインゴルトには、次のような発言が抑えられなかった。「私たちはザルツブルクで本当にひどい州知事を抱えています。シャウスベルガー氏です。でも、優秀な歴史家です。氏は今や、レンナーに関するあらゆるものを引っ張り出しています」[61]

一九八八年、金属労働組合議長のゼップ・ヴィッレは、アントーン・ペリンカが［レンナーの］「合邦賛成」を理由に投げかけた疑問——社会党はこの故に、カール・レンナー学院と名付けられた党学校の名を「オットー・バウアー学院」と変更すべきではないか——を『労働者新聞』で鋭く退けた。

私は『過去の克服』を次のようなやり方で行うおうとは思ってもみなかった。現職の大統領、ヴァルトハイムの他に、同時に初代大統領のレンナー、さらに当時の党首で、後に大統領になったアードルフ・シェルフ、おまけにレンナー学院の現総裁であるドクター・ブルーノ・クライスキーを疑問に付するなどというやり方である。

私の疑問を述べよう。ペリンカ氏の疑念が、一九四五年以後の社会党とその党首、ドクター・アードルフ・シェルフにどうして湧かなかったのか？　どうしてドクター・ブルーノ・クライスキーは疑念を持たなかったのか？　一九四五年一二月、国会両院総会は、どうしてレンナーを大統領に選出したのか？　両院総会には、あらゆる党派の数多くの政治家――一九四五年五月に至るまで迫害され、そのうち多くは強制収容所に収容されていた――がいたではないか。[62]

ヴィッレはさらにはジャック・ハッナクの結論――レンナー以上にオーストリアに貢献した者はいない――を指摘するとともに、カール・R・シュタッドラーの合邦解釈を参照するよう求めた。「当然、レンナーは合邦を求めた。ドイツ軍が侵攻した後にもなお求めた。ファシズムに抗する、ヨーロッパ規模の全国民による革命が可能であることを願いつつ……」[63]。そして「ヴィッレの」記事に応えた読者の投書は回想する。オットー・バウアーもまたパリ亡命中、ナチ占領の圧力がない中で、大ドイツの夢を見ながら、合邦を元に戻すことに反対した。むしろ全ヨーロッパ革命がヒトラーを排除すべきだ、という考えだった、と。[64]

生涯にわたるナチとの敵対

カール・ベッカーは現在中心主義（Präsentismus）の代表者として強調する。どの時代も過去を新たに、自己の目的に合わせて解釈する、と。

しかし、すべてがばらばらになったように見える不穏の時代には、現在に不満をもつ者は、多分、過去にも不満を覚えているだろう。こうした時代に歴史家が……しがちなのは、過去を集中的に尋問し……、以前になされたことを裁き、それを現在の不満を基準に是認したり、否認したりすることである。過去は一種の画面であり、どの世代もそこに自分たちの未来像を投影し、人間の胸の内に希望が兆す限り、「新しい歴史」は繰り返される現象となる。[65]

ベッカーは続ける。すべてを事実にもとづいて、つまり、ある任意の出来事総体に寄与したすべての人間の行動、思想、感情をもとに、すべてを記述しますなどという断言は、歴史家ならば、どんなことがあってもできない。したがって、ひとりの歴史家は、起きたことについて一定の主張を必要に迫られて選択し、ある一定の仕方で伝える。その仕方とは、他の主張と他の伝達のやり方を退けるものである。別の歴史家は、必然的に別の選択をする。なぜだろう？何だろうか？　何がある歴史家を促して、ある任意の出来事に関し、可能なあらゆる真の主張から選択して特定の主張をし、別の主張をしないのだろうか？　鍵は心に秘めた目的である。それが選択を決めるのである。秘めた目的こそ、出来事から引き出される、まさにその意味を規定するのである。出来事そのもの、つまり、事実は何も語らないし、何の意味も押しつけはしない。歴史家こそ、語って事実に意味付与するのである。[66]さらにE・H・カーが結論付けるように、歴史的事実は決して純粋の形で我々のところにたどり着かない。そのような形では存在しないし、また、存在しえないからである。歴史的事実は、記録する者の精神の内でいつも屈折する。[67]そこで、レンナーについて歴史研究をさらに一段と進めねばならないと主張する、ウィーン市文化担当参事のアンドレーアス・マイラト＝ポコルニに諸手を挙げて賛成である。[68]歴史研究ということで筆者が理解するのは、偏見をもたずに議論し、レンナーの著作と人となりに沈潜することである。それは、人口に膾炙して事実として通用しており、誰かの役に立ちそうな噂をひたすら書き続けることではない。レンナーが別の脈絡で勧めたことはふつう、導きの糸としては有効であるが、引用するだけでは何も証明することにならない。[69]

ヘルベルト・ラックナーは『プロフィール』誌（二〇〇五年）の「赤い良心研究」と題する記事で、レンナーの腑には落ちないけれども、それでも背景は理解可能ないくつかの発言を明るみに出した。一九四五年一〇月八日、レンナーは語る。外交上の影響がなかったとすれば、自分にとって［ドイツの］褐色のファシズムのほうが、［イタリアの］黒色のファシズムよりましだった、と。[70]褐色のファシズムの残虐さについて、レンナーは知っていた。しかし、ナチはレンナー個人には関係が薄く、かれを放って置いてくれた。キリスト教社会党に所属するかつての連立の同僚たちは、オーストロファシズムへの変遷の過程でレンナーを国家反逆者として、当初は死刑の恐怖を与えながら拘禁した。さらにレンナーから別の引用がなされる。ナチではなく、資本主義に戦争とその惨禍の責任があったのだ、と。[71]レンナーは経済に関心をもつ政治家として、ナチが産業界によって、とりわけ米国にも財政的に支援されていたことを、かなり早い時期に知っていた。社会党内部で一九四五年六月中旬、六〇万人の旧ナチ党員から五年間に限り、選挙権を剝奪すべしとする決議案が討議されたとき、レンナーは理解しがたい一言を述べて対応した。「ヒトラーはこういうことに反対する天使だった。こんなことが決議されたら、自分は恥ずかしい」[72]。筆者の考えでは、レンナーはその際、旧社会民主主義者の多くがオーストロファシズムに迫害された後、一九三八年、ナチに庇護を求めたことを思い浮かべただけではなかった。それにとどまらず、かれは他の政党と同じように、次の国民議会選挙の投票者として、この有権者たちに配慮した。

レンナーの全政治生活は、ナチと「ヒトラー一味」への敵対だった。新聞・雑誌と[②]、［一九九一年に］最終的には公表された一九三八年の「ズデーテン問題冊子」とに表明されているレンナーの「合邦賛成」を深く読めば、そこに表現された「生きられた真実」は、最初から除外されるべきではない。筆者が思うに、レンナーがナチに距離を置いたことが、はっきりと勇気をもって表明されたことは、『新ウィーン日報』紙（一九三八年四月三日）のインタヴューを置いて他にない。レンナーは「ミュンヘン協定」締結を目前にして、ついには歯に衣着せず西側諸国を批判した。西側諸国が民主主義者である自分に一九一九年に拒んだものをヒトラーには許した、と。真偽のほどは、政治の範疇でないかもしれない。ただ、これは、一九四五年時点で国家元首であったレンナーの資質を疑問に付したり、二〇一三年になってウィーンのドクター・カール・レンナー・リングを、場合によっては議会リングに改名したりする理由とはならないだろう。[73]歴史家のオーリヴァー・ラートコルプは、賛否の分かれる通り名を検討する歴史家委員会の委員長を務めたが、この立場でレンナーに厳しい審判を下した。ノルベルト・レーザーは、カール・レンナーの原則と行動を見逃すことができなかった。「レンナーの生涯の業績を見ると、理論と実践の統一が確立されていて、かれは自己の行為を正当化するために、その統一をこっそり導入しようとしたのではなく、歴史の発展から有機的に発展させようとした」[74]

独立宣言でユダヤ人への言及なし

先述したマルコ・ファインゴルトの運命、現在一〇〇歳を越えた、ユダヤ文化協会ザルツブルク支部代表の運命には心を揺さぶられる。ファインゴルトは一九四五年四月一一日、ブーヘンヴァルト強制収容所から解放された。四月二八日、二八を数える国民（Nationen）のうち二七が祖国に引き取られたとき、オーストリア人は含まれていなかった。ファインゴルトは五月中旬になってやっと、他の一二八名のオーストリア人と一緒にウィーンに向かって運ばれたが、エンス川沿いの占領地区境界までたどり着いただけだった。

ウィーンでは、カール・レンナー首班の暫定政府がとっくに樹立されていました。その政府が、我々を通さない、という命令をウィーンで発したのです。強制収容所収容者、ユダヤ人、追放者は帰還を許さないという命でした。特にレンナーが先頭に立っていました。今は指導者を失ったウィーン住民の面倒を見なければならないから、というわけです。そのため、特別許可証、潔白証明書等々、考えられる限りあらゆるものが取り入れられました。レンナーは戦前、真っ先にドイツに寝返りました。奴がしでかしたことと言ったら……。レンナー・リングは断固なくさにゃなりません！[75]

ファインゴルトはレンナーへの敵意に身を任せ、レンナーに怒りを覚えていることを公表した。レンナーがナチ・ドイツで起きたことを正確に知っていたに違いない。それにもかかわらず、レンナーは「ヒトラー・ドイツとの合邦に熱狂的に賛同した者」だった、と。[76]

実際、一九四五年四月二七日の独立宣言は、オーストリアのユダヤ人の運命について言及しなかった。これは主として、当時通用していた犠牲者テーゼ③を支持し、場合によっては必要となる、ナチ犠牲者への財産返還を先延ばしするためだった。犯罪行為者としてのオーストリア人の責任は「第三帝国のドイツ人」に転嫁された。集団としての罪の問題や犯罪行為の再検討は、新生共和国の意識から拭い去られた。レンナーの考えでは、連合国がドイツの戦争犯罪人を処罰する以上に厳格に、オーストリア国民(Staatsbürger)に措置を講ずる理由はなかった。これを別にすれば、法的な措置を取ることはひじょうに難しい。戦争そのものは、暴力と暴力行為であり、この暴力行為の体系のうちで特別の罰を課すべき行為を根拠付け、区分することは困難であり、それは難しい技を必要とする、と。[77] レンナーの配慮は、何よりも経済的な必要性に基づいていた。「基本的に、ユダヤ人の被った損害に対して国民全体(Volksgesamtheit)が賠償責任を負う、とすべきではない。追放された、もしくは逃れたユダヤ系オーストリア人は、例外的にのみ帰還を推奨される」[78]

ユダヤ人亡命者の帰還に背を向けるレンナーの深層の動機を、オーリヴァー・ラートコルプは二〇〇五年、次のようにまとめた。第一共和国の潜在的な反ユダヤ主義の雰囲気の中で、社会民主党は、キリスト教社会党やドイツ民族主義派から「ユダヤ人党」と烙印を押され、一方、社会民主党は社会民主党で、資本主義をめぐって繰り広げられた論戦で、反ユダヤを掲げて攻撃することに躊躇しなかった、と。[79] レンナーは自分の回想録で「騒ぎとなったギムナージウム卒業生の祝い」に触れている。そこではユダヤ人同級生の参加が問題だった。

そこで騒動が起きた！「ウィーン人たち」、つまり、卒業生でウィーン大学に学生登録した学生たちが席につくことなく、たむろしたまま……話し合っていた。司会者のシェルプが……剣を取り、机を叩いて命じた。「ご着席願います！皆さま、ご着席ください！」ウィーン人たちは耳を貸さなかった。ケルンという学生が舞台に立ち、話し始めた。「学友諸君！　僕たちが急いでやって来たのは、後輩の学友に挨拶を送るためだ。君たちの中には親しく旧き友人もいる！　だが、先祖がウサギの皮を商っていた学生たちと同席しようと思っちゃいけない。ユダヤ人どもは出て行け！」

皆、唖然とした！　第一学年から最終学年まで、我々には幾人かユダヤ人の同級生がいた。ニコルスブルクの街がキリスト教徒とユダヤ人の街区に分かれていて、かれらは無視しえない存在であり、各学年には多くて四人から一〇人が在籍していた。「教授たち」の中にも、いつも誰やかれやユダヤ人がいて、たとえばイェルーザレム、コルニツァー、フランクがそうだった。だが、信仰の異なる教師の間で、あるいは生徒間で何らの不和も起きなかった。五〇人ほどの生徒が、自分と一緒に第一学年に入学したが、ギムナージウム卒業資格試験にたどり着いたのは全部で九人、このうち三人がユダヤ人だった。かれらはいつも物静かで愛想が良い同級生だった。ところが、最後の日にかれらを放り出せというのだった！　そんなことはできなかった。僕はすぐに舞台に上がり、旧友のケルンに向って言った。「そんなことはできないよ！八年もの間、良き同級生だった者たちは、今日の別れの日も良き同級生だ！　ユダヤ人は残れ！」ケルンは激しく反論した。僕はそれに断固応酬した。ケルンは罵った。僕らは尻の青いガキのように振る舞ってはならない、ドイツ人の大人のように振る舞うべきだ、と言うのだった！[80]

さらに事態は悪化し、やっとのことでウィーン人たちが退出した。この回想録が出版されたとき、存命中のギムナージウム同級生たち――たとえばクロースターノイブルクにあるアウグスティーナー修道院の参事会員、ヴォルフガング・パウカー――は、回想録があれこれ事実に反していれば、反論の声を挙げただろうから、筆者はこれが事実だと思う。また、レンナーがその子供時代・青年時代に両親の貧窮化を経験したことが、心に深く刻まれただろうと、筆者は考える。共に暮らした家から「高利貸しによって」父母が追い出され、まずは簡易宿泊所の部屋に暮らし、最後は救貧院にたどり着いた事態を、手をこまぬいて見ていなければならなかった者には、そうしたトラウマをすっかり克服することはできないだろう。レンナーはこうした高利貸しから何十年も後になって、とりわけ「ユダヤ金融資本」というような言葉に思い当たったのではなかろうか。

一九三〇年、還暦を迎えたレンナーはアントーン・フーエバーに手紙を送る。「両親が一八八二年に文なしとなり、我々子供が無一文で世間に放り出されたときから、プロレタリアートの暮らしと苦悩は私自身のものでした[81]」。この手紙から七日後、ユダヤ商人組合が全会一致で還暦の祝辞を贈ったことに応え、感謝状の中で「良きオーストリア人なら誰もが、ついにはたどり着きたいと願う安らかさをもって」礼を述べた[82]。

分離の溝が消えた

「ドイツ人であることは、社会的に考えること――この言い回しが真とならねばならないし、また、なりうる[83]」という文句を考えれば、レンナーの政治的思考において、合邦原則の絶対化をごまかしようがない。レンナーは一九二七年、合邦を念頭に置いてドイツ（Reich）の新区分に関する意見書を作成するよう要請された。その一年前には、オーストリア社会民主党は、合邦を新しい党綱領に取り込んでいた。レンナーは意見書の中で、オーストリア共和国を、配慮を要する少数グループのいない、ドイツ人だけの生粋のドイツの国（ein rein- und kerndeutsches Land）と呼び、ヴェルサイユ条約とサン・ジェルマン条約により、ドイツの枠外に存在することを宣告されながら、それでもドイツと一体となって、同国と共にあるほかに何も望まない国と規定した[84]。レンナーは一九二六年八月、ニュルンベルクで開催されたドイツ国旗党の憲法記念集会で講演し、次のように断定した。「私たちの敵は信じようとしません。私たちが、ひとつの一体となった民族であることを。ドイツとオーストリアが共和国となって、分離の溝が消えました。私たちはひとつの国民です[85]」

レンナーは具体的に考える。ドイツに加わる（Eintritt）まで、オーストリアは政治的に特別構成体（Sonderkörper）に留まる。法律を調整するために何年にもわたる過渡期間を必要とする。またこの時期、特別の憲法が必要とされる。だが、即時に共通の事項とすべきは、外交代表部、軍隊、通貨、関税同盟、鉄道である。オーストリアの側から言えば、ティロール州とフォアアルルベルク州がウィーンの中央行政から切り離され、固有の地方行政圏（Reichskreis）となれば、合邦は早急に遂行される。これ以外の諸州とウィーンも同じように地方行政圏になる、と。

ドイツ問題の解決に当たり、いちいちオーストリアを引き合いに出す必要はない。合邦はどのような形態でも可能であり、どのような形態であろうと、過渡期を必要とする。この期間中にオーストリアの全州が参加して法の調整が完了する。[86]

ドイツ民族転換の前提、つまり、「全ドイツ」国家を「統一」するための前提は、レンナーにとって社会のイニシャティヴだった。大都市やあらゆる種類の団体（Korporationen）によって、諸党派（Parteien）が決定を行う地盤が整備され、諸党派は問題の解決を図る。[87]この件では、ハンス・ケルゼンも「独墺合邦の国法的実現」と題する意見書をまとめた。そこで論じられたのは、「オーストリアの」この無価値で望みもしない独立をいかに放棄できるか、ということだった。[88]一九二八年のドイツ国会議員選挙を前にして、レンナーは世界平和と新たな平和秩序――従来の国境の重要性をなくす――を支持した。なぜなら、隣国の恐怖心こそ、六五〇〇万のドイツオーストリア人がドイツに加わることを阻止しているのだ。戦争の恐怖がなくなれば、合邦禁止もまたなくなるだろう、と。[89]レンナーは一九二九年、自分の名前だけでなく、従来の自分の業績が生み出す威信全体をよりどころに、米国世論に対して、すべての国が参加する世界会議でオーストリアに合邦を許し、それによって自由を与えるよう訴えた。

ある民族のそうした僅かな部分［オーストリア］がまず始めねばならない。そうした国民（Volk）と国土（Land）が己の確立を望み、世界に向かって架橋することを望み、自己の国（Reich）の千年に及ぶ共同体に復帰することを望む。市民に自由に投票させ、九九％の票でドイツとの再統一を決定せしめよ。[90]

一九三〇年の社会民主党大会でレンナーは、新たに対決すべき者たちについて語った。つまり、ナチ支持者たちのことで、それまでオーストリアで目立たない存在だったが、いまやナチの宣伝に耳を傾ける者たちであり、かなりの数に登った。社会民主党は、「我々の」大衆をこのナチの誘惑とかき回しから守るため、この明日の敵を非難対象に加えなければならない、と。[91]

一年後、レンナーは党大会で、ナチが本来は危険な敵で、まだ目の前に現れてはいないけれども、労働者階級にとって十分大きな存在だ、と述べた。

このナチが危険な理由は、社会主義から上面だけ、つまり、外的な形態と特定の部分だけを取り出し、経済的に未熟で絶望した人々が作る反動的な土台に植え付けることによって、自分たちが社会主義の最悪の敵でありながら、社会主義者と自称することを許されるからである。[92]

一九三一年四月二九日、レンナーは国民議会第一議長に選出され、就任演説で墺独関税同盟計画について述べた。オーストリアとドイツは自由への第一歩を踏み出した、と。

他国がこれ［全ヨーロッパの新経済秩序］を望まないか、それとも、機が熟していないのでしたら、私たちが最初の一歩を踏み出して、我が国と母国ドイツとを経済的に一体化することが、少なくとも我が国には許されることを願います。我が名前と皆さんすべての名において、まさにこのとき、我らが偉大なドイツの母国の人々に挨拶を贈ります。[93]④

カール・レンナーは、とりわけ墺独民族同盟（Volks-bund）に積極的に参加し、ドイツの言語・文化共同体に関する数多くの論攷を寄稿した。[94] 同盟総裁、ヘルマン・ノイバッハーが一九三一年、レンナーに向かって「将来、自決を求める決定的な闘いの苦しい日々に、これまでと変わらず、墺独民族同盟の忠実な支援者であって欲しい」と訴えたとき、レンナーは、自分の民族同盟に寄せる気持ちに変わるところはないが、現在行われている大統領選⑤に鑑み、立場を明確にできない、それが終われば、間違いなく自分を当てにしてくれていい、と応えた。[95]

オーストリアとドイツの合邦に関するレンナーの立場は明確であり、合邦を目指す闘争において社会民主党が主導権を握るべきだと考えた。ただ、統一の途上では、これを望むどんなグループとも協働することを前提とした。[96] レンナーという人物にあっては、互いに矛盾する力が入り乱れ、それが表に現れた。ドイツ民族主義者であると同時にオーストリア愛郷者であり、ヒトラー・ドイツとの合邦に反対であると同時に賛成であり、[97] かれの発言が行われた時点ですら、その発言から遡って、ひとつの一貫した政治的態度を確実に推し量ることがゆるさなれなかった――ひょっとして、そのようなものはなかったかもしれない。ブルーノ・クライスキーが言うように、もしかするとレンナーは、起きてしまったことと自分の政治的信条とを一致させようとしたのかも知れない。[98] 一九二九年には、レンナーはナチ党・ヒトラー運動のウィーン・ノイバウ地区グループが催した大会に出席することを拒否し、この大会のためにすでに印刷されていたポスターを「愚かであつかましい広告」だと公言していた。[99]

「フューラー（指導者）」の神秘的な力に抗して

一九三二年、ナチはカール・レンナーに狙いを定め、集会で次のように主張した。レンナーは国民議会議長として、ドルフース政府不信任決議に当たり、投票権があったにもかかわらず投票しなかった、と。投票権があった云々は、実際には誰かの選出だけに該当した。[⑥]レンナーは、この種の誹謗中傷と卑劣なことには反駁を加えた。ナチズムは何よりも人権の観点から、レンナーにはなじまなかったに違いない。かれは一九二九年、オーストリア人権連盟の席上、ファシズムを弾劾した。ファシズムは人権を、自分たちの「統合」国家の制約だと非難する。公民の（staatsbürgerliche）平等を原則として廃棄し、個人をその属する団体（Korporation）に一緒くたに組み入れる。信条を同じくする者だけが能動的な政治権利をもち、ファシズムはたっぷりの暴力を、神話的な力の恩寵により選ばれた「フューラー」に留保する。これは「従士」の野蛮な権利と中世身分の復活に他ならない、と。[100]レンナーはナチ・ドイツに迫害されたドイツの活動家たちのために何度も干渉し、協同組合運動では根気強く、ナチ党員が浸透する危険に警鐘を鳴らした。[101]かれはまたヒトラーをオーストリア者（Gewächs）と呼び、首相のイグナーツ・ザイペルがナチズムのオーストリアへの進出を助けた、とかれを非難した。

ナチズムの木々は、しかし、ここでは天に向かって伸びないだろう。一方、それは危険である。というのは、議会で見通しのもてない少数派——護国団の武器が流れて、この少数派の暴力に使われている——がクーデタを企てるからである。合法主義者の諸氏は、自分たちがどの犬の鎖をほどいたかを知って驚くだろう。[102]

同時にレンナーは次のような発言もした。ナチは、むき出しの暴力を非公式の法にしたが、ドイツの民主主義に統合されて、他の諸政党並の政党になった。「ヒトラー陣営」は今や暴力と関係を断ち、合法を謳わねばならなくなっている、と。レンナーは続ける。ナチ党員を共産主義者たちに模範として提示しよう。そうすれば、共産主義者たちはナチ党員と同じように、民主主義を訓練するコースで重大な経験から多くを学ぶだろう、と。[103] この種の誤った評価が基になって、レンナーがヒトラーとドイツ・ファシストの罪をはらし、かれらを無害どころか、有益な者に見せかけた、という大ざっぱな非難が生まれたのである。[104] 一九二九年以前にはむしろ抑制されていた社会民主党の合邦政策が、世界経済危機の到来と、一九三〇年以降、劇的に悪化した労働市場とによってふたたび強化された、と言えよう。[105] ドイツでヒトラーが権力を掌握するのに先だって、レンナーは自著ではっきりと憂慮を表明した。[106] 一九三三年初め、レンナーはオーストリアの状況が全く変わったと言い、ドイツからの離反が起こり、ナチ党員だけが以前よりもドイツを気に掛けている、と述べた。[107]

レンナーはまだ一九三二年初めには、ヒトラーの綱領文と宣伝のもつ特異性と新奇さはオーストリアでは期待された印象をまったく与えないだろう、と本気で考えていた。ただ、ドイツでの成功が、護国団の一部をヒトラーに走らせたのだ、と。

［ナチの］無言のパレードにつきものの革製品と金属がもつ単調さと、敬虔な屋外ミサとは、かれら［護国団］を退屈させ始めた。ナチの集会は、向こう［ドイツ］では大盛況であり、熱を帯びた演説が行われ、大袈裟に仕立てられた観念とうっとりさせる目標があった！ ここ［オーストリア］では、行動にはやる気分を満足させる仕方はまったく別だった。向こうではユダヤ人が首をくくられ、マルクス主義者の首が転がり、利子奴隷制度が打ち破られ、第三帝国が始まった。[108]

ナチズムは「我々のもとでも」広まりつつあるが、まだ先行き見込みのない議会少数派に留まっている、と。[109]

ヒトラーの権力掌握は、一九三三年、社会民主党の綱領から「合邦条項」を削除することにもつながった。[110] 一九三三年一〇月、社会民主党はレンナーが主導して、以前から全体主義を目指して進むドルフース政権に向かって、国民議会を招集し、この議会がナチズムに反対する大々的なデモの組織化を決議するよう提案した。オーストリア国民は「合邦」の取りやめを望んでいる。そして国民議会の五分の四の多数があれば、合邦のいかなる口実もヒトラーから失われる、と。レンナーはある覚書の中で回想する。そのような決議をしていれば、ヒトラーはオーストリア国民の意思を引き合いに出すことなどできなかったはずだ。反ナチズム宣言を明確に行う、二度とない機会が失われてしまった、と。[111]

この自主的にしたためられた覚書の中で、レンナーは従来の合邦賛成の立場から完全に離反したように思われる。

ヒトラー体制の勝利とワイマール憲法の瓦解によって起きたドイツ民族の真の破局について語る。自分は、ヒトラーの絶対主義のためにドイツ（Reich）がドイツオーストリアを喪失した、と苦々しく認めざるをえない、と言う。ワイマール憲法の再興と深化がなければ、合邦は政治的に排除される。オーストリアは、刑務所の空の房にまだ入ることができない。ワイマール共和国はもはや存在しないが、それはオーストリアのせいではない。またドイツがオーストリア経済の後ろ盾になることはもはやない。軍事情勢に鑑みてオーストリアが、ドイツの後を追って、同国がいま辿りつつある道を行くことは決してない。それは自殺に等しいからである。合邦は終わりだ。それはオーストリアドイツ人のせいではない。かれらにとっては独立、不可侵、政治的永続中立が自国存続の必要条件となった、と。[112]オーストリア社会民主党による一九三四年二月蜂起の後、逮捕されたレンナーは聴取の中で、自分と党が独墺合邦の反対者であることを改めて認めた。[113]

レンナーは一九三七年八月初め、フリードリヒ・アードラーとの文通で、ナチによる若者への浸透がそのころ、おそらくもっとも深刻な問題だと述べた。小離のシュシュニクを大離のヒトラーで排除しようとする動きが見られる、と。[114]一九三八年のベルヒテスガーデン合意とドイツ侵攻との間の四週間に、一九三四年以来見られなかった幅広い労働者層の活性化が起きた。旧社会民主党の指導者の中でとりわけレンナーは、政権との宥和を改めて求めた。それどころか、かれは旧党指導部の招集を求めた。[115]

一九三四年の保釈以来、レンナーは国内に残留した旧党指導部のメンバーと会っていた。この中にはアードルフ・シェルフ、ローベルト・ダネベルク、パウル・リヒター、カール・ヴァイグル、アーデルハイト・ポップ、フェルディナンダ・フロスマン、オスカル・ヘルマーがいた。定期的に毎週土曜日、トランプやビリヤードの遊びに集まり、その場所はたいてい、ウィーンのカフェー、ジラーかドープナーだった。職能身分代表制国家の最後の年［一九三八年］には、毎週水曜日の夕方、タウプシュトゥメンガッセにあったレンナーの自宅に集まった。グログニッツの別荘には、初めの頃はたびたび逗留し、後には恒常的に暮らした。職能身分代表制国家でもナチ支配下でも、レンナーには消費協同組合から年金が引き続き保証され、多くの党友たちと違って金銭的な心配はなかった。マンフレート・マルシャレクは『地下活動と亡命』という著書の中で、レンナーが一九三五年の終わり頃、ブリュンに亡命した労働者たちを解散させるよう、党の依頼を受けたという説を強く否定した。総じて党左派は、レンナーがブリュンにある

［亡命］党組織を率いようとする野心を抱いているのではないか、と強い危惧の念をもった。確かにレンナーはしばしばチェコスロヴァキアに旅行し、一九三七年にはカールスバートに湯治で滞在したが、用心のためオットー・バウアーとは何の接触ももとうとしなかった。[116]

一九三七年、パリで開かれたある会議にレンナーが参加したため、レンナーの蟄居を非難するフリードリヒ・アードラーとの会見が実現した。レンナーはこの会見だけに留めず、さらにフランス政界・メディアとの個人的な関係を利用して、オーストリアの独立支持を訴えた。一九三八年、ベルヒテスガーデン合意から「合邦」までの間に、カール・レンナーはいまなお自らの意思で、グログニッツからウィーンに赴き、シュヴァルツェンベルク広場のフランス大使館に大使を訪ねた。大使に、諸大国は今まさにオーストリアを防衛するため、できるだけのことをすべきだと言い、西側諸国はオーストリアの独立を守るべきだと会見を締めくくった。[117] 革命的社会主義者は一九三八年三月一〇日、シュシュニクへの条件付きの支持を固めた。これに対し、レンナーは、その数日後、軍事的に完了したヒトラー・ドイツによる併合を目撃して、既成事実を心のうちで咀嚼することを強いられた。

ヒトラーが一九一八年の国家を収穫

ゴーロ・マンの見るところ、オーストリア国家の運命は、すでに一九一八年に協商国が合邦を禁止した時点で定まっていた。この国家をヒトラーがいまや収穫することができた、と言う。[118] レンナーは当時の「ドイツオーストリア」政府首班として、合邦計画を実現することができなかった。この夢は、ヒトラーの侵攻によっていまや実現した。一九三八年のレンナーによる「合邦をめぐる」声明[⑦]は、一八四八年およびそれ以降の人々の崇高な望み――オーストリアとドイツの広範な経済的・精神的領域を統一し、それによってドイツの、否それどころかヨーロッパの社会主義革命を起こすこと――とも、あるいは大ドイツ主義やドイツ民族主義という歴史的企てとも一致しない。実情はこうだった。政治的差別待遇や高い失業率、労働者の窮乏化が蔓延する権威主義のオーストリアに引きくらべ、当時躍進中のナチ・ドイツは、どう留保しても、おそらくはましな災いだと思わせる姿をしていた。

リヒャルト・ザーゲはその該博なレンナー伝で、レンナーが一九三八年に取った運命的な行為の背後にある動機は、決して完全には解明されないだろう、という見解に賛成した。[119] だが、筆者は詳細な研究の結果、今では次のような見解をもつ。一九三八年のレンナー声明は、かれの原則的な態度に深く根ざしているのである。すなわち、国家の代表者には、たとえそれが独裁者でも暴君でも接近しなければならない。接近すれば、どんな場合も権力の過剰は緩和される、というものである。ゴードン・ブルック＝シェパードは『合邦』と題する著書で、レンナーは何週にもわたり説得され、圧力を掛けられた、さらに、ゲシュタポが逮捕した、信条を同じくする同志を材料に強要された、と推測している。[120] オスカル・ヘルマーは自著『体験五〇年の歴史』で記す。自分はヨーゼフ・レーオポルト大尉に、レンナーはもしかすると、「合邦」国民投票の呼びかけに署名するかも知れない、見返りはダネベルクの釈放が保証されることだ、と申し出を行った。レーオポルトはこの提案を大管区長のヨーゼフ・ビュルケルにつないだ、と。［さらにヘルマーは述べる］

何人かの友人が問題をレンナーと個人的に協議したとき、かれは提案に否定的だった。約束は守られないだろうと言うのである。けれども、ダネベルクの釈放を試みるということで、かれは我々の要請に応えて、『新ウィーン日報』紙でインタヴューを受け、国民投票に賛成する由の発言をすることをしぶしぶ承諾した。[121]

元［ウィーン］副市長、カール・ホーナイ――かれが大管区長、ビュルケルに取り次いだ人物で、レンナーの声明をめぐってビュルケルと交渉したとされる――の証言とされるものが伝わる。それによると、声明が出されれば、ドクター・ダネベルク、アレクサンダー・アイフラーその他を強制収容所から解放するという約束がなされた。ヴォルフガング・シュパイザーはこの説を強く押すが、同時に、レンナーの行為を「ありもしないことを信じる」（illusionistisch）ものと見なし、社会民主党の指導者たる者、そのような策略に乗せられてはならなかった、と述べた。[122] 副首相で社会党党首だったアードルフ・シェルフは、ウィーン・マリアヒルフ［六区］のウィーン・ヴェスト市民大学で講演を行い、ある会話を直接耳にしたことを話した。そのとき、ナチ指導者たちがレンナーに向かって、声明を出してくれれば、その見返りにかれの家族と政治上のかれの友人たちとを悪いようには扱わないと約束した、と。シェルフはこの約束が守られなかったことを付け加え、修辞疑問で締めくくった。「当時、約束に何の価値があったろうか？」[123] レンナー自身は、高邁な動機があって、それが自分の態度を左右したなどということを断固として否定したが、しかしながら、筆者は、そうした動機すらありえなかった、とはまだ必ずしも言えない、と考える。この［合邦］「賛成」は場合によっては、将来ありうるナチ体制の迫害からレンナーを守る防護の盾のように働いたかもしれない。けれども、レンナーもまた、個人的にナチの危害と迫害を思い知ることになる。ユダヤ人の娘婿、ハンス・ドイチュをグログニッツの自分のもとに引き続き住まわせられるよう、レンナーは一九三八年夏、請願のため大管区長、フーゴ・ユーリを訪ねた。ユーリはレンナーの願望をひじょうに好意的に受け止め、併せて自分の保護を約束した。だが、その後しばらくして、ヴィーナー・ノイシュタットからやって来たナチのならず者の一団がハンス・ドイチュをひどく痛めつけた。そこでドイチュやその「半分ユダヤ人」の息子たちと娘は、英国に移住せざるをえなかった。

レンナーとノイバッハーとの会見

ルードルフ・ネックは「社会民主党と合邦」と題するシンポジウムの討論で次のように語った。テーオドール・ケルナー財団基金とレーオポルト・クンシャク顕彰会に後援されて自らが率いる学術委員会が現在、一九三八年のレンナーに関わる資料をいくつか保持しており、自分自身、すでに以前、ザイツ伝記作成に関連して若干の資料を入手していた。カール・ザイツはドイツの侵攻直後、短期間拘束されたが、当時のナチのウィーン市長で工学士・工学博士のヘルマン・ノイバッハーの介入によりベルリンで釈放された。ザイツは、周りからノイバッハーにお礼を言うように勧められ、実際、ノイバッハーを訪れて取りなしに感謝した。それと同時に、レンナーとノイバッハーとの会見を斡旋したが、自身は同席しないこととした、と。[125] レンナーとノイバッハーとの会見については、イザベラ・アッカルが一九七二年八月二三日および九月一日に行った経営支配人、トーマス・コツィヒとのインタヴューがある。コツィヒはこの時点で、唯一生存する時代の証人であり、一九三八年の「合邦」後、ナチのウィーン副市長だった。この会見は首尾一貫しているとは言い難いが、エルンスト・パンツェンベク［E・P］が公表したものを、内容全体にわたりここに再掲する。

かれ（レンナー、E・P）が、そのとき部屋に入って来ました。いまもかれを目の前に見る思いがします。背が低く、かなり太った人物でした。誰もが一度は見かけたことがあるのではないかと思いますが、この手の短軀で太った人物はせかせかと動きます。そうしたせかせかした調子でレンナーは入ってきました。席に着く前にかれは言ったのです。「市長さん、感謝申し上げます」ザイツと違って、かれはノイバッハーに向かって「市長さん」(Herr Bürgermeister) と呼びかけたのです。「お会いくださってありがとうございます。あなたに申し上げねばならないからです。我が人生、最良のときがやって来ました」

ノイバッハーが言いました。「おっしゃる意味がわからないのですが」。レンナーが応えます。「ご存じとは思いますが、旧憲法第一条（正しくは第二条、E・P）『オーストリアは大ドイツ共和国の構成部分である』は私の手になります」

ノイバッハーが言いました。「それを知ってうれしく思います。で、私に何ができるか、お聞かせくださいませんか」

「市長さんにお願いしたい。新聞あるいはポスターに印刷できる声明で、ウィーンの旧社会民主党員に私の名で呼びかける機会を作ってくださらぬか。四月一〇日には大ドイツとアードルフ・ヒトラーに賛成票を投ずるように、と」

ノイバッハーがレンナーに言いました。「あなたがなさろうとしていることは、うれしい限りです。ですが、ご存じのように、私は一介の行政官にすぎません。ことは、高度に政治的です。私に決定できることではありません。よろしければ友人のコツィヒ君と一緒にビュルケル氏のところへ赴いて伝えましょう。その上であなたに決定を、場合によっては電話でお知らせしましょう」「では、これが私の電話番号です」

……三〇分して（ヘスから、E・P）電話が来ました。新聞やポスターでの呼びかけは問題外だ。だが、レンナーが望むなら、帝国新聞情報局長本人が［ウィーンに］やってくるか、誰かをレンナーのところに遣わしてインタヴューする。それを公表しよう、という内容でした。

私たちはレンナーに了解を求めました。かれは応えました。「お願いしましょう。これで決まりです」[126]

ここで言われるインタヴューは、一九三八年四月三日の『新ウィーン日報』紙に掲載された。

私はドイツオーストリアの初代首相として、一九一八年一一月一二日、国民議会で次のように提議し、ほぼ全会一致で採択にこぎつけました。「ドイツオーストリアは、ドイツ共和国の構成部分である」。私はサン・ジェルマンへ派遣された講和代表団の団長として、何か月にもわたり、合邦のために奮闘しました。国土の窮状と敵国による国境地帯の占領とのため、国民議会も私自身も、屈辱的な講和条約と、付加された合邦禁止とを受け容れざるをえませんでした。しかしながら、私は一九一九年以来、数えきれない著作の中で、またオーストリアやドイツで開催された数多くの集会で闘い続け、合邦を訴え続けました。自分が認めるやり方で達成されたものとはいえませんが、合邦は完了し、いまや歴史的事実です。これは一九一八年と一九一九年の屈辱を真に償い、そしてサン・ジェルマン条約とヴェルサイユ条約を補填すると考えます。もし私がドイツ民族の再合体というこの偉大な歴史的事実を心から祝福しなければ、私は自分の過去全体を、すなわち、諸民族の自決権の理論的先駆者としての過去を、ドイツオーストリアの政治家としての過去を否定しなければならないことになります。……

やっとこの二〇年に及ぶオーストリア人の迷走は終わりました。オーストリア人は一体となって出発点に戻りました。一八六六年から一九一八年に至る、半世紀に及ぶ悲劇のインターメッツォは、これで私たちの一〇〇〇年に及ぶ共通の歴史の中に消えていきます。[127]

レンナーと、そして思想を同じくする仲間は、どのように票を投じるのか、という記者の決定的な問いにレンナーは応える。

私は後者の者たちに代わって発言する依頼を受けておりません。ただ、次のように言うことができます。社会民主主義者として、さらにそれに伴って諸民族の自決権の擁護者として、ドイツオーストリア共和国初代首相として、そして先のサン・ジェルマン講和代表団団長として、私は賛成票を投じます。[128]

こうして社会民主主義者としてのレンナーは、革命的社会主義者の立場に真っ向から反対した。[129] カール・R・シュタッドラーは言う。「私の考えでは」、レンナーは「かれの人生におけるこの最悪の政治的失策を犯さずにすんだのではないか。もし当時、社会民主党の地下に潜った部分と、もっと緊密な接触を保っていれば」[130]

ナチの黒幕的重犯罪人が証言者

レンナーとノイバッハーとの面談がトーマス・コツィヒによって描写されているが、これはウィーン市の高官による正真正銘の回想として、繰り返し、その一部ないし全体が引用されるので、筆者には資料としての検証が是非とも必要だと思われる。コツィヒの人物像に立ち入る前に、いくつか［レンナーの］容姿描写の不正確さを指摘しておこう。コツィヒはレンナーの背が低いと言う。エンゲルベルト・ドルフースのような人物なら確かに当たっているけれども、レンナーはともかくも一メーター七四の背丈があった。[131] 筆者はレンナーの体つきを誇張した風刺画をよく知っている。だが、筆者の知る一九三八年ころの写真では、レンナーは決して「太って」もいなければ、「小太り」でもなかった。[132] とりわけ一九四五年以降のドキュメント・フィルムが数多くあり、それを見ると、七歳年を重ねたカール・レンナーは、決してせかせかしておらず、背筋を伸ばして瀟洒に脚を運んでいる。コツィヒが憲法第二条と言うべきところで、レンナーの言を誤って［第一条と］引用したのは無視できるとしても、レンナーは間違いなく正しく引用したはずである。その他、筆者がひじょうに疑わしいと思うのは、レンナーが喜びを露わにした、と言われる箇所で、合邦だけでなく、ヒトラーの名も挙げた、とされるところである。レンナーはナチズムに強い嫌悪を覚えていた。一九三〇年にはレンナーは信じていた。ナチの運動が党派として国家組織に取り込まれることによって、民主主義がヒトラーに勝利した、と。しかし、運動と党派としてのナチズムの実態を、レンナーは当時もよく知っていた。

しかしながら、ナチの運動が新しいとはいえ、その内的な運動法則を知るには十分な長さの歴史がある。ナチが当初、そして初めはナチだけが持ち出した手段は、むき出しの暴力である。当初、討議は一切無く、行動のみ。議論を戦わすのではなく、相手に打ちかかる。妥協することなく、欲するものをそのまますべて、無理にも手に入れようとする。[133]

社会民主党党首のカール・ザイツがナチの市長、ノイバッハーに自分の釈放を感謝しようとしたのであるから、レンナーと示し合わせたことは十分考えられる。これは結局、レンナーの「合邦賛成」が、ザイツや他の社会民主党の大物たちとも実際に調整されたことを裏付けるのではないか。レンナーは墺独民族同盟を通じてノイバッハーと一〇年以上にわたって知己であっただけでなく、同盟に前向きに継続的に関与していたので、コツィヒがレンナーとノイバッハーの会見を、まるでふたりがそれまで会ったこともないように描いたのは奇異の感を与える。レンナーとザイツのノイバッハー訪問を、コツィヒが自ら体験したことは、母親のパウリーネ・コツィヒが大統領のカール・レンナーに宛てて一九五〇年三月一日付けで記した恩赦申請書の一節が裏付ける。

大統領閣下、閣下は、もしかして私の息子を個人的に思い出されるのではないでしょうか。閣下が一九三八年春、元市長のザイツ様とともに、当時市長だった工学博士のノイバッハー様をウィーン市役所にお訪ねの折、息子は閣下に自己紹介する栄誉を得ました。[134]

一九七二年になってコツィヒが主張する［レンナーの］親ヒトラーの振る舞いを、レンナーが当時［一九三八年］していたならば、［母親を通じて］レンナーにわざわざこの会見を思い出させる必要などなかったのではないか、と筆者は考える。筆者が推測するに、コツィヒはおそらく、レンナーとザイツが市役所に入るときに出会っただろうが、レンナー・ノイバッハー会談には同席しなかったと考える。

カール・レンナーをここまで不当に取り扱った、このトーマス・コツィヒという目撃証人は一体誰だったのか？コツィヒは第一次世界大戦で歩兵連隊（大ドイツ騎士団長歩兵連隊）に所属、戦後、ケルンテン防衛の闘いに参加し、その後、銀行に勤める。一九二七年、シュタイアマルク護国団に加入し、一九三〇年にはコルノイブルク宣誓[⑧]に参加。一九三一年、ナチ党および突撃隊（ＳＡ）に加入する。ナチ活動のため、一時的に拘束される。一九三五年、突撃隊の旅団指導者となる。コッイヒによれば、一九三四年七月、祖国戦線書記長のグイード・ツェルナトから要請され、ＳＡの指導を引き受ける。コツィヒがこの立場で配慮したのは、その後ＳＡにテロを起こさせないことだった。当時、技師アントーン・ラインターラー[⑨]を窓口とする［オーストリア］政府とドイツ政府との間で協議が進められ、［シュタイアマルク］州知事のカール・マリーア・ステパーンとハルトマン・シュタンドルシャー神父（ドルフースの聴罪司祭）も参加していることを、［コツィヒは］ツェルナトから暗に知らされたという。シュターレムベルクはシュターレムベルクで、ＳＡと護国団が、祖国戦線・シュトゥルムシャーレン[⑩]に対抗して提携するようコツィヒに申し出を行った。コツィヒがこの件をツェルナトに報告すると、ツェルナトはコツィヒに助言して、シュターレムベルクに気をもたせるように、と述べた。どのみちシュターレムベルクが、まもなく失脚させられるはずだったからである。しかしながら、コツィヒは一九三四年・三五年に反逆罪の嫌疑で告訴され、重禁固一〇か月の確定判決を受けた。[135]コツィヒはテロとサボタージュを食い止めたとされる。また、後のリンツ市長、フランツ・ランゴトのイニシャティヴで始まった鎮静化活動の中で、非合法のナチ党員に引き続き合法的に援助の手を差し伸べたと言われる。

「合邦」直後に『ケルンテン日報』紙に掲載されたコツィヒの手になる記事は言う。

ウィーン市役所は、ほんの少数のまったく丸腰の仲間たちによって占拠された。我々同志の間では規律を重視していた。

ただ、規律といっても、自分たちの認める指導部が課す規律だけではあるけれども。私には［オーストリアにおけるナチの］非合法時代全体を通じて、指導者はアードルフ・ヒトラーを置いて他にいなかった。我々には手順をきちんと踏もうとすることすら、まったく気にいらなかったが、……党の指導部が繰り出す命令だけは、どんなものでも余すところなく遂行された。[136]

コツィヒが自ら語るところによれば、一九三八年三月、妻と一緒にヴァイグルス・ドレーアパルクにいたところ、ラジオが自分のウィーン副市長任命を報じるのを耳にした。その日の午後、かれは親衛隊（SS）国家長官、ハインリヒ・ヒムラーのもとに出頭するよう言われた。ヒムラーはコツィヒをSS旅団長［少将］に任命しようと考えていたのである。コツィヒは自分がすでに副市長に任命されたことを理由にSS旅団長任命を断った。[137] 一九三九年、ナチ党に対し「血の勲章」を乞う請願は却下された。本人の言によれば、ある不動産取引の件で、誰かがマルティン・ボルマンのもとにコツィヒを中傷する申し立てを行った。ボルマンはそれをもとに、党への裏切りとしてコツィヒを逮捕させせようとした。これを阻止したのが市長のノイバッハーだったと言われる。[138] ついに一九四四年、大管区長、バルドゥル・フォン・シーラハからコツィヒに「血の勲章」が授与された。[139]

大管区長、フランツ・リヒターとSS少佐・技師、ハンス・ブラシュケとともに、コツィヒは一九三八年三月から一〇月までウィーン副市長を務めた。また、ヘルマン・ノイバッハーは、アルトゥル・ザイス＝インクヴァルトと友人であったために先に市長になっていた。ただ、ノイバッハーは誠実な人物で、クロアチアで過ごした間、ウスタシャ⑪によるセルビア人、ロマ、ユダヤ人に対する攻撃に反対してベルリンに対し抗議を行った。

コツィヒは副市長の後、一九四五年までウィーン市参事・大管区スポーツ指導者を務めた。一九三八年六月からはウィーン公共住宅を管掌し、この立場からユダヤ人の賃貸人を住居から追い出した責任があった。一九三九年九月には、プラター・スタジアムから一〇〇〇人にも上るポーランド系ユダヤ人俘虜を放逐し、ブーヘンヴァルト［の強制収容所］に移送させたことによって、コツィヒはウィーンから初めてユダヤ人を大量移送する主導者になった。この移送された者のうち、わずか七一人が生き延びただけだった。特筆すべきは、ブルク劇場俳優、フランツ・ヘルプリングの妻をゲシュタポに密告したことだった。「ウィーン」市役所地下とゲシュタポ本部に仕掛けられた爆弾が爆発して、彼女が「うまいもんだわね！」と言った、というものだった。一九四二年、コツィヒは軍務に招集され、一九四五年、赤軍の捕虜となる。一九四七年、コツィヒは人民法廷において、欺瞞と否認、証拠文書の欠落により罪状を軽減させることに成功した。『プロフィール』誌は二〇一〇年に書く。

一九四七年、元ナチ副市長で青少年保護・スポーツ担当参事のトーマス・コツィヒに対し、戦争犯罪の嫌疑で裁判が行われた。その中で、一九三九年九月の移送については、いっさい言及がなされなかった。［移送に関する］先に引用した文書は、コツィヒ裁判記録――これは他の何千というウィーン人民裁判記録とともに、現在、ウィーン市・州公文書館で誰でも閲覧できる――の中にも見られない。[140]

副市長、トーマス・コツィヒに関するファイルに添付された注（一九五一年一二月一八日）に記される。

市図書館のドクター・シックが昨日、副市長、コツィヒ、一九三八年―三九年と題するファイルの書類の束を引き渡した。それは、行政に関する比較的古い在庫文献とともに市参事会総務部から市図書館に届いたものだった。

本日、市参事会総務部のディベーリウス氏とともに市役所の地下書類庫で、市公務員上級職、ドクター・ゴルトハウスの命によりそこに届けられたコツィヒ・ファイル（ほぼ二立方メートルの書類）を検分した。

すでに一九四五年には乱れていたと言われる配列が、いまや完全にバラバラになり、文書の内容は大部分、もはや歴史的にも興味を惹かず、ファイルの復元には膨大な努力を要するので、書類廃棄のための同意が口頭で表明された。

……上記第一パラグラフで言及された文書一九三八年～三九年は、ＨＡ文書少数在庫に繰り入れられる。

イエーガ[141]

二〇一〇年の『プロフィール』誌の記事は、この点についてさらに続ける。文書が示すのは、

まったく普通の公務員であり、平凡な政治家が、ウィーンから初めて大量にユダヤ人を移送した主唱者だということである。……大量移送は、ありふれた市長案件として引出しに放り込まれ、忘れ去られた。ウィーン市・州文書館における人民裁判記録の展示では、このナチ権力者の像が、いまや完全なものになる。かれは、いつも通常の行政任務を果たしただけだ、と言いたいのだ。……

コツィヒの審理は裁判事例としては、オーストリアの戦後司法が、入り組んだ犯罪を些細な出来事に矮小化した多くの事例を象徴するものでしかない。この政治家は実は、ウィーン公共住宅の責任者として、オーストリアの合邦直後の一九三八年六月からユダヤ人賃貸人の追い出しを図ったのだった。けれども、かれが告訴されたのは、ただナチ禁止法下で非合法のSA指導者だったからであり、戦争犯罪人法による密告と不当利得のためだった。それはまるで、コツィヒが自分の職務遂行を矮小化する発言を、検察庁が密かに尊重したような趣だった。かれは語る。自分の行動によって、他の国民同胞の誰も損をしなかった。ユダヤ人は、ナチズムの社会秩序では国民同胞に数えられなかった、と。[142]

コツィヒは、変化したどのような状況にもうまく適応できた。一九四六年一二月一七日、コツィヒは人民裁判法廷でオーストリアの「暴力的併合」について語り、自分はナチズムのテロ政策と空疎なイデオロギーに、自分の使えるすべての手段で立ち向かった、と主張し、その証人の名前まで挙げた。[143]他方、グイード・シュミットの自己弁護をまねて言った。「無理もありません。著名な英国の政治家たちさえ、ヒトラーにだまされたのですから！」[144]

コツィヒは、ナチ禁止法違反、密告と不当利得（戦時犯罪人法）のために、人民裁判法廷で一〇年の重禁固と財産没収の判決を受けた。かれはその後、ほぼ中断することなく早期釈放を求め、たいていは司法省に、数回は大統領にも訴えた。ひっきりなしの早期釈放請願の理由として、その間に行われた戦争犯罪人の恩赦を挙げた。元リンツ郡郡長のドクター・アードルフ・ディートシャーは、マウトハウゼン強制収容所から逃亡した戦時捕虜射殺の罪で、戦時犯罪人法第一条により一〇年の重禁固刑に処せられていたが、刑期の半分を終えて釈放された。ウィーン警察は、コツィヒの早期釈放に断固反対していた。密告の罪は人々の間で特に嫌われて、憤激の巻き起こる恐れがあったからである。俳優でオペラ歌手のフランツ・ヘルプリングは、一九五一年四月二四日、コツィヒの子供たちの恩赦請願に加わった。理由として、コツィヒがすでにほぼ六年、刑務所に座し、それによって、かれが責任を負うべき犯罪行為は十分償われた、と考えたからである。ガルステンの男性刑務所は、受刑者、トーマス・コツィヒの良好な態度を定期的に評価していた。コツィヒの妻がすでに一九四六年三月に死亡していたので、母親のパウリーネ・コツィヒが一九五〇年三月一日、レンナーに恩赦の請願を提出した。

ひとりの七四歳になった女であり母親が、何年にもわたり耐えてきた苦悩と心労を抱えながら、あなた様をお頼りし、お願い申し上げます。三人の未成年の子供たちのため、五年経ちましたら、拘置された息子に対し、残りの刑期を恩赦により免除してくださいますよう。[145]

コツィヒの一九三八年をめぐる後の回想は、大統領のカール・レンナーが恩赦の請願に期待通りに反応しなかったため、一種の「復讐」ではないか、と筆者は考える。一九五一年、テーオドール・ケルナーの大統領就任にあたり、コツィヒは僅か四年そこそこの拘置（勾留を含めて六年）で特赦された。コツィヒはその後も、法的効果の寛大な取り扱いを求め続けた。一九五五年、大統領で元将軍、ドクター・テーオドール・ケルナーに宛てた書簡で語る。

釈放されてからは、全力を尽くして私の知識と能力をオーストリア再興に役立て、この点に関わる私の意思を明確に立証しましたので、すでに一九五三年には、ＢＳＡ（社会主義学士連盟）に加入したいという私の希望が叶えられました。[146]

筆者は、これまで引き合いに出したすべてのことからして、レンナーがウィーン市役所で一九三八年に行った面談に関するコツィヒの回想の正しさを疑問視するだけでなく、この偽証こそ、レンナーが陥った歴史的に曖昧で不確かな状況を生み出した主因のひとつであると見る。

ヘルムート・ブタヴェックは、二〇一六年に出版した『ウィーン人民裁判のナチ』では、反逆罪と密告嫌疑のコツィヒ裁判（一九四七年）の記録と報道を扱っただけだった。ただ、コツィヒが併せて密告したユダヤ人女性、エマ・ホルツァーが、ゲシュタポの警察官、ルードルフ・ヒッツラーによる腕ずくの尋問で受けた拷問を、ブタヴェックが詳細に取り上げたことは感謝される。[147]

骨の髄まで民主主義者

一九三八年三月のオーストリア「合邦」は、ゲールハルト・ボッツによれば、ドイツという外国の介入であり、国内にいたオーストリア・ナチによる権力掌握計画と一体だった。[148]こうして国際法上の独立国であるオーストリアが消滅させられたことによって、一九三八年のオーストリアはナチ・ドイツの犠牲者でもあった。[149]英・仏は「合邦」に反対する抗議の覚書を送っただけだった。ロンドンの『タイムズ』紙は、二〇〇年前に行われたスコットランド・イングランド合同［一七〇七年］との類似性を指摘した。フランスと米国が「合邦」を事実上承認したのに対し、英国は最終的には正式に同意した。イタリアはヒトラーに直前に知らされていて、既成事実を枢軸国として容認した。ソ連政府は一九三八年三月一八日、米・英・仏に対し共同措置を呼びかけたが、成果なく終わった。スターリンは再びその年の九月、国際連盟が強力な措置を取るよう促したが、成功しなかった。国際連盟ではさらにスペイン共和国、メキシコ、チリ、中華民国がオーストリア占領に正式に抗議した。メキシコの国際連盟代表、イシドロ・ファベーラはオーストリア滞在の経験があり、一九二〇年代のウィーンにおける社会・教育政策に強い印象を受けていた。かれは一九三八年三月一九日、大統領、ラサロ・カルデナス・デル・リオの委託を受け、国際連盟事務局長、ヨゼーフス・アヴェノール宛の、「合邦」に反対する抗議の覚書きを起草した。メキシコの外務大臣、エドゥアルド・アイは外国のオーストリア侵略に反対する理事会開催を要求した。メキシコはスペイン内乱において人民戦線政府と、ヒトラーに支援された反乱者のフランコ将軍との間にあって、民主主義の立場を堅持していた。ファベーラの覚書きは言う。

> オーストリアの政治的死は、国際連盟規約と、引き継がれてきた国際法の諸原則とに対する重大な攻撃（Attentat）を意味する。ウィーン政府が暴力的な占領者に権力を譲渡したという事実は、占領者にとって口実とはならず、国際連盟がこの既成事実を、強い抗議もせず、連盟規約条項の定める対抗措置も取らずに受け入れることは許されない。[150]

抗議の覚書きはさらに言う。降伏した政府はオーストリア国民を代表せず、国民は祖国の死を陰鬱な悲劇と見なした。消滅した政府は束縛され、強制されて行動したのだ、と。この抗議を思い起こさせるのは、ウィーンのメキシコ広場だけでなく、果敢に行動した外交官に因んで名付けられたドナウ・シティの遊歩道である。この道は国連広場からドナウ島の方向に伸びる。[12]［オーストリア］大統領、ハインツ・フィッシャーは二〇〇五年、メキシコ訪問の一環としてファベーラの故郷、アトラコムルコを訪れ、かれの記念碑に花冠を捧げた。

エルンスト・パンツェンベクは、さまざまに留保しつつも、レンナーの「合邦」宣言に一貫性を認める。ただし、かれは同時に疑問を呈した。レンナーのような政治家がどうして、ヒトラーのファシズムについてこれほどまでに考えを進めながら、かれ自身が強く拒絶する事態の雰囲気に呑み込まれたのだろうか、と。[151] レンナーにとって、かれが慎重に均衡をはかった「合邦賛成」の意味するところは、かれが的確に述べたことにつきる。すなわち、ナチズムとは距離を置くが、ドイツとは、たとえそれがナチ体制下であっても合邦する、というものだった。ただこのことによってのみ、次のことを説明しうる。レンナーは一九四五年八月、首相としてノインキルヘンにある社会民主党の先駆者ふたりの墓を訪れた際、苦しみをなめさせられたふたつのファシズムの弾劾を行った。それと同時に住民に、社会主義者の言うことにしたがわなかったことは、今となっては遺憾である、と言わしめることにためらいがなかった。

［レンナーが語る］

続くヒトラーの凄惨な戦争がやっと終わって、皆が再び我々のところにやって来て語った。「私たちが君らの党にしたがっておけば、何千、そしてさらにまた何千という者たちが、戦場で死ぬことはなかったろうに。社会主義者たちよ、やって来て、私たちが国を再建するのを手伝ってくれ」と。[152]

パウル・レンドヴォイに言わせれば、ブルーノ・クライスキーはかれの回想録で、レンナーによる「合邦」の公認を皮肉交じりの慎重さで扱った。

ヒトラーによる既成事実が、自分の生きている間に、なお僅かでも変わるなどということは、かれ［レンナー］には想像もできなかった。歴史が語るように運命にはしたがわねばならない、とレンナーは考えた。言うなれば、風にそよぐ葦のように。……レンナーはいつも既成事実にしたがう、と私にはいずれにしても思われた。……ナチは、かれをすっかり放っておいてくれた。……レンナーほどの高位にあったのではないにしても、他の多くの者たちも行ったことをめぐって、なぜレンナーは非難されるべきだろうか。[153]

レンナーは［合邦賛成を］公言することによって、おそらくはじめて、党への忠誠の限界——合邦に関して曖昧ではあっても、一九三三年に設定された限界——を越えたように思われる。これが間違いでなければ、レンナーの多くの断言にもかかわらず、かれにとって社会主義は最高の価値を有するものではなかった。パンツェンベクは、この点を次のように考える。レンナーにとって相対的なもの、つまり「合邦」が、むしろ絶対の価値を獲得する。これがついには、「統合的な民族主義」(integrale(r) Nationalismus) に対するレンナーの批判の矛先を鈍らせ、かれの「賛成」を決定づけた、と。[154]

これに対し、ヴァルター・ヴォーダクは別の意見をもつ。

ところで、合邦賛成のレンナーによる動機説明は、社会民主党が長年にわたり保持した大ドイツ主義綱領と一致し、オットー・バウアーの合邦賛成とも一致する。バウアーは、合邦がヒトラーのもとで行われたにもかかわらず、パリで発行された非合法の『カンプフ』誌（オーストリア社会民主党の理論機関誌）の「併合後」と題する記事（一九三八年六月二日）で合邦賛成を表明した。[155]

アントーン・ペリンカは次のように要約する。しかしながら、当時の政治の場でレンナーの行動意欲はさほど強いものではなく、かれはこの「[合邦]賛成」を別にして、ナチの意のままに政治的な好意をさらに示したり、行動を起したりしたことはなかった。ペリンカの意見では、レンナーは骨の髄まで民主主義者で、オーストリアのオズワルド・モズリ⑬になることはできなかった、と。[156]他の公人たちもまた「同じように」行動したからといって、レンナーの責任が軽減されることは決してない。ただ、一九三八年四月一〇日に予定された、「合邦」の賛否を問う国民投票への公的な意見表明では、ある重要な違いがレンナーと他のすべての賛成者——左翼・右翼を問わない——との間に存在した。レンナーはもっぱら「合邦」に賛成を表明しただけであり、これが二〇年来の夢だと語った。レンナーは、ヒトラーにもナチズムにも接近することなく、その反対に、勇気をもって公然と距離を置いた！

筆者が知るレンナーの党友たちは皆、新体制とその「指導者」に敬意を表した。元共和国防衛同盟司令官で連邦軍将軍、フリードリヒ・マイアーは、「フューラーだけが真の社会主義を実現するだろう」と主張した。ヒトラーが一九二〇年一〇月六日、ザンクト・ペルテンの市民ホールに初めて登場したとき、ハインリヒ・シュナイトマードルは本人の言によれば、激高した集会参加者からヒトラーに逃げ道を作ってやったが、[157]そのかれが、ナチ・ドイツによるオーストリア占領が示した「猛烈な勢い」を高く評価した。[158]

元ウィーン市参事のアントーン・ヴェーバーは、「抗しがたい運動と、これを準備し、合邦を完成させた人々」に脱帽する、と公然と語った。元ブルゲンラント州議会議員、ハンス・スシャールは、トビーアス・ポルチ⑭が発行する『国境地帯新聞』で公言した。「未だにナチズムとフューラー、ドイツ帝国への信奉を表明していなければ」、自分は恥じ入ることだろう、と。[159]

オーストリア・キリスト教会の代表者たちは、さらに大胆にふるまった。ウィーンの大司教、テーオドール・イニツァー枢機卿は、すでに一九三八年三月一二日、ウィーンのカトリック教徒に呼びかけていた。「三月一三日の日曜日には祈りましょう。大きな政治的転換が無血で行われたことを主なる神に感謝し、オーストリアの幸いなる将来を願いましょう」[160]。ホテル・インペリアールで行われたヒトラーとの一五分の謁見で、イニツァーはヒトラーに、オーストリアのカトリック教徒は「大帝国のもっとも忠良なる息子」となるだろう、と請け負った。大管区長のヨーゼフ・ビュルケルは、議会建物でその六日後、ナチによる優遇を枢機卿に保証した。条件は、イニツァーとオーストリアの大司教たちが、次のような文言を含む忠誠声明に署名することだった。

我々大司教にとって国民投票日における民族の当然の義務は、ドイツ人としてドイツに忠誠を誓うことであり、我々がすべての信仰厚きキリスト者にも期待するのは、自分たちが自己の民族（Volk）に負うものを自覚することである[161]。

イニツァーは、その一部が全国で貼り出された声明に、手書きで「ハイル・ヒトラー」と付け加えた文書を添えた。プロテスタントの最高宗務会議委員のローベルト・カウアーは三月一三日、「オーストリアにいる三五万を越えるプロテスタント・ドイツ人の名において、五年に及ぶ深刻な危機から救ってくれた」ヒトラーを歓迎した。「ドイツオーストリア」の古カトリック派の司教や教会会議は三月一五日、「我々のフューラー、アードルフ・ヒトラーのための代願の祈りを今後、ミサ奉献文に加える」措置を命じた[162]。

トーマス・マンは、ナチズムを「熱狂的できらきら光る革命、魂に信念と熱狂がたっぷり注ぎ込まれたドイツの国民運動だ」と述べていた[163]。オーストリア人の沸き立つ「合邦」への熱狂は、ベルリンのナチ当局自身を驚かせた。したがって、「合邦」の写真は一枚として、チェコ人が一九三九年にドイツ軍の侵攻に際して浮かべたような苦痛にゆがんだ表情を撮ったものはなかった[164]。フリッツ・モルデンは回想する。ヒトラーは四月一〇日までに三回ないし四回、ウィーンにやって来た。「自分の周りにいた、たいていのオーストリア人は、この『オストマルク最大の偉人』がウィーンのリング通りをほんの少し歩いただけで、ほとんど跪《ひざまず》きそうだった」。モルデンがそれ以上にとても注目に値すると思ったのは、そのときヒトラーには「護衛がまったく付いていないことだった[165]」。

カール・レンナーの「合邦賛成」表明は、カトリックの大司教たちの声明と同じようなやり方で、ナチによって少なくともウィーン五区で貼り出されたが、貼り出しの有無にかかわらず[166]、合邦への熱狂は、まさに沸き立つほどだった。四四七万四〇〇〇人の有権者と九九・七一％の投票率で、九九・七三％のオーストリア人が「賛成」票を投じ、「反対」は僅か一万一九二九票だった。英国の歴史家、リチャード・J・エヴァンズは、この結果を荒々しい威嚇と統制に帰した。ゲシュタポの報告によれば、ウィーンでは、公表された一〇〇％の「賛成」とは対照的に、僅か三分の一が「合邦」賛成票を投じただけだった。レンナーは戦後になって、心より賛成したのは実際には「僅か六〇％」に過ぎなかった、と述べた。[167] 政治学者のオトマル・ユングは、Sopade⑮の出版したドイツ通信に依拠しながら、「合邦」問題でも自由に投票が行われていれば、一九三五年のザールラント帰属投票と似て、ほぼ八〇％が賛成したのではないか、と述べているが、これが正しいように思われる。当然のことながら、レンナーのインタヴューと同じように、これは決してナチズムの容認を意味しない。社会史家、ハンス・ウルリヒ・ヴェーラーも、投票が国際監視下で自由に行われていたとしても、結果は基本的に大きく変わることはなかったろう、と想定している。

「私たちは復活を生きて迎えることができるだろうか？」

こうした当時の一般的な熱狂が考慮されないまま、レンナーは、たとえばステラ・クライン＝レーフから非難された。レンナーが「賛成」を表明したことで、何十万という者たちの手本になった、と。したがって、一九三八年の三月と四月、抵抗の萌芽だけは生まれたが、幅広い非合法組織の展開は夏あるいは秋を待たねばならなかった、と言われる。[168] だが、本当の理由は、レンナーにあるというよりも、別のところに求めるべきだった。革命的社会主義者は、党の非合法活動家五〇〇〇人の名前がナチ治安当局に判明していることを知っていて、指導部は慎重を期して行動を控えることを選択し、中央委員会はすでに三月一一日、あらゆる地下活動を向こう三か月間禁じた。[169] フリッツ・モルデンは語る。レンナーは疑いもなく、イニツァーと同じように下心なしに、信条を同じくする自陣営の者たちのために行動した。ふたりとも一度としてナチであったことはないが、善意でありながら重大な誤りを犯した。イニツァーの署名といい、レンナーの行為といい、「オーストリアの不幸」だった、と。[170]

元［オーストリア放送］テレビ局長、ヘルムート・ツィルクは、一九七〇年一二月中旬に放映されたテレビ人物番組「カール・レンナー、共和国の建設者」で、一九三八年のレンナーによる「合邦」賛成を取り上げた理由を、『クリール』紙でなかんずく次のように述べた。我々はこの

［レンナーの］誠実さを、何十万というかつてのナチ同調者たちにも認めざるをえないからである、と。

偉大な人物もまた誤りを犯しうる、ということは、この人物を人間として、我々にさらに近しくするのに役立つ。カール・レンナー級の歴史上の人物にも、当然のことながら誤謬を犯す権利を認めねばならない。[171]

レンナーは、自分が党友たちと意見の一致を図ったことにとりわけ言及した。その他、熟慮した自分の態度が、生き延びるのに役立ったこと、自分の経験がいま一度求められるだろうという確信から、ナチ党の迫害を逃れるために、できる限りのことを行ったことを語った。[172] ヴァルター・ヴォーダクは言う。レンナーの合邦賛成の動機は、間違いなくいくつもあり、たとえば賛成表明によって家族を守ることができる、というものもあったろう、と。

動機のひとつは確かに、（一九四五年の独立宣言に関する）報告書で言及されたものだった。つまり、グログニッツの家で自分にもたらされる「国内亡命」の可能性を保持して、ナチズムの消滅――レンナーは、英国誌によるインタヴューの結語に現れているように、これを確信していた――を生き延び、自分の力をオーストリアの新生に生かす、という望みだった。[173]

レンナーは一九四五年一二月一五日、社会党の戦後党大会で、この点について次のように述べた。自分は社会民主党が再生することを決して疑わなかった。だが、自分には長老のひとりとして、切ない憂慮があった。「我々もまた、まだそれを体験するだろうか？」[174] ノルベルト・レーザーの要約によれば、レンナーが『ワールド・レヴュー』誌［一九三八年五月］で状況を明確にしたことによって、合邦賛成をめぐる多くの伝説が壊され、かれはついに自分の「合邦」賛成の責任を完全に負った、と。[175] 筆者は考える。レンナーの「合邦」賛成は、ナチ体制の存在とその苛烈さを前にして、複雑な人間的・政治的状況に決着をつけ、自分と家族、そして可能であれば、信条を同じくする友人たちを最悪の事態から守ろうとする試みだった。差し迫る危険を緩和することが肝要だった。緩和の諸条件に関して約束した守秘を、レンナーは「第三帝国」が終焉しても守り抜いたかもしれない。[176]

約七〇万人のオーストリア人がナチ党員だった。ヨーロッパ全土と同じように、ヒトラーへの抵抗は、ラドミール・ルジャによれば、オーストリアでも例外だった。適応が普通で、抵抗は、政治的良心と勘を備えた、ほんの僅かな少数派に担われた[177]。すでに一九三八年四月一日、一五一人の著名な政治家を乗せた最初の囚人護送列車がダハウに向かって出発した[178]。さらに「合邦」直後、さまざまな政治的・宗教的指向の七万人がゲシュタポに逮捕され、三万五〇〇〇人以上のオーストリア人が絞首刑あるいは虐殺されたのも事実だった[179]。ナチ時代、オーストリア全体で、二五万の軍人、三万の市民、六〇〇〇のロマ、六万五〇〇〇のユダヤ人、二万五〇〇〇の非ユダヤ人囚人、さらに安楽死の二万人が亡くなった[180]。

レンナーの『新ウィーン日報』紙でのインタヴューは、オーストリアの社会民主党から、特に若い世代と左派からはレンナーの政治生活の暗い一章と見られる。かれが一九三八年の「合邦」賛成に公然と動いたことで、レンナーをナチ体制の陰謀と結びつけようとする試みがなされた。レンナーの「合邦」声明を基にして、ヒトラーへの賛同あるいは少なくとも黙認を導き出そうとすることは、まったく誤りであるので、次のように言うフランツ・グルーバーに賛成すべきだと筆者は考える。

社会民主党が一八九九年にブリュンで選び取り、一九三三年まで党綱領と共に歩み続けた道を、かれ（レンナー）は歩んだ。［民族］自決権の考えをめぐって変わったのはレンナーではなく、社会民主党のほうだった[181]。

レンナーがナチ党の党員候補あるいは党員だ、という噂があった。オーリヴァー・ラートコルプは、詳細な調査と、元グログニッツ地区党支部長への聴取を行い、すべてこうした主張が誤りだと結論づけた。レンナーの姉妹が党費を払って、かれをナチ党に登録していたという噂は、レンナー自身が否定し、自分の最後の姉妹が一九四〇年に亡くなっていることを指摘した[182]。

そこでレンナーによる「合邦」宣言の理解が可能なのは、ただ、かれがオーストリアの自決権の実現を、ドイツとの合邦に見ていたことを知っている場合だけである。この自決権のために、かれはサン・ジェルマンで闘ったのだった[183]。レンナー自身は［合邦より］一〇年ほど前［一九二九年］に、闘争を進めても勝利に至らない段階の、社会主義陣営内部の規律の欠如は、勝利を収めた軍隊の無規律よりも、階級に対する罪が大きいと評していた[184]。

レンナーが公然と「合邦」賛成へ進んだ理由について、あれこれ考えがめぐらされ、書かれてきた。ゴーロ・マンは言う。「合邦」が一九三八年になお、高潔な考え方をする前世紀の多くの人々の夢だったが、この合邦はただ、ナチの権力掌握という形で、あらゆる卑劣さをともなって完遂された。しかしながら、オーストリア国家の運命は、一九一八年に――一九三八年ではない――決まり、合邦の執行者は結局、協商国であり、ヒトラーではなかった、と。[185]いずれにしても、ヘルムート・コンラートによれば、一九一八年の「合邦」への熱狂は、一九世紀の政治思想を反映したものと理解でき、これは、一九三八年の民族的・国粋的・人種的共同体思想の倒錯をともなう「合邦」の熱狂とはまったく質を異にしていた。[186]レンナーは、精神的・肉体的絶滅まで進んだナチの排除政策を熟知していた。[187]したがって、かれの問題を孕んだ「合邦」への関与にとって決定的だったのは、ひとりの老人の日和見的な自己顕示欲・独善であるとか、一九三四年から三八年の「職能身分代表制国家」時代の終焉に対する満足感ではなく、ナチズムにより直接自分が脅かされているという感覚だった。まだ一九三八年の三月だったが、ドイツのゲシュタポの人間たちが、タウプシュトゥメンガッセにあったレンナーのウィーンの住居にやって来た。レンナーの孫のカール・ドイチュ＝レンナーが回想する。

そこで私たちは皆思いました。もう駄目だ、今度こそお爺様は連れて行かれる、と。かれらはお爺様を迎えに来たのですが、グログニッツに向かうと言いました。でも、理由は言いませんでした。[188]

レンナーは最悪の事態を想定したが、ナチはただ国璽とサン・ジェルマンの文書――まだグログニッツにあった――を探していた。カール・ドイチュ＝レンナーは、祖父が一九三八年三月の日々にナチからの逃亡を考えていたことも伝える。カール・レンナーが何か逃亡計画を練っていたか、という家族の質問にレンナーは応える。

もちろん計画を練ったよ。この計画は今もある。でも、これから電話して、みなキャンセルするよ。侵攻してくるドイツ軍をかき分け、ミュンヘンを通ってベルリンに向かう列車の寝台車を、家族全員のため一両全部予約してたんだ。ベルリンに向かうためにね。それとホテル「アドロン」に全員の部屋も予約していたんだ。[189]

ベルリンを経て、レンナーは飛行機でスウェーデンにたどり着こうとしていた。ナチが組織した国民投票を前に、合邦賛成者のうちカール・レンナーは、テーオドール・イニツァー枢機卿と並び、間違いなくもっとも著名な政治家だった。当時もその後も持ち出された主張――レンナーは賛成声明で、逮捕された社会民主党員を救おうとした――は、レンナー自身によってつねに否定された。[190] レンナーの声明が、かなりの程度に支持者たちの意気をくじいた、という想定も現実に即したものとは言えないだろう。また、この声明のために、一九三八年の三月・四月に生まれた抵抗は萌芽にとどまり、非合法組織の幅広い展開は、一九三八年の夏ないし秋を待って行われた、[191] ということでもない。一九三八年五月、レンナーはなぜ自分が「賛成」票を投じたかを、英国誌『ワールド・レヴュー』で説明した。その中でレンナーは、自分の声明が、誰よりも社会主義者と労働政党の注目を浴びたことを満足げに語っている。この声明は強制されて出したのではないか、という推測に対し、レンナーは言う。

1938年5月、レンナーは英国の『ワールド・レヴュー』誌で「合邦賛成」の理由を述べるとともに、ナチとの関わりは否定した

誤解を避けるために断言します。私は自発的に、まったく自由に意見を表明しました。ただ、事前に党友たちと協議することはできませんでしたが。……私はこれによって自分の意見だけを表明しました。しかしながら、私の発言が多くのかつての党員たちに影響を及ぼすことを意識しておりました。私は明確に付け加えました。合邦が達成された方法は、私が正しいと考えるものではないことを。さらに私はこれを社会民主主義者として語っています。このことを申し上げたのは、私がナチズムに改宗したのではないか、という誤解を退けるためです。[192]

ナチ・ドイツの外でなされたこの釈明は、次の言葉で結ばれていた。

私は苦痛を覚えます。民主主義者として独裁に屈し、自由な社会主義者として軍国化した国家社会主義に服し、理解不能な人種差別体制に、人道の世紀の子として膝を屈しなければならないとは。私は次の認識を慰めとしてこれに耐えねばなりません。諸国家は留まりますが、諸体制は交代します。諸民族は何世紀にもわたり生きます。諸政党は数世代のうちに生まれてまた消えます。私が全力を尽くして望んだものを、

> 私は否定することができません。なぜなら、私のやり方とは異なる方法で達成されるでしょうから。合邦が民主的な方法で実現しなかったこと、ドナウ諸国の経済協商が失敗したことは、私の罪ではありません。オーストリア社会民主党の罪でもありません。しかしながら、私が洞察したと思うこと、私の望むことが生起していることを、全世界に向かって認めることは、私の政治的な義務だと考えます。これが、私の声明の理由です。[193]

レンナーによる一九三八年の「合邦」賛成は失策として、また、ナチ・ドイツへのひとひねりしたおもねりとして一般に位置づけられる。けれども、オットー・バウアーによれば、それは品位がないものではない。レンナーは、自分が社会民主主義者である、とはっきり宣言し、ナチズムに距離を置いた。レンナーの言葉は時折、オーストリアの大司教たちによる「合邦」賛成声明とも比較される。テーオドール・イニツァー枢機卿とは違って、いずれにしてもレンナーは、署名に「ハイル・ヒトラー」を付記しなかった。

アントーン・ペリンカはレンナーを批判して言う。レンナーは、一九三四年に獄中で、職能身分代表制国家を合邦と比較してより小さな災厄だと述べた、と。[194] 囚われ人が自分を監視する者にそのような発言をしたといって非難するのは、その者の置かれた束縛の状況を理解していない、と筆者は考える。誰が、ひとりの一貫して社会民主主義者だった政治家——全力で帝政に仕え、崩壊後は小さな共和国を動かし、オーストロファシズムへの道を阻止しえず、社会的・経済的残骸の山を見た後、ヒトラーの侵攻を経験した者——に、外部のあらゆる変化にもかかわらず、確固として一貫した同一の立場に留まることを要求しえようか！

レンナーが「合邦」賛成を表明したからといって、ナチに厚遇されることはなかった。それどころか、レンナーは表明から六週間後、エンツェンライトの新しい地方政務官、ヨハン・ボックから一通の書簡を受け取った。

> 今回選任された地方行政局は、貴殿にこの名誉市民の称号を保持する資格を認めませんので、本状をもちまして、エンツェンライトの名誉市民権を貴殿にふさわしくないものとして剥奪します。[195]

一九三八年夏に行われたレンナーのニーダードナウ大管区長、フーゴ・ユーリとの面談で、ユダヤ人の娘婿、ハンス・ドイチュの「国内に留まる」願いは好意的に聞き入れられたが、かれはナチの暴力集団によって滅多打ちにされた。[196]

「モラヴィアは私の父祖の地」

レンナーの批判者たちは何をおいても、一九三八年秋に書かれた［未刊の］冊子『ドイツオーストリア共和国建国と合邦、ズデーテンドイツ人——権利のための闘いの記録——』をもち出す。[197] レンナーはすでに一九一八年一一月一二日の国民議会で、「ドイツ人の居住地域が外国の支配下に置かれることは許されない」と言明していた。一九一九年三月一五日には、ズデーテンドイツ人のために、来たる講和会議で自決権を要求すると述べた。さらにドイツボヘミアに関する覚書（一九一九年六月一五日）では、ドイツ人居住地域がチェコスロヴァキアに編入されるならば、「不正を犯すことになり、チェコ人を冒険的で恐ろしく危険な政策に誘うことになる」と警告した。三五〇〇万のズデーテンドイツ人を抱え込むならば、チェコスロヴァキアは、自称するような民族国家ではまったくなくなり、多民族国家になってしまう、と。

一九二八年、レンナーは『労働者新聞』で、イーグラウ［現モラヴィアのイフラヴァ］のドイツ語孤立地域をドイツオーストリアの居住地域として編入するよう要求した。

ミュンヘン協定［一九三八年九月］の数週間前にも、講和条約によってズデーテンドイツ人が切り離されたままの状態にあることに強い不満を表明した。曰く、交渉による取り決めが拒否されたが、［もし合意がなっていたら］ヨーロッパには祝福だけがもたらされたろうに、と。[198]

ズデーテンラントのドイツ編入（一九三八年秋）に対するレンナーの賛成表明によって、「合邦」賛成と同じように、かれのもとには社会民主党内の厳しい批判が寄せられた。すでに一九一九年、ズデーテンドイツ人が、自分たちのドイツオーストリアへの編入を主張していたにもかかわらず、「ミュンヘン協定」を支持しようものなら、今日ではヒトラー・ファシズムの賛同者と見なされかねない。[199] この協定は、レンナーがいつも思い浮かべる自分の生まれ故郷——ドイツ人の居住する南部モラヴィア——の取り扱いをついに取り決めた。レンナーは故郷モラヴィアへの愛着を、一九一七年六月半ばの議会予算審議で次のように表現していた。

ふたりの故郷が同じ、ということがあります。たとえばシュトランスキ議員と私です。氏はモラヴィア人です。ブリュン出身のモラヴィア人です。私はと言えば、家族の出自から言いますと、南部モラヴィアと北部モラヴィアが混淆しています。父は南部モラヴィア、母は北部モラヴィアの出身で、ふたりともドイツ系です。さて、モラヴィアは私の故郷であり、また、シュトランスキ議員の故郷でもあります。もし氏がこの私の故郷を、ただもう自分が見やすいように、手品で私の目から隠して、自分だけの故郷にしてしまうならば（笑い）、これは困ったことです。[200]

レンナーの先述の著作は、チェコスロヴァキア国家を否定し、ズデーテンラントのドイツ編入を基本的に評価した。レンナーが状況の変化に対応して、自分の立場をまったく変えることがなかったことは、かれが一九四一年一一月になっても、このズデーテンラントの著作にこだわっていたことから明らかである。[201] 他方、フレート・ジーノヴァッツは一九八八年、ゼーリガー・ゲマインデ⑯で、ミュンヘン協定はズデーテンドイツ社会民主党には恐ろしい悲劇だった、と語った。[202] アントーン・ペリンカは、レンナーのこの著作を、かれの第二の転向書と呼び、社会民主党が一九四五年にこれを秘匿した、と言う。ペリンカは「政治における夕ブー」と題する小論の中で、告発ともいうべき趣でレンナーを批判する。レンナーは、何十年も公開されなかったズデーテンラント覚書の序文で、「ナチ外交政策の宣伝色の濃い見解をそのまま」受け入れた。また、レンナーを「国父」に見せかけるべく、かれが「ナチズムのために短期ではあるが、宣伝者の役割を果たしたことが曖昧にされ、隠された」と。[203]

この場合、筆者に疑問なのは、まったく知られていなかったものを、どのように秘匿できたか、ということである。また、筆者が驚くのは、誰も反論せず真実を述べないまま、ペリンカがカール・レンナーに対するいわば実弾射撃を、こうまで長々と続けられたことである。レンナーは、誰か故人となった政治家について少し書き記すだけの雑文家ではなかった。かれは民主主義の共和国であるオーストリアから委託を受け、一九一九年の立役者として、約束された自決権を守るために闘ったのである。かれは勝者の力の故に敗れ、当時のかれの発言の多くが示すように、三〇〇万を超えるドイツ人が新生チェコスロヴァキアに編入されることの運命的な結末を予言していた。この予言は、一九三八年の「ミュンヘン協定」で現実のものとなった。今やヒトラーとムッソリーニの要求に屈せんとしている、というのは、一九一九年の協商国に抗議するレンナーの辛辣で皮肉な叫びだった。我々は、ただ弾劾するだけの間は、まだ真実の証人ではありえない。八七頁にわたる著作は、一九七七年にライムント・レーフの記事（『ノイエス・フォールム』誌）でその存在が初めて知られた。著作全体は一九九〇年になって、エードゥアルト・ラボフスキが紹介文を付して出版した。[204] オーリヴァー・ラートコルプが二〇一二年に下した結論は、もしこの著作が一九四五年に知られていたら、レンナーが大統領になることはできなかったろう、というものだった。しかしながら、筆者の考えでは、このレンナーの著作もまた、時事のテーマに関わるものであっても、その著者が結局、原則に忠実に焦眉の出来事を追いかけて行動した者であることを記録している。フーゴ・ポルティッシュが「ヨーロッパ和平秩序にとってサン・ジェルマン［条約］が意味したもの」と題する講演（一九八九年）で明らかにしたように、レンナーはすでに当時［一九一九年］、ひじょうに正確に条約の不公正を認識していて、同時にそのことに大変苦しんでいた。[205]

ラートコルプと対照的にフランツ・グルーバーは、レンナーが「ミュンヘン協定」を判断する根拠が、もっぱらかれの自決権の理解にあった、とする。[206] グルーバーの博士論文指導教官であるヴュルツブルク大学教授、ロータル・ボスレは序文で、政治的現実との直接の関わりを確認した。曰く、グルーバーの書は、偉大な学者であり政治家であるカール・レンナーを例に取って、オーストリアの大統領たち――念頭にあったのはヴァルトハイム・スキャンダル――が「以前から」、かれらの過去の解釈をめぐって問題を抱えていたことを指摘した。けれども、レンナーは「幸いに道徳的・政治的な清廉潔白さ」を失わなかった。「……というのは、かれは当時、今日ならば数多く登場する三文歴史家のデマの犠牲にならずにすんだからである」[207]

ウィンストン・チャーチルは英国下院で一九三八年一一月六日、アードルフ・ヒトラーを成功した偉大な人物と賞賛したが、ヒトラーを賛美した者では、チャーチルがもっとも高位だった。チャーチルは断言する。ヒトラーのような平和、寛容、高潔の人士であり、見捨てられた者、弱者、貧者に対して共感と慈悲の心をもった人物を、自分はヨーロッパの頂点に立った、偉大で恵まれた平和なドイツとともに思い浮かべる、と。[208] 同時にチャーチルは一九三八年、確信をもって公言した。「もし英国が、いつか大戦後のドイツのように打ち負かされ衰亡するとしたら、私は英国のためにアードルフ・ヒトラーのような人物を求めます」[209]。この偉大な政治家による、何と誤った評価だったろうか！ひじょうに批判的な現代人でも、誰もこれを問題にしない。大成功を収めた政治家のこうした誤った評価に、誰もこだわらない。レンナーはいずれにしても、ヒトラーに対するそうした親近感をどこかで表明するなどということは決してなかった。フランツ・グルーバーは、カール・レンナーが一九四六年に断言したことに賛成だ、と言う。［レンナーは語った」

「一九一九年に」あの諸条約が過去へのこだわりからでなく……来たるべきもののために……締結されていれば、大きな災厄が世界を襲うことはなかったろう。私が言いたいのは、一方の側がこっそり耳打ちする主張にだけ耳を傾けず、他方の側に、手遅れにならないうちに修正と警告の可能性を与えていれば、多くの災厄は避けられた、ということだ。[210]

ズデーテン問題の解決によって、レンナーには今やドナウ帝国も最終的に解体され、中欧の民族国家原理が完結したように思われた。そして別のまったく新しい目標へ向かう道筋が予感された。レンナーによる「ズデーテン問題の」著作の評価は、人々がその都度吟味しようとする当該の箇所に依存している、とエルンスト・パンツェンベクが言うとき、かれは正しい。さらに問題は、同書をレンナーの全著作とかれの個人的・政治的運命との関連で考察するか、あるいは、それが書かれた時代から切り離して解釈し、問題のある表現を探すか、ということである。[211]

レンナーはこの冊子の序で、「英国政府のもつ、視野の広い国家の叡智と結びつけ、フランスの犠牲を厭わない克己と、チェコスロヴァキアの英雄的な自己犠牲のもと、仲介するイタリアの支援を得て、戦争とそれに伴う犠牲もなく、一夜にしてズデーテンドイツ問題」を解決した「ドイツ指導部の、他に類を見ない粘り強さと行動力」を高く評価した。[212] レンナーから見れば、ミュンヘン合意は、苦悩に満ちた歴史の一幕を閉じたのだった。ミュンヘンにおけるズデーテン問題の解決を歴史的に判断するため、そしてこの紛争の正邪を考えるために、レンナーは自分の著作を役立てたいと考えた。国際連盟はズデーテン問題を解決できなかった。したがって、特権者は、自分の特権を主張するために武器を取る、権利を奪われた者は、加えられた不正を振り払うために、そして臆病で弱い者は、不安に駆られて武器を取る。こうして、世界の諸民族の間には、万人の万人に対する闘争の原始状態が復活する。しかし、博愛主義者に残るのは、避けがたいものに身を任すという苦痛に満ちた選択しかない、と。

今日勝者の責任を負う強国は考えも展望もなく、一九一九年の見かけだけの秩序を構築したが、こうした強国こそ、責任の一半を負うべきこの災厄を押し戻す義務が誰よりもあり、また、おそらく今日なお、その力をもつだろう。[213]

レンナーにとって一九一八年・一九年のズデーテンラン

トの分離は、「ドイツ人に対するはなはだしい不公正」の元凶であり、一九三八年まで償われないまま、全ヨーロッパを戦争の危険にさらした。[214] レンナーはまた、「協商国側」の幾人か「賢明な者たちが、まだ交渉中に会議の重大な不公正を認識し、席を後にした」ことに注意を喚起した。条約の締結後、条約に徹底的な批判を行い、新秩序の維持が不可能なことを証明した者もいた。だが、戦勝の興奮状態の中で、こうした声は人々の注意を惹かないままだった、と。[215] レンナーは続ける。

再び、ヴェルサイユ＝サン・ジェルマン体制が部分的に破棄された！　作り上げられた体制が、こうして少しずつ取り壊されていく。これは、国際連盟自身の先見の明をもった政治が、時を移さず全面的な修正によって排除すべきであったし、真の平和秩序に代替すべきだった。この無為無策がいかに多くの不正を、いかに大きな経済的破壊を、どれほどひどい民族の苦悩を引き起こしたことか。そしてまた、危険な情熱をどれほど大量に解き放ったことだろう。この情熱は、体制に最初の突破口をうがち、相争う強国に［変更を］強いるためにこそ必要だった。[216]

［レンナーは続ける］ミュンヘン協定は戦争をすることなく、償いを行い、血の犠牲を払うことなく、新しい秩序を創造した。この事実は、新しい世界政治の展開の出発点となり得る。チェコ人（das tschechische Volk）はしかしながら、部分的に自己の罪を償い、それ以上に他人の歴史的罪を償っている、と。[217] この主張によりレンナーが言わんとしたことは、一九一八年の戦勝国が、自分とズデーテンドイツの代表者に耳を傾け、少なくとも国際連盟を通じて修正を可能としていたなら、さらに民主主義の代表者を正しいと認めていたならば、力と独裁による解決には至らなかったろう、ということである。レンナーはミュンヘンで得られた合意と、それによって引かれた国境を信じていて、自分たちは平和を救済したのだと信じた、当時の西側の指導的政治家と同じ幻想に陥った。かれらは実際には次の侵略までの猶予期間を作ったに過ぎなかった。[218] だが、一九三八年にヒトラーに認められたことは、一九一八年・一九一九年に行動した者たちには拒まれていたのだった。

「レンナーは信用ならない、やってしまえ！」

その後、レンナーはグログニッツの、自分でカタコンベのように思う別荘に隠棲し、公的生活に距離を置いた。[219] けれども、かれは、その後も次々と起きる出来事を、批判の目と剛胆さをもって追いかけた。これは何よりもハンス・レーヴェンフェルト＝ルスあるいはパウル・シュパイザー宛の手紙に記録されている。もしこれらの手紙が公になっていれば、すぐにも断頭台に立たされただろう、とルードルフ・ネックは言う。[220] 一九四〇年のクリスマスには、パウル・シュパイザー宛に自分の誕生日の詩をしたためたが、そこでは、あらゆる国の暴君に反対し、自由な国民と憲法を称え、殺人や炎上、諸国家の狂気による悪事に抗議した。また、この詩には「ドイツ」という言葉がもはや登場しなかった。

　大きくも小さくもないオーストリア／この舞台は最後の世界／東から西まで／諸民族（Völker）が自由にひとつになる[221]

一九四三年一一月のモスクワ宣言後、レンナーは合邦の考えから完全に解き放たれた。[222] かれは一度も抵抗組織に加わることはなく、この暗い時代にかれの考えたこと、望んだことは、信頼する少人数の仲間だけに明かしていた。フーベルト・ペシュルの祖父母［ホルプ夫妻］は一九四一年頃、グログニッツのホッフェルト通りにある小さな地所に、戦時に許された量を上回るレンガをせっせと倹約してため込んでいた。しかも、戦争を理由に罰せられる恐れがなければ、このレンガでベランダを建て増すことができるほどだった。カール・レンナーが久方ぶりに敷地を通り過ぎようとすると、老齢のホルプ婦人が助言を求めた。レンガで何をしたらいいだろう、と。レンナーはほほえみながら、「戦意をくじくような」⑰応え方をした。

　ホルプさん、私だったら、できるだけ早くベランダを作りますね。でも、通りに面した垣根は全部、すっかり緑で覆いますよ。他人が通りから覗けないようにね。ホルプさん、こんなに多くのレンガがもったいないですよ！[223]

必ずしもリスクがゼロとは言えない、レンナーによる党友との文通から、一九四〇年の一通の手紙に触れよう。これは郵便で、グログニッツからウィーンのパウル・シュパイザーに送られたものである。その中でレンナーはナチズムを批判するとともに、「合邦」が敢行された状況に異議を唱えた。[224] さらに、シュタウフェンベルクのヒトラー暗殺が一九四四年七月二〇日に失敗した後、革命的社会主義者の元グログニッツ地区委員長、カール・グレットラーに向かって述べた。「グレットラー君、残念だ。今回はヒトラーをうまくつかまえられなかったね。世界中のやっかいと不幸を、きっと少なからず減らせたのにね。残念、今回は仕方ないか！」[225]

一九四七年五月初頭、ノインキルヘン地区の元ナチ党員を裁く人民法廷の裁判過程で、ナチが一九四五年四月にレンナーの命を狙っていたことも判明した。

ゴッシュ[226]が反ファシストたちを処刑するため、地方警察に名前を上げるよう要求した。「政治的に信用できない」人物――この中には現大統領、ドクター・レンナーを含む――をヒトラー・ユーゲントの私服のコマンドが殺害することが計画されていた。だが、計画はもはや実行されなかった。[227]

レンナーは首相職の初期（一九四五年四月）に、首相府の職員を前にして発言した。悲しいことではありますが、私どもは最終的に、オーストリアとドイツの「合邦」に別れを告げねばなりません、と。[228]後に［一九五〇年］レンナーは語る。一九三八年の合邦はしかし、一九一八・一九年に想定したものではなかった。当時は、オーストリア国家を連邦構成国家として「合邦」の対象とし、他のドイツ諸部族(Stämme)と連邦を形成しようという努力がなされた、と。

第一共和国は、自己の存在を完全に消滅させることを一度も決断しませんでした。また、オーストリアの民は最大の恥辱のときも、そのような解決策を受け入れることができるとは決して思いませんでした。[229]

そうした「合邦」は、誰も考えたことがなく、自由に選出された国民代表ならば、受け入れることができなかったろう。ヒトラーこそ、「合邦」を改竄し、まがい物にし、ついには永久に駄目にしてしまった、と。[230]元々「合邦」賛同者だったレンナーは、一九四七年初め、フリードリヒ・アードラー――当時スイスに暮らしていて、一九一七年の党内反対派だった――が、いまだ「合邦」思想を信奉するのを強くたしなめた。

フリードリヒ・アードラーは、このオーストリア侵犯が実際に起こり、世界を炎上させたことを直視しません。災厄を被った諸民族が、自分と同じようにこのことを無視する、とでも言うのでしょうか？　全世界がこの問題を、ドイツ語を話す者たちの単なる内輪の問題であり、中央集権主義と分権主義の争いだと思う、とでも言うのでしょうか？[231]

オーストリア人は、その独特の伝統のおかげで、思考の国際性を意識することに努めており、他のことはみな、精神の地方主義だ、とレンナーは言う。[232] かれは、オーストリアとその市民を「合邦」のあらゆる内実から浄化する過程について、人権連盟を前にした講演で明らかにする。

二度にわたる苦い経験によって、私たちは賢くなりました。二度と強大な国に、どこかの帝国に組み込まれたい、とは思いません。一夜にして再び切り離されるだけです。私たちは私たちであり続けたいと思いますし、世界の中でそれを独力で目指します。……［合邦］当時、ヒトラー・ドイツによるオーストリアの政治的併合（Annexion）が、私たちにどのような経済的影響を及ぼすかということは、外の世界にはまったくわかっていませんでした。併合は、ドイツを公共財すべての所有者にしました。国立銀行、大銀行、教会財産、労働者組織の財産、あらゆる巨大産業企業が、ドイツ国家やドイツのコンツェルンの法的管轄下に置かれました。[233]

［レンナーは続ける］この状態がポツダム決議によって法的に確定されるようなことになれば、オーストリアはもう一度物乞いの国民に逆戻りして、ヨーロッパの使命をひとつとして任されることはないだろう。

［もしヨーロッパの使命を担えば］ナチズムの復興を恐れることはないでしょう。私は五〇年以上もこの国の公的・政治的生活にたずさわっています。私はオーストリア人をわかっているつもりです。民族主義の波が最高潮に達したとき（一八九七年～一九三八年）でも、そして、いやというほど民族主義の試練が続いたときでも、波にさらわれたのは、せいぜい東アルプス諸州の五分の一程度の人々だけで、今や、ここでは民族主義は、すっかり信用を失墜しました。[234]

第七章　一九四五年四月のレンナー対スターリン——第二共和国への道

黙示録的現代

グログニッツの「世間から忘れ去られた住居」で七五歳を迎えようというカール・レンナーのもとに、一九四五年の三月第二週、手紙が一通届いた。かつて第一共和国の初期に国民食糧管理大臣を務めたハンス・レーヴェンフェルト＝ルスからだった。かれがウィーンの荒涼として絶望的な状況を記した手紙を書いた直接のきっかけは、先にヴィーナー・ノイシュタット全域に加えられた激しい攻撃のために「首相殿」の安否が気遣われたためだった。だが、発信人は根本的な諸問題にも言及していて、レンナーには看過できなかった。

> 今次の戦争が、ドイツの祖国にとって第三次カルタゴ戦争にならないことを願います。ですが、ドイツが勝ったとしても、恐ろしい経済的貧困、つまり、この戦争が引き起こす貧困を阻止できないのではないかと恐れます。我々がしかと意識しないうちに世界革命が起きて、世界が断末魔の苦しみを経験し、古代世界の没落と似た様相を呈するように思われます。[1]

レーヴェンフェルト＝ルスは手紙の最後で、自分はもはやすっかり力がつきて、まったく参ってしまっており、希望を抱くこともないことを伝えざるを得なかった。

> 子供たちのことを考えても、状況が変わるわけではありません。かれらの人生も、今の時代が残す膨大な借財の重い荷を背負わされることでしょう。愚か者だけが信じられるのではないでしょうか。この戦争の後も、生活は再び旧い形を取

り戻すことができるだろう、と。[2]

レーヴェンフェルト＝ルスは締めくくりに述べる。第一次世界大戦後の復興（一九一八年）は今回の復興と比べて、まるで「楽園時代のもの」に思われる、と。この黙示録的な時代分析を目の当たりにしても、レンナーはめげることがなかった。むしろ、故国の包括的な復興の準備を再開するのだった。戦争の最後の数か月間、かれは復興のために綿密に構想を練って来ていた。三月の最後の二週間、グログニッツでは状況が混沌としていた。ドイツ軍の要員や赤軍の捕虜、ヴラソフ軍[①]、南東方面からやって来る難民が街の景観をつくっていた。こうした日々、カール・レンナーは人々の前に姿を現して注目された。中央広場では、赤軍が当地に進駐してきた場合、どのように振る舞うべきかを人々に忠告した。大通りは銃撃と、場合によっては火災のために迂回すべきで、周囲の村に身を潜め、情勢が収ってから自宅に戻るように、とレンナーは勧めた。さらに、そうしなければ、全財産を失う危険があるだろう、と。

三月二九日正午頃、赤軍の兵士たちは、ブルゲンラント南部のクロースタマリーエンブルクで「ドイツ国境」を越えた。[3] S・M・シュテメンコ将軍の回想によれば、モスクワのソ連大本営では、三月の最後の二日のいずれかの日に行われた作戦会議で、スターリンが参謀部員に向かって質問を発したという。

ところで、社会民主党員のあのカール・レンナーはどこにいるんだ？　カール・カウツキーの弟子だった男なんだが。やつは、長年にわたり社会民主党指導部の人間だった。勘違いでなければ、最後のオーストリア国会議長だった。[4]

誰も応えず、A・I・アントノフ［当時、赤軍参謀長］も用心深く沈黙を守ったので、スターリンは続けた。「反ファシズムの立場に立つ、影響力をもった勢力を軽視しちゃならんぞ。ヒトラーの独裁で社会民主党もきっと思い知っただろう」[5]。だが、シュテメンコの説明は、最近の研究成果にしたがえば、もはや維持し得ない。

ナチの武装親衛隊は、三月三一日の夜、さらなる反抗を期してグログニッツから山岳地帯に撤退した。「第三帝国」は最後の動員として、グログニッツでも国民突撃隊（Volkssturm）になおも非常呼集をかけた。対戦車砲とカービン銃からなるその武器庫は、国民学校高等科の建物にあった。武装親衛隊もそこに宿営していた。[6] 三月三一日の国民突撃隊の集合場所は中央広場だった。ひっきりなしに空襲があり、集合場所は防空壕に変更された。撤退の動きが頻繁となり、いちだんと崩壊の兆候が見られた。ナチ自身が住民に、グログニッツを立ち退き、用意された二本の列車でゼメリングに向かうよう推奨した。三〇人ほどの一団が国民突撃隊から離脱し、ドーム状のいわゆる白頭丘に集まった。ここでカール・グレットラー――共産主義者と革命的社会主義者から成る非合法地区抵抗組織のリーダー――の指示を待った。ドイツ軍は復活祭の日曜日（四月一日）の朝方、南西方向のショットヴィーンやパアイアバッハにある陣地に撤退し、ハインリヒ高地にあった飛行監視塔は、国民突撃隊に対する非常呼集の印に火をかけられた。［赤軍］第三ウクライナ方面軍の第三七親衛歩兵軍団は、麾下の第一〇三親衛歩兵師団に属する二個の機械化部隊をもって、この四月一日昼頃、キルヒシュラーク方面からファイストリッツタール、オッタータール＝ラーホ、クラニヒベルク＝エンツェンライトを通ってグログニッツに到達した。

赤軍は当初グロググニッツの占領で満足していたが、結局、トリエスター通りからショットヴィーン方面と上部シュヴァルツァタール＝シュレーグルミュール方面へと二手に分かれた。[7] 町のツェーエトミューレとシュピーゲルミューレ並びにグログニッツ城――城ではすでに白旗がはためいていた――で行われた激しい銃撃戦で、とりわけドイツ軍側にさらに死者が出た。公式には一九四五年四月初めから年末までに五六人の戦死、一名の疲弊死、一八名の殺害、二〇名の自死が記録された。[8] 四月二日、米軍機がシュロスヴィーゼの飛行場を空襲し、赤軍兵士の発光信号でそれが止むまで、赤軍と地元民双方が防空壕に待避を余儀なくされた。[9] 赤軍の二人から三人の捜索兵が、隠れたドイツ兵や武器を探して家宅捜索を行った。戦闘部隊に続いて後方部隊がやって来たが、後者は民間人に狼藉を働きがちだった。[10] ナチの狂信者たちは、反ファシスト全員を血祭りに上げようと、その名を上げるよう地元の警察に要求していた。カール・レンナーを含む「政治的に不審な者たち」は、私服をまとったヒトラー・ユーゲントの特別グループが始末すべし、とされた。しかし、それは実行されなかった。[11]

東ヨーロッパ諸国で成功裡に適用されたやり方にならって、赤軍はすでに四月二日、共産主義者のシックホーファーを、自分たちに従順なグログニッツ町長として擁立した。この任命を撤回させようと、カール・グレットラーは、同日のうちにカール・レンナーの別荘に赴き、事態を報告した。レンナーの助言は、グレットラーが社会民主党員のヨーゼフ・ヘラバウアーと一緒に、報告された出来事に左右されず、新たに町長を擁立するように、というものだった。ふたりはこれを実行し、ヘラバウアーが町長に、グレットラーが副町長になった。
その八年前［一九三七年］、レンナーは作曲家のヴィルヘルム・キーンツルに宛てた手紙で予言した。体制は、流行のようにやって来て、また去って行く。同じことが、自分とキーンツルにも、思想を伝える者として、また高齢の人間として当てはまる、と。レンナーには、自分が再浮上するだろう、という予感があった。[12] ところで、赤軍兵士の家宅捜索に際して、これ以上ないという困難が起きたのは、言葉が通じず、捜索者との意思疎通の可能性がまったくないためだった。レンナーはこのことを『オーストリア独立宣言の歴史に関する覚書』で次のように想起した。

二日二晩、自ら自宅で、町の他のすべての住民と同じ体験をした後、私は復活祭の朝、住民保護を訴えるとともに、住民が例外なく平穏でいることを説明すべく、地区のどこか手近な司令所を訪れる決意をした。道には誰も見当たらず、ぽつぽつと歩哨が立っていて、話しかけたが、通じなかった。司令所への道を探して、ついにふたりの男に行き当たった。そのうちのひとりが、少しロシア語を話すことができて、地区司令所へ案内してくれた。司令所はひっそりと、ある脇道の建物に置かれていた。案内の男は入り口の歩哨と話を通じさせることができて、歩哨は来訪を取り次ぎ、私は司令官とその幕僚に住民保護の私の願いを訴えることができた。[13]

司令所への道すがら、四月三日のレンナーには、グログニッツの住民であるフェルディナント・ボールンとハンス・ペホーファーが付き添っていた。ふたりは途中、チェコスロヴァキア出身でグログニッツに移住したアントン・ザンパハに声を掛け、レンナーを地区司令所に連れて行ってもらえないかと訊ねた。地区司令所は最初の日々、ツァイレ一番地のa（現在はツァイレ六番地のa－e）にあった労働者ホーム（レンナーのイニシャティヴで建てられた協同組合の建物）に置かれていたが、後にハウプト通り三番地の建物に移された。フーゴ・ポルティシュが一九八二年、ORF（オーストリア放送協会）のドキュメント番組「オーストリアII」の調査のため、一九四五年にレンナーの通訳を務めたアントン・ザンパハに経験を訊ねた折、筆者も同席した。アントン・ザンパハの回想によれば、レンナーはすでに前夜、同行依頼を申し出て、ザンパハに事細かな指示を与えていた。ザンパハは当時、何か誤解をしはしまいかという不安だけでなく、チェコ語こそしゃべったものの、ロシア語は片言だったことから冷や汗をかいた。先述の『覚書』の中で、レンナーが地元住民の生活環境改善に取り組む意図を優先して述べているのに対し、ザンパハが記憶するのはもっぱら、オーストリアの再興という、レンナーによる国政の企図だった。レンナーはこの計画を説明するために、英語、仏語、ラテン語で書簡をしたため、誰か赤軍の将校が、このうちひとつでも理解しないかと期待した。[14]ザンパハによれば、レンナーはかれに、元首相、元サン・ジェルマン講和代表団団長、オーストリア議会の最後の議長として共和国を再興したいと話した。

分りますか、私は共和国を再興したいんです。そのためにはロシア人が必要だ、というのが理由です。ロシア人がいなければ、私は何もできません。ノインキルヘンにすら行かれないでしょう。[15]

復活祭の火曜日［三日］、レンナーは同行者たちとともに、すでに早朝八時、地区司令部の前にいた。歩哨は建物に入ることを阻み、司令官はまだ就寝中だ、と述べた。待たされた者たちは、暫くイライラした。面談を二度目に試みると、司令官は現在朝食中、という返事だった。この面談の理由をレンナーは、もっぱら住民保護の要請としたのに対し、ザンパハは伝える。

「ちょうど良い時間だ」［と司令官が述べました］。……その後、司令官は、書簡すべてに目を通し、私たちが何故ここにいるのか、説明に耳を傾けました。私はそのとき、司令官がこの件を放置せず、さらに上に上げてくれるように、と強調しました。案件は、オーストリア共和国の暫定再建です。[16]

ザンパハは、その後、二番目の付随的な話題がやっと出てきた、と言う。レンナーは、住民の厳しい状況、そして飢餓の切迫、食料の絶対的な必要性を指摘した、と。レンナーの証言によれば、司令官は、単独ではこの件を決定できないことを認め、レンナーと同行者たちに警護の兵士四名を付けた。

ケットラッハの司令部へ、さらにホッホヴォルカースドルフへ

警護されたレンナーは、帽子も外套も着けず、慣れた散歩用のステッキを手に、②二キロメートル離れたケットラッハにある隣の司令部へ向かった。[17]ザンパハによれば、レンナーは途中、かなりいらいらした様子だった。同行する赤軍兵士が絶え間なく休みたがり、今度休暇になる日を話題にしていたからである。ケットラッハでも、たっぷり四時間半待たされた。やっとケットラッハの司令部要員の中に、

レンナーの名前と過去の出来事をよく知っている将校たちがいた。かれらはそこで、自分たちの戦区の上級司令部に電話連絡を取った。その後レンナーに、狼藉停止命令がグログニッツの地区司令部に宛てて出されることが伝えられた。アントーン・ペリンカはカール・レンナー『入門』で、ゲーラルト・シュトウルツの、レンナーは脇役でいることができなかった、という言葉を取り上げる。[18]だが、一九四五年四月初めの大転換の日々、まだ戦争が継続しているにもかかわらず、ナチ体制が崩壊する中で、優勢に進攻する赤軍司令部に勇気をもって出向いて、「ドイツ人」だと依然見做される地元住民の飢餓、住民に対する略奪、強姦に抗議した政治家が他にいただろうか。私は知らない。グログニッツ地区司令部の目の前と近隣で、好奇心にかられてちょっと立ち寄った通行人たちが、ほんの少し前、赤軍の気まぐれで射殺されていた。[19]

陸軍将軍のS・M・シュテメンコは先述の回想で、ケットラッハにおけるレンナーの出現という事態をはっきりと伝えていた。シュテメンコは記す。四月四日、第三ウクライナ方面軍作戦会議報告が［モスクワの］総司令部に届いた。そこには、カール・レンナーが第一〇三親衛歩兵師団の司令部に自ら姿を現したことが書かれていた、と。シュテメンコによれば、後にかれは次のような説明を受けたと言う。

タバコの煙が充満した師団参謀将校の働く部屋に、堂々とした老人が、きちんとした黒い服を着て入ってきてドイツ語で自己紹介した。はじめは誰も特別に注意を払わなかった。やがて、政治将校のひとりが、誰と話しているのかに気づいた。そこですぐに上司に報告した。[20]

話を締めくくるに当たり、ケットラッハのレンナーに告げられた。「貴方の臨時案内人たち」とともに、自動車でさらに上級の司令部に行ってもらわねばならない、と。ケットラッハにはこの日、三〇歳くらいの大尉がいて、ファーストネームをミヒャイールといい、モスクワの医者の息子だった。学校で習ったまずまずのドイツ語を話し、ヴィムパッシングにあるゼムペリート工場で当時支配人が所有していた車（シュタイア二二〇型と言われる）を挑発して、レンナーをケットラッハからブックリゲ・ヴェルト地区のとある場所に連れて行った。[21]レンナー自身は、自分に何が起きているか知らない家族を案じていた。何と言っても、レンナーは早朝に家族と別れてから、すでにほぼ七時間も家を留守にしていたからである。その間にレンナーの別荘は赤軍に略奪され、まだ着られる衣料や食料が狙われた。もっとも、その別荘は主任司祭館と並んで、徐々にグログニッツの数少ない安全な場所となりつつあった。そのため、建物は避難を求める人々で満杯だった。

レンナー自身の説明によれば、かれは気が進まなかったが、再びグログニッツからの同行者とともに幌を掛けた貨物自動車に乗り込んだ。車は途中の司令所を過ぎ、知らない道をどこか山の中へとレンナーを運んでいった。レンナーはホッホヴォルカースドルフ――かれは滞在の初めから終わりまで、どこにいるのか分らないままだった――に着いたときは、すっかり元気をなくしていた。

しかしながら、フーゴ・ポルティシュが正しくも主張するように、レンナーがこの地で赤軍の高級将校たちと相対して、自分が無名ではないことを知ったとき、かれの気持ちは高ぶった。ホッホヴォルカースドルフでレンナーは、まず二〇番地の家の居室に収容された。ガーリンという名の、ドイツ語を話す大尉が世話係として、後には連絡将校としてあてがわれた。再びかなり長い待ち時間がやって来た。

レンナーの独立宣言覚書には、自分がスターリンの指図で赤軍により捜索の対象になっていた、という指摘は一切なされていない。［ホッホヴォルカースドルフで出会った］アレクセイ・ジェルトフ大将がそのようなことを示唆していれば、あるいは述べていれば、レンナーは間違いなく指図云々に言及したことだろう。ところで、ジェルトフはその後三〇年ほどして、フーゴ・ポルティシュを相手に行った回顧談（後に検討する）でも、レンナーがすでに赤軍によって捜索されていたとか、そのことが老社会民主主義者との面談でテーマになったとかいう話は一切しなかった。レンナーが一〇日後に書いたヨシップ・スターリン宛の手紙でも、自分が大元帥の捜索対象であることを知った云々の示唆はなかった。レンナーが手紙で感謝したのは、地区や地方の当該軍司令官が敬意をもって保護を提供してくれたこと、また、自分が一九三四年以来、苦痛とともに喪失に耐えねばならなかった行動の自由を完全に取り戻したことだった。[22] ロシア社会・政治史国家文書館館長のアンドレイ・ソロキンは、二〇一五年、レンナーの出現について断言した。

　我々は、スターリンがレンナーを捜索したなどという記録をもちません。我々は、レンナーのスターリン宛書簡を所蔵しており、スターリンの対応についても知っています。私見では、スターリンはレンナーの申し出に機動的に対応して、その機会を利用しただけだ、ということです。他に候補者はいませんでしたので、スターリンには幅広い選択肢はありませんでした。レンナーはオーストリアで政治的な重要性を有していました。誰でもスターリンの立場だったら、この可能性に飛びついたことでしょう。もっとも、レンナーはすべての者を出し抜きました。スターリンと西側連合国に自分の忠誠を確信させることによって、政府と第二共和国を樹立しました。[23]

マンフリート・ラウヘンシュタイナーは、カール・レンナーという人物に、自ずと重要性の増す戦略的な助っ人の役割を認める。それは、レンナーが命ながらえて、まずまず元気であり、何よりも自分の過去の政治生活を引き継ごうとする意欲をもっていたことからすでにわかる。モスクワは、レンナーの担った役割によって、ある困惑から救われた。というのは、米・英・仏と同じようにソ連でも、オーストリアが再建されるべきだという出発点に立ちながら、西側連合国と異なって、ソ連では特段の準備ができていなかったからである。モスクワでは、Xデイに誰がオーストリア政府を引き受けることができるか、という点をめぐって、間違いなく考慮はされていたであろうが、よい考えが誰にもなかったように思われる。[24]

「暫定国会および暫定オーストリア政府樹立準備」と題する文書で、エルンスト・フィッシャー［オーストリア共産党］は、一九四四年末から四五年の初めにかけて、誰か無党派の大学教授を政府首班に充てること、また［首相を補佐する］幹部会を諸政党の代表で構成することを提案していた。政府には昔からよく知られた政治家、たとえばカール・ザイツ［社会民主党］、レーオポルト・クンシャク［キリスト教社会党］、テーオドール・ケルナー［社会民主党、元陸軍将軍］を取り込むべきである、とされた。フィッシャーはすでに当時、共産党のために内務省、教育省、経済省を要求した。一九四五年四月二日、スターリンは、オーストリアに投入するために何人か同国の共産主義者を選出するよう、ゲオルギ・ディミトロフに電話で命じた。ディミトロフは翌日、スターリンに一一名のリストを渡した。そこにはヨハン・コプレニヒ、エルンスト・フィッシャー、フランツ・ホナー、フリードル・フュルンベルク並びにソ連で設立された「オーストリア捕虜反ファシズムビューロー」の四人が含まれていた。[25]

スターリンの後継者、ニキタ・フルシチョフの発言――レンナーがホッホヴォルカースドルフで赤軍に連絡を取った、という同地からの知らせが届いてはじめて、スターリンは、レンナーに再び注目した――は、スターリンの命でレンナーを捜索した、という説を覆すものである、と筆者は考える。というのは、スターリンがその知らせに「あの古狐がまだ生きておったかだと？」と反応した、とされるからである。これは、驚きを示すものであり、期待ではない。その後、スターリンは指示を与えた。あり得る政治課題に備え、レンナーを確保せよ、と。レンナーは自ら渦中に飛び込み、この素早い果敢な行為によって、民主オーストリアの迅速な樹立と自らの首相職をもたらした。[26]

慧眼の老人

レンナーがついに第九親衛軍の幕僚と面会した折、ピテルスキ大佐が通訳を務めた。この場面を、シュテメンコは次のように言う。

我が軍の将校たちがレンナーに、自分の将来をどのように考えるか、と訊ねた。これに対するレンナーの応え。自分は高齢であるにもかかわらず、あらゆる方法でオーストリアの民主秩序構築に貢献するつもりである。共産主義者と社会民主主義者は、今や同一の課題を背負っている。それはファシズムを打ち倒すことである、と。オーストリアの状況を知悉し、洞察力をもった翁［レンナー］は、すでに七〇歳を越えてはいたが、ヒトラー前のオーストリア国会最後の議長として、自分のもつ重要性をしかと意識していた。レンナーは、戦時下の暫定オーストリア政府樹立に協力する用意あり、としつつ、「自分はファシストを議会から閉め出す」と言明した。[27]

レンナーは、赤軍に次のように説明した。「少数派のナチ」が逃亡して残された住民は、何年にもわたる抑圧から解放され、赤軍の進攻を、いかなる敵対的意図も持たず、世界諸大国の約束を完全に信頼して歓迎したが、今や、身を以て体験した取り扱いによって失望させられている。赤軍の四月二日の命令によって、オーストリアの住人が辱めを受けてはならず、ドイツの占領者と混同されてはならない、とすでに明確化されていたにもかかわらず、実情は異なる、と。[28] 赤軍はレンナーに応えた。自軍の兵士は、ドイツ軍の祖国侵略により多大な残虐行為を経験した。ドイツ語を話すオーストリアで、オーストリア人とドイツ人を区別することは、ソ連の人間には難しい。しかしながら、赤軍はオーストリア住民の態度が明らかになり次第、住民には「最大限の安堵をもたらす」つもりである、と。[29]

レンナーはさらに開陳する。ウィーン市民の九割は、ファシストたちの報復と英米の空爆により意気阻喪し、ひどく消沈して前向きに行動できない。社会民主党は再び、ヒトラー・ファシズムへの抵抗闘争に住民を動員する何らの措置も取らなかった、と。併せてレンナーは説明した。ヒトラーによるオーストリアへの武力侵攻後、いっそう自分にはっきりして来たことは、併合が「合邦思想を葬り去った」こと、オーストリアは今後の情勢如何により「自国の独立を求め、再びこれを取り戻すだろう」ということである。自分は四年間にわたる第一次世界大戦の歴史――当初の輝かしい戦果にもかかわらず、最後は破局に終わった――からも学んだ。今回も結末は同じだろう。ヒトラーの侵略戦争の初めから、自分には「この冒険がどのような結末を迎えざるをえないか」がわかっていた、と。先に引用したレンナーの［独立宣言の歴史］覚書で、自分自身について述べる。自分は頑健な身体と「慎重な態度」のお陰で、まだ命を保っている。すべてこうしたことを勘案し、何年か前から自分は次のような可能性を考えて来た。すなわち、一九一八年〜二〇年の自分の首相経験、一九一九年のサン・ジェルマン講和会議代表団団長としての国際的地位を、オーストリアがもう一度必要とするのではないか、ということである。このように考えて、ナチの迫害を逃れようと、あらゆることを行った。この配慮と慎重さのお陰で、自分は今も生きながらえている、と。[30]

レンナーは、住民を啓蒙しようにも、必要な物と組織が欠けていることを指摘した。赤軍にとって、レンナーによるウィーンの雰囲気への言及は、ひじょうに貴重な情報だった。軍の偵察活動が、ウィーンでドイツ人が大規模な戦闘を準備している、と伝えていたから、いっそう重要な情報だった。レンナーは、自分の計画を実行する断固とした覚悟が実際にあるのかどうか、赤軍に訊ねられ、考える余裕が欲しい、とまずは返答を回避した。そしてグログニッツに戻る許可を求めた。帰宅前に将校たちと夕食を共にするよう言われ、食事は当然のことながら長引いた。食後、すでに夜も更けて夜間の帰宅は危険だったので、翌朝も会見を続けよう、と赤軍はレンナーをなだめた。かれは、農家の居間として使われている部屋にガーリン大尉と泊まった。レンナーはここで、これからどうなるか、頭を悩ませた。

　自分がそのもとで動かねばならない状況は、いずれにしてもはっきりせず、やっかいに思われた。交渉に入れば、自分の名を汚し、政治上の名誉を損ねることで終わるかも知れない。その上、自分が生涯にわたって尽力した社会民主党に不都合をもたらすかも知れない。成功がまったく覚束ないというのに、党の名前、その政治的存続、評判を敢えて危険にさらすべきだろうか？　心のうちの長い葛藤を経て、私は、あらゆるリスクを自分に引き受ける決意をした。できればオーストリアにチャンスを与えよう、と。つまり、ヒトラー・ドイツとの宿命的なつながりを、オーストリアが自ら断ち切り、戦争から適時に離脱、対外的には、いまだ受忍可能な平和を確保し、国内では、ファシズムの軛からの解放を勝ち取るチャンスを与えることである。これが失敗に終り、この土地がボリシェヴィキ独裁体制の軍門に降るかもしれないと恐れて自分が不安になることはなかった……。[31]

シュテメンコは回想する。一九四四年六月、共産党が、オーストリアでファシズムへの抵抗闘争を行うよう呼びかけてはいたが、ブルジョアの反ファシズム闘争についても何も情報がなかったし、レンナーについても同様だった。[32]第三ウクライナ方面軍の状況が報告されている途中で、レンナー出現の電報がモスクワに届いたとき、スターリンは自分の「動き回る」習慣に反して突然立ち止まり、総司令部の幕僚をずるそうに見回した。レンナーの動静を報じる電報との関連で自分が今何を考えているか、幕僚たちが悟ったとわかったときに初めて満足げな表情を浮かべ、再び行ったり来たりする動きを続けた。その後スターリンは、第三ウクライナ方面軍司令部宛の電報を、幕僚を相手に口述した。それは次の内容だった。

レンナーに信頼を表明すること。オーストリア民主体制再構築に当たり、赤軍総司令部がレンナーを支援することを、本人に伝えること。赤軍のオーストリアへの進攻は、オーストリア領を併合するためでなく、ファシズムの占領者を駆逐するためであることを、レンナーに表明すること。[33]

四月四日、レンナーは、ソ連が調査を行い、今後の行動方針を準備していることを悟った。そこで自宅に戻ることを止めて、その代わり、家族に連絡する使いの者を送るよう依頼した。赤軍は喜んで使者を送り出した。レンナーは不安を抱えながら、決定が伝えられるのを待った。四月五日午後二時、レンナーはついに呼び出され、フリッシュ家に属する広い農家の大きな居間に案内された。そこでは驚くほど多くの高級将校がレンナーを歓迎した。その中にアレクセイ・ジェルトフ大将とピテルスキ大佐がいた。三八年後にジェルトフ——当時、ソ連全軍退役者連合会会長——は、フーゴ・ポルティシュとモスクワで会見した際、ホッホヴォルカースドルフにおけるレンナーとの出会いを回想した。ジェルトフは、レンナーが一九四五年、モーニング・コートと山高帽で現れた、これは間違いない、と語った。しかし、これは疑いもなく事実に反している。というのは、レンナーは黒い服を着ていて、赤軍に堂々と対峙したので、モーニング・コートと山高帽の連想が生まれたものと思われるからである。[34] レンナーの回想によれば、その後、一九四五年はどのように推移したであろうか？ 司会を務める高位の将軍の挨拶に続いてジェルトフが発言し、スターリンの電文に含まれた方針をレンナーに示した。

大将は……私［レンナー］に向って発言し、私が自国と赤軍に同時に貢献することができると思うか訊ねました。赤軍はオーストリアから何かを求めようとは思わないし、ヤルタ宣言を、つまり、オーストリアの独立を土台とする、と大将は述べて訊ねました。私が敗北した戦いを早く終わらせることに貢献し、それによって、赤軍の負担を軽減すると同時に、オーストリアの苦悩を減ずる用意があるか、と。[35]

レンナーは応える。

熟慮の末、私は決意しました。私は赤軍を信頼します。赤軍は、ヒトラーの軍隊を打ち負かすために自軍が要した以上のものを、また、国際法が自軍に認める以上のものを、オーストリアから要求したりしないでしょう。私は自分自身を信じます。オーストリアをファシズムから解放する課題に着手することができます。[36]

レンナーとジェルトフの議論は続き、レンナーは、自分にとって主要な困難は、オーストリアの人々と連絡を取れないことだ、自分にはあらゆる手段が欠けているからだ、と言う。ジェルトフは、何の雑作もない、一日で何十万というビラを全土に撒くための作業の場と手段を、赤軍はレンナーに提供できる、と言う。ただし、赤軍は、事前にレンナーの計画を知らなければならない、レンナーは覚書を提出し、ソ連がかれの計画を判断できるようにすべきだ、と言う。練達の実践家、レンナーは、通常であれば、ソ連に対して賞賛と追従を惜しまなかったが、昂然と応えた。

自分は軍宛の覚書をお断りします。自分が受託者で、赤軍が負託者であるかのごとき様相を呈することは、初めから何としても排除したいからです。如何なる状況でも、自分はロシアの受託者として行動することはできませんし、そうしたくありません。[37]

レンナーの意図は、いくつもの呼びかけをオーストリア人に対して行うことだった。この呼びかけと自分の計画をすべて、赤軍に閲覧させるつもりだった。最後の正式の国会議長であるレンナーは、民主的な憲法を備えて独立に回帰することを、全土に呼びかけようとした。第一共和国樹立における自分の功績と、サン・ジェルマン講和交渉を主導したことを基に、ファシズムに破壊された国家を自分が指導的地位に就いて復興する能力を、今も自分が備えている、と考えた。スターリンの方針は、レンナーをまさに使命感で満たした。全土が自分に耳を傾け、自分にしたがうだろう、と自ら確信した。一九一八年と同じように、まだ生存している第一共和国の議員を暫定国民代表会議に招集し、これが自分に行動を委任することを望んだ。

この国民代表会議からファシストのメンバーだけが排除され、その代わり、私は、同数の共産主義者の代議員を招集するでしょう。この党の方針は、間違いなく（原文のママ）この間、支持を獲得したからです。[38]

これと対照的にジェルトフは、レンナーのこの提案が目的を達しないだろうと見た。ラウヘンシュタイナーによれば、ジェルトフは準備グループ（Initiativgruppe）を作ることを唱えた。このグループは、レンナーとバーデン市長、コルマン、ヴィーナー・ノイシュタット市長、ヴェールル、そして変わったところでは、前オーストリア大統領、ミクラスから成るはずだった。ミクラスは、何とレンナーが担ぎ出した、とラウヘンシュタイナーは言う。[39]

レンナーは進攻する赤軍にしたがって、まずはヴィーナー・ノイシュタットに、続いてエーデンブルク、最終的にバーデン、さらにウィーンに滞在しようとした。エーデンブルクはジェルトフが見て、その被った戦災のために該当せず、かれは最終的に、赤軍がきちんとした静かな滞在場所を用意し、レンナーはそこで静穏のうちに仕事ができるだろう、と語った。レンナーは何よりもグログニッツに帰ることを望んだ。そこで呼びかけの文章を起草しよう、そこからであれば、結局、［赤軍は］いつでも自分を呼び寄せることができる、と考えた。レンナーは夕食を共にした後、ピテルスキ大佐に伴われ、赤軍の車でグログニッツに戻った。

町長のヘラバウアーが、ある布告の中で、グログニッツ、ケットラッハ、エンツェンライトの住民に再興を積極的に支援するよう訴えた。グログニッツにおける通常生活の維持を命ずる、地区司令官の命令第一号が一週間後に出される予定だった。[40]市町村の首長交代や、続いて州知事交代のニュースが流れ、レンナーには、オーストリア人への呼びかけよりも統合と組織、目標設定のほうが必要である、という認識がますます深まっていった。[41]

完全な権能を備えた首相のごとく

グログニッツにおけるレンナーの作業は、かれの私設秘書、ティルデ・ポラクがノインキルヘンから到着して少なからず軽減された。こうして全部で八つの呼びかけの草案ができあがった。宛先は「オーストリアの男女」「ドイツ軍在籍のオーストリア人とオーストリアのドイツ人」「オーストリアの勤労者」「市町村」「農業者」「労働者（所属政党を問わず）」「ウィーン市民」「市民」だった。

グログニッツ、ケットラッハ、エンツェンライトの自治体住民宛に、一九四五年四月一〇日に出された呼びかけは言う。

グログニッツ町の暫定町役場は、表題の地区住民に訴えます。困難な復興の作業に当たり、町役場を積極的にご支援ください。

町役場は、町民の皆さまにお願いいたします。自分たちのために、静穏と秩序、規律をお守りください。町民の皆様に可能な限り、あらゆる援助を提供しようという赤軍の町担当司令官の命令には絶対にしたがってください。

ナチのせいで引き起こされた危機的な状況により、暫定町役場は、ほとんど解決不能な課題の前に立たされています。これは忍耐と、自由で独立したオーストリアへの信頼をもってしか解決できません。

危機的状況を緩和するため、現在可能な、あらゆる援助措置が取られつつあります。今後、その都度、掲示板の掲示にてお知らせします。

自由オーストリア、万歳[42]！

こうした呼びかけの草案はすべて、ピテルスキ大佐による全部で三回の「グログニッツ」訪問に際して大佐の閲覧に供された。四月八日、レンナーは、工学士、カール・ヴァルトブルナーの訪問を受けた。別荘の門前には赤軍の警備兵が立っていた。レンナーはまったく元気で、直ちにヴァルトブルナーへの指図をまとめて、まるですでに完全な権能を備えた首相のようだった。ヴァルトブルナーは、すぐにテルニッツを拠点に活動を開始すること、できるだけ早くウィーンと連絡を取ること、二三日中にはレンナーにウィーンの状況を報告すべきこと、とされた。そうすれば、すでに総司令部と話したレンナーが、さらに指示を出すことができるからである。同時にレンナーは、キリスト教社会党の元党員たちとも連絡を取る意図を明かした。

四月九日、ピテルスキによる三回目の訪問は、二台の乗用車と一台の貨物車で行われた。赤軍の将校たちは、グログニッツの家を狭すぎると考えて、レンナーがこの狭い場所でオーストリア第二共和国再興の重要な準備をすることを良しとしなかった。第三ウクライナ方面軍の特別分遣隊が、レンナーとその婦人、娘を、ヴィーナー・ノイシュタット郊外、ロザーリエン山地の麓にあるアイヒビュッッヒル城へ連れて行った。レンナーの娘、レオポルディーネ・ドイチュ＝レンナーは、後にオーストリア放送を相手にこの引っ越しを回想する。

びっくりするような車列が、そこ［アイヒビュッヒル］へ向かいました。前方をロシアの兵士たちが進み、その後を私たちの乗った車、さらに荷物を積んだ小型の貨物車が行き、一番後にはさらに、砲車とともに兵士たちが続きました。[43]

この描写は、レンナーの覚書の関連する一節と符号している。ただ、レンナーは「砲車」には言及していない。アイヒビュッヒル城は、一九世紀後半に建てられ、一九〇六年にごてごてと飾り立てた建物に改修された城であるが、赤軍が修復を施して、ドイツ語を話す赤軍の少佐が地元民に予告したと言われるように、「高位の人間」が入居できるようになった。この場所を以前、レンナーは知らなかった。改修にもかかわらず、レンナーは「……郊外にあって、うち捨てられ、半分空の小さな城、アイヒビッヒル（原文のママ）」に愚痴をこぼし、「何とか、そこに落ち着いた」。隔絶したこの小さな村で、レンナー一家は、昼も夜もホーエ・ヴァント、ヴェクセル・ラクス地域の戦闘に伴う大砲のとどろきを耳にした。レンナーによれば、地元の農民たちは、レンナーが何者かすぐに見抜き、一家に「心をこめて恭しく」接してくれた。その他、土地の農民たちは、なくて不自由するものをすべて一家に届けてくれた。城に収容された一家には、ガーリン大尉の指揮する少人数の警備分遣隊が付いた。［私設秘書の］ティルデ・ポラクは、寸暇を惜しんでタイプライターに向かった。このタイプライターは、ヴィーナー・ノイシュタットの市長、ルードルフ・ヴェールルがリュックサックに入れてここに運んだものだった。[44]

アイヒビュッヒルで、ついにレンナーは国家再興を構想する作業を始め、その国家の頂点に立とうとしていた。それは左翼の国家であるべきであり、ブルジョアの参加する一種、労働者・農民国家だった。早急に国民議会選挙を実施すること、今後三か月以内にオーストリアの独立の是非を問う国民投票を行うことが、レンナーには必要と思われた。あまり緻密に考えすぎることもなくレンナーは、即時の行動を決意できる強力な政府の樹立を計画していった。

政治的迫害の即時停止と有罪判決を受けた者の特赦は、かれの関心事だった。[45]「諸問題」一覧でレンナーは、職能身分代表制国家の元代表者たちや、ナチであることがはっきりしている者たちに対して、特に厳しい措置を取ることを計画していた。ファシストは全員、一〇年間、民主的権利の行使から排除されること、上級教育機関は［ファシストの］教師と学生を粛清するため、一定期間、閉鎖されること、特別法廷として和解法廷を設け、ナチ犯罪者の責任を追及し、犠牲者に償いを行うこと、有罪判決を受けた者には、独裁下の法律や収容所、死刑が有効性をもつこと、警察は、かつての準軍事組織である共和国防衛同盟のように組織されること、とされた。[46]

スターリン宛の手紙

レンナーが巧みな政治手腕で特異な軍事情勢を利用した、とソ連も考えた。その際レンナーは、同意することも厳かに約束することも厭わなかった。その意味で典型的なものは、その後有名になる、スターリンに宛てた四月一五日付けの手紙である。レンナーが話題にしたのは、ツァーリズムから逃れた多くの同志が自分のところに泊まったことや、自分からパスポートの提供を受けた者が少なくなかったことだった。レンナーは、自分が出会ったレーニン、トロツキー、リャザノフの名を挙げた。筆者の見解によれば、レンナーは、レーニンが一九一八以降、繰り返し自分を論難したこと、また、一九二四年、レーニンが遺書でスターリンの抑えきれない権力欲に警告を発していたことを知っていた。だが、レンナーは、自分が一九一七年、ストックホルムでレーニンに出会ったことに触れて、自分をスターリンに売り込もうとした。[47]スターリンは、すでに一九一八〜二〇年の内戦中、当時軍事委員だったトロツキーと袂を別っていた。一九二七年、トロツキーはスターリンに権力を奪われ、二年後、亡命に追いやられた。一九四〇年、スターリンの刺客は、トロツキーをメキシコで暗殺した。[48]レンナーがスターリンの注意を、その不倶戴天の敵に向け、あまつさえ、トロツキーのウィーン滞在中、かれと頻繁に交流したことを強調した動機は何だったろうか？　レンナーは最後に、ウィーンの『労働者新聞』でダヴィド・ボリソヴィチ・リャザノフとともに働いたことを殊更にもち出す。歴史家で、マルクス伝の著者であるリャザノフが、一九三八年一月、「大粛清」の過程でスターリンの命により射殺されたことを、レンナーが知らなかったというのは、あり得ないことだと思われる。[49]だが、レンナーは手紙の冒頭で、これまで「同志の貴殿を個人的に知る」機会がなかったと書き出して、スターリンの注意を引いていた。
　スターリンは、一九一二から一三年への変わり目にウィーンに滞在し、『マルクス主義と民族問題』の原稿を書いていた。この著作は、ボリシェヴィキ民族政策の理論的基礎となるものだった。その中でスターリンは、オットー・バウアーとともにレンナー（筆名、シュプリンガー）も批判した。スターリンは当時、バウアーとレンナーがオーストリア＝ハンガリーの国家統合を民族自決よりも優先する、と非難した。スターリンはレンナーの立場を、一八九九年のブリュン党大会で決議された、オーストリア社会民主党の民族綱領と直接に関連づけていた[50]。なぜ、スターリンとレンナーが個人的に出会うことがなかったかは不明である。何と言っても、面識のないことは、レンナーにとって決して有利ではなかったろう。リヒャルト・ザーゲは言う。レンナーの手紙は「大袈裟な追従の言葉に満ちたもの」と特徴づけられるが、「現実政策の観点からその狙いがどこにあったのか、当然のことながら今日、ますます明らかであろう[51]」。
　同じく一九四五年四月一五日、トルブーヒンとジェルトフ、政治顧問代理アンドレイ・A・スミルノフの三人は、できるだけ早く、レンナーとオーストリアの今後を決めてくれるようスターリンに依頼した。その内容は、レンナーが国会の招集と政府の樹立を提案しており、その構成を、社会民主党が三五％、共産党も同じく三五％、カトリック勢力が二〇％、革命的社会主義者が一〇％としていること（ただ、革命的社会主義者は、記録者が誤って容ファシストと分類していた）、だが、カトリック勢力と社会民主党を、これ以上強化すべきではないこと、さもないと、新興民主勢力の強化が著しく阻害されることだった。三人の起草者は、結論としてスターリンに勧めた。レンナーには、この間に構想された第二案の準備グループ（ディミトロフ案）を、キリスト教社会党のクンシャックと幾人かの共産主義者、無党派を含めて形成させるべきである、と。四月一七日二四時、モスクワより決定的な電報が届いた。

　レンナーの暫定政府樹立案は受け入れ可能。レンナーとその他オーストリアの有力者は、暫定政府の構成について合意されたし[52]。

政府の望ましい構成については、何も述べられていなかった。準備グループに代わって政府が登場した。トルブーヒンは同時に、ウィーン市政府の樹立を急ぐように、と命令された。

類似と相違

一八七八年一二月生まれのスターリン――レンナーより八歳若い――の父親は靴屋で、これに対し、レンナーは困窮したワイン農家の息子だった。レンナーと違って、スターリンは喧嘩沙汰の多い、荒れた子供時代を過ごした。グルジア［ジョージア］人のスターリンは、一一歳のときに初めてロシア語を学んだが、レンナーは、すでに子供の頃、物書きの仕事を夢見ていた。ふたりとも学校では、詩を作ったりして抜きんでていた。レンナーが折に触れて詩を発表し、八〇歳の誕生日には大統領として詩集を公にしたのに対し、一七歳のスターリンは『イヴェリア』紙に五つの詩を発表した。ただ、ラヴレンチー・ベリヤはスターリンの命で、独裁者の七〇歳の誕生日に詩集を一冊公刊することを禁じられた。レンナーは第一次大戦中、『労働者新聞』の編集者として活動しており、スターリンは一九一七年、『プラヴダ』紙の編集局員となった。スターリンは一九〇七年、チフリスで帝国銀行［の現金輸送車］を襲って成功したのに対して、レンナーは一九一二年、信用連盟（後の労働者銀行）を設立した。ふたりは、その政治生活において不自由を思い知った。スターリンは、ほぼ一〇年を拘束と追放で過ごし、レンナーは一九三四年、二月騒擾の結果、三か月ほど、さらに［同年七月二五日の］首相、エンゲルベルト・ドルフースの暗殺後、さらに二日間拘束された。

レンナーは、実際には力をもたない著作家ながら、独自の民族プランを掲げ、ドナウ帝国の多民族国家（Vielvölkerstaat）を存続させようと努めた。他方、スターリンは、社会主義国の民族問題担当人民委員として自分の強大な権力を使い、目指したロシアと少数諸民族（Minderheiten）との同盟を達成することができた。スターリンは二回結婚して、子供四人、レンナーの結婚は一度で、ひとりの娘をもうけた。スターリンがドイツ軍の捕虜となった息子を、運命の成り行きに任せたのに対し、レンナーと娘との間には、ことのほか親密な関係が存在した。多くの同時代人にとってレンナーの「合邦賛成」（一九三八年）は「生涯において最大の政治的失策」だったが、スターリンはその地位によって、一九三九年のヒトラーとの同盟に対する強い批判を抑え込んだ。ふたりは、現実の政治において袂を別つ。人権を擁護し、民主主義のために闘ったレンナーと、人類史において最悪の犯罪者に数えられる独裁者、スターリンとは対照的だった。スターリンの「大粛清」は、何百万という自国民の命を奪った。[53]

アントーン・ペリンカにとって、件の手紙③を使ったレン

カール・レンナーと娘のレオポルディーネ（1905年）

ナーの行動は、「浅はかなのか、抜け目がないのか」謎めいていた[54]。レンナーによるその後の行動の局面全体からわかるように、かれは高齢にもかかわらず、決して浅はかではなかった。また、抜け目がなかったとすれば、すでにノルベルト・レーザーが推測したように、レンナーは、こうしてスターリンに対し、老衰の始まりを装ったのかも知れない。マンフリート・ラウヘンシュタイナーは「要するに」と言って、スターリンに宛てた手紙全文を何よりも次の文章に集約した。「国の将来が社会主義にあることは間違いなく、改めて強調することもないでしょう[55]」

後に生まれた我々は幸いなことに、レンナーとスターリンの動機を今日の視点から分析することができる。レンナーはこの手紙を、戦争の終結から三週間も遡る時点でしたためた。つまり、第二次世界大戦は続いていて、赤軍がやっとウィーンに突入したばかりであり、西側連合国は、いまだオーストリア国境を越えていなかった。さらに国の南部と西部には、まだナチが残留していた。この四月一五日から二週間経ってはじめて、米軍の最初の部隊がティロールのヴィルス付近でオーストリアに進攻した。やっと四月三〇日に、ヒトラーとエーファ・ブラウンがベルリンで自らの命を絶った。この時点で命令を下し、承認できたのは、スターリンただひとりだった。スターリンだけが、レンナーへの［政府樹立の］負託を命ずることができた。この負託をさせるために、否、促進するために、レンナーはこの手紙を書いたのだった。まさにこの手紙でレンナーは目的を達した、と考えるのは、フーゴ・ポルティシュだけに止まらない[56]。だが、レンナーが単に戦術家で、はしっこかったのではない。レンナーは政治家として全生涯にわたり、人々の苦悩と死を阻止すべく全力を尽くして働いた。その特徴が表れているのが、かれが一九一八年に述べた喩えである。専制と独裁のもとにあるプロレタリアートを解放しようと、外部から行われる活動を引き合いに出す。そのとき、すべての犠牲は、もっぱらプロレタリアートに再び降りかかり、自分はこの犠牲を阻止したいのだ、と[57]。

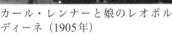

レンナーは、赤軍の「名誉に輝く最高司令官」スターリンに感謝を捧げた。赤軍なくして、自分は一歩たりとも前に進むことができなかった。これについて、自分だけでなく、将来の「第二オーストリア共和国」——レンナーはここで初めて、樹立されるべき国家の概念を打ち出した——とその労働者階級は、元帥閣下とその無敵の軍隊に対し「将来にわたって感謝を捧げねばならない」。西側諸国は、オーストリアの事情をほとんど知らないし、オーストリアが自立する前提を確保することに十分の関心を示すこともない。オーストリアは現在、飢餓と伝染病に脅かされ、隣国との紛争で領土を失いかけている。オーストリアがさらに領土を失うことがあれば、生きて行けない。オーストリアを支援せず、零落させることが戦勝国の意図ではなかろう、と。レンナーは、スターリンに訴える。ヨーロッパの新秩序を図る大国の協議において、オーストリアを好意的に配慮し、スターリンの強力な保護のもとに置いて欲しい、と。手紙のこの一節は、現実政治の面でスターリンを促し、チトーを説いて［占拠した］南部ケルンテンから撤退させ、英国軍の占領に任せるようにさせたかもしれない。[58] 最大の敬意を表し、「この場で、この機会にこそ」と意識しながら、レンナーは猫をかぶり、讃え、嘆願し、乞い、それでもなお、自信を隠すこともなく、スターリンに取り入った。

ロシアの驚異的な勢力拡大により、オーストリア人は皆、ナチの二〇年にわたる（原文のママ）宣伝の嘘をきちんと見抜き、ソ連が成し遂げた圧倒的な成果に感嘆しております。オーストリア労働者階級のソヴィエト共和国に対する信頼は、止まるところを知りません。オーストリア社会民主党は、兄弟党として共産党と切磋琢磨し、共和国の新たな建設に対等に協働いたします。[59]

自分が社会民主党執行部のうちで、最初に行動の自由を得たメンバーとして登場したことを「偶然」と称し、しかも、かつて国家の頂点にあって挙げたさまざまな成果を「幸いなこと」だとして、それ故自分は、オーストリアの再生事業に取りかかって軌道に乗せることができると確信している、と言う。したがって、レンナーは、このために自分の全身全霊を捧げることが自分の義務であると考えた。[60] ソ連の総司令部は、レンナー書簡の最初の数行を目にしたとき、シュテメンコが回想するように、微苦笑を抑えることができなかった。さらに、レンナーの手紙で、どこまでが、赤軍が担う解放の使命に対する正直な驚嘆であり、どこまでが、含むところのある追従か、その区分は容易でなかった。レンナーが一九三八年の合邦に「賛成」を表明したインタヴューを、スターリンが知らなかったわけがなく、このインタヴューは、高齢の古参政治家を容易に操りうる人形のように思わせた。さらに考え得るのは、スターリンにとってレンナーは「右派社会民主主義者」であり、それによって、特に日和見主義的な「社会ファシスト」と見なされた可能性である。[61]

アイヒビュッヒルからレンナーはまた、後にヴィーナー・ノイシュタット地域の視学官となるルードルフ・ヘラーに同地域の教育体制の構築を依頼した。[62] また、腹心のアードルフ・シェルフが病気のため、何か月も会えずにいたが、レンナーはかれに宛てて四月一七日に書いた。

親愛なる友へ！
前略　貴君にお願いがあります。健康状態が何とか許す限り、僕と一緒に重大・重要な仕事をするよう準備しておいてくれませんか。伝言を預かった女性が貴君に直接会えたら、詳細は彼女が話します。用件の大部分は、手紙に記すのがはばかられますので……。僕はヴィーナー・ノイシュタットのごく近くに宿泊しています。草々
レンナー[63]

この手紙でレンナーは、自分がウィーンに到着するのは四月二一日、さもなければ、その翌日ないし翌々日になる、と知らせた。さらに、場合によっては、着いたら迎えの車をやる、とレンナーはシェルフに申し出た。この手紙には、キリスト教社会党所属の元大蔵大臣で現バーデン市長のヨーゼフ・コルマン宛の手紙の写しが添えられていた。その中でレンナーは、ドルフースと［キリスト教社会］党のファシスト・グループに止まらず、「似非大統領、ミクラス」にも断固とした批判の矛先を向けていた。コルマンやその他「同党で民主主義者であり続けた友人たち」、たとえば断固たる民主主義者のクンシャクやルードルフ・ブッヒンガーの協力をレンナーは求めた。元のオーストロファシストたちを政府に参加させない、というレンナーの意図は、その後ひじょうに重要になった人物たち、たとえばレーオポルト・フィーグルやユーリウス・ラープ、アルフォンス・ゴルバハ、フェーリクス・フルデス、ハインリヒ・グライスナーを排除することを意味した。レンナーのこの方策は、赤軍のピテルスキ大佐すら、実行不能と見なした。レンナーの念頭には、中央集権的な憲法や、州による立法の排除があり、さらに郡（＝クライス）単位の行政という自分の旧い構想の実現が浮かんでいた。自分が最初に首相を務めたときの憲法を、一字一句違わずに再生しようというのではなく、むしろこの憲法に、ひとつの労働

者・農民国家の、今後新たに作成されるべきプランの基礎として注目していた。[64]

ウィーンへ向かう途中の懐疑

四月一九日ころ、[④] F・I・トルブーヒン元帥は、レンナーに政府樹立を負託せよ、というモスクワからの命令を受領した。トルブーヒンの暫定司令部はウィーン一九区にあった。レンナーがこの時点でどこに滞在していたか、トルブーヒンには不明だった。したがって、ヤコフ・スタルチェフスキ中尉にレンナー捜索と出迎えが命ぜられた。中尉は中尉で、オーストリアの共産主義者たちに相談をもちかけ、レオ・ヘルツルを紹介された。ヘルツルは、かつてソ連によってユーゴスラヴィアに送られ、その地のオーストリア共産主義者たちとともにオーストリア義勇軍設立に関与していた。かれはスタルチェフスキと一緒にレンナー捜索に取りかかった。グログニッツとノインキルヘンの赤軍出先は、まったく情報をもち合わせていない様子だった。ふたりはテルニッツで、レンナーが今ではアイヒビュッヒル城にいることを知っている労働者たちに出会った。労働者たちは、老齢の政治家に危害を加えようとするものではない、との保証を得て、レンナーを翌日グログニッツの司令部に連れてくることを約束した。

レンナーはグログニッツから、さらに再びケットラッハに搬送され、そこで、ノインキルヘンから到着したスタルチェフスキ中尉と出会った。スタルチェフスキは、トルブーヒン元帥がウィーンの居所に自分を訪ねるよう、レンナーを招待していることを知らせた。レンナーは自ら頼んで再度グログニッツに戻してもらい、家族に別れを告げるとともに、必要最小限の身の回り品を調えた。ウィーンに向かう道中、レンナーはひじょうに元気で、レーニン、スターリン、トロツキーとの関係をさかんに話したと言われる。スターリンの民族論に反対して著わした論争の書について語った。もっとも違いは、さほど大きくなかった、とも付け加えた。レンナーがスタルチェフスキの言に驚いたのは、後者が前線将校であるにもかかわらず、法科大学でレンナーのいくつかの著作、特に文化的民族自治論を読んでいたことだった。[65] レンナーは、スターリン本人と接触がほとんどなかったことが残念だと述べた。レンナーはここで、接触などなかったことを黙っていた。レンナーがもっぱら強調したのは、人は自分の失敗から学ばねばならないこと、そして、今重要なのは、共産主義者の兄弟たちとオーストリアを建設することだった。レンナーがこうした点を強調したのは、ソ連のしかるべき筋に聞かせようとするためだった、とはヘルツルの見解である。

スタルチェフスキはドイツ語をまったく話さず、ヘルツルによる通訳は断片的なものでしかなかった。というのは、レンナーが思いつくままに、ありとあらゆることを話したからである。スタルチェフスキとヘルツルにとって、「第二共和国トップの人間を出迎えること」は名誉なことだった。レンナーは、ソ連が実際に自分にこの最高職を託するかどうか、また、あらゆることが問題含みで、さらにどんでん返しがないかどうか、まったく確信がもてなかった。[66]ひどく破壊されたウィーンに入るとき、レンナーは涙を禁じ得なかった。トルブーヒン元帥の司令部でレンナーを待っていたのは、ジェルトフ大将、アレクセイ・ブラゴダートフ中将、ピテルスキ大佐、記録係として政治顧問代理、ミヒャイル・コプテロフだった。まずは［共産党の］コプレニヒが招じ入れられ、かれは共産党が民主諸政党と協力することに同意し、「レンナーが政府首班でも構わない」と明言した。やっとレンナーが呼び入れられた。かれはトルブーヒンにオーストリア解放を感謝し、自分の政府構想を具申した。諸政党の代表者からなる執行委員会を提案し、これが「幹部会」と呼ばれる政府を任命するとした。行政面でレンナーは「モデル地区」を形成することを目指した。トルブーヒンは、全般的な状況の困難さに鑑み、民主諸政党の代表者からなる暫定政府を形成することが優先される、と応えた。かれはさらに続けた。

オーストリア政府の元首班であるあなたに、オーストリア暫定政府樹立を委任するつもりです。[67]

レンナーは政府に関して、諸政党と折り合いをつけること、この政府が、その後「国会」選挙を実施すること、この国会が初めて、憲法に則った政府を選出すること、政府が復興の諸措置すべてを取り仕切ること、赤軍は、レンナーのあらゆる民主的諸措置を共に担うこと、とされた。レンナーは訊ねた。自分に暫定政府を委任する、と赤軍は命ずることができるのではないか、と。赤軍の将校たちは、これを否定し、政府樹立はオーストリア人の課題であり、赤軍が任命するものではない、と応えた。レンナーはこれに同意し、連立交渉のために五日間の猶予を求めるとともに、四月二三日に閣僚リストを提示するつもりだと述べた。レンナーの考えでは、閣僚は社会民主党三名、共産党二名、キリスト教社会党二名、農民党と革命的社会主義者はそれぞれ一名、そして無党派二名だった。赤軍はこれについて論評せず、職掌分担について諸政党の代表者と合意するようレンナーに勧めた。協議が終わって赤軍は昼食に誘った。

これにはレンナーとコプレニヒのほかにクンシャクとケルナーが参加した。レンナーについて、ソ連の報告は次のように言う。

> レンナーの上機嫌から推察できるのは、かれが政府首班となることに大変満足していること、積極的に任務を引き受けようとしていること、しかしながら、最後まで我々の提案趣旨を理解せず、必然の結論を引き出さなかったように思われることである。かれは我々の提案のすべて、そして、自分に提起された措置のすべてに賛意を表明した。[68]

ウィーンのレンナーは四月二〇日、一区カントガッセ三番地の寄寓に入居した。ここでレンナーは、無傷の地方行政がすでに機能し、民主諸政党の活動が始まっていることを目のあたりにした。まずはここでレンナーとシェルフの秘密会談が行われ、レンナーは内閣の構成に関する自分の計画を開陳した。その際、かれは友人のシェルフに、社会主義者の活動家で使える者の名を上げるよう頼んだ。共産党には、政府内の役割をほんのわずかしか与えないつもりだった。引き続きレンナーのもとにシェルフ、ケルナー、アーロイス・メンタスティ（以上、［社会民主党の後継］社会党）、コプレニヒ、フィッシャー（以上、共産党）、クンシャク、コルマン（以上、キリスト教社会党の後継である国民党）が集まった。レンナーはかれらに、自分が占領軍からオーストリア暫定政府樹立の負託を受けたことを明かした。

抵抗運動オーフュンフ（Ｏ５）の代表者たちは、初めレンナーの首相任命に反対していた。政府樹立は西側連合国との合意を待って行いたい、と考えたからである。[69] フリッツ・モルデンはソ連によるレンナーの首相任命を、西側諸国が留意すべき警告サインだと見なした。[70] ドイツ警察長官ラインハルト・ハイドリヒの後任、エルンスト・カルテンブルナーは五月初旬にもまだ、アウスゼーで政府を組織しようとあがいた。これをレンナー暫定政府に対抗する政府として西側諸国に示そうとした。[71] フランツ・ホナーらの共産主義者たちは、暫定政府を担いうる党の指導幹部が育って初めて暫定政府を組織すべきで、まずは民主諸組織を構築すべきだと考えた。[72]

四月一八日、デープリングの高級住宅街を走るラナー通りのとある邸宅で、共産党高級幹部の「宴席」が設けられた。ヴィクトール・マテイカは、すでにそこへ向かう道すがら、エルンスト・フィッシャーに訊ねていた。レンナーについて耳にしたことが本当かどうか、おそらく「根も葉もない噂」に過ぎないのではないかと。マテイカは三五年後に回想する。

フランツ・ホナー、ヨハン・コプレニヒ、エルンスト・フィッシャーは大口を叩いた。……私はフィッシャーと初めて……単刀直入に口をきいた。フィッシャー「そのとおりだ」。私「どうしてそんなことができるのだ。共産党はそれを、まずはウィーンの他の政治グループと協議・決定しなければならないだろう」。フィッシャー「すでにモスクワで、そのようにすべて決まったのさ。君は納得するしかないね」。私はかれを説得しようとした。「新生オーストリアのために闘った抵抗者たちは、ヒトラーに蹴散らされた。だから今こそ、勾留者、強制収容所の収容者、亡命者たちを東西から迅速に集め、そうして初めて、暫定政府首班について決定できるのではないか」。我々の会話にホナーが口を挟んだ。「ユーゴスラヴィアで闘った俺らパルチザンは、モスクワの決定に一〇〇%同意しているよ」。ここでスターリン主義者に逆らうのは、まったく無駄なことだった。[73]

しかし、ヨハン・コプレニヒとエルンスト・フィッシャーは、ちょうどモスクワ亡命から戻ったばかりのレオ・シュテルンをモスクワに派遣し、そこでカール・レンナーという人物についてソ連の関係部署の目を見開かせようとした。使者のシュテルンは成功しなかった。スターリンがとうに決断していたからである。[74] すでに次の日［四月二一日］、レンナーはカントガッセから、赤軍が割り当てた、ヒーツィングにあるヴェンツガッセ二番地の邸宅に引っ越した。この堂々とした建物の二階にレンナーの家族と秘書が入居し、赤軍の兵士が警護・監視兵として半地階に居住した。一階では暫定政府樹立のために政党間の協議が何日にもわたって続けられた。この日、レンナーはシェルフに宛てて手紙を書き、若者をふたり、ウィーンとヴィーナー・ノイシュタットの道に詳しく、「候補者等を呼び集める」ため、ロシア人運転手を道案内させる者を探すよう頼んだ。さらにレンナーは、シェルフに四月二二日（日）の午前九時と午後四時に自分のところに来るよう依頼した。午後四時には、すべての政党の代表者が参加する会議が開かれるので、そこに［社会党の］パウル・シュパイザーとカール・ホーナイを連れてくるよう頼んだ。

僕は君に公示草案を見せる。そこから内閣がどんな構成になるか、読み取れるだろう。僕は共産党員ひとりを連絡員として、もうひとりを閣僚として取り込んだから、共産党には十分のことをしたと思う。土地同盟にはひとりの連絡員で十分だろう。提案を一杯持ってきてくれないか。／公示を赤軍

1945年4月23日、ウィーン・ヒーツィング、ヴェンツガッセ2番地の住居で行われた第1回政府樹立交渉。前列左から右へ、アードルフ・シェルフ、レーオポルト・クンシャク、カール・レンナー、ヨハン・コプレニヒ、テーオドール・ケルナー、後列左より右へ、エルンスト・フィッシャー、ヨハン・ベーム、フランツ・ホナー、ゲーオルク・ツィマーマン、エードゥアルト・ハインル、アンドレーアス・コルプ

司令部に提示するつもりはない。渡すのは要約だけだ。[75]

この会議でレンナーは、自分の計画を繰り返した。旧議員からなる集会を招集し、オーストロファシストの穴は共産主義者で埋める、と述べた。これを「馬鹿げた考えだ」と共産主義者に拒絶されて、レンナーは、新政府樹立の課題を担う再生した諸政党の助けを借りて、新共和国の組織化と目標設定に取りかかった。レーオポルト・クンシャクは、教権主義の過去を背負う国民党活動家たちにレンナーがもつ不信をうまく取り除いた。公示第一号で予定されたのは、各政党が一名の代表者を、恒常的な連絡のため首相のもとに配属することだった。さらにレンナーは、四つの政治部局と五つの経済部局を設けることを計画し、各部局を次官と次官補、専任事務責任者のもとに置こうとした。[76]

スターリンに「社会主義」の新生オーストリアを約束したレンナーは、今では、共産主義者の政府参加は象徴的なもので十分だと考えた。驚いたことに赤軍が何の圧力も行使しなかったので、レンナーは調子に乗って、共産主義者にはたったひとつの閣僚ポストと一名の連絡員の席を提供しただけだった。スターリンに目をかけられて強められた使命感は、どんな不安もすっかり消してしまったかのようだった。レンナーは突如、共産党がどのみち一般大衆に影響力をもたないのに、その隊列には「好ましからざる人物をたっぷり」擁している、と考えた。共産党党首のコプレニヒと党知識人のエルンスト・フィッシャーは、三党会談でレンナーによる飲みがたい要求に激しく抗議した。力にあふれ言葉巧みなフィッシャーは、副首相と教育啓蒙大臣の地位を［党に］要求した。しかし何よりも、共産党員を内務大臣に就任させよ、という要求は、レンナーを考え込ませた。かれは［内務］大臣候補のフランツ・ホナーに接し、オスカル・ヘルマーから人となりを聞くことで安心して、初めて同意を与えた。[77]レンナーはその他の点でも、共産党の要求がソ連にとって変更の余地のないものであることを悟っていた。そこで、かれは次のような機略に富んだ方式を考え出した。

首相（レンナー）には四人の無任所次官［＝大臣］を、ある意味では副首相格で付ける。この五人が「政治内閣」を形成する。その他の国務次官は実務の長であり、それぞれの省では、自党の出身者が省の指揮を委ねられていない各党が、次官補を立てて党を代表する。財務と法務に関しては、無党派の長を考える。共産党は実際に内務省と教育省を確保する。[78]

最良のオーストリア式解決策

レンナーの大型集中政府では、誰もが他の誰でも監督できる体制を整えた。これは、誰も他の者に不信を抱かせない、という意味合いだった。フーゴ・ポルティシュは、この構成を、第一共和国の内戦と永続する紛争とのトラウマにいまださいなまれるオーストリアの「最良の解決策」と名付けた。[79]レンナーにとって頭痛の種だった土地同盟のヴィンツェンツ・シュミが国民党に合流したので、同党はブルジョワと農民を統合する党となった。他方、労働者はふたつの党に分裂していた。政治内閣で首相を補翼したのは、社会党ではシェルフ、国民党では衰えを覚えるクンシャクに代わってレーオポルト・フィーグル、そして共産党のコプレニヒだった。かれらはレンナーと共同で、オーストリア旧憲法の規定により国家元首に帰属する諸権利を行使した。［内閣の構成をめぐる］交渉の力関係はソ連の圧力のもとで、共産党の分がもっともよく、社会党の分は最悪だった。共産党ではホナーが内務を握り、フィッシャーが世論担当を掌握した。その上、国民党の次官と次官補は全員、かつてオーストロファシズムと懇意だった。経済同盟に所属するユーリウス・ラープは、公共工事・過渡経済・復興省を手中にした。国民党が経済的影響力の強い省庁を握ったのに対し、社会党はヨハン・ベーム（労働組合同盟議長）とアンドレーアス・コルプ（協同組合でレンナーの信頼厚い）によって社会政策と、欠乏の極まった食糧供給とを担当した。社会政策は、煙の出ない煙突ばかりの国（シェルフの辛辣な言）で果たすべき役割は皆無だった。[80]

カール・R・シュタードラーは、ある特別な制度——それによって、戦後何か月もオーストリアが統治された——について記している。この間、「オーストリアの行政権、立法権、そして憲法制定権までも暫定政府に属した。というのは、合法的に依拠できるものが、何もなかったからである。暫定政府の成員は形式的に言えば、負託なき執行者だったが、周知のように、オーストリアを再興するという歴史からの負託に応えた」[81]。レンナーによる諸法は、議会が存在しなかったから、本来は命令だった。レンナーの統治スタイルは、ヨハン・コプレニヒをして「首相独裁」とまで言わしめた。カール・ザイツは、その長い政治生活を通じて立憲君主制の思考過程にも、分権の考えにもなじんでいたが、そのかれが、社会党執行部の席でこの政府の全権を批判した。

帝政の時代、法は次の一節とともに告示されました。「帝国議会両院の同意を得て、私［皇帝］は、次のごとく告示するものである」。だが、今はどうでしょう。皇帝の全権をもつのはレンナーです。衆議院の全権をもつのは、レンナー政府です。貴族院の全権をもつのは、またしてもレンナー政府です。[82]

同じようにエルンスト・フィッシャーは、暫定政府を「民主体制と権威体制の瞠目すべき中間物」と特徴づけた。そこでは首相が単独の決定権を留保し、ときに一種「首相独裁」を行使している、と。[83]

レンナーはハンス・レーヴェンフェルト＝ルス——かれからは、本章の冒頭で引用した印象的な手紙を［一九四五年］三月七日に受け取ったばかりだった——を食糧供給大臣に任命するつもりだった。レンナーが通商次官に予定されたエードゥアルト・ハインルとともに四月二七日、一三区にあるレーヴェンフェルト＝ルスの住居を訪ねると、かれは赤軍がウィーンを占領しようとする頃、亡くなって住居の庭に葬られたことが判明した。[84] 戦後初のレンナー内閣は、当初二九名——社会党一一人、国民党九人、共産党七名、無党派二名——を擁し、これまでオーストリアを統治した内閣のうち、数字の上で最大の内閣だった。レンナーにとって、これは初めから「過渡の内閣」であり、根底的な政治的・社会的変革を目指すものではなかった。次官 (Staatssekretär) と次官補⑤ (Unterstaatssekretär) という呼称は、一方では、レンナーにとって暫定の性格を表すものであり、他方、「一九一八年から一九二〇年の［連立の］精神」を併せて表現していて、その後のキリスト教社会党による反動と対比をなすものだった。

レンナーによる「現状への巧妙な追従」（ヴァルター・ラウシャー）は大成功で、赤軍は政府の構成に異論を差し挟まなかった。レンナーはとにもかくにも、一九二〇年の共産主義インターナショナル結成に際して「改良的で社会的な裏切り者の指導者」として烙印を押され、かれに対して「殲滅戦を行うことが……重大で聖なる義務」であるとされていた。ソ連はまた元オーストロファシストの閣僚を甘受し、「過去の政治的な傷」を抱える閣僚が即、望ましからざる者でもないようだった。レンナーは間違いなく名人芸を成し遂げた。ラウシャーはずばり高く評価する。

別の、ときに対立する諸見解を受け入れ、それを国益のために応用するレンナーの能力、また、かれの駆け引き、さらに従来であれば意外とも思える、困難の巧みな切り抜けが、こうした好影響を従来残したことは決してなかった。[85]

レンナーが、追従の態度で行う感謝と、自立して自己を意識した振る舞いとの間で絶妙のバランスを取る人物として、ソ連の目に映ったことは間違いない。後者の振る舞いは、赤軍の上級将校たちにさえ、後々まで好印象を残した。かれらは最初からレンナーに敬意を払い、はっきりと礼を尽くしてかれを扱った。

ただ、これに関連して、歴史家のシュテファン・カルナーは『クーリエ』紙のインタヴューで、レンナーの元々数多い政治的な逸脱について語り、「これまでの逸脱に、今また新たなものが加わった」と述べた。「数年前［正しくは七年前］にナチ・ドイツとの合邦に賛成した人物のこの政治的逸脱」は、一九四五年四月、スターリンに宛てた最初の書簡で露わになる、と。筆者は、カルナーがここで「逸脱」と名付けたものが、「ソ連の」国家元首に接近しようとするレンナーの真摯な努力だった、と考える。これによってレンナーが外国政権との一体化を表明した、ということは決してなく、むしろかれの関心は、予測される暴力行為の緩和にあった。それでもなおカルナーは、レンナーが「社会主義」という概念でスターリンをいわば瞞着したことを評価する。ただ、一九四五年におけるレンナーの政治家としての業績に関するカルナーの［引用された］要約は、筆者にはいささか軽佻に思われる。

老齢のレンナーは、もはや独裁者の怒りにひどく煩わされることはなかった。［スターリンとの］書簡の遣り取りは、いずれにしてもレンナーの究極の政治的策略だった。それとも天才的な思いつきだったろうか？　天才云々と言うのは、歴史家の目には少し高すぎる評価になるのだろう。「レンナーは政治的なうぬぼれと責任意識とを、まさにこうしてしっかりと混淆させていた。レンナーは当該の日々、最適の人物であり、最適のとき、最適の場所に居た」[86]［カルナー］

「オーストリアII」［テレビ番組］の制作チームは、クラスノゴルスクにあるソ連中央文書館で、レンナーがトルブーヒン元帥による引見のために到着した場面（［一九四五年］四月二七日）を撮影したフィルムを発見した。

フィルムに写っていたのは、カール・レンナーが赤軍の連絡将校、ピテルスキに伴われて邸宅街の路上に現れた場面である。次いでウィーン市司令官のブラゴダートフ大将がレンナーを迎え、オーストリア首相候補に直立不動の姿勢で敬礼し、名乗って歓迎の挨拶を行った。身を固くしたレンナーが写っている。赤軍大将であるウィーン市の司令官が、かれの前で気をつけの姿勢を取ったので、レンナーは驚いたようだ。次にブラゴダートフ大将はレンナーに付き添い、いわゆる儀仗将校としてトルブーヒン元帥のところに向かった。トルブーヒンの周りには赤軍司令部の高官たちが集まり、トルブーヒンのすぐ横には政治将校のジェルトフ大将がいた。全将校が直立不動の姿勢で、特別丁重にカール・レンナーを歓迎した。[87]

赤軍上級将校のこうした態度には政治的意図がはっきりしており、それはオーストリアを解放された国として扱うこと、同国に迅速に国家行政機能を付与すること、この行政がソ連に傾倒した態度を維持することだった。他方、レンナーは、へりくだった言葉を使うことを惜しまなかった。たとえばトルブーヒン元帥の引見の席で、ソ連への「限りない信頼」に乾杯のグラスを上げたり、オーストリアにとってモスクワへの志向しかないことを強調したりするときだった。レンナーはまた、厚かましさももっていた。贅沢な正餐の途中、笑いながら「搾取者は搾取されねばならない」とマルクス主義の言い回しを使い、あっけにとられる赤軍将校たちの眼前で、勧められもしないのにオーストリアの葉巻を一箱、我が物とした。[88]

正餐が進む中、レンナーは政府のメンバーをトルブーヒンに紹介し、トルブーヒンは業務についたレンナーとその政府を追認した。赤軍による事実上の承認と支援確約の後、政府はひとつの布告を出して国民に訴えた。この布告は「独立宣言」として、第二共和国の政治的方向性を決める基礎となった。宣言はレンナーが起草し、政治的内容のみでなく、表現もまたレンナーの手になることが明らかだった。どのように「合邦」に至ったか、という歴史的経緯とそのオーストリアへの影響が簡潔に記された後、オーストリアが「ドイツの支配から解放」されねばならない、という三大強国の宣言[6]――この間に、ほぼすべての西欧諸国が支持した――が引用され、「反ファシズムのオーストリア諸政党」の代表者が独立宣言を発した。

第一条　民主的なオーストリア共和国を再建し、一九二〇年憲法の精神に則って整備する。
第二条　一九三八年にオーストリア国民に強いられた合邦は無効である。
第三条　本宣言を実行に移すため、すべての反ファシズム政党が参加して暫定政府を設け、占領国の諸権利に留保しながらも、暫定政府に完全な立法権と行政権を付与する。
第四条　本独立宣言を公示した日を起点に、オーストリア人がドイツ国およびその指導部に対して行ったあらゆる軍事的・職務的・個人的誓約は無効であり、拘束力を喪失する。
第五条　該当日［一九四五年五月一日］より、オーストリア人は皆再び、オーストリア共和国に対し、公民としての義務を負い、忠誠を誓う関係に置かれる。[89]

独立宣言の第五条には、一国の独立文書には本来見られない、ふたつの節[7]が続いた。そこではヒトラーの戦争に対するオーストリア国民の共同責任が語られていた。エルンスト・フィッシャーは、レンナーの住居で行われた会談で、モスクワ宣言の当該箇所を挿入するよう要求していた。この部分はその後、ソ連のオーストリアに対する賠償請求権の根拠となる。ただ、この文言は、共産主義者だけが知っていた。シェルフはフィッシャーとともに、トルブーヒンが提供した上述の食事が終わってから『新オーストリア』紙の編集部へ出かけた。そこでフィッシャーは、［独立］宣言のコピーを見て、先の二節を挿入した。だが、それよりも重要なのは、「一九二〇年の憲法精神」で共和国を再建する、とした第一条だった。トルブーヒンの「オーストリア国民への布告」では、オーストリアにおける一九三八年までの状態の再興を考慮に入れていた。レンナーはシェルフとの話し合いで、新生オーストリアが職能身分代表制国家の権威体制を継承することに難色を示していた。そこでレンナーは、一九二〇年憲法が国家の基礎を為す、という章句を宣言に取り込んだ。

　この曖昧な「一九二〇年憲法の精神」を具体化するため、レンナーはつまるところ、まったく新しい憲法草案が必要だと思ったが、シェルフは、それが望ましくない紛争を生み出すかも知れない、と考えた。レンナーは最終的にシェルフの妥協案を受け入れ、これによって、他国で起きたような長年にわたる憲法紛争が引き起こされずにすんだ。シェルフは限られた短期の移行局面では、レンナーが提起する厳密に中央集権的な憲法を想定しつつも、引き続き一九三三年以前の憲法状態を自動的に回復し、その後初めて、一九二九年憲法を憲法移行法の基礎として考慮すべきだ、と考えた。マンフリート・ラウヘンシュタイナーが独立宣言の六〇周年を機に強調するのは、宣言の元々の意味が色あせ、したがって、オーストリアが自国の独立宣言を投げ捨てたおそらく唯一の国だろう、ということである。しかし、記念のさまざまな地を新たに整備する一環として、一九六六年、現在のウィーン中央駅近くにあるスイス庭園に独立宣言の文言を刻んだ石の記念碑が立てられた。[90]

政権樹立と公示

四月二八日、暫定政府は声明でオーストリア国民に呼びかけた。自らの構成と目標を説明し、そして何よりも、遠からず戦闘が収束した折の協力を訴えた。政府の活動は初めから、オーストリア全土を対象とする、とされたが、そのときまでに戦闘が終結して解放されていたのは、ウィーン並びにニーダーエスタライヒおよびシュタイアマルク両州の大部分に過ぎなかった。[91] 翌日、政府がウィーン市役所の市参事会室で正式に樹立された。市長、テーオドール・ケルナーが挨拶した後、オーバーエスタライヒの暫定知事、ハインリヒ・グライスナーがレンナーの行った「共和国」樹立の活動に感謝した。その後、暫定政府メンバーがリングを通って議事堂に入った行進は、第二次大戦後、オーストリアが行った初の示威行動だった。それに先だって「赤軍」ウィーン市司令官、ブラゴダートフ大将の要請で、ウィーン消防局のエルヴィン・ラツェクが国会前にある旗竿の上からナチの鷲と鉤十字を取り除かねばならなかった。[92] そして赤軍兵士が注視する中、赤白赤の旗が旗竿に掲揚された。

通りの両側は、大半が若くはない見物人で埋まった。アードルフ・シェルフは、自分や政府の同僚たちが車寄せのスロープを議事堂に向かって登っていくとき、どんなに晴れやかな気分だったかを後に記す。その直前にブラゴダートフ大将は、議事堂を明け渡していた。いまや大将は新政府を歓迎し、首相のレンナーは、しかるべく赤軍への感謝で応えた。その後、レンナーは帽子を打ち振りながら、歓迎する人々に向かって、できるだけ早く選挙を実施すること、国民が選出する政府を作ること、議会を再び「真の国民の家」にすることを約束した。続いてひどく荒廃した

1945年4月29日、国会議事堂に向かう暫定政府首相カール・レンナー、右はウィーン市長テーオドール・ケルナー

議会建物を見て回ると、帝政時代の衆議院の議場だけが、どうにか利用可能に思われた。レンナーがもう一度呼びかけを行い、その後、集会は群衆の歓声とともに解散した。[93]ノルベルト・レーザーは、一九一八年に起きた同様の出来事の日と比べて、決定的な違いを次のように見た。一九四五年には、大多数のオーストリア人と、政治に責任を負う者たちとが、まったく初めから確信をもっていて、この国家建設と独立保持のために身を捧げ、闘ってこの国家を獲得するのだという気持ちだった、と。[94]

　レンナーはソ連の優遇に浸っていて、西側諸国の拒否は考えてもいなかった。かれは誤解していて、自分の首相任命はソ連による単独行為ではなく、［米英ソ］連合国三国の申し合わせによるものだと考えていた。ロンドンは、レンナーが共産党と不和であることに気づいていたが、その役割は単に民主主義の表看板であり、共産主義の策動から注意をそらすものだと見なしていた。その他のことは、連合国がオーストリアを完全制圧してから決定すればよい、という態度だった。レンナーはソ連から、自分の内閣に対する西側諸国の態度がいまだ不明である、と聞かされて、ロンドン、ワシントン、モスクワの政府宛にいわゆる通告を送った。だが、レンナーは初めて敗北を喫した。米国も英国も、ソ連による既成事実をすんなり受け入れることを拒否したからである。続いてソ連もまた、レンナーに公式の承認を拒んだ。首相が自分の政府の管轄区域にできたのは、第三ウクライナ方面軍の占領地域だけだった。したがって、最初数週間、レンナーの権限はウィーン、ブルゲンラント、そしてニーダーエスタライヒの一部に限られていた。統一された自由なオーストリアに至る道は、遠くはるかなものだった。[95]

やっと四月三〇日の午前、レンナーは集まった役人を前に首相府で演説を行った。この呼びかけは、ついに「合邦」思想との決別を告げるものでもあった。レンナーは語る。世界の三強国は独立したオーストリアを再興する決意をしたので、いまや「自分たちが合邦思想を断念する」以外に道はない。この事実は結局のところ、自らを解放し、救済するものである。我々は自分たちが何に所属するかを知っている。我々は再び自らの意思をもつのだ、と。[96]午後、内閣は最初の閣議を開いた。レンナーは自信をもって政府を率いた。それどころか、有無を言わせなかった。かれは自らを、政治的に左右の中間を擁護するただひとりの者であり、また、民主主義の思想を堅持してきた少数者のひとりだと見なしていた。依然として赤軍は、自らの影響力行使に驚くほど抑制的だった。

ソ連が一九四五年四月、なぜ、他ならぬカール・レンナーを選抜して、第二共和国のトップに据えたのか、と繰り返しさまざまに謎解きが試みられてきた。モスクワに亡命していたオーストリアの共産主義者たちは、自分たちの中から首相を、と願ったが、周知のごとく、同意が得られなかった。次に、第七三歩兵師団長で一九四四年に捕虜となったマリア・テレージア騎士・騎士十字勲章佩用者、フリッツ・フラネク中将を捕虜収容所から引っ張り出した。モスクワの同意を期待したが、誤算だった。[97]マンフリート・ラウヘンシュタイナーは、スターリンが単にレンナーを最初に思い起こしただけだ、と推測するが、これはもはや事実に一致しない。レンナーにはまさに、ある種のイメージが付着していた。かれは看板にもっとも適した人物であり、第一共和国の創立者として、もともと、まさにこの役回りにふさわしかった。[98]アードルフ・シェルフは一〇年経ってから、次のように推測した。ソ連は自分たちの目に弱々しく信用を失ったように映る社会民主主義者のアントーン・ヴェーバーやカール・レンナーを利用しながら、一九三八年の状況⑧への復帰という目論みを実現した後、別の看板を用意した権威主義の憲法を使って、いわゆる「人民民主主義」のような自分たちの政治目標を達成しようとした、と。[99]ロンドンの『オブザーバー』紙は、一九四九年になって言う。レンナーは『「人民戦線」政府の立派な表看板』を貸し与えた。だが、ロシア人は間違った人物を選んでしまった、と。[100]

ヴォルフガング・ミュラーがその精密な研究で明らかにしたのは、ソ連がすでに四月二日以降、つまり、レンナーが出現する以前に、もともと計画していた準備グループ

(Initiativgruppe) に代えて暫定政府の樹立を計画していたことである。

レンナーの申し出によって、この政府を迅速に、西側連合国が到着する前に樹立する好機が生まれた。これは一方では、ソ連占領軍の民政任務を軽減し、他方、ソ連が政府樹立に一定程度関与する可能性を与えた。この関与の度合いは、英米仏ソが共同管理を行っていたら不可能だったろう。こうしてつくり出された統治モデルを、後に全オーストリアに拡大する可能性を排除していなかったように思われる。おまけに暫定政府樹立は、オーストリアをドイツから切り離す重要な一歩だった。[101]

レンナーに政府樹立を任せたことは、通説に言われるように、スターリンがオーストリアの共産主義者たちをないがしろにしたことを意味しない。というのは、ソ連は引き続き共産党を強力に支援したからである。スターリンが共産党の亡命者を首相に就けることに反対したとか、共産党政権を樹立しないことに決定したとかいうのは、憶測に止まる。現在の資料・情報では、そうした説が裏付けられないからである。レンナーを政府首班に選んだ理由としてこれまで言われたのは、レンナーの名前がスターリンになじみだった、という仮説から、レンナーの「合邦」賛成（一九三八年）を根拠に、かれを脅かすことができた、あるいは、レンナーがトロツキーに言及したことで老衰を疑った、という解釈にまで及ぶ。共産党は計画段階で、声望ある非共産主義者を首相にすることを目指していた。そうした人間は、一方では穏健な看板として不信を呼び起こさず、他方では民主諸政党の協働を保障することが想定された。間違いなく、数多くの政治家がこうした要請に応え得た。筆者はヴォルフガング・ミュラーの以下の推論に賛成する。

> レンナーは間違いなく最初の人物、つまり、この任務で最初にソ連占領軍にはっきりと手を上げた人物だった。かれは浮上することによって、先に述べた特質と内面の柔軟性とが相まって、スターリンが政府樹立を委託する格好の候補者になった。[102]

ソ連の重要な資料は、何十年にもわたって閲覧できなかった。流布した仮説――レンナーを四月三日以前に赤軍が探していた――を、ソ連のいろいろな記録が裏付けることはまったくなかった。第一〇三親衛歩兵師団や第九親衛軍の報告にも、また、トルブーヒンの報告にも、そうした事実を示唆する箇所はない。いつも次のように書かれていた。「本年四月三日、第一〇三親衛歩兵師団司令部にドクター・カール・レンナー出現」。レンナーは「出現」した。「発見」されたのではない。トルブーヒンは出現したレンナーを、そもそもどうしていいかわからず、スターリンに電報を送った。

閣下のご指示あるまで、ドクター・レンナーは、我らの手の内にあり。乞う、貴訓令。[103]

エルンスト・フィッシャーは四月一一日に初めて、レンナーがスターリンに支持されて政府を組織することを知った。［レンナーを探索・発見かレンナーの自発的出現かに関して］現在利用可能な資料では、それを突き止めることはできないと思われる。筆者は、［探索説に関して］ヴォルフガング・ミュラーと同じように、⑨スターリンの政治的先見の明という聖人伝をソ連側の観点から作りだすためだったと考える。

もちろん、一九四五年四月にレンナーが取ったイニシャティヴは決定的に重要である。レンナーは自分が浮上したことを単なる偶然として控えめに語り、地元住民に同情して介入したように装ったが、実際には何年も、とは言わないまでも、すでに何か月にもわたって、爆撃で破壊された「オストマルク」を第二共和国へ、自分が計画準備者となって転換を図る可能性を熟慮していた。かれは目立たないよう過ごし、旧い党友たちと表だって交流せず、当然のことながら反ナチの地下活動も行わずにナチ時代を生き延びた。レンナーには地下活動は不向きであり、本人もそれを無意味だと考えていた。レンナーはあらゆる暴力に徹底的に反対であり、思想の力を頼んだ。かれは細部まで練り上げた構想を準備し、その行動の一歩一歩が計算づくであった、と筆者は考える。グログニッツで表向き、政治から身を引いて己の身の上に満足した風を装いながら、実際には神経を張りめぐらして、絶対に失敗がゆるされない、ゼロからの出発を待ち望んでいた。親しい地元の党友たちとは戦術的観点から密な連絡を保った。レンナーがグログニッツにおいて不本意な隠棲の間に貯めたエネルギーは、適時に驚くようなやり方で放出された。かれが長期にわたって温めた野心は、それを阻もうとするあらゆる現実にもかかわらず、ソ連の独裁者、スターリンのおそらくはとっさの目論みと交差した。先述の四月一五日付けのレンナー書簡に応えて、スターリンは「オーストリア首相閣下、カール・レンナー殿」に宛てた返書（五月一二日付け）で次のように言う。

オーストリアの独立、統一、繁栄をめぐる貴殿のご憂慮は、私のものでもあることを確信なさってください。オーストリアに必要と思われるあらゆる援助を、可能な限り貴殿にお届けするつもりでおります。私の返書が遅れましたことをお詫び申し上げます。[104]

ロータル・ボスルの下した結論に付け加えることはないように思われる。「レンナーは、ソ連の独裁者に相対するその態度によって独裁に対する民主主義の勝利をもたらした、自由世界の数少ない政治家のひとりである[105]」

第八章　統一ヨーロッパのために

民族紛争の克服

カール・レンナーは、オーストリア゠ハンガリーの民族問題解決を目指す改革提案、そして国際経済連合の草案、さらに世界国家モデルによって、すでに二〇世紀初めの二〇年間に、事実上、ヨーロッパ構想を抱懐していた。これによってレンナーは、民族国家に分裂したヨーロッパこそが武力紛争の根源であり、世界政治の脆弱さの原因であると考えて、ヨーロッパに新秩序をもたらすことを願うアルフレート・ヘルマン・フリートのような人々と同じ隊列にいた。ヨーロッパは地理的な広がりとして理解されるだけでなく、歴史的統一体、文明空間として、諸民族が形成する家族（Völkerfamilie）として、価値共同体・文化統一体として理解された。こうしてレンナーは、ふたつの世界大戦のトラウマを経験しないうちに、ヨーロッパ構想に適合する現実主義的な政治組織モデルを案出した政治思想家のひとりだった。[1]

この関連で、レンナーが帝国存続中、大経済圏である「ドナウ帝国」存続に力を尽くしたことは当然と言えよう。その基礎としてレンナーが利用したのは「属人主義」モデルだった。これは諸民族集団（Nationalitäten）を公正・平等に取り扱おうとする。一八四八・四九年にクレムジールで開催された帝国議会が提起しながら実現しなかったモデルの影響を受けて、個別の民族が、もはや領域団体（Gebietskörperschaften）としてではなく、属人団体（Personalverbände）として構成される、つまり、国家（Staaten）としてではなく、むしろ人民（Völker）として構成される。ひとりひとりの公民は、宗教告白のように、ひとつの民族集団に帰属することを宣することによって、どこに住まおうとも、属人性をもった民族自治と民族の諸権利とを認められる。レンナーにすれば、属地主義のカテゴリーにしたがって［国土を］分割しても、民族問題の解決がもたらされることは決してなかった。

どこでも国家領土は単純な規準にしたがって、地方、地区、市町村に分割された姿をしている。けれども、我々はふたつの原理にしたがって国土を測量しなければならない。経済と民族（ethnisch）という二重の網の目を地図に書き込まねばならない。国民（Staatstragende）総体を分けるのに、民族の事柄と政治の事柄とを区分しなければならない。人々を二重に、ひとつは民族を規準に（national）、もうひとつは国家を規準に（staatlich）組織しなければならない。[2]

これは大胆な考えであり、すべて既存のものと断絶していて、結局のところ、挫折に見舞われた。その原因は一方では、帝室の硬直性と支配欲、特権をもったドイツ人とハンガリー人の民族的ショーヴィニズムにあった。他方、民族の独自性と独立を求める声がすでに強くなりすぎていて、進路の変更が許されなかったことも挙げられる。たとえ、それができたとしても、迂回路を経なければならなかったろう。一九一八年一〇月に出されたカール皇帝の「帝国改革」宣言は、政治危機に迫られた皇帝が、いわば無理矢理に絞り出したものであり、当然のことながら遅きに失していた。何十年も前、レンナーが属人主義を初めて提唱したときならば、もしかして、実現のチャンスはまだあったかも知れない。

こうしてレンナーの次のような具体的な解決策は、耳を貸す者とてなく、むなしく消えていった。それは、一七の帝室領を解体し、帝国を、自律性をもった六つの部分に置き換える、また、国家の統一機構は、わずか三つ、つまり、自由な交易のための共通関税議会、相互援助義務のための軍事協定、一律の法律を維持するための連邦裁判所とする、というものである。[3] そのような考えは、一九〇五年のモラヴィアの和協で、後にはブコヴィナ、ボスニア、ヘルツェゴヴィナ、ウクライナ、ガリシアで僅かに試みられた。それ以外、レンナーの提案は、理論的・学術的次元では興味を惹き、しばしば話題にされたが、帝国政府の政治実践の場では、机の引き出しの中で黴に覆われるままに放置された。一九七九年、当時首相だったブルーノ・クライスキーは、レンナーを賞賛し、グログニッツの「レンナー」博物館開館に際して述べた。

これはいつも忘れ去られていることですが、人々がドクター・カール・レンナーの政治思想にしたがっていれば、すなわち、かつての帝国の政治家たちが、早めにかれの考えに耳を傾ける用意があったならば、レンナーはおそらく、ヨーロッパ中央部と南東部の大規模な連邦国家の建築家になっていたのではないでしょうか。中欧の経済共同体の創設者になっていたことでしょう。ところが、とかく歴史の上ではありがちなことで、当時人々は、かれの考えの偉大さとその意味に気づきませんでした。遅きに失しました。かれの思想を実現する、と初めて決意したのは、もう取り返しがつかなくなってからでした。[4]

一九八九年以降の中・東欧の新秩序によって、ついに属人主義は新たな現実性を与えられた。このテーマに関するカール・レンナーの諸理論は、少なくとも再び議論の対象となった。ペーター・グロッツは一九九九年、何よりもカール・レンナーのモデルにしたがって、旧ユーゴスラヴィアにきめ細かな解決策を適用するよう主張し、新たな「モラアヴィア和協①」が必要だと述べた。［グロッツは言う］現在、国際監視下にある独立のコソヴォにとって、この［旧いモデルへの］回帰が鍵となろう。世界はオーストリア＝ハンガリー帝国最後の経験と失敗から多くを学び得るし、これらに新たに留意し、評価し直し、変容した現実に適用しなければならない、と。[5] 同様にツヴェトゥカ・クナーピチュ＝クルヘンは一九九〇年代初め、たとえば［セルビア北部］ヴォイヴォジナのハンガリー系少数派保護のために属人主義の活性化を支持した。レンナーやその他の者の著作は、いずれにしてもふたたび時宜に適ったものになった、と。[6]

中欧と世界新秩序

レンナーはまた第一次世界大戦中、フリードリヒ・ナウマンの中欧構想とも集中的に取り組んだ。同構想は、ドイツの自存と世界政治への影響力確保のために逸することのできない必要条件として、同国が優位に立つ広範な中欧を考えた。レンナーは、特に［同構想のもつ］大経済圏の思想に引きつけられた。そこでは、オーストリア＝ハンガリー帝国とドイツ帝国との政治的軍事的提携を、経済共同体と関税同盟に向けて推進するために、戦争を利用すべきだとされた。だが、ナウマン構想の矛盾を孕んだこの出発点こそ、とりわけ、権力政治的な配慮から生まれ、ただひとつと思われるこの動機こそが、社会民主党内の強い抵抗に遭遇した。たとえばレンナーの同志であるヒルファディングが恐れたのは、中欧構想が経済的必然性を隠れ蓑にして、実際には征服戦争を準備しようとしているのではないか、それによって中欧同盟国と協商国との対立が激しくなるのではないか、ということだった。協商国は、「中欧」という広範な領域でドイツの覇権を受け入れることが決してできなかったからである。これに対し、レンナーが前提としたのは、「中欧」という広大な経済領域を形成することができるのは自由意志に基づく提携のみだ、というものだった。他方、レンナーの発言には、大国の振る舞いを思わせるものがあり、かれの反対者の間に懸念を生んだのも無理はなかった。

実際に武器を手に肩を並べるということは、反軍国主義者がまったく評価しないとはいえ、大衆の間に強い現実的な感覚を呼び覚ます。つまり、人々が敵方の世界に抗して、身体と命をかけて連帯している、というものである。[7]

中欧は千年の現実であり、妄想ではない。[8]

我々が残念ながら直面する現在の戦争が終戦を迎えるに当たっては、統合された中欧をそっとしておこう、それによって、この戦争が二度と繰り返されない、と世界が了解するような終わり方をして欲しい。[9]

権力と強さこそ、将来の戦争を阻止する鍵、という発言は、控えめに見積もっても十分威嚇的に聞こえそうだが、真に含意するものは何だったろうか？　ここには攻撃的な膨張戦争の危険、無力な小国を併呑する危険はなかったろうか？　「第三帝国」はのちに、あるやり方でこれを実際にやってのけたのではなかったか。ついでに言えば、レンナーは一九三八年の「［合邦］賛成」インタヴューでも、改めて「千年の中欧」という論拠を口にした。レンナーによる中欧構想の経済政策的な立証を否定仕切れないものの、一九一六年に同構想に反対して表明された憂慮は極めてもっともである。だが、レンナー構想が、どの視点からドナウ帝国の状況を解明しようとしていたかを措くとして、かれはすでにこの時点で、常に自分の構想を世界秩序全体と結びつけていた。

中欧は今日、同盟を通じてのみ形成可能な世界である。他の者たちも粛々と同じ道を歩まんことを。同盟がひとつ、またひとつと続かんことを。これもまた、世界を組織化する道である。[10]

レンナーによる世界新秩序との取り組みは、もちろん、はるか以前から始まっていた。最初の真剣な議論は、とりわけ社会主義インターナショナルと階級闘争思想に由来した。たとえばかれは一九一〇年、「世界の組織化」と題する綱領的な論攷を書き、そこでは文化・交易共同体を基礎とする世界の新秩序および諸民族（Völker）の友好を擁護した。一度などはさらに一歩進めて、民族国家の領土獲得欲求を時代遅れと見なした。実際にはこの見解は、近い将来についていえば、まったく誤った見通しだったが、長期に見れば、未来を先取りする判断だった。領土獲得に代わって、レンナーは将来への道を、むしろ諸民族（Völker）が自由に結合・融和して大規模な経済領域を形成すること、そして分離を強いる関税の制約を克服することに見た。これはヨーロッパが何十年も後にヨーロッパ共同体、ひいてはヨーロッパ連合の枠組で部分的に歩んだ道だった。この意味でレンナーを、ヨーロッパ連合を先取りした思想家と呼んでもまったく差し支えない。というのは、かれは確信をもって――もっとも社会主義者の動機に基づいてではあるが――二様の道を、すなわち民族自治と経済連合の道を世界組織化の理想と見なしたからである。

プロレタリアートの力強い意思が担うこの方式は、我々を待ち受ける世界の新たな形成に当たり、とりわけ我々が勝利した暁には、ヨーロッパにとって重要性を増す。[11]

オーストリアの保守系元首相、ヴォルフガング・シュッセルですら、ヨーロッパ憲法の必要性を論じた新聞寄稿（二〇〇四年）で、カール・レンナーを、そうした憲法の予言者として持ち出した。[12]レンナーは、カントの学説と、社会主義の無階級社会という理想とを融合して述べる。この世界共同体は、人間性によって担われ、民族（Nation）、民族なるもの（Volkheit）、民族性（Völklichkeit）を克服しなければならない、と。

だからこそ、社会民主党にとって導きの星は、階級を止揚する階級闘争、資本主義・民族主義に抗する階級闘争である。目標は、自由平等な人間と諸民族（Völker）が形成する、カントの共和制世界連邦国家である。[13]

カール・カウツキーに依拠しながらレンナーは述べる。こうした理想は、全ヨーロッパの再生、ヨーロッパ文化の全領域にわたる再生を豊穣化する、と。すでに一九一二年、ヨーロッパの社会民主党諸党が、ヨーロッパの大都市で国際集会を催すことを取り決めており、レンナーはベルリンで統一的経済領域（Ökumene）について演説した。[14]

ドナウ連邦か合邦か

レンナーはその後、民族主義が勝利を収めたことや、社会民主主義の世界でも、第一次世界大戦でインターナショナルが持ちこたえられなかったことを肝に銘じなければならなかったが、それでも、かれは生涯にわたって世界国家の考えを支持し続けた。第一次世界大戦は、レンナーが望んだ『オーストリアの更新』で終わらず、オットー・バウアーが予測したように、オーストリアの崩壊で終った。チェコ人やポーランド人、南スラヴ人、ハンガリー人は、帝国から離反し、残余としてのドイツオーストリアが残った。[15] レンナーが最終的に確認したのは、ヨーロッパの労働者階級が、大戦を終結させた一九一七年から一九年にかけての革命的反乱によって、ヨーロッパのブルジョア社会を大きく揺さぶり、ヨーロッパの国家秩序を塗り替えたことだった。

これは別のヨーロッパである。これから大人になる世代が考慮に入れておかねばならないヨーロッパである。古い世代の社会主義者たちが、貴族や資本家の権力に英雄的に挑み闘った大戦前のヨーロッパとは別ものである。[16]

一九四七年、レンナーはある講演で次のように語った。

今後、文化の成果となるのは、一方の個別の諸国家と他方の国家共同体との間で、諸権利の範囲を確定すること、そしてこの共同体を文明と人間性の殿堂として、地上のすべての国家と民族（Völker）が組織的に協働して築き上げることです。[17]

レンナーは、第二次大戦中に書かれ、没後に刊行された著書『人間と社会』の「世界国家への道」と題する章で、上記の問題を詳細に扱った。その際、かれの歴史発展に関する議論は、階級闘争というよりは経済的・法的観点から行われた。

レンナーは君主制から共和国へという大変革の局面で、なおもドナウ連邦の可能性をあれこれ探ったが、最終的にドイツとの「合邦」賛成に舵を切った。これは再度、経済的に熟慮した結果だった。この「合邦」がサン・ジェルマン講和条約でオーストリアに禁止されると、レンナーは国際連盟に期待をかけた。この国際機関を通じて、合邦をまだ実現できるのではないかと考えた。国際連盟はそもそも、世界の平和的新秩序を招来すべきものとされた。この考えに沿ってレンナーは、一九二二年の国会討議で次のように明言した。

次の一〇年、いや、おそらく二〇年は、中欧が、そしてそれと一緒にドイツ民族もまた再建される年月となりましょう。全ヨーロッパが再建される一〇年となることでしょう。この一〇年の間に世界の新秩序が、ひとつの超国家的な制度によって――えー、国際連盟は、単にひとつの原型に過ぎません――試されることでしょう。[18]

けれども国際連盟は、この期待を叶えることができなかった。レンナーは、一九三六年・三七年に書かれ、遺稿として出版された『民族、その神話と現実』の中で、国際連盟に依然として肩入れしていたが、なぜ、連盟が実際には発展せず、使命を果たし得なかったか、という一連の原因を考えていた。［レンナーは述べる］国際連盟はその基礎を、硬直化した、大戦の戦勝国に好都合な組織に置きながら、同時に「すべての国（Nationen）が協力できるよう、未来志向の門を開ける」努力をしている。これは克服しがたい矛盾である。同様に致命的なのは、米国が国際連盟に加入しなかったことである。このため、連盟は中途半端なものに終っている。おまけに、各国は簡単に国際連盟から脱退できない。それは連盟の権威を傷つけるからだ、と。歴史を回顧して言えば、国際連盟が結局のところ、強要された講和に基礎を置いたために、レンナーは次のように要求した。

真の国際連盟が……［現行の］ジュネーヴの組織から生まれるのは、ただ、世界会議を通じてである。この会議では、敗者と勝者はもはやなく、［先の］大戦の中立国もまた同じように代表を送る。この会議は、講和条約の修正を行うことによって過去をきちんと清算し、将来の発展に道を拓く。[19]

こういう場合にレンナーに典型的だったのは、ただ単に批判を行って弊害を指摘するだけでなく、ひじょうに具体的な解決案を練り上げたことだった。まさにこの世界会議から生まれるはずの、拘束力をもった新しい世界同盟（Gesamtbund）が、国際連盟の欠陥を克服することが期待された。

この世界同盟の目標は、あらゆる国を統べる公的権力を打立てることである。この権力は、個々の国の大小を問わず、その主権を政治領域と経済領域とで制約するが、その制約が課されるのは、世界平和と諸国（Nationen）の安全、世界経済の自由、そして諸民族（Völker）の文化共同体の発展が要請するたびに、また、その場合に限られる。公的権力は、国際立法、法執行のための国際司法、そして国際行政から成る。行政は、次の分野（海運、鉄道、航空、郵便、電話、無線電信……）と、国際的に関心を惹くもの（世界航行用運河、航行可能河川、世界交通の要衝、最重要の資源供給源……）を対象に行われる……。[20]

レンナーはとりわけ、世界的規模で行われる軍縮の結果、逆に国際軍を樹立することが必要だと考えた。憲法の専門家であるレンナーは、国際連盟憲章のどこに弱点があるかについても考えた。「同盟した諸政府」からなる、いわゆる議院がひとつあることになるけれども、そこでは、経済構造や社会価値を異にする個々の国民の意向が十分に反映されるわけではない。そこでレンナーは、第二の議院創設を提案する。「これは、政府に対して国民代表機関があるように、［連盟］理事会と向き合う[21]」

列国議会同盟、汎ヨーロッパ、関税同盟

レンナーは、上記の役割を担いうる機構を、すでに活動を開始していた列国議会同盟に見いだした。［レンナーは述べる］ここには四〇の議会が加入済みで、［国際連盟と］同様に世界平和と国際裁判権確立に尽力している。これまで同盟は、その加入がまったく任意であり、しかも強制力をもたない決議しか行いえなかったが、国際連盟の第二院として格上げできよう。従来、国際連盟と緩く結びついていた司法・行政制度は、第二院の特別委員会によって運営・管理できるだろう、と。[22] 念のために言及すれば、レンナーは国民議会議長として、同時に列国議会同盟オーストリア代表団の団長もしていた。

レンナーはまた別の任務もかかえ、汎ヨーロッパ・オーストリア委員会において首相、イグナーツ・ザイペルの代理も務めた。リヒャルト・クドゥンホーヴェ[②]＝カレルギが一九二三年に自著『汎ヨーロッパ』で書きとめた思想と、同時に設立した汎ヨーロッパ連合とが、多くの点で異議があったとはいえ、レンナーを強く引きつけたことは、まったく当然のことと思われる。レンナーは、汎ヨーロッパという目標設定の多くの点で見解を同じくしていた。クドゥンホーヴェ＝カレルギが求めたのは、自由貿易と大量生産の確保、可能な限り、地球的規模における集団安全保障・国際連帯の制度整備、ヨーロッパの再生、ヨーロッパ・ネーションの創造——バランスを取っていくつもの広域に分けられた世界組織の枠内で、政治的な行動能力をもつ—

—だった。このヨーロッパで国境を廃止し、アメリカ合衆国に倣ってヨーロッパ合衆国を樹立するものとされた。[23]

オーストリアはいずれにしても、汎ヨーロッパ運動を熱心に支持した。この思想が深められれば、経済的に疲弊した小国オーストリアに好影響が及ぶに違いない、と期待されたからである。そこで政府は、汎ヨーロッパ連合に対し、王宮内の部屋を見事な中央本部として提供した。さまざまな陣営の著名な政治家たち、たとえばレンナー、ザイペルというような人物たちが、おおっぴらに汎ヨーロッパ思想に肩入れし、第一回汎ヨーロッパ会議が、一九二六年一〇月三日から六日にかけてウィーンで開催された。レンナーはこれに参加しなかったが、会議執行部に宛てた書簡で、汎ヨーロッパ運動への敬意を表明した。

> ヨーロッパが自ら新たな別のものに成ろうとしており、協働と文化的統一のための協約を、自ら締結しようとしていることを示す数多い兆候のうち、汎ヨーロッパ連合こそ、おそらくもっとも意義深いものでしょう。同連合は間違いなく、地上のこの地域の諸国民（Völker）のために、より良き未来へとつながる門を開ける、という貢献をなさることでしょう。[24]

レンナーは続いて汎ヨーロッパ連合の名誉委員会にも参加し、一九二九年、クドゥンホーヴェ＝カレルギの求めに応じて『汎ヨーロッパ』誌や一般新聞に寄稿し、そこで汎ヨーロッパ思想を鼓吹した。

> 経済と政治の差し迫った現実が、まず思想を呼び覚ました。今や思想は、行為とならねばなりません。汎ヨーロッパに賛同するのみならず、行動を始めようとする、責任を負った政治家の数は増しています。ヨーロッパの良心から、いつかきっと、行為へ向かうヨーロッパの意思が生まれるでしょう。[25]

しかし、レンナーにとって、いつかきっと、というのは時間が掛かりすぎだった。おそらく、いまだ機が熟していなかったからである。それから、わずか二年後の一九三一年には、レンナーの汎ヨーロッパ運動への熱狂と希望はかなり冷めていて、それは再び現実の政治情勢と絡んでいた。オーストリアはこの時点で、ドイツとの関税同盟締結に取り組んでいたのである。ヨーロッパが長い時間を掛けるのであれば、自ら積極的に行動しなければならなかった。「関税同盟と合邦」と題する記事でレンナーは、一二年もの長きにわたり、ヨーロッパの新秩序を辛抱強く待ち続けたのに、と嘆いた。

汎ヨーロッパという百年の理想は、熱狂的な使徒を見つけた。この理想は、考えうる、ひとつの脱出口であり、我々にとって大歓迎というものだ。偉大で開明的な政治家である［アリスティッド］ブリアンは、その有力な賛同者となった。常設のフォーラムが理想促進のために作られた。だが、その成果は、と言えば、約束のほかには何もない。我々は、もはや待つことができないのだ。我が国の男たちには仕事がない。子供たちは、飢えて死につつあるのだ。[26]

レンナーはいずれにしても、ドイツとの関税同盟計画に大賛成であり、これによって「痛めつけられ機能不全に陥ったオーストリアは、その主権を制約する軛を取り外すことができる」と考えた。かれはこの歩みを、一方では偉大な全ヨーロッパ統一運動が踏み出す第一歩と捉え、これに他の諸国といわず、全ヨーロッパが追随することを願った。だが、他方では、これが裏口からの「合邦」達成の可能性を秘めたものと理解したことは間違いない。レンナーは一九三一年の国民議会議長就任演説で、他のヨーロッパ諸国がドイツとオーストリアの意思を受け入れてくれることを求めた。

オーストリアとドイツ両国政府は、自由に向かって最初の一歩を踏みだしました！　全ヨーロッパに新たな経済秩序が、うまく作られますように！　もし、他の諸国がこれを望まず、いまだその用意が調わないのであれば、少なくとも我が国に、その母国と経済的に統合する第一歩を踏み出させてくれるよう望みます。[27]

これに関連して当然言い添えておかねばならないが、レンナーが全ヨーロッパに言及するときはいつも、おそらく意識的に、これを鎮静化の手段に使っていることである。かれにとってまず問題なのは、明らかにオーストリアの利益である。ついでに言えば、レンナーは結局、この鎮静の試みに成功しなかった。関税同盟計画は、誰よりもフランスによって挫折させられたからである。フランスは、この計画に「合邦」への一歩、ひいては新しい大ドイツへの歩みを見て取った。こうして、レンナーがこの問題と取り組む帰結として望んでいた、フランスとドイツとの和解にも至らなかった。レンナーは、独仏両国に政治的・経済的合意ができれば、ヨーロッパで対峙したままの戦線に風穴を開ける鍵となり、全ヨーロッパの和解へ向かう推進力を得られると期待していた。

引き続きレンナーは、オーストリアをドイツの大規模経済領域に組み込むというおなじみの観点から、ヨーロッパの経済秩序という課題に取り組んだ。一九三二年には「ヨーロッパ内部と社会民主党」という綱領的文書を記した。かれはそこでは、汎ヨーロッパも中欧構想も拒否し、ヨーロッパ内部連合（innereuropäische Union）を創造することが、大陸にとってもっとも完全な解決策であるとした。

そうした連合を世界経済に有機的に組み込むことを考え、それは実現されれば、まったく帝国主義的な特徴をもたず、純粋に防御的な性格をもつ。連合は、地域の高度な自給経済をもたらすので、高い関税障壁を必要とせず、また、そうしたものを受け付けない。したがって、西側の経済領域も東側の領域も競争から排除せず、「大陸封鎖」の性格をもたず、むしろ、世界各国との交易を簡素化、容易化する。さらに連合は、参加する国民（Völker）の間に、政治的に有益な平衡をもたらして、一方的な覇権を、それがどのようなものであれ、排除する。[28]

もちろんレンナーは、そうしたヨーロッパ内連合が短時日の内にできるなどという思い込みをしなかった。［レンナーは述べる］連合は、フランスなどが依然として主張する同盟体制を破綻させるが、連合でまとまるメンバー諸国は、国家の独立、政治の独自性を放棄することなく、外交政策についてのみ、船団で「航行する」。こうした理由から、完全なヨーロッパ内連合に至る道では、歩み寄りの制度――たとえば特恵制度、割当制度、外国為替取引制度、さらには政治的に保障された超国家カルテル、個別の輸出・輸入独占と外国貿易の全般的独占――がなければならない、と。むろん、この「ヴィジョン」を実現する前提は、レンナーと、ひいては社会民主党の考えでは、ただ、ヨーロッパが民主主義の精神で一致すること、国際協調と社会の高揚、言い換えれば労働者階級の前進があることだった。

窮乏のヨーロッパ、希望は国連

しかしながら、第二次世界大戦とともに、すべてこうした望みは空しかったことが、ついにはっきりした。一九三八年にヒトラーが実現した「合邦」は、レンナーにさえ、あれやこれやヨーロッパ問題の解決策をすべて忘れさせ、ドイツによるオーストリア合併の夢が実現したと思わせた。レンナーは勢い余って最後には、ズデーテンラントに関するミュンヘン合意もまた国際政治展開の出発点となりうることを認めてしまった。[29] だが、第二次世界大戦は、まもなくレンナーの確信を冷え込ませ、かれは、西ヨーロッパの人々がひじょうに不気味な未来を迎えることを予感した。[30]［レンナーは述べる］人々が再び権利を保障され、均衡の取れた経済領域を手に入れるまでに何十年も掛かるだろう、と。[31]

レンナーは、［第二］共和国の初期、自分の内閣で大臣だったハンス・レーヴェンフェルト＝ルスに宛てて一九四二年［一二月一九日］に記す。

世界は恐るべき悲劇の中で転換点に向かっています。これは何もかも破壊し尽くそうとしています。かわいそうなヨーロッパ！　私たちは中世真っ只中の人種的偏見にまで顚落しました。これはおそらく白人がもっとも多く失われ、地上のもっとも価値ある部分が黄色人種の手にわたることで終るでしょう！　ヨーロッパ文明のかまどの火が消えて、ヨーロッパの没落とアメリカの興隆に終るでしょう！　ヨーロッパは世界の救貧院であり、養老院です！　ある国民が廃墟の中から手に入れることのできる最良のものをもってしても、諸国民すべてが喪失するものを埋め合わせることはできません。[32]

第二次世界大戦が終ってレンナーは、合邦の思想に距離を置き、そして、いかなるものであれ、大規模な経済領域へ［オーストリアを］繰り込もうとする考えからまったく遠ざかった。レンナーは首相として、また大統領として、オーストリアの完全な独立を唱えた。この主張は実に、かれの生涯において初めて、しかも自らの意思に基づいて行われたものだった。完全独立は、レンナーの目にはひとつの新たな質を意味し、必要なものでもあった。それは、オーストリア自身が必要としただけでなく、ヨーロッパと世界との均衡にとっても重要だった。けれども、レンナーの目には逆に、オーストリアがヨーロッパにとってひとつの問題に、それどころか世界の一個の問題になってしまった。ただ、レンナーは、まさにオーストリアで四つの占領国が直接に対峙していることを、不思議とは思わなかった。レンナーにしたがえば、オーストリアに該当することは何でも、そしてオーストリアに生起することはすべて、より高次の、すべてを包括する次元と関連していた。

オーストリアをめぐって交渉が行われている。だが、問題はヨーロッパである。オーストリアの独立を保障しようとしている。しかし、その際、問題となっているのは、大陸の中小諸国の独立である。オーストリアの経済的生存可能性について話し合われている。けれども、問題は、ロシア世界帝国の大領域経済である。同帝国は、諸国と諸国民を呑み込みつつあるように見える。オーストリア国民が自らのやり方で自己を打立て、生存しようとする政治的・精神的自決権が交渉されている。だが、問題は、ふたつの生存・思考様式の対立である。これは地上の諸国民すべてに関わる対立であり、国家権力対人権、一党支配対普通代議制、独裁対民主主義の対立である。[33]

レンナーは何をおいてもこれを理由に、オーストリアの中立が絶対に必要だと考えたが、自国の無力を目の当たりにして「オーストリアという世界の問題」を解決するため、特に国連が力を貸してくれることに期待をかけた。国連こそ、今やオーストリアが自らに望む唯一の「結びつき」(Anschluss) だった。「我が国と国連、それだけで十分である。他のものはすべて、我が国にとって災いである」[34]。レンナーは自分の考えを押し進め、国連がオーストリアの信託統治を引き受けることで、四か国の占領を終了させられないかと考えた。強力な国連が世界平和を保障し、オーストリアのように孤立した国に対して、世界の中で自らを確立する可能性を再び付与することを期待した。その場合、オーストリアが志向できるのは、外部の世界だけであることは、レンナーにとって当たり前すぎる常識だった。

世界が開かれていれば、我が国は、自分たちの国土と住民が天分に恵まれていると信じられる。その天分とは何よりも、自分たちの意志を貫くこと、そして自分たちの国土と国民に本性上与えられている役割を引き受け、果たすことである。オーストリアは世界経済と世界政治を志向し、その志向を続ける。[35]

レンナーは晩年になっても、コスモポリタンの観点をもち続けた。常に「オーストリア」を出発点にして考察を行ったが、いつも全ヨーロッパと世界の脈絡でオーストリアを眺めた。一九一八年以降は、その政治的実践がオーストリアという狭い空間に限られていたが、かれはいつも、自分の思考世界では世界に向かって開かれていて、狭い空間に囚われることなく、ヨーロッパを意識する人間として立ち現れた。かつての帝国に存在した「広大な空間の市民」であることを止めなかった。かれの抑えがたい衝動は、いつも「より大きなもの」に向かって進んで行った。首相のイグナーツ・ザイペルあるいはオットー・バウアーもまた、その人となりからして、オーストリアには「偉大すぎ」て、大国が活躍の舞台として相応しかった、とする神話がある。第二共和国では、ブルーノ・クライスキーがヨーロッパ的規模・国際的規模の政治家として、小国オーストリアの国境を突き破っていった。同じように、元外務大臣、アーロイス・モックもまた、オーストリアのEU加盟に尽力したことにより、小国の国境を越えた。

オーストリアのヨーロッパ人――EUの後退

レンナーもまた、紛れもなく「オーストリアのヨーロッパ人」に分類しなければならない。かれの実際の政治的影響力のためというよりも、行動の大義を共に訴えようという熱意と、かれの数ある全ヨーロッパおよび世界国家をめぐる意見表明のためである。レンナーは、いつも大空間に魅了されていた。ただ、それが内部でどのような構造をもつかは問わなかった。かれは、この世界に存在するすべての国家の複雑な連関を、まさに経済的観点からも知悉していた。間違いなく、かれはEUの熱心な支持者になっていたことだろう。もっともギュンター・ハロウペクによれば、ヨーロッパ統合は、レンナーが第一次世界大戦中に唱えていた「中欧構想」の拡大版とも言えた。[36]

ヨーゼフ・ロートの小説の登場人物たちは、「ハープスブルク」帝国の崩壊をうまく咀嚼できず、突然祖国を喪失して、まったく根無し草であることを自覚するが、これと対照的に、同じく多民族国家の熱烈な支持者だったレンナーは、「帝国崩壊後の」諸国家の狭隘さに対して幅広い思考で応え、かれなりに「帝国崩壊ショック」を克服した。なるほど、レンナーはオットー・ポール宛ての手紙［一九三〇年］で、自分がもっと若かったら、帝国崩壊後、オーストリアを立ち去っていただろうと強調しているが、かれは新しい小国家の挑戦に、かれなりのやり方で応えた。もっとも、それは一九四五年まで、この小国家をより大きな文脈全体の中に取り込んでいくというやり方だった。

たとえば、世界の熱い煙突に取り付けられた吸煙装置であることは、私には不満でした。（オーストリアが、再びすでに世界の……？　S・N）大事だったのは、空しい不幸を防止し、そのうえで、熟慮して、ここから世界の動勢を追いかけること、社会主義者としての自分をオーストリアに閉じ込めないことでした。[37]

レンナーは、自分の思想と行動――それが、どんな次元のものであれ――のすべてをもって、人々に、そしてヨーロッパ市民に困窮と苦悩のない生活を保障したいと考えた。カール・レンナーが唱えた多民族国家・世界国家のような大国（Großreiche）にとっての関心は、スタンフォード大学の歴史家、イアン・モリスに言わせれば、静穏と秩序を維持することにある。そこでこうした諸大国は、現実の世界情勢が孕むあらゆる紛争の火だねにも拘わらず、いちだんと安寧を保障してきた、と。[38] 英国の政治学者・社会学者のコリン・クラウチは、自著『民主主義後』および『新自由主義の奇異な生き残り』で、焦眉の挑戦を広い視野で的確に表現しているが、そのかれが、そもそも、もっとも手強い敵は、我々を無力化する類の悲観主義である、と二〇一二年、ウィーンで語った。[39] 二一世紀にも、カール・レンナーのようなタイプの、行動するヨーロッパ人が必要とされているのではなかろうか！

フーゴ・ポルティッシュが二〇〇八年の経済危機後、自著『今何が』をもって修辞疑問形で言わんとしたのは、まさにEUの弱点を適確に突いて、今後の歩みとして共通の経済・財政政策と、最終的には政治統合を訴えることだった。[40] ポルティッシュはまた、西欧の価値の命取りにも成りかねない、いわゆるイスラム国（IS）の脅威にかんがみて、EUが連携して軍事行動を取ることを要請した。国連憲章とヨーロッパ条約が、あらゆる国（Nation）に対し、戦争には戦争で応える権利を付与しているではないか、というわけである。[41] 新自由主義はヨーロッパ全域で、レンナーが追及した社会国家の終焉を目指しており、間違いなく今後必要とされるのは、社会が許容可能な成長を目指す新しい総合戦略である。ハインリヒ・ヴォールマイアーは、情け容赦ない貪欲な金融資本主義が原因となって、ついには市民による蜂起と接収が起きるのではないかと恐れる。[42]

ウォルター・ラカーは自著『ヨーロッパ最後の日々』で、EU加盟国の間に国益優先が進んでいると断定したが、[43] ヘルムート・シュミットは、それでもEUは、加盟国が国家主権の一部を任意に放棄する唯一無二の例だ、と述べた。[44] ジェレミ・リフキンは、ヨーロッパの長期にわたる夢を規定して、ヨーロッパ人はあらゆる人間を受け入れ、誰も排除しようと思わない、と言うが、これが当たっているとすれば、レンナーが規定するヨーロッパの主要目標も、その実現の途次にあるということになろう。[45] 二〇一五年以降、ヨーロッパ規模の難民問題が、外国人に対する新たな不安をさまざまに明るみに出したが、まったく同時に、信じがたいほど模範的な歓迎の文化が生み出されている。イスラム教に動機づけられたテロに対応して、［キリスト教が］多数派の社会は、価値とキリスト教の基調文化をめぐって議論を新たに活性化させた。[46] 一九四六年、老年のカール・レンナーが若者に呼びかけた［寄稿の］内容は、その有効性をまったく失っていない。

他人を、異邦人を、とりわけ他国民を憎悪することは、美徳でも何でもない！　隣人を、ひいては隣国の国民を、そして諸国民すべてを尊敬し、愛せよ！[47]　普遍的な人間愛は、未来永劫、勝利を収めるだろう！

一八四八年三月革命の一〇〇周年記念を機に、カール・レンナーの不朽の人間思想は、統合ヨーロッパと、最終的には世界国家のヴィジョンとに再び流れ込んでいった。

三月革命で演説した者の第二の主要な要求は、もちろん、まだ実現していない。それは、地上のすべての国民を兄弟として国際共同社会に統合することである。だが、この理想は、まず旧い帝国の地で光を放ったが、実現しないままに終った。その理想が、帝国の国境を越えて、それどころかヨーロッパを越えて拡がり、今日、あらゆる大陸の最良の人々の心を満たし、全世界の国民（Nationen）が集う組織［国連］に姿を現わし、その実現を待つ人類の理想となった。……人類の偉大な理想が実現するには、経験上、何十年も、いや何世紀も掛かるのは嘆かわしいことではあるけれども、否定できないのは、この理想が不滅であり、いつも最後には勝利を収めることである。この理想は、たゆみない精神闘争を必要とする。我々はこの理想のため、心構えをしていようではないか！[48]

著者の謝辞

本書の成立に当たり、誰よりも感謝を申し上げるのは、長年にわたりオーストリア社会・経済博物館館長（ウィーン）とドクター・カール・レンナー記念地協会会長を務められたヨーゼフ・ドチェカル教授である。教授は一九七八年、私にカール・レンナー博物館の学術展示と運営を委託された。本書の出版に多大なご興味をお示しくださった同博物館の現理事会（会長のイレーネ・ゲレス［グログニッツ］市長、ふたりの副会長、ドクター・ハネス・バウアー氏および修士マティアス・シュタードラー［ザンクト・ペルテン］市長）に感謝申し上げる。カール・レンナーというテーマで多くを学んだのは、ドクター・フーゴ・ポルティッシュ氏率いる［テレビ番組］「オーストリアⅡ」チームに参加したときのことだった。前連邦大統領、ドクター・ハインツ・フィッシャー氏――氏自身、カール・レンナーについて定評ある書の著作者――は、私のこれまで発表した著作物が議会構内に展示されるよう取りはからってくださった。お二方ともに、本書に序文をお寄せいただいていて、深く感謝申し上げる。さらに御礼申し上げるのは、私がザンクト・ペルテン市庁勤務時代の上司である二人の元市長、ハンス・シッケルグルーバー氏とヴィリ・グルーバー氏である。おふたりからは、研究目的のために柔軟な勤務をお許しいただいた。執筆に際して励まし、ご支援くださったのは、［レンナー博物館］文書担当、ペーター・デーレンタール氏、元館長、アードルフ・チェキーツ氏、国民議会議員のアントーン・ハインツル氏、さらにフリードリヒ・ブレットナー教授、ドクター・ヨハン・ハーゲンホファー教授、ゴットハルト・フェレラー教授（博物館展示専門家、『ブラーフ・ダ』誌発行人、ニーダーエスタライヒ文化フォーラム推進者）、元ベルリン市庁上級職員、ブルーノ・クラウス・ランパジアク氏である。

カール・レンナー博物館新運営部門のヴォルフガング・ルフテンシュタイナー館長、ドクター・ミヒャエル・ローゼカー学術部長には、研究の精緻さと博物館訪問者の増加を望むとともに、連邦政府が［博物館への］関心をさらに高めることを願うものである。博物館への長期にわたる援助は、ブルーノ・クライスキー［元］首相が最終的に約束したものだった。

私の学友であるドクター・ヘルムート・コンラート教授、ドクター・ヘルヴィヒ・ヴァレンティン講師、ドクター・クラウス・ペーター教授には、貴重な示唆を与えてくれたことに感謝する。今は亡き次の方々から、大きな励ましをいただいた。ドクター・エーリヒ・ツェルナー教授、ドクター・カール・シュタドラー教授、ドクター・ノルベルト・レーザー教授、元連邦政府大臣のドクター・カール・グルーバー氏、ふたりの元次官のフランツ・ラウシャー氏とアンドレーアス・コルプ氏（コルプ氏は、レンナー博物館の発案者でもあった）、ドクター・アントーン・ラウター教授（ドクター・カール・レンナー記念地協会・元会長）、ウィーンのヴィクトール・マテイカ氏、リンツのドクター・エルンスト・コーレフ教授、レンナーの元秘書であるアマーリア・シュトラウス＝フェルネベックさん、レンナーのふたりの孫であるカール・ドイチュ＝レンナー氏とフラーンシス・アシュリーさん、レオポルディーネ・ドイチュ＝レンナーさん［レンナーの娘］の家政係だったシャルロッテ・シルヒャーさんとヘルベルト・フィッシャー＝コルブリー氏である。すべての連邦国家文書館に御礼申し上げる。特に［元］館長、顧問官のドクター・ルードルフ・ネック氏、顧問官のドクター・ヴァルター・ゴールディンガー氏、事務局の修士・ヴォルフガング・マーダーターナー氏には御世話になった。さらに議会図書館、国立図書館、大学図書館、ウィーン市・州文書館、ウィーン図書館、ウィーン大学現代史研究所のふたりの教授、ドクター・オーリヴァー・ラートコルプ氏とドクター・ゲールハルト・ヤークシッツ氏、クロースターノイブルク修道院文書館、労働運動史協会、並びにドクター・マルタ・キュールレ夫人のように、思い出を語ってくださった、レンナーと同時代の多くの人々に感謝申し上げる。多くのメディアにも感謝を捧げる。その資料部門と実際の報道から貴重な知識を得ることができた。ドクター・シュテファン・カルナー教授からは、二〇一五年に開催されたニーダーエスタライヒ州シンポジウムの機会に、レンナーとスターリンが遣り取りした書簡に関して貴重な助言を頂いた。他にも助言は、ザンクト・ペルテン文化局長、ドクター・トーマス・カール氏、ニーダーエスタライヒ州政府文化科学局長、修士ヘルマン・ディコヴィチ氏からも頂戴した。

レジデンツ出版社は、初めて話し合いをもったときから、本書の出版に積極的に対応してくださり、ふたりの経営者であるクラウディア・ローメダーさんとロスヴィータ・ヴォンカさん並びに社員の皆さま、特に大変有能で熱意を持った編集者のドクター・シュテファン・グルーバー氏に感謝申し上げたい。ザンドラ・グルーバーバウアーさんは、数多くの章のタイプ、レイアウト、そして名人芸の時間配分をしてくださり、大変にありがたかった。私に変わって雑務に取り組んでくださったアナスタシア・イルミヤエーヴァさんにも謝意を表する。

美術収集家で国際的に有名な、失踪作品追跡者であるヨーゼフ・レンツ氏（クライスバッハ出身）からは、本書出版のため、深甚の感謝に値する財政支援を頂戴した。氏はこのご支援により、幅広い天才的な政治家であるカール・レンナーの活動を文書館のほこりから解放し、現代の日の目を見させるのに多大の貢献をされた。ニーダーエスタライヒ文化フォーラム議長で元ニーダーエスタライヒ州議会議長、元国民議会議員のエーヴァルト・ザッハー教授からは、カール・レンナーの新評価のために相当額の助成金を頂戴し、心より感謝申し上げる。氏はさらにまた序文もお寄せくださり、御礼の申し上げようもない。

訳者あとがき

本訳書は、原書（Siegfried Nasko, KARL RENNER, Zu Unrecht umstritten? Eine Wahrheitssuche, BIOGRAFIE, RESIDENZ VERLAG, Salzburg – Wien 2016）の序文を含む全一五章のうち、九章を訳出したものである。割愛した原書第一章「貧しい農民の息子から二度の共和国創立者へ」は、二〇一五年に成文社から刊行された『カール・レンナー　1870―1950』の本文に当たる。したがって、今回の訳出分と併せると、量的には原書本文のほぼ八割をカバーしたことになる（次頁の対照表を参照）。

訳出した章の選択に当たっては、カール・レンナーの国家論、民族論、民主主義論等、かれの理論がその実践ととともに描かれた章を重視した。レンナー思想の根幹と、レンナーを取り巻く論争とに留意しつつ選択している。他方、今回割愛した五章は私見では、それぞれエピソード的な様相で、量的にもそれほど多くない。結果として訳書は、原書の大きな章をつなぐことになった。

二〇一六年の秋、著者ナスコ氏から刊行直後の原著を手渡された時、それぞれの章は独立しているので、もし翻訳に際して量的に懸念がある――多すぎる――ならば、章を選択して訳出することも可能であるとの考えに接した。この著者による示唆を参考に訳者が章の選択を行い、今回の翻訳に至った。

原書第一章について付言すれば、これは「レンナー小伝」とも言えるもので、これまでは論文の形でしか存在していなかった。それが今回、著者によるレンナー論の序章とも言うべき位置に置かれた。上述のごとく、すでに日本では二〇一五年に『カール・レンナー　1870―1950』と題して先行して刊行されている。著者は今回の著書でも、わざわざこのことに本文で言及し、文献リストにも「レンナー伝日本語版」として取り込んでいる。

原書　ジークフリート・ナスコ『カール・レンナー　不毛な論争か？　真実を求めて』	訳書　ジークフリート・ナスコ『カール・レンナー――その蹉跌と再生――』
序文　本書はカール・レンナーの新評価を目指す	序文　本書はカール・レンナーの新評価を目指す
第一章　貧しい農民の息子から二度の共和国創立者へ	［刊行済『カール・レンナー 1870 - 1950』成文社 2015年］
第二章　協働こそ漸進の原則	第一章　協働こそ漸進の原則
第三章　ニーダーエスタライヒ州議会にて	割愛
第四章　征服戦争に反対、名誉ある和平を！	第二章　征服戦争に反対、名誉ある和平を！
第五章　サン・ジェルマン［講和会議］にて	割愛
第六章　国家狂信者、協働者、連立主義者？	第三章　国家狂信者、協働者、連立主義者？
第七章　協同組合活動家として	第四章　協同組合活動家として
第八章　国家の経済への浸透	第五章　国家の経済への浸透
第九章　一九三四年二月蜂起	割愛
第一〇章　合邦思想　一九一八〜一九三八	第六章　合邦思想　一九一八〜一九三八
第一一章　詩人	割愛
第一二章　一九四五年四月のレンナー対スターリン――第二共和国への道	第七章　一九四五年四月のレンナー対スターリン――第二共和国への道
第一三章　国家条約のための闘い	割愛
第一四章　統一ヨーロッパのために	第八章　統一ヨーロッパのために

今回の『蹉跌と再生』は、「レンナー各論」とでも言うべき位置づけができる。つまり、レンナー理論（諸理論と言うべきか）のさまざま側面を、取り巻く状況とともに章ごとに論じている。以下、訳書の各章について簡単に触れる。

第一章（原書第二章）「協働こそ漸進の原則」では、レンナーの思想の根底にある進化主義が取り上げられる。歴史的に社会主義への「断絶」を想定しないレンナーは、政治的にも漸進主義者（＝改良主義者）である。かれの対蹠者であったオットー・バウアーと異なって「過激な」言葉を吐くこともない。

第二章（原書第四章）「征服戦争に反対、名誉ある和平を！」は、レンナーの国家論と、それから帰結する第一次大戦中の「城内平和」路線を扱う。かれの国家論を見ていると、本人の「自分はマルクス主義者である」という発言には、本人の主観はともかく、違和を覚える。マルクス主義者を自称する者は、どこかで（極北で？）国家の廃棄を想定している、と思われるが、レンナーは違う。確かに、かれも国民国家の枠を越えて、国際的に、まさに inter - national に国民国家を克服する方途を示唆する（第八章、原書一四章）が、同時に、国家は「道具」以上のものである、とも語る。レンナーが一九一八年まで、多民族国家であるハープスブルク帝国に拘った理由の一半も、これでかなりの程度に理解できる。

第三章（原書第六章）「国家狂信者、協働者、連立主義者？」及び第五章（原書第八章）「経済への国家の貫通」は、再度、レンナーの国家論を扱う。

第四章（原書第七章）「協同組合活動家として」において、レンナーが重視するのが生産論ではなく流通論であることが明らかとなる。この視角から、かれの消費協同組合論と自らの実践（消費協同組合とその金融機関との設立・運営）があった。消費協同組合は、社会民主党、労働組合とともに三位一体をなす位置づけが与えられる。日本ではこれまでレンナーへの興味が、どちらかと言えば民族問題の視角に偏っていたと思われるが、本訳書が、協同組合活動家としてのレンナーを初めてかなり詳しく紹介することになる。

第六章（原書第一〇章）「合邦思想　一九一八〜一九三八」では、レンナーの一九三八年、ナチス・ドイツによるオーストリア「合邦」への賛成が取り上げられる。これは、オーストリアでいまだホットなテーマであり、歴史問題として今も潜在的にくすぶっている。訳者が顔を出した、レンナーをテーマとするある講演会で、会場から真っ先に飛び出した質問は、まさに「何故、ナチスによる『合邦』という名の占領に賛成したのか」だった。

著者ナスコ氏は、レンナーのドイツ民族主義の立場からの「合邦」賛成と、ナチスへの対応は別である、と本書で丁寧に腑分けして論を進める。レンナー＝「親ナチ」論の高まりを招来した、名うての元ナチ高級幹部の証言を取り上げて、これが如何にデマであるかを丁寧に明かしていく。今後、この議論を再燃させないぞ、とでもいうような、ナスコ氏の強い思いが感じられる。この章は、レンナーの民族問題に関心を集中させていた人々にも、再度、レンナーの民族・国民・国家のテーマで読んでもらえそうである。

第七章（原書一二章）「一九四五年四月のレンナー対スターリン——第二共和国への道」は、レンナー＝「国父」神話が生まれた歴史過程を記述する。政治家として資質がフルに発揮された二度目の時期ということになる（因みに一度目は、一九一八〜一九二〇の第一次共和国連立政府時代である）。

今回のナスコ氏のレンナー論（本人によれば、かれのレンナー論の「集大成」）が正面から批判の対象に据えているのは、アントーン・ペリンカ氏（著名な政治学者）の著書『カール・レンナー　入門』である。これは一九八九年にハンブルクのユーニウス出版から出された、たった一三〇頁ほどの新書版であるが、ペリンカ氏はここで、レンナー＝状況追随者、理論は、レンナーが追随した現実を後から正当化する代物というように、大上段に振りかぶってレンナーを滅多切りにしている。これはまた、いわゆる左派（レンナー嫌い）の最大公約数的レンナー論とも言える。これに反論し、レンナーを擁護するのが、今回の著書の最大の目的だろう、と訳者は本書を読む。

本書から幾つか「さわり」を引用してみたい。

レンナーには非難が浴びせられた。実践家として、その時々の時代精神が勧めると思われる場とやり方に倣い、いつも現場にいて活動していた、と（訳書二六頁）。

レンナーが全力を傾けようとした動機こそ、もっとも重要である。かれが何かに参加して、その場に居たのは、まずもって（それだけとは言わないけれども）多数の者から苦悩や飢餓、内戦、貧困、危機を遠ざけるためだった。持ちこたえる、じっと耐える、そして可能ならば協力する、それは、眼前の怪物のような国家が、その縛りと強制を投げ捨て、社会共同体へと発展するのを待つだけでなく、むしろその方向に働きかけるためだった（訳書一五二頁）。

アントーン・ペリンカはカール・レンナー『入門』で、ゲーラルト・シュトウルツの、レンナーは脇役でいることができなかった、という言葉を取り上げる。だが、一九四五年四月初めの大転換の日々、まだ戦争が継続しているにもかかわらず、ナチ体制が崩壊する中で、優勢に進攻する赤軍司令部に勇気をもって出向いて、「ドイツ人」だと依然見做される地元住民の飢餓、住民に対する略奪、強姦に抗議した政治家が他にいただろうか。私［ナスコ］は知らない（訳書二七四頁）。

カール・レンナーは、時として改良主義者のひとりとして他と一緒に括られ、日本ではその人物像が詳しく知られていない。したがって、読者にどのように読んでもらえるか、訳者は少し緊張している。

原著者　ジークフリート・ナスコ氏は一九四三年、グラーツの生まれ。パン職人資格試験合格後に方向転換して、ウィーン大学でドイツ文学、歴史を学ぶ。ニーダーエスタライヒ州都ザンクト・ペルテン市庁の文化局勤務、ウィーンのオーストリア社会経済博物館学芸顧問、グログニッツのレンナー博物館館長を歴任。ニーダーエスタライヒ州の州議会議員も務めた（二〇〇三年～二〇〇五年）。オーストリア現代史に精通して各種学術展覧会を組織。二〇一四年、学術文化への貢献に対し、オーストリア学術文化十字勲章が授与される。なお、一九八七年にはザンクト・ペルテンの姉妹都市である倉敷市訪問のために来日した。二〇〇六年には「チベット支援　ニーダーエスタライヒ」の会を立ち上げ、チベット難民の児童支援に当たっている。

謝辞　先の『カール・レンナー　1870―1950』の翻訳から今回の『蹉跌と再生』翻訳まで、いつも変わらぬ御支援を頂いた著者のナスコ氏にまずは深く感謝申上げたい。レンナーが国民議会議長として議事運営を行ったかつての議場の見学に連れ出してくださったり、国会図書館で、レンナーが帝国議会図書館員時代に作成した図書カードの実物を見られるように手配してくださったりと、さまざまにお気遣いいただいた。また、今回の原書の出版元であるレジデンツ出版（Residenz Verlag）は、翻訳権の取り扱いで非常に好意的に対応してくださった。さらにグログニッツにあるレンナー博物館の文書・資料担当のデーレンタールさんには、これまでと同じくさまざまな資料のご提供をいただいた。とくに写真資料に関しては、いつもそのご厚意に甘えてばかりである。ここに特に記して感謝申上げる。岡山大学名誉教授の太田仁樹氏からは今回も貴重なご指摘・示唆を頂いた。変わらぬご厚意に深謝する。最後になったが、先のレンナー伝に引き続いて今回の『蹉跌と再生』の出版もお引き受けくださった成文社の南里功氏を忘れるわけにはいかない。皆さま、本当にありがとうございました。

人名索引

ア行

アーデナウアー、コンラート　Adenauer, Konrad　27
アードラー、ヴィクトール　Adler, Victor　21, 34, 39-42, 44, 46, 51, 95, 103, 104, 106, 120, 122, 123, 128, 140, 150, 172, 179, 194
アードラー、フリードリヒ　Adler, Friedrich　17, 27, 34, 36, 37, 42, 63, 64, 106, 108, 110, 119, 121, 122, 124, 125, 127, 132, 133, 137-140, 150, 153, 169, 181, 203, 239, 240, 267
アードラー、マックス　Adler, Max　30, 119, 127, 133
アーモス　Amos　73
アーレナウ、アレクサンダー・ブロッシュ・フォン　Ahrenau, Alexander Brosch von　92
アイ、エドゥアルド　Hay, Eduardo　251
アイスナー＝ブープナ、ヴィルヘルム　Eisner-Bubna, Wilhelm　151
アイヒホフ、ヨハン　Eichhoff, Johann　222
アイフラー、アレクサンダー　Eifler, Alexander　241
アヴェノール、ヨゼーフス　Avenol, Josephus　251
アウスタリツ、フリードリヒ　Austerlitz, Friedrich　30, 45, 100, 103, 122, 124, 140
アオヤマ、タカノリ　Aoyama, Takanori　88
アダモヴィチ、ルートヴィヒ　Adamovich, Ludwig　80
アッカル、イザベラ　Ackerl, Isabella　242
アブラム、ジーモン　Abram, Simon　35, 125
アメリ、ジャン　Améry, Jean　14
アントノフ、アレクセイ・イノケンティエヴィチ　Antonow, Alexei Innokentjewitsch　270
イェルーザレム、ヴィルヘルム　Jerusalem, Wilhelm　233
イェルザベク、アントーン　Jerzabek, Anton　48
イクラート、ミヒャエル　Ikrath、Michael　71
イニツァー、テーオドール　Innitzer, Theodor　253-255, 258, 260
ヴァイグル、カール　Weigl, Karl　239
ヴァインベルガー、ロイス　Weinberger, Lois　70
ヴァナー、ゲールハルト　Wanner, Gerhard　87
ヴァルトナー、ヴィクトール　Waldner, Viktor　152
ヴァルトハイム、クルト　Waldheim, Kurt　77, 229, 263
ヴァルトブルナー、カール　Waldbrunner, Karl　282
ヴァレンシュタイン、アルブレヒト・ヴェンツェル・オイゼービウス・フォン　Wallenstein, Albrecht Wenzel Eusebius von　91
ヴィーデイ、ヤン　Wiedey, Jan　201
ヴィッレ、ゼップ　Wille, Sepp　228, 229
ヴィナルスキ、レーオポルト Winarsky, Leopold　119
ウィルソン、ウッドロー　Wilson, Woodrow　145, 146
ヴィルヘルム、W　Wilhelm, W.　190
ヴィルヘルム２世　ドイツ皇帝　Wilhelm II., Deutscher Kaiser　33, 96
ヴェーバー、アントーン　Weber, Anton　253, 302

ヴェーバー、フリッツ　Weber, Fritz　63, 64
ヴェーバー、マックス　Weber, Max　71, 72
ヴェーラー、ハンス・ウルリヒ　Wehler, Hans-Ulrich　255
ヴェールル、ルードルフ　Wehrl, Rudolf　281, 283
ヴォーダク、ヴァルター　Wodak, Walter　252, 256
ウォーバス、ジェイムズ　Warbasse, James　193
ヴォールマイアー、ハインリヒ　Wohlmeyer, Heinrich　320
ウォトキンズ、W・P　Watkins, W. P.　179
ヴコヴィチ、アンドレーアス　Vukovich, Andreas　175, 189
ヴラニツキ、フランツ　Vranitzky, Franz　77
エヴァンズ、リチャード・J　Evans, Richard J.　255
エーベルト、フリードリヒ　Ebert, Friedrich　108
エドワード7世（英国王）Eduard VII., König　33
エルスナー、ヘルムート　Elsner, Helmut　200
エルダシュ、マティアス　Eldersch, Matthias　35, 124, 125, 182, 189
エルトマン、リヒャルト　Erdmann, Richard　202, 214
エルマコーラ、フェーリクス　Ermacora, Felix　162
エレンボーゲン、ヴィルヘルム　Ellenbogen, Wilhelm　39, 52, 119, 124, 213
エングホルム、ビエルン　Engholm, Björn　18
エンゲル、アウグスト（マインフェルデン男爵）Engel, August, Freiherr von Mainfelden　120, 179
エンゲルス、フリードリヒ　Engels, Friedrich　101, 105, 147, 148, 203
エンダー、オットー　Ender, Otto　68, 163
オウエン、ロバート　Owen, Robert　171
オーヴァディーク、ラインハルト　Owerdieck, Reinhard　154
オーラ、フランツ　Olah, Franz　70

カ行

カー、E・H　Carr, E. H.　230
ガーリン（赤軍大尉）Garin (sowjetischer Hauptmann)　275, 278, 283
カール1世（オーストリア皇帝）Karl I., Kaiser von Österreich　37, 40, 42, 46, 131, 142-144, 151, 181, 216
ガーンディー、マハートマ　Gandhi, Mahatma
ガイス、イマヌエル　Geiss, Imanuel　100, 106
カウアー、ローベルト　Kauer, Robert　254
ガウチュ、パウル・フォン・フランケントゥルン　Gautsch von Frankenthurn, Paul　26, 29
カウツキー、カール　Kautsky, Karl　127, 131, 270, 310
カウフマン、ハインリヒ　Kaufmann, Heinrich　192
カウフマン、フリッツ　Kaufmann, Fritz　101
カッシュ、アウグスト　Kasch, August　190
カフ、ジークムント　Kaff, Siegmund　190
ガリバルディ、ジュゼッペ　Garibaldi, Giuseppe　109
カルテンブルナー、エルンスト　Kaltenbrunner, Ernst　292
カルナー、シュテファン　Karner, Stefan　297, 298, 323
カルナー、ヨーゼフ（レンナー筆名）Karner, Josef (Pseudonym Renners)　228
カルペレス、ベノ　Karpeles, Benno　178
カロル国王　Karol, König　96
カン、ローベルト・A　Kann, Robert A.　31, 130, 161, 223

カント、イマヌエル　Kant, Immanuel　114, 170, 202, 310
キーンツル、ヴィルヘルム　Kienzl, Wilhelm　272
キーンツル、ハインツ　Kienzl, Heinz　168
キトナー、ダニエーラ　Kittner, Daniela　71
ギュルトラー、アルフレート　Gürtler, Alfred　183
グゲンベルク、アタナージウス　Guggenberg, Athanasius　49
クドゥンホーヴェ＝カレルギ、リヒャルト　Coudenhove-Kalergi, Richard　313, 314
クナーピチュ＝クルヘン、ツヴェトゥカ　Knapič-Krhen, Cvetka　308
クラーク、クリストファー　Clark, Christopher　102, 107
グラーザー、エルンスト　Glaser, Ernst　127, 172
クライスキー、ブルーノ　Kreisky, Bruno　11, 50, 63, 156, 229, 236, 252, 307, 318, 323
グライスナー、ハインリヒ　Gleißner, Heinrich　70, 289, 300
グライゼ＝ホルステナウ、エトゥムント　Glaise-Horstenau, Edmund　40, 144, 151
クライン＝レーフ、ステラ　Klein-Löw, Stella　255
クラウス、カール　Kraus, Karl　73
クラウチ、コリン　Crouch, Colin　320
クラム＝マルティニク、ハインリヒ　Clam-Martinic, Heinrich　39, 143
グリーザー、（GÖC 支配人）Grieser (Direktor der GÖC)　192
クリストフィ、ヨーゼフ　Kristoffy, Josef　29
グリュンベルガー、アルフレート　Grünberger, Alfred　192
グルーバー、フランツ　Gruber, Franz　148, 257, 263
グルーバー、カール　Gruber, Karl　74, 82, 84, 323
グレッケル、オットー　Glöckel, Otto　42, 47, 49, 50, 155, 157, 160
グレットラー、カール　Grettler, Karl　266, 271, 272
クレマンソー、ジョルジュ　Clemenceau, Georges　50, 220
グロッツ、ペーター　Glotz, Peter　308
クンシャク、レーオポルト　Kunschak, Leopold　68, 160, 225, 228, 242, 276, 289, 292, 294, 295
クンフィ、ジグモンド　Kunfi, Zsigmond　122
ケインズ、ジョン・メイナード　Keynes, John Maynard　197
ゲーテ、ヨハン・ヴォルフガング・フォン　Goethe, Johann Wolfgang von　61
ゲッベルス、ヨーゼフ　Goebbels, Joseph　228
ケルゼン、ハンス　Kelsen, Hans　47, 48, 51, 148, 161, 217, 235
ケルナー、テーオドール（作家）Körner, Theodor (Schriftsteller)　228
ケルナー、テーオドール（政治家）Körner, Theodor (Politiker)　65, 68, 70, 164, 242, 250, 276, 292, 294, 300, 301
ケルバー、エルネスト・フォン　Koerber, Ernest von　36, 37, 140, 141, 143, 181
ゲールハルター、ヘルマン　Gerharter, Hermann　200
ゴウホフスキ、アゲーノール　Goluchowski, Agenor　29
ゴッシュ、ローマン　Gosch, Roman　267
コツィヒ、トーマス　Kozich, Thomas　19, 65, 242-250
コツィヒ、パウリーネ　Kozich, Pauline　245, 247
コプテロフ、ミヒャイル・エフレモヴィチ　Koptelov, Michail Efremovič　291
コプレニヒ、ヨハン　Koplenig, Johann　167, 276, 291-296
コルニツァー、アーロイス　Kornitzer, Alois　147, 233

ゴルバハ、アルフォンス　Gorbach, Alfons　70, 289
コルプ、アンドレーアス　Korp, Andreas　176, 182, 294, 295, 323
コルマン、ヨーゼフ　Kollmann, Josef　192, 281, 289, 292
コンラート、ヘルムート　Konrad, Helmut　146, 258, 323

サ行

ザークマイスター、オットー　Sagmeister, Otto　9
ザーゲ、リヒャルト　Saage, Richard　18, 24, 33, 37, 53, 87, 88, 90, 227, 240, 285
ザイス＝インクヴァルト、アルトゥル　Seyss-Inquart, Arthur　247
ザイツ、カール　Seitz, Karl　35, 39, 41, 42, 44, 47, 48, 50, 52, 54, 69, 70, 104, 105, 119, 120, 124, 125, 140, 154, 162, 163, 167, 179, 215, 219, 220, 242, 243, 245, 246, 276, 296
ザイペル、イグナーツ　Seipel, Ignaz　44, 51, 53, 54, 58, 151, 158, 160-163, 193, 206, 226, 237, 313, 314, 318
ザントナー、ギュンター　Sandner, Günther　29
サンバ、マルセル　Sembat, Marcel　108
ザンパハ、アントン　Zampach, Anton　272, 273
ジーゲルト、ミヒャエル　Siegert, Michael　137, 180
ジーノヴァツ、フレート　Sinowatz, Fred　15, 262
シーラハ、バルドゥル・フォン　Schirach, Baldur von　247
シェーネラー、ゲーオルク　Schönerer, Georg　215
シェーンブルク＝ハルテンシュタイン、アーロイス　Schönburg-Hartenstein, Alois　42, 43
ジェルトフ、アレクセイ　Zeltov, Alexej　275, 279-281, 285, 291, 298
シェルフ、アードルフ　Schärf, Adolf　68-70, 74, 81, 82, 167, 229, 239, 241, 289, 292-295, 299, 300,302
シェルプ、オトマル　Scherb, Otmar　66, 233
ジド、アンドゥレ　Gide, André　20
シモネリ、リター・フォン　Simonelli, Ritter von　124
シャイデマン、フィリップ　Scheidemann, Philipp　39
シャウスベルガー、フランツ　Schausberger, Franz　225, 226, 228
シャハル、ミヒャエル　Schacherl, Michael　132
シュヴァン、ゲジーネ　Schwan, Gesine　78
シュシュニク、クルト　Schuschnigg, Kurt　58, 60, 63, 64, 81, 239, 240
シュタードラー、カール・R　Stadler, Karl R.　296
シュターレムベルク、エルンスト・リューディガー　Starhemberg, Ernst Rüdiger　206, 207, 246
シュタウフェンベルク、クラウス・シェンク・グラーフ・フォン　Stauffenberg, Claus Schenk Graf von　266
シュタンドルシャー、ハルトマン　Standorscher, Hartmann　246
シュッセル、ヴォルフガング　Schüssel, Wolfgang　310
シュテメンコ、セルゲイ・マトヴェイエヴィチ　Schtemenko, Sergei Matwejewitsch　270, 274, 277, 279, 288
シュテュルク、カール・グラーフ・フォン　Stürgkh, Karl Graf von　17, 35, 36, 39, 96, 119, 124, 125, 139,140
シュテルナー、エーヴァルト　Stöllner, Ewald　182, 188
シュテルン、レオ　Stern, Leo　293
シュトウルツ、ゲーラルト　Stourzh, Gerald　274, 328

シュトラサー、イーダ　Strasser, Ida　113
シュトラサー、ヨーゼフ　Strasser, Josef　113
シュトランスキ、エードゥアルト・フォン　Stransky, Eduard von　261, 262
シュトローブル、ルートヴィヒ Strobl, Ludwig　198
シュナイトマードル、ハインリヒ　Schneidmadl, Heinrich　253
シュパイザー、ヴォルフガング　Speiser, Wolfgang　241
シュパイザー、パウル　Speiser, Paul　74, 266, 293
シュパン、オトマル Spann, Othmar　57
シュピッツミュラー、アレクサンダー　Spitzmüller, Alexander　27
シュプリンガー、ルードルフ（レンナー筆名） Springer, Rudolf (Pseudonym Renners)　21, 27, 32, 285
シュミ、ヴィンツェンツ　Schumy, Vinzenz　221, 295
シュミット、グイード　Schmidt, Guido　249
シュミット、ヘルムート　Schmidt, Helmut　320
シュラメル、アントーン　Schrammel, Anton　173
シュルツ、フーゴ　Schulz, Hugo　151
シュルツェ＝デーリチュ、ヘルマン　Schulze Delitzsch, Hermann　172
シュレージンガー、テレーゼ　Schlesinger, Therese　119
シュンペーター、ヨーゼフ　Schumpeter, Joseph　47, 156
ショーバー、ヨハン［またはハンス、ヨハッネス］ Schober, Johann [od. Hans, Johannes]　44, 47, 58, 140, 169, 183, 184
ショルシュ、ヨハン　Schorsch, Johann　56
ジョレス、ジャン　Jaurès, Jean　99, 107
ジョンストン、ウィリアム　Johnston, William M.　25, 88
シラー、フリードリヒ　Schiller, Friedrich　90, 132
ジルビク、ハインリヒ・フォン　Srbik, Heinrich von　228
スヴィク、フルヴィオ　Suvich, Fulvio　58
スコルツェニ、オットー　Skorzeny, Otto　69
スシャール、ハンス　Suchard, Hans　253
スターリン、ヨシフ　Stalin, Josef　7, 14, 16, 67, 75, 87, 166-168, 251, 269, 270, 275-277, 279-281, 284-290, 293, 294, 297, 302-304, 323, 326, 327
スタルチェフスキ、ヤコフ　Startschewski, Jakow　290, 291
ステパーン、カール・マリーア　Stepan, Karl Maria　246
スピノーザ、バールフ・デ　Spinoza, Baruch de　113
スフォルツァ、カルロ　Sforza, Carlo　160, 222
スラヴィク、フランツ　Slawik, Franz　11
ゼーヴァー、アルベルト　Sever, Albert　160
ゼーリガー、ヨーゼフ　Seliger, Josef　35, 120, 125
ゾフィー、大公妃　Sophie, Erzherzogin　100
ソロキン、アンドレイ　Sorokin, Andrej　275

タ行

ダイア、レジナルド　Dyer, Reginald　67
ダウベク（少佐）Daubek (Major)　105
ダネベルク、ローベルト　Danneberg, Robert　54, 119, 127, 133, 137, 239, 241
チェイゼ、ニコライ　Tscheidze, Nikolai　39
チェルニ、ヴィルヘルム　Czerny, Wilhelm F.　10
チトー、ヨシップ・ブローズ　Tito, Josip Broz　288
チャーチル、ウィンストン　Churchill,

Winston　152, 263
ツィルク、ヘルムート　Zilk, Helmut　255
ツヴァイク、シュテファン　Zweig, Stefan　91
ツェルナー、エーリヒ　Zöllner, Erich　86, 323
ツェルナト、グイード　Zernatto, Guido　246
ディートシャー、アードルフ　Dietscher, Adolf　249
ティホ（クリーニング会社総支配人）Ticho (Generaldirektor der Wäsche AG)　190
ディミトロフ、ゲオルギ　Dimitrow, Georgij　276, 285
ディングホーファー、フランツ　Dinghofer, Franz　41, 49, 154
デルボス、イヴォン　Delbos, Yvon　63, 165
ドイチュ、ハンス（シニア、後ドイチュ＝レンナー、）Deutsch, Hans (sen., später Deutsch-Renner)　150, 242, 260
ドイチュ、ユーリウス　Deutsch, Julius　42, 50, 100, 143, 155, 157
ドイチュ＝レンナー、カール　Deutsch-Renner, Karl　166, 258, 323
ドヴォルジャク、ルートヴィヒ　Dvorak, Ludwig　226, 228
トゥラーティ、フィリッポ　Turati, Filippo　109
トゥルバ、グスタフ　Turba, Gustav　92
ドーメス、フランツ　Domes, Franz　150, 177, 184
トマーシェク（チェコ消費協同組合大量購買会社社長）Tomasek (Präsident der GEG)　191
ドルフース、エンゲルベルト　Dollfuß, Engelbert　27, 55-58, 68, 78, 80, 163, 164, 166, 237, 238, 244, 246, 286, 289
トルブーヒン、フョードル・イヴァノヴィチ　Tolbuchin, Fjodor Iwanowitsch　166, 285, 290, 291, 298, 299, 303, 304
トロツキー、レフ　Trotzki, Leo　30, 284, 290, 303

ナ行

ナイト、ロバート　Knight, Robert　80
ナウマン、フリードリヒ　Naumann, Friedrich　127-131, 149, 308
ニコライ２世（皇帝）Nikolaus II., Zar　145
ニッティ、フランチェスコ・サヴェーリオ　Nitti, Francesco Saverio　160, 222
ニッポルト、オトフリート　Nippold, Otfried　24
ネック、ルードルフ　Neck, Rudolf　242, 266, 323
ノイバッハー、ヘルマン　Neubacher, Hermann　236, 242-247

ハ行

ハース、ハンス　Haas, Hanns　219
ハーヌシュ、フェルディナント　Hanusch, Ferdinand　42, 47, 50, 155, 157, 159, 160
バール、エーゴン　Bahr, Egon　19, 83
ハイダー、イェルク　Haider, Jörg　85
ハイドリヒ、ラインハルト　Heydrich, Reinhard　292
ハイニシュ、ミヒャエル　Hainisch, Michael　151, 156, 225
ハイノルト、カール（男爵）　Heinold von Udynski, Baron Karl　35, 124
ハイリンガー、アーロイス　Heilinger, Alois　153
ハインル、エードゥアルト Heinl, Eduard　294, 296
バウアー、オットー　Bauer, Otto　21, 29, 30, 33, 40, 43-45, 48, 50-55, 58, 63, 64, 66, 88, 92, 94, 104, 105, 121, 122, 135, 136, 152-158, 160-163, 168, 169, 190, 196, 197, 203, 206, 215, 218, 219, 222, 228, 229, 240, 253, 260, 285, 311, 318, 326
バウアー、クルト　Bauer, Kurt　225

パウカー、ヴォルフガング　Pauker, Wolfgang　59, 69, 233
ハウザー、ヨハン・ネーポムク　Hauser, Johann Nepomuk　41, 154
ハウトマン、ハンス　Hautmann, Hans　35, 105, 118, 139
パウル、ルートヴィヒ　Paul, Ludwig　37
ハッナク、ジャック　Hannak, Jacques　31, 49, 65, 96, 127, 129, 130, 133, 229
ハルトマン、ルード・モーリツ　Hartmann, Ludo Moritz　119, 222
ハロウペク、ギュンター　Chaloupek, Günther　188, 209, 319
パンツェンベク、エルンスト　Panzenböck, Ernst　223, 242, 251, 252, 264
ピウス 11 世（教皇）Pius XI., Papst　58
ビショッフ、ノルベルト　Bischoff, Norbert　74
ビショフ、ギュンター　Bischof, Günter　72, 73, 78
ピットーニ、ヴァレンティーノ　Pittoni, Valentino　120, 192
ピテルスキ、ゲオルギ　Piterskij, Georgij　277, 279, 281, 282, 289, 291, 298
ヒトラー、アードルフ　Hitler, Adolf　7, 19, 55, 58, 59, 62, 65, 69, 71-73, 76, 78, 164-166, 198, 199, 203, 206, 225, 227, 229, 231, 232, 236-240, 243, 245-247, 249, 251-254, 256-258, 260-263, 265-268, 270, 271, 277-280, 286, 287, 293, 299, 316
ヒムラー、ハインリヒ　Himmler, Heinrich　247
ビュルケル、ヨーゼフ　Bürckel, Josef　241, 243, 254
ヒルファディング、ルードルフ　Hilferding, Rudolf　52, 127-129, 132, 156, 203-205, 210, 308
ファイ、エミール　Fey, Emil　56
ファインゴルト、マルコ　Feingold, Marko　228, 231, 232
ファベーラ、イシドロ　Fabela, Isidro　251
フィーグル、レーオポルト　Figl, Leopold　70, 74, 76, 77, 80-82, 167, 289, 295
フィッシャー、エルンスト　Fischer, Ernst　84, 167, 276, 292-296, 299, 304
フィッシャー、ハインツ　Fischer, Heinz　9, 251, 322
フィッシャー、フリッツ　Fischer, Fritz　102
フィリーン、エドワド・A　Filene, Edward A.　193
フィリポヴィチ、オイゲン・フォン　Philippovich, Eugen von　128
フィンク、フンベルト　Fink, Humbert　85
フィンク、ヨドーク　Fink, Jodok　37, 41, 47, 141, 156, 158
フーエバー、アントーン　Hueber, Anton　151, 170, 178, 234
ブーホナー、ゲールハルト　Buchner, Gerhard　210
ブーレシュ、カール　Buresch, Karl　206
フェルク、フランツ　Förg, Franz　198
フェルスター、シュティーク　Förster, Stig　107
フェルバー、ウルリーケ　Felber, Ulrike　32
フサレク、マックス　Hussarek von Heinlein, Max　40
ブタヴェック、ヘルムート　Butterweck, Hellmut　250
フックス、アルベルト　Fuchs, Albert　94
ブッヒンガー、ルードルフ　Buchinger, Rudolf　289
プファービガン、アルフレート　Pfabigan, Alfred　31
フュルンベルク、フリードル　Fürnberg, Friedl　276
フライ、アナ　Frey, Anna　119
フライスラー、ローベルト　Freißler, Robert　37, 141
ブラウン、エーファ　Braun, Eva　287
ブラウンタール、ユーリウス　Braunthal, Julius　42
ブラゴダートフ、アレクセイ・W

Blagodatow, Alexej W.　291, 298, 300
ブラシュケ、ハンス　Blaschke, Hanns　247
フラネク、フリッツ　Franek, Fritz　302
ブラン、ルイ　Blanc, Louis　172
フランク（教授）Frank (Professor)　233
フランコ、フランシスコ　Franco, Francisco　251
フランツ・フェルディナント（大公）Franz Ferdinand, Erzherzog　92, 100, 101
フランツ・ヨーゼフ１世（オーストリア皇帝）Franz Joseph I., Kaiser von Österreich　27, 29, 33, 92, 98, 102, 103, 140
ブラント、ヴィリー　Brandt, Willy　83
ブリアン、アリスティッド　Briand, Aristide　315
ブリアン、ヴィルヘルム　Burian, Wilhelm　89
フリート、アルフレート・ヘルマン Fried, Alfred Hermann　306
プリシング、フランツ　Prisching, Franz　49
ブリューゲル、ルートヴィヒ　Brügel, Ludwig　49, 109
ブルシーロフ、アレクセイ・アレクセエヴィチ Brussilow, Alexei Alexejewitsch　144, 145
フルシチョフ、ニキタ　Chruschtschow, Nikita　276
ブルック＝シェパード、ゴードン　Brook-Shepherd, Gordon　241
フルデス、フェーリクス　Hurdes, Felix　70, 289
ブレットシュナイダー、アウグスト　Bretschneider, August　35, 124
フロイントリヒ、エミ　Freundlich, Emmy　187, 189
フロイントリヒ、ジャック　Freundlich, Jacques　51, 183, 187
プロープスト、オットー　Probst, Otto　87
ブロク、ジェイミー　Bulloch, Jamie　88
フロスマン、フェルディナンダ　Flossmann, Ferdinanda　239
ブロッホ＝バウアー、フェルディナント　Bloch-Bauer, Ferdinand　191
プロフト、ガブリエーレ　Proft, Gabriele　35, 38, 119, 124
プワソン（仏協同組合活動家）Poisson (französischer Genossenschafter)　191
ヘーゲル、ゲーオルク・ヴィルヘルム・フリードリヒ　Hegel, Georg Wilhelm Friedrich　26
ベートマン＝ホルヴェーク、テーオバルト・フォン　Bethmann-Hollweg, Theobald von　102
ヘーファー、アントーン　Höfer, Anton　37
ベーベル、アウグスト　Bebel, August　101
ベーム、ヨハン　Böhm, Johann　71
ベール、ハインリヒ　Beer, Heinrich　177
ヘール、フリードリヒ　Heer, Friedrich　30, 53, 168
ペシュル、フーベルト　Pöschl, Hubert　266
ヘス、ルードルフ　Heß, Rudolf　243
ヘスキ、フランツ　Hesky, Franz　176, 180, 182, 184, 189, 190
ベッカー、カール　Becker, Carl　229
ペホーファー、ハンス　Pehofer, Hans　272
ヘラー、ルードルフ　Höller, Rudolf　289
ヘラクレイトス（エフェソスの）Heraklit, von Ephesos　60
ヘラバウアー、ヨーゼフ　Höllerbauer, Josef　271, 281
ベリヤ、ラヴレンチー　Berija, Lavrentij　286
ペリンカ、アントーン　Pelinca, Anton　26, 27, 33, 39, 73, 78, 152, 165, 217, 228, 229, 253, 260, 262, 274, 286, 328
ペルツァー、アマーリア（「マルチ」、後シュトラウス＝フェルネベック）Pölzer, Amalia „Maltschi“ (später Strauss-Ferneböck)　45-47, 49, 50, 157
ペルツァー、ヨハン（またはハンス）Pölzer, Johann　45
ヘルツル、レオ　Hölzl, Leo　290, 291

ペルナストルファー、エンゲルベルト　Pernerstorfer, Engelbert　27, 119, 122-124, 133, 139
ベルヒトルト、レーオポルト（伯爵）　Berchtold, Leopold Graf　101
ヘルプリング、フランツ　Hölbling, Franz　247, 249
ヘルマー、オスカル　Helmer, Oskar　68, 70, 74, 164, 239, 241, 295
ベルンシュタイン、エードゥアルト　Bernstein, Eduard　204
ベルンハルディ、フリードリヒ・フォン　Bernhardi, Friedrich von　98
ヘンリエッテ（大公妃）Henriette, Erzherzogin　41
ホーエンローエ＝シリングフュルスト、ゴットフリート・プリンツ・ツー　Hohenlohe-Schillingsfürst, Gottfried Prinz zu　41
ホーナイ、カール　Honay, Karl　241, 293
ポール、アントーン　Pohl, Anton　189, 190
ポール、オットー　Pohl, Otto　319
ボールン、フェルディナント Bohrn, Ferdinand　272
ボスレ、ロータル　Bossle, Lothar　263
ボック、ヨハン　Bock, Johann　260
ボッツ、ゲールハルト　Botz, Gerhard　57, 250
ポップ、アーデルハイト　Popp, Adelheid　35, 125, 239
ホッフェンライヒ、エルンスト　Hoffenreich, Ernst　48
ホナー、フランツ　Honner, Franz　276, 292, 293-295
ボナパルト、ナポレオン　Bonaparte, Napoleon　228
ポポヴィチ、アウレール　Popovici, Aurel　92
ポラク、ティルデ　Pollak, Thilde　282, 283
ポルチ、トビーアス　Portschy, Tobias　253
ポルティシュ、フーゴ　Portisch, Hugo　7, 9, 93, 167, 272, 275, 279, 287, 295
ボルマン、マルティン　Bormann, Martin　247

マ行

マーレク、ブルーノ　Marek, Bruno　74
マイアー、フリードリヒ　Mayer, Friedrich　253
マイアー、ミヒャエル　Mayr, Michael　160-162
マイスナー、アルフレート　Meißner, Alfred　191
マイネッケ、フリードリヒ　Meinecke, Friedrich　91
マイラト＝ポコルニ、アンドレーアス　Mailath-Pokorny, Andreas　230
マインル、ユーリウス　Meinl, Julius　39, 151
マテイカ、ヴィクトール　Matejka, Viktor　292, 323
マホルト、ラインハルト　Machold, Reinhard　70
マルクス、カール　Marx, Karl　13, 16, 19, 21-24, 30, 31, 37, 42, 44, 45, 50, 61, 82, 87, 89, 101, 104, 109, 110, 112, 116, 122, 126, 127, 129, 134, 147-149, 155, 203, 208-210, 213, 238, 284, 285, 298, 326
マルシャレク、マンフレート　Marschalek, Manfred　239
マレータ、アルフレート　Maleta, Alfred　79, 167
マン、ゴーロ　Mann, Golo　240, 257
マン、トーマス　Mann, Thomas　254
マンハルター、ルードルフ　Manharter, Rudolf　164
ミクラス、ヴィルヘルム　Miklas, Wilhelm　49, 55, 68-70, 81, 82, 155, 157, 163, 281, 289
ミュラー、ヴォルフガング　Mueller, Wolfgang　302-304
ミュラー、ヘルマン　Müller, Hermann　107

ミラン国王　Milan, König　96
ムーグラウアー、マンフレート　Mugrauer, Manfred　167
ムージル、ローベルト　Musil, Robert　89
ムッソリーニ、ベニート　Mussolini, Benito　57-59, 262
メンタスティ、アーロイス　Mentasti, Alois　292
モズリ、オズワルド　Mosley, Oswald　253
モック、アーロイス　Mock, Alois　319
モムゼン、ハンス　Mommsen, Hans　128
モリス、イアン　Morris, Ian　319
モルデン、フリッツ　Molden, Fritz　254, 255, 292
モルトケ、ヘルムート・フォン　Moltke, Helmuth von　101

ヤ行

ヤブロナー、クレーメンス　Jabloner, Clemens　81
ユーリ、フーゴ　Jury, Hugo　242, 260
ユング、オトマル　Jung, Otmar　255
ヨーナス、フランツ　Jonas, Franz　9

ラ行

ラートコルプ、オーリヴァー　Rathkolb, Oliver　69, 74, 76, 81, 228, 231, 232, 257, 263, 323
ラープ、ユーリウス　Raab, Julius　289, 295
ライシュ、リヒャルト　Reisch, Richard　156
ラインターラー、アントーン　Reinthaler, Anton　246
ラウシャー、ヴァルター　Rauscher, Walter　67, 80, 86, 146, 297
ラウター、アントーン　Rauter, Anton E.　200, 323
ラウヘンシュタイナー、マンフリート　Rauchensteiner, Manfried　82, 93, 276, 281, 287, 300, 302
ラカー、ウォルター　Laqueur, Walter　320
ラサール、フェルディナント　Lassalle, Ferdinand　21, 33, 89, 147, 148, 172, 204
ラツェク、エルヴィン　Racek, Erwin　300
ラックナー、ヘルベルト　Lackner, Herbert　230
ラボフスキ、エードゥアルト　Rabofsky, Eduard　263
ラマシュ、ハインリヒ　Lammasch, Heinrich　41, 44, 46, 92, 97, 151
ランゴト、フランツ　Langoth, Franz　246
ランデスベルガー、ユーリウス　Landesberger, Julius　225
リーツラー、クルト　Riezler, Kurt　102
リープクネヒト、カール　Liebknecht, Karl　122, 125
リオ、ラサロ・カルデナス・デル　Río, Lázaro Cárdenas del　251
リヒター、パウル　Richter, Paul　239
リヒター、フランツ　Richter, Franz　247
リフキン、ジェレミ　Rifkin, Jeremy　320
リャザノフ、ダヴィド・ボリソヴィチ　Rjasanow, Dawid Borissowitsch　284
リルケ、ライナー・マリア　Rilke, Rainer Maria　60
リンテレン、アントーン　Rintelen, Anton　47
リントナー、アウグスト　Lindner, August　35, 125
ルーズヴェルト、フランクリン・D　Roosevelt, Franklin D.　197
ルーモフ、ゲーオルク　Lumow, Georg　193
ルエーガー、カール　Lueger, Karl　36, 225, 228
ルクセンブルク、ローザ　Luxemburg, Rosa　125
ルジャ、ラドミール　Luža, Radomír　256
ルスティク、エーミール　Lustig, Emil　191
レーヴェンタール、ヨーゼフ　Löwenthal,

Josef　47
レーヴェンフェルト＝ルス、ハンス　Löwenfeld-Russ, Hans　41, 155, 156, 158, 218, 266, 269, 270, 296, 317
レーオポルト、ヨーゼフ　Leopold, Josef　241
レーザー、ノルベルト　Leser, Norbert　22, 37, 46, 65, 80, 93, 126, 161, 226, 227, 231, 256, 287, 301, 323
レートリヒ、ヨーゼフ　Redlich, Josef　44
レーニン、ウラジーミル・イリイチ　Lenin, Wladimir Iljitsch　138, 145, 152, 284, 290
レーフ、ライムント　Löw, Raimund　262
レッシアク、フランツ　Lessiak, Franz　198
レンドヴォイ、パウル　Lendvai, Paul　72, 76, 86, 87, 252
レンナー、ルイーゼ（婚前シュトイチチュ）Renner, Luise (geb. Stoicsics)　9, 68
レンナー、レオポルディーネ（後にドイチュ＝レンナー）　Renner, Leopoldine (später Deutsch-Renner)　9, 68, 283, 287, 323
ロイシュナー、ヴィルヘルム　Leuschner, Wilhelm　69
ロイトナー、カール　Leuthner, Karl　119, 133, 139
ロイマン、ヤーコプ　Reumann, Jakob　123, 190
ローゼンフェルト、オレスト　Rosenfeld, Oreste　165
ロート、ヨーゼフ　Roth, Joseph　319
ロートシルト（一族）Rothschild (Familie)　207, 210
ロートツィーゲル、レオ　Rothziegel, Leo　50

原注

［　］は訳者の補足である。

序文

1 Konstanze Fliedl (Hg.), Das andere Österreich. Eine Vorstellung, München 1998, S. 57

2 Hannes Androsch, Warum Österreich so ist, wie es ist. Eine Synthese aus Widersprüchen, Wien/München 2003, S. 98 f.

3 Fred Sinowatz an Siegfried Nasko, Neufeld/L. v. 11. 8. 2005; S. Nasko, Renner war kein Nazifreund, in: profil Nr. 30 v. 25. 7. 2005, S. 32

4 Franz Gruber, Das Selbstbestimmungsrecht in der Theorie Renners, Würzburg 1986, S. 223

5 Siegfried Nasko/Johannes Reichl, Karl Renner. Zwischen Anschluss und Europa, Wien 2000, S. 13

6 Richard Saage, Der erste Präsident. Karl Renner – eine politische Biografie, Wien 2016, S. 359–362

第一章　協働こそ漸進の原則

1 Norbert Leser, Karl Renner als Theoretiker des Sozialismus und Marxismus, in: Wolf Frühauf (Hg.), Festschrift für Hertha Firnberg: Wissenschaft und Weltbild, S. 443 f.

2 a. a. O., S. 444

3 a. a. O., S. 447

4 Günther Chaloupek, Karl Renners Konzeption des „demokratischen Wirtschaftsstaates“, S. 6

5 Norbert Leser, Karl Renner als Theoretiker des Sozialismus und Marxismus, S. 453

6 Karl Renner, Marxismus, Krieg und Internationale, Stuttgart 1918, S. 28

7 a. a. O., S. 33

8 a. a. O., S. 63 f.

9 a. a. O., S. 133

10 a. a. O., S. 320

11 a. a. O., S. 230

12 a. a. O., S. 281

13 a. a. O., S. 371

14 a. a. O., S. 373

15 a. a. O., S. 321 f.

16 a. a. O., S. 199

17 Richard Saage, Der erste Präsident. Karl Renner – eine politische Biografie, Wien 2016, S. 91

18 Renner, Marxismus, Krieg und Internationale, S. 258

19 a. a. O., S. 353

20 a. a. O., S. 386（レンナーは、［ヨーロッパ］東部地域における併合対象の土地について語った廉で、よく非難される。だが、誰かが実際の権限もないままに、いわゆる図上演習を行って考えを述べることと、責任と命令権をもって行動することとは大きく異なる、と筆者は考える。レンナーの二度の首相在任中、かれの態度は、この相違を際立たせた）

21 a. a. O., S. 259

22 William M. Johnston, Österreichische Kultur- und Geistesgeschichte. Gesellschaft und Ideen im Donauraum 1848 bis 1938, Wien/Köln/Graz 1972, S. 119

23 Karl Renner, Der Staat voran, in: ders., Österreichs Erneuerung, Bd. 2, Wien 1916, S. 188 f.; ders., Das Personalitätsprinzip, a. a. O., S. 160

24 Renner, Marxismus, Krieg und Internationale, S. 378 f.

25 a. a. O., S. 379

26 Anton Pelinka, Karl Renner, S. 90

27 Georgi Schischkoff (Hg.), Philosophisches Wörterbuch, Stuttgart 1982, S. 768

28 Reinhold Zippelius, Die Bedeutung kulturspezifischer Leitideen für die Staats- und Rechtsgestaltung, Mainz 1987

29 Hermann Joseph Hiery (Hg.), Der Zeitgeist und die Historie (Bayreuther Historische Kolloquien Bd. 15), Dettelbach 2001

30 Anton Pelinka, Karl Renner, S. 91

31 Jacques Hannak, Karl Renner und seine Zeit, Wien 1964, S. 65

32 Nasko, Katalog zum Dr. Karl Renner Museum, Gloggnitz/Wien 1979, S. 33

33 Alexander Spitzmüller, … und hat auch Ursach, es zu lieben, Wien 1955, S. 185

34 Pelinka, Karl Renner, S. 90

35 Josef Spindelböck, Aktives Widerstandsrecht. Die Problematik der sittlichen Legitimität von Gewalt in der Auseinandersetzung mit ungerechter staatlicher Macht. Eine problemgeschichtliche prinzipielle Darstellung, St. Ottilien 1994

36 „Konrad Adenauer", phoenix v. 2. 8. 2015

37 Rudolf Springer, Die Krise des Dualismus und das Ende der Deakistischen Episode in der Geschichte der Habsburgischen Monarchie, Wien 1904, S. 65

38 Karl Renner, Möglichkeiten des Klassenkampfes. Das Verhältnis des Proletariats zur Monarchie, in: Die Neue Zeit, Jg. 26/1. Bd., Stuttgart 1908, S. 11

39 Volkstribüne 15 v. 9. 4. 1913, S. 4

40 Karl Renner, Möglichkeiten des Klassenkampfes, S. 18

41 a. a. O., S. 13 f.

42 Josef Karner, Das Volk steht auf! Es ruft: Heraus das gleiche Wahlrecht! Eine Kritik des österreichischen Privilegienparlaments, Wien 1905, S. 1

43 Karl Renner, Möglichkeiten des Klassenkampfes, S. 20 f.

44 a. a. O., S. 21

45 Protokoll des Nö. Landtages v. 3. 4. 1913, Nö. Landesarchiv
46 Renner, Möglichkeiten des Klassenkampfes, S. 23
47 Günther Sandner, Austromarxismus und Multikulturalismus. Karl Renner und Otto Bauer zur nationalen Frage im Habsburgerstaat, Wien 2002, S. 9
48 Richard Saage, Der erste Präsident, S. 92
49 Rudolf Neck (Hg.), Österreich im Jahre 1918, Berichte und Dokumente, Wien 1968, S. 15
50 Friedrich Heer, Der Glaube des Adolf Hitler. Anatomie einer politischen Religiosität. Wien–München 1968, S. 123
51 Alfred Pfabigan zit. nach Günther Sandner, Austromarxismus und Multikulturalismus, S. 3
52 Jacques Hannak, Karl Renner und seine Zeit, S. 327
53 Robert A. Kann, Renners Beitrag zur Lösung nationaler Konflikte im Lichte nationaler Probleme der Gegenwart, Wien 1973, S. 17
54 Richard Saage, Der erste Präsident, S. 67
55 Protokoll des Nö. Landtages v. 3. 4. 1913, Nö. Landesarchiv
56 Ulrike Felber, Wirtschaftsdemokratie und Klassenkampf: Gewerkschaftliche Interessenvertretung 1918–1926, in: Archiv. Jahrbuch des Vereins für Geschichte der Arbeiterbewegung 1995, S. 98 ff.
57 Rudolf Springer, Die österreichische Frage und das System der Interessenvertretung, Wien 1901, S. 199 [In: Deutsche Worte, Heft 7-8; 増補別冊 S. 7]
58 Richard Saage, Der erste Präsident, S. 68
59 Lutz Musner, Waren alle nur Schlafwandler? Die österreichische Sozialdemokratie und der Ausbruch des Ersten Weltkrieges, in: Maria Mesner/Robert Kriechbaumer/Michaela Maier/Helmut Wohnout (Hg.), Parteien und Gesellschaft im Ersten Weltkrieg. Das Beispiel Österreich-Ungarn, Wien/Köln/Weimar 2014, S. 58 f.
60 Hellmut Andics, Österreich seit 1918, S. 13
61 Pelinka, Karl Renner, S. 92
62 Karl Renner, Landwirtschaftliche Genossenschaften und Konsumvereine, Wien 1910, S. 3
63 Karl Renner, Volksernährung im Kriege, Brünn 1914, S. 33 ff.
64 Anton Pelinka, Karl Renner, S. 40
65 Josef Karner, Das Volk steht auf, S. 1
66 Volkstribüne v. 28. 10. 1914, S. 6
67 Volkstribüne v. 15. 9. 1915, S. 5
68 Volkstribüne v. 20. 10. 1915, S. 6
69 Volkstribüne v. 10. 11. 1915, S. 3
70 Hans Hautmann, Hunger ist ein schlechter Koch, Studien zur österreichischen Arbeitergeschichte, Wien/München/ Zürich 1978, S. 64 ff.
71 Österreichischer Metallarbeiter Nr. 47 v. 25. 11. 1916, 242
72 Richard Saage, Der erste Präsident, S. 85
73 a. a. O., S. 110

74 Rudolf Neck, Arbeiterschaft und Staat im Ersten Weltkrieg 1914–1918, Wien 1964, S. 197
75 Norbert Leser, Karl Renner, in: Tausend Jahre Österreich Bd. I, S. 223
76 Hans Hautmann, Hunger ist ein schlechter Koch, S. 676 ff.
77 Protokoll des SDAP-Parteitages v. 19. bis 24. 10. 1917, 122 f.
78 Volkstribüne v. 16. 5. 1917, S. 4
79 Jacques Hannak, Karl Renner und seine Zeit, S. 273
80 Anton Pelinka, Karl Renner, S. 48; Hellmut Andics, Der Untergang der Donaumonarchie, S. 208 ff.
81 Karl Flanner, Der große Jännerstreik 1918 in Wiener Neustadt, S. 13
82 Rudolf Neck, Österreich im Jahre 1918, S. 28 f.
83 Nasko, Katalog „Hoppla, wir leben – mit ‚Hurra' in den Untergang", Gloggnitz 2014/15, Nr. 47
84 Jacques Hannak, Karl Renner und seine Zeit, S. 328 f.
85 Rudolf Neck, Österreich im Jahre 1918, S. 71 f.
86 a. a. O., S. 81
87 Hermann Deuring (Hg.), Jodok Fink, Wien 1932, S. 203
88 Julius Braunthal, in: Otto Bauer, eine Auswahl aus seinem Lebenswerk, S. 71
89 Rudolf Neck, Österreich im Jahre 1918, S. 177 f.
90 a. a. O., S. 99
91 Hellmut Andics, Österreich seit 1918, S. 22
92 Rudolf Neck, Österreich im Jahre 1918, S. 185
93 a. a. O., S. 132 f.
94 Karl Renner, Victor Adler – der Mensch und Marxist. Erinnerungen und Wertungen, in: Victor Adler im Spiegel seiner Zeitgenossen, Wien 1968, S. 171
95 Rudolf Neck, Österreich im Jahre 1918, S. 71
96 Jacques Hannak, Karl Renner und seine Zeit, S. 347
97 Richard Saage, Der erste Präsident, S. 123
98 Amalia Strauss-Ferneböck im Gespräch mit Siegfried Nasko, Wien v. 12. 7. 1982, S. 1
99 a. a. O., S. 4
100 a. a. O., S. 2
101 Norbert Leser, Eine Zeugin aus Saint-Germain. Amalia und Ludwig Ferneböck, maschschr. Manuskr., o. J., S. 3
102 Amalia Strauss-Ferneböck im Gespräch mit Siegfried Nasko, Wien v. 12. 7. 1982, S. 2
103 Julius Braunthal, in: Otto Bauer, eine Auswahl aus seinem Lebenswerk, S. 39
104 a. a. O., S. 57
105 Günther Steinbach, Kanzler, Krisen, Katastrophen. Die Erste Republik, Wien 2006, S. 49 ff.
106 Nasko, Katalog des Karl Renner Museums, Gloggnitz 1979, S. 36
107 Jacques Hannak, Karl Renner und seine Zeit, S. 358
108 Nasko/Johannes Reichl, Karl Renner, Zwischen Anschluss und Europa, Wien 2000, S. 244 f.

109 Rudolf Neck, Österreich im Jahre 1918, S. 136
110 Robert Knight (Hg.), „Ich bin dafür, die Sache in die Länge zu ziehen", Frankfurt/M. 1988, S. 80
111 Bruno Kreisky, Am Beispiel Europas, in: Bruno Kreisky Archiv und Karl Renner Institut (Hg.), Nur unblutige Revolutionen führen zum Ziel. Verleihung des Martin Luther King-Friedenspreises 1989 an Dr. Bruno Kreisky, S. 13
112 Jacques Hannak, Karl Renner und seine Zeit, S. 397
113 Julius Braunthal, Otto Bauer, eine Auswahl aus seinem Lebenswerk, S. 72
114 Jacques Hannak, Karl Renner und seine Zeit, S. 317
115 a. a. O., S. 216 f.［正しくは S. 316 f.］, 書簡は 1946・11・22 付け
116 a. a. O., S. 412
117 a. a. O., S. 71［正しくは S. 451］
118 Richard Saage, Der erste Präsident, S. 155
119 a. a. O., S. 67［正しくは S. 181 か？］
120 Friedrich Heer, Der Glaube des Adolf Hitler, S. 328
121 a. a. O., S. 120
122 Richard Saage, Der erste Präsident, S. 357 f.
123 Karl Renner, Vor der Katastrophe. Die Menschenrechte, ihre geschichtliche Rolle und ihre zukünftige Geltung, Vortrag in der Liga für Menschenrechte am 29. April 1929, S. 39
124 Julius Braunthal, Otto Bauer, S. 72 ff.
125 a. a. O., S. 73
126 Jacques Hannak, Karl Renner und seine Zeit, S. 576 ff.
127 Nasko, Katalog des Renner Museums, S. 47
128 Jacques Hannak, Karl Renner und seine Zeit, S. 579
129 Richard Saage, Der erste Präsident, S. 239
130 Otto Staininger (Hg.), Karl Renner 1870–1970, Wien 1970, S. 19
131 Fritz Weber, Karl Renner über die sozialdemokratischen Bemühungen um einen Kompromiss mit Dollfuß, das Aufgeben der „Anschluss"-Orientierung und die soziale Basis des Austrofaschismus, in: Zeitgeschichte 8 v. Mai 1984, S. 256 f.［首相］ドルフースは［ウィーンの］速歩競馬場で 1933 年 9 月 11 日に行った演説で、政府がマルクス主義と褐色の社会主義［ナチズム］に対して闘うことを公約した。「しかしながら、政府は労働者の生活権、基本権を決して犯しません……」。キリスト教社会党に所属して、オーストロファシズムに向かっていた首相は、後の社会大臣、アルフレート・ダリンガーにほぼ 50 年先駆けて、機械税あるいは価値創造費用拠出金導入を公然と訴えた。「必要な社会福祉費用を、労働者を雇用する者だけが負担することは、長期にわたっては維持できません。労働者・職員の社会目的を達成する手段を拠出する今日の形態は、労働者・職員を雇用し続ける者に負担を強いるだけです。労働者を職場から追い立て、機械に置き換える者は、人間の代わりに機械を採用して、10% から 15%の投資優遇金を受け取ります。こんなことをしていては、我々は社会的

必要を満たすための問題を長期にわたって解決できません……」。Klaus Berthold (Hg.), Österreichische Parteiprogramme 1868–1966, Wien 1967, S. 431; Emmerich Tálos, Das austrofaschistische Herrschaftssystem. Österreich 1933–1938, 2. Aufl., Wien 2013, S. 365

132 Fritz Weber, Karl Renner über die sozialdemokratischen Bemühungen um einen Kompromiss mit Dollfuß, S. 257

133 a. a. O., S. 257 f.

134 Jacques Hannak, Karl Renner und seine Zeit, S. 606

135 a. a. O., S. 601

136 a. a. O., S. 599

137 a. a. O., S. 603

138 Gerhard Botz, Dollfuß: Mythos unter der Lupe, in: ALBUM, Der Standard v. 21. 2. 2015, S. A2

139 Arbeiter-Zeitung v. 13. 6. 1948, S. 2

140 Karl Renner an Wolfgang Pauker, Brief, Gloggnitz v. 29. 8. 1941, in: Nasko, Karl Renner in Dokumenten und Erinnerungen, S. 138

141 Fritz Weber, Karl Renner über die sozialdemokratischen Bemühungen um einen Kompromiss mit Dollfuß, S. 258 f.

142 a. a. O., S. 260 f.

143 a. a. O., S. 263

144 a. a. O., S. 262 f.

145 Bruno Kreisky, Geleitwort zum Katalog des Karl Renner Museums in Gloggnitz, Wien/Gloggnitz 1979, S. 4

146 Fritz Weber, Karl Renner über die sozialdemokratischen Bemühungen um einen Kompromiss mit Dollfuß, S. 263. ナチズムの終焉後、レンナーはこの見解を改めた。1945 年 4 月に樹立された党組織の名称は「オーストリア社会党（社会民主主義者および革命的社会主義者）」で、レンナーもその一員だったからである。

147 a. a. O., S. 259

148 Otto Bauer, Österreichs Ende, in: ders., Eine Auswahl aus seinem Lebenswerk, Wien 1961, S. 265

149 Richard Saage, Der erste Präsident, S. 269

150 Jacques Hannak, Karl Renner und seine Zeit, S. 652

151 Karl R. Stadler, Karl Renner, Wien 1970, S. 36

152 Karl Renner, An der Wende zweier Zeiten, S. 99

153 Amalia Strauss-Ferneböck, Mitteilung an den Autor v. 2. 7. 1983

154 Fischer Weltgeschichte, Bd. 33, Das moderne Asien, 1969, S. 37; M. K. Gandhi, Eine Autobiographie oder die Geschichte meiner Experimente mit der Wahrheit. Hg. von Joachim Fest und Wolf Jobst Siedler, Wien 1977, S. 326 ff.

155 Dietmar Rothermund, Unter Gandhis sanfter Führung – Der indische Freiheitskampf,

in: Das ZEIT-Lexikon, Welt- und Kulturgeschichte Bd. 13, I. Weltkrieg und Zwischenkriegszeit, S. 476 f.

156 Walter Rauscher, Karl Renner, S. 299 f.

157 Hellmut Butterweck, Österreich und seine NS-Prozesse nach 1945. Politischer Opportunismus warf Mörder und Mitläufer in einen Topf, in: Tabu und Geschichte, S. 56

158 Walter Rauscher, Karl Renner, S. 300 f.

159 a. a. O., S. 305

160 Karl Renner an Wolfgang Pauker, Brief, Gloggnitz v. 29. 8. 1941, in: Nasko, Karl Renner in Dokumenten und Erinnerungen, S. 138

161 Brief v. 8. 11. 1941, a. a. O., S. 139

162 Karl R. Stadler, Adolf Schärf, S. 174

163 Wilfried Aichinger, Sowjetische Österreichpolitik 1943–1945, Wien 1977, S. 38–44

164 Oliver Rathkolb, Die paradoxe Republik, Österreich 1945 bis 2010, Wien 2011, S. 133 ff. ［正しくは S. 113 ff.］

165 a. a. O., S. 163 f.

166 Wilhelm Miklas an Karl Renner, Briefkonzept, Wien v. 2. 5. 1945, IfZG

167 Oliver Rathkolb, Demokratieentwicklung in Österreich seit dem 19. Jahrhundert, in: Jugend – Demokratie – Politik, hg. vom Forum Politische Bildung, Bd. 28, Innsbruck/Bozen/Wien 2008, S. 14

168 Karl R. Stadler, Adolf Schärf, S. 177

169 Gerhard Botz, Theodor Körner 1873–1957, in: Friedrich Weissensteiner (Hg.), Die österreichischen Bundespräsidenten, S. 190

170 Karton 2, Kabinettsprotokoll Nr. 19 v. 23. 7. 1945, S. 82 f., AVA

171 Kabinettsprotokoll v. 22. 5. Und 25. 7. 1945

172 Kabinettsprotokoll Nr. 19 v. 23. 7. 1945, S. 161, AVA

173 Karl Renner, Nach der Katastrophe, Vortrag vor der Liga der Menschenrechte am 22. 11. 1947, S. 53

174 Karl Renner, Ein Jahr des Aufbaus, Ansprache zum ersten Jahrestag der Konstituierung der Zweiten Republik am 20. 12. 1946, in: ders., Für Recht und Frieden, S. 59

175 Daniela Kittner, Wie ehrlich dürfen Politiker sein?, in: Kurier v. 17. 6. 2012, S. 5

176 Nasko, Renner in Dokumenten und Erinnerungen, S. 34

177 Paul Lendvai, Mein Österreich, S. 29 f.

178 a. a. O., S. 46 f.

179 Robert Knight (Hg.), Ich bin dafür …, S. 84

180 Paul Lendvai, Mein Österreich, S. 47 f.

181 Anton Pelinka, Karl Renner, S. 110

182 Hellmut Butterweck, Österreich und seine NS-Prozesse nach 1945, S. 61

183 Amos, Karl Renner – idealist och realpolitiker, Schweden 1946, mit beigelegter maschinschr. deutscher Übersetzung

184 Günter Bischof, Die Moskauer Deklaration und die österreichische Geschichtspolitik, in: Stefan Karner/Alexander O. Tschubarjan (Hg.), Die Moskauer Deklaration 1943. „Österreich wieder herstellen“, Wien/Köln/Weimar 2015, S. 249 f.

185 Walter Rauscher, Karl Renner, S. 312

186 Wolfgang Neugebauer/Peter Schwarz, Der Wille zum aufrechten Gang. Offenlegung der Rolle des BSA bei der gesellschaftlichen Reintegration ehemaliger Nationalsozialisten, Wien 2005, S. 45; Robert Knight (Hg.), Ich bin dafür ..., S. 85

187 Robert Knight, Ich bin dafür ..., S. 98

188 Kabinettsprotokoll v. 31. 7. 1945, S. 229, AVA

189 Karl Renner, Für Recht und Frieden, S. 19 f.

190 Stefan Karner/Peter Ruggenthaler, Die Renner-Stalin-Briefe, hg. vom Renner Museum, Gloggnitz 2015, S. 21 f.

191 Winfried R. Garscha, Entnazifizierung, Volksgerichtsbarkeit und die „Kriegsverbrecherprozesse“ der sechziger und siebziger Jahre, in: Stefan Karner/Lorenz Mikoletzky, Österreich. 90 Jahre Republik, Innsbruck 2008, S. 137 f.

192 Paul Lendvai, Mein Österreich, S. 28

193 Hugo Portisch, Aufregend war es immer, Wals bei Salzburg, 2015, S. 339

194 Amalia Strauss-Ferneböck, Gespräch mit Nasko v. 2. 7. 1983

195 Josef Wanek, Heidenreichstein, Leserbrief in der Kronen Zeitung v. 1. 1. 2016, S. 34

196 Oliver Rathkolb, Die paradoxe Republik, S. 29

197 Robert Knight (Hg.), Ich bin dafür ..., S. 61

198 a. a. O., S. 83

199 Helmut Wohnout, Leopold Figl und das Jahr 1945. Von der Todeszelle auf den Ballhausplatz, St. Pölten/Salzburg/Wien 2015, S. 183

200 Hugo Portisch, Aufregend war es immer, S. 347–349

201 Gesine Schwan, Die politische Relevanz nicht verarbeiteter Schuld, in: Tabu und Geschichte, S. 42

202 Günter Bischof, Die Moskauer Deklaration und die österreichische Geschichtspolitik, S. 254

203 Helmut Wohnout, Leopold Figl, S. 56

204 Promotion des Staatskanzlers Dr. Karl Renner zum Ehrendoktor der Staatswissenschaften der Universität Wien, Wien 1945, S. 18

205 Karl Renner, Für Friede und Recht. Eine Auswahl von seinen Reden, hg. von der Österreichischen Bundesregierung zum 80. Geburtstag, Wien 1950, S. 26

206 Norbert Leser, Karl Renner 1870–1950, in: Friedrich Weissensteiner (Hg.), Die österreichischen Bundespräsidenten. Leben und Werk, Wien 1982, S. 154

207 Nasko, Karl Renner in Dokumenten und Erinnerungen, S. 238

208 Walter Rauscher, Karl Renner, S. 366

209 Helmut Wohnout, Leopold Figl, S. 104

210 Peter Mayr/Gerald John, Als Renner die Judenfrage stellte, in: Der Standard v. 8. 5. 2013

211 Walter Rauscher, Karl Renner, S. 365

212 Norbert Leser zit. nach Karl R. Stadler, Zwischen Paktfreiheit und Neutralität. Zur Vorgeschichte des österreichischen Neutralitätsgesetzes, in: Isabella Ackerl/Walter Hummelberger/Hans Mommsen (Hg.), Politik und Gesellschaft im alten und neuen Österreich, Festschrift für Rudolf Neck zum 60. Geburtstag, Wien 1981, S. 273

213 Oliver Rathkolb, Die paradoxe Republik, S. 63

214 Thomas Trinker, Zeit, den autoritären Giftzahn zu ziehen, in: Der Kurier v. 14. 5. 2016, S. 4

215 Oliver Rathkolb, Der starke HBP, in: Die Presse, SPECTRUM 14. 5. 2016. ゲーアノート・ハシバとクラウス・ベルトルトは、それぞれ1976年と1978年に刊行された、1929年連邦憲法改定に関する研究で、この改定の主唱者である首相、ヨハン・ショーバーが1929年9月25日と12月7日の期間に、どのようにして「労働者殺し」からローベルト・ダネベルクの協力者となり、社会民主党を助けて護国団に対する「防衛闘争の勝利」（オットー・バウアーの言）に導いたかを示した（Dietrich Derbolav an Siegfried Nasko, Brief, Wien v. 27. 8. 2016）。社会民主党の圧力で達成されたのは、連邦大統領が連邦政府の提議に基本的に拘束されること、国民による連邦大統領の直接選挙、大統領による首相指名や、首相の提起に基づく連邦大臣の任命、緊急命令権、国民議会解散権である（Ludwig Adamovich, Die Stellung des Bundespräsidenten im System der obersten Staatsorgane, Österreichische Präsidentschaftskanzlei 2013）。

216 Karl R. Stadler, Adolf Schärf, S. 332

217 a. a. O., S. 308

218 Sandra Lumetsberger, Lange Schatten. Zeitgeist, in: Kurier 1. 1. 2016, S. 22

219 Karl Renner, Die Neue Welt und der Sozialismus. Einsichten und Ausblicke des lebenden Marxismus, Salzburg 1946, S. 12 f.

220 a. a. O., S. 19

221 Karl Renner, Vom liberalen zum sozialen Staat, Wien, o. J., S. 29

222 a. a. O., S. 31 f.

223 „Wandel durch Annäherung“, Friedrich-Ebert-Stiftung, Archiv der sozialen Demokratie v. 15. 7. 1963

224 Karl Renner, Demokratie und Bureaukratie, Wien 1947, S. 5

225 a. a. O., S. 57

226 a. a. O., S. 60

227 Oliver Rathkolb, Demokratieentwicklung in Österreich seit dem 19. Jahrhundert, S. 14 f.

228 Günther Chaloupek, Karl Renners Konzeption des „demokratischen Wirtschaftsstaats“, S. 25

229 Karl Renner, Demokratie und Bureaukratie, S. 59

230 Anton Pelinka, Karl Renner, S. 12

231 Kabinettsprotokoll Nr. 18 v. 20. 7. 1945, Karton 2, 20. 7.–12. 9. 1945, AVA

232 Ehrenerklärung von Karl Gruber, Graz v. 25. 1. 1926, Karl Renner Museum

233 Edith Fedra, Das Politikergehalt in Österreich. Finanzielle Einkünfte des Bundespräsiden-

ten, der Mitglieder der Bundesregierung, der Staatssekretäre, des National- und Bundesrates, Dissertation, Wien 1993, S. 42–57

234 a. a. O., S. 49 f.

235 ebd.

236 Humbert Fink, Wer war Renner? In: Kronen Zeitung v. 21. 3. 1992

237 Dietmar Krug, Die „ideologische Missgeburt", in: Die Presse v. 30. 6. 2013

238 Karl Renner, Rede am 22. 10. 1946: 950 Jahre Österreich, Wien 1946, S. 14

239 Walter Rauscher, Karl Renner, S. 395

240 Erich Zöllner an Siegfried Nasko, Brief, Wien v. 3. 9. 1996

241 Paul Lendvai, Mein Österreich, S. 39 f.

242 Richard Saage, Der erste Präsident, S. 351 f.

243 Lendvai, Mein Österreich, S. 106

244 Peter Fischer, Vorarlberg kontra Karl Renner – Die Fußach-Affäre, in: Kultur. Zeitschrift für Kultur und Gesellschaft v. 8. 4. 2015

245 Richard Saage, Der erste Präsident, S. 361 f.

246 a. a. O., S. 359

247 Jamie Bulloch, Karl Renner. Austria, London 2009

248 Richard Saage, Der erste Präsident, S. 359

249 William M. Johnston, Österreichische Kultur- und Geistesgeschichte, S. 121［邦訳『ウィーン精神１』（井上・岩切・林部 訳、みすず書房）164 頁。ただし、レンナーが農地所有者云々は、ジョンストンの誤り］

250 Richard Saage, Der erste Präsident, S. 355 f.

251 a. a. O., S. 350

252 Shell, Jenseits der Klassen, Österreichs Sozialdemokraten seit 1934, Wien 1969, S. 131

253 Wilhelm Burian, Reform ohne Massen. Zur Entwicklung der Sozialdemokratie seit 1918, Wien/München 1974, S. 39 f.

254 Karl Renner, Für Recht und Frieden, S. 278

255 Richard Saage, Der erste Präsident, S. 349

第二章　征服戦争に反対、名誉ある平和を！

1 Friedrich Meinecke, Erlebtes, 1862–1919, Stuttgart 1964, S. 245

2 Stefan Zweig, Die Welt von Gestern, zit. nach Eberhard Orthbandt, Illustrierte Geschichte Europas, München/Wien 1966, S. 470［『昨日の世界１』（みすず書房）18~19 頁］

3 Karl Renner, Das nationale Problem in der Verwaltung, in: Der Kampf 1/Okt. 1907–Sept. 1908, Wien 1908, S. 24 f.

4 Rudolf Springer (Karl Renner), Der Kampf der Österreichischen Nationen um den Staat, 1. Teil: Das nationale Problem als Verfassungs- und Verwaltungsfrage, Leipzig/Wien 1902, S. 5

5 Karl Renner, Österreich und die Südslawen, in: Der Kampf 6/4 v. 1. 1. 1913, S. 145

6 ebd.［正しくは a. a. O., S. 148］

7 a. a. O., S. 149

8 Karl Renner, Das Regime des Leichtsinns, in: Der Kampf 7/ Okt. 1913–Dez. 1914, Wien 1914,［正しくは 7/7 v. 1. April 1914］S. 292

9 Die Nation als Rechtsidee und die Internationale. Vortrag, gehalten in der Freien Vereinigung Sozialistischer Studenten an der Wiener Universität am 7. März 1914 und für den Druck erweitert, Wien 1914, S. 8

10 ebd.

11 ebd.

12 Julius Deutsch, Ein weiter Weg. Lebenserinnerungen, Zürich/Leipzig/Wien 1960, S. 97 f.

13 Fritz Kaufmann, Sozialdemokratie in Österreich. Idee und Geschichte einer Partei von 1889 bis zur Gegenwart, Wien 1978［S. 46］

14 Statt des Weltkongresses – Weltkrieg, in: Der Kampf 7/11–12 v. 1. 12. 1914, S. 482

15 Christopher Clark, Die Schlafwandler. Wie Europa in den Ersten Weltkrieg zog, Berlin/München 2014, S. 16［邦訳『夢遊病者たち』（小笠原淳訳、みすず書房）18 頁］

16 Karl Renner, Victor Adler – Mensch und Marxist. Erinnerungen und Wertungen, in: Victor Adler im Spiegel seiner Zeitgenossen, Wien 1968, S. 168

17 Karl Renner, Marxismus, Krieg und Internationale, S. 321

18 Karl Renner, Kriegsfürsorge und Sozialdemokratie, in: Der Kampf 7/11–12 v. 1. 12. 1914, S. 487

19 Friedrich Adler, in: Volkstribüne 26 v. 30. 6. 1915

20 Imanuel Geiss, Deutschland und Österreich-Ungarn beim Kriegsausbruch 1914, in: M. Gehler/R. F. Schmidt/H.-H. Brandt/R. Steininger (Hg.), Ungleiche Partner? Österreich und Deutschland im 19. und 20. Jh., Stuttgart 1996, HMRG-Beiheft 15, S. 394 f.

21 Christopher Clark, Die Schlafwandler, S. 716 f.［邦訳 832 頁］

22 Karl Renner, Sozialistischer Imperialismus oder internationaler Sozialismus? in: Der Kampf 8/1915, S. 104

23 Karl Renner, Der Krieg und die Wandlungen des nationalen Gedankens, in: Der Kampf 8/1915, S. 8–23［正しくは ders., Die Voraussetzungen und Aufgaben internationaler Aktion, in Der Kampf 8/6 v. 01.06.1915, S. 225］

24 Karl Renner, Marxismus, Krieg und Internationale, S. 373［正しくは S. 372］

25 a. a. O., S. 379［正しくは S. 378］

26 a. a. O., S. 350

27 Karl Renner, Der Krieg im Rechtsbewusstsein unserer Zeit, in: Der Kampf 8/1915, S. 205

28 Karl Renner, Der Krieg und die Wandlungen des nationalen Gedankens, S. 8

29 Karl Renner, Der Krieg im Rechtsbewusstsein unserer Zeit, S. 206［?］

30 Karl Renner, Kriegsfürsorge und Sozialdemokratie,［in: Der Kampf 7/11–12 v. 1. 12. 1914］S. 496

31 Karl Renner, Die Probleme des Ostens, in: Der Kampf 8/1915, S. 170

32 Parteivorstand der SDAP v. 13. 7. 1915, S. 340 f., VfGA

33 ebd.

34 Norbert Leser, Karl Renner, 1870–1950, in: Friedrich Weissensteiner (Hg.), Die österreichischen Bundespräsidenten. Leben und Werk, Wien 1982, S. 135

35 Karl Renner, Österreichs Erneuerung. Politisch-programmatische Aufsätze, 2. Bd., Wien 1916, S. 97

36 Karl Renner, Zur Krise des Sozialismus, in: Der Kampf 9/3, S. 87 ff.［正しくは Wirklichkeit oder Wahnidee? in: Der Kampf, 9/1 v. Jänner 1916, S. 20 ff.］

37 Karl Renner, Deutschland, Österreich und die Völker des Ostens, Berlin 1922, S. 18

38 Friedrich Adler, Mutwilliger Streit oder politischer Gegensatz?, in: Der Kampf 9/April 1916, zit. nach Jacques Hannak, Karl Renner und seine Zeit, S. 238 f.

39 Karl Renner, Marxismus, Krieg und Internationale, S. 321

40 a. a. O., S. 359

41 Karl Renner, Sozialistischer Imperialismus oder internationaler Sozialismus?, in: Der Kampf 8/3 1915, S. 115

42 Protokoll der 2. Reichskonferenz der SDAP vom 25. bis 28. 3. 1916, Wortmeldung und Resolutionsantrag Karl Renner

43 Michael Siegert, Sozialdemokratie und Imperialismus, in: Neues Forum v. September 1975, S. 31 ff.

44 K.u.k. Kriegsministerium, Assentierung von Verpflegsakzessist Dr. Karl Renner v. 28. 8. 1916, Kriegsarchiv Wien

45 Stellungnahme des SDAP-Parteivorstandes „Ein Sozialdemokrat im Direktorium des Ernährungsamtes“, Wien, Oktober 1916, VfGA

46 Karl Renner, Kaiser Karl hat Angst vor meinen Mordplänen. Mein Besuch beim letzten Habsburger Kaiser, in: Nasko, Karl Renner in Dokumenten und Erinnerungen, S. 51

47 a. a. O., S. 52

48 Julius Deutsch, Der weite Weg. Lebenserinnerungen, Zürich/Leipzig/Wien 1960, S. 102

49 Walter Rauscher, Karl Renner, Ein österreichischer Mythos, Wien 1995, S. 118

50 Siegfried Nasko, Zum Trauma des Ersten Weltkrieges, in: ders., Hoppla, wir leben. Katalog zur Sonderausstellung im Renner Museum, Gloggnitz 2014/15, S. 6

第三章　国家狂信者、協働者、連立主義者？

1 Karl Renner, An der Wende zweier Zeiten. Lebenserinnerungen, Wien 1946, S. 185

2 Karl Renner, Deutschland, Österreich und die Völker des Ostens, Berlin 1922, S. 20

3 S. Nasko, Zum Engagement Karl Renners im Nö. Landtag, Renner-Symposien 1983 und 1984, hg. von A. E. Rauter, Wien 1985, S. 36 f.

4 Walter Rauscher, Karl Renner. Ein österreichischer Mythos, Wien 1995, S. 102 f.; S. Nasko, Hoppla, wir leben, Renner Museum 2014/15, Kat- Nr. 34

5 Jacques Hannak, Karl Renner und seine Zeit, Wien 1965, S. 291

6 Karl Renner, Der taktische Streit, in: Der Kampf 11 (1918), S. 19

7 Hannak, Karl Renner und seine Zeit, S. 282 f.

8 a. a. O., S. 278 f.

9 a. a. O., S. 330 f.

10 S. Nasko, Österreich in der Zwischenkriegszeit, St. Pölten 1976, S. 31

11 Michael Hainisch, 75 Jahre aus bewegter Zeit. Lebenserinnerungen eines österreichischen Staatsmannes, Wien/Köln/ Graz 1978, S. 208 f.

12 Hannak, Karl Renner und seine Zeit, S. 314 f.

13 Anton Pelinka, Karl Renner zur Einführung, Hamburg 1989, S. 99

14 Wolfgang Maderthaner, in: Helmut Konrad/Wolfgang Maderthaner (Hg.), Das Werden der Ersten Republik, Bd. 1: … der Rest ist Österreich, Wien 2008, S. 194

15 Alfred J. Noll, in: Konrad/Maderthaner (Hg.), Das Werden der Ersten Republik, S. 364; Nasko, Österreich in der Zwischenkriegszeit, S. 32

16 Hannak, Karl Renner und seine Zeit, S. 340

17 Rudolf Neck/Adam Wandruszka (Hg.), Koalitionsregierungen in Österreich. Ihr Ende 1920 und 1966, Wissenschaftliche Kommission 8, Wien 1985, S. 74 f.

18 Walter Rauscher, Karl Renner, S. 114

19 A. J. Noll, in: Konrad/Maderthaner (Hg.), Das Werden der Ersten Republik, S. 366

20 Hannak, Karl Renner und seine Zeit, S. 405

21 Nasko, Zwischenkriegszeit, S. 35

22 S. Nasko, Ein „deutschösterreichischer“ Staatsmann? Karl Renners Haltung zur Anschlußidee 1918–1938, in: M. Gehler (Hg.), Ungleicher Partner, HMRG-Beiheft 15, Wiesbaden/Stuttgart 1996, S. 400

23 S. Nasko/J. Reichl, Karl Renner. Zwischen Anschluß und Europa, Wien 2000, S. 170

24 Reinhard Owerdieck, Der Verfassungsbeschluß der Provisorischen Nationalversammlung Deutschösterreichs vom 30. Oktober 1918, in: Rudolf Neck/Adam Wandruszka (Hg.), Die österreichische Verfassung von 1918 bis 1938, Wissenschaftliche Kommission 6, Wien 1980, S. 75 f.

25 a. a. O., S. 76

26 a. a. O., S. 78 f.

27 a. a. O., S. 80

28 a. a. O., S. 82

29 Manfried Welan, Karl Renner – Schöpfer des Kanzleramtes, maschschr. Manuskr., Wien 2000, S. 7

30 F. L. Carsten, Die Erste Österreichische Republik im Spiegel zeitgenössischer Quellen, Wien/Graz/Köln 1988, S. 30

31 Nasko, Karl Renner I, in: Friedrich Weissensteiner/Erika Weinzierl (Hg.), Die österreichischen Bundeskanzler. Leben und Werk, Wien 1983, S. 38

32 Rauscher, Karl Renner, S. 138

33 a. a. O., S. 140 f.

34 a. a. O., S. 141

35 Neck/Wandruszka (Hg.), Koalitionsregierungen in Österreich, S. 75

36 Hainisch, 75 Jahre aus bewegter Zeit, S. 210

37 a. a. O., S. 211

38 Günther Steinbach, Kanzler, Krisen, Katastrophen. Die Erste Republik, Wien 2006, S. 56 f.

39 Rauscher, Karl Renner, S. 143

40 Nasko/Reichl, Karl Renner, S. 255

41 a. a. O., S. 254

42 Hannak, Karl Renner und seine Zeit, S. 365

43 S. Nasko, Karl Renner in Dokumenten und Erinnerungen, Wien 1982, S. 140

44 S. Nasko, Karl Renners Rolle in St. Germain, in: A. E. Rauter (Hg.), Ideen für Verbraucher, S. 90

45 Nasko/Reichl, Karl Renner, S. 257 ff.

46 S. Nasko, Karl Renner – Vom Bauernsohn zum Bundespräsidenten, Katalog Renner Museum, Wien/Gloggnitz 1979, S. 38

47 Nasko, Renners Rolle in St. Germain, S. 92

48 Nasko, Renner in Dokumenten, S. 140

49 Nasko, Renner I, in: Weissensteiner/Weinzierl (Hg.), Die österreichischen Bundeskanzler, S. 48

50 Rauscher, Karl Renner, S. 216 f.

51 Nasko, Renner-Katalog 1979, S. 41

52 Nasko, Renner in Dokumenten, S. 19

53 Rauscher, Karl Renner, S. 57

54 Friedrich Rennhofer, Ignaz Seipel, Mensch und Staatsmann. Eine biographische Dokumentation, Wien/Graz/Köln 1978, S. 220

55 Nasko, Renner in Dokumenten, S. 19

56 Rennhofer, Ignaz Seipel, S. 154

57 Rennhofer, Ignaz Seipel, S. 206

58 Norbert Leser, in: Neck/Wandruszka (Hg.), Koalitionsregierungen in Österreich, S. 38

59 a. a. O., S. 40; Rauscher, S. 219

60 Rennhofer, Ignaz Seipel, S. 206 f.

61 Nasko, Renner-Katalog 1979, S. 38

62 Rauscher, Karl Renner, S. 219 f.

63 Rennhofer, Ignaz Seipel, S. 219

64 Karl Renner an Michael Mayr, Brief, Wien v. 27. 3. 1920, NL Renner, AVA

65 Nasko, Renner I, in: Weissensteiner/Weinzierl (Hg.), Die österreichischen Bundeskanzler, S. 48 f.

66 Hannak, Karl Renner und seine Zeit, S. 404

67 Norbert Leser, in: Neck/Wandruszka (Hg.), Koalitionsregierungen in Österreich, S. 43
68 a. a. O., S. 44
69 Julius Braunthal, Otto Bauer, eine Auswahl aus seinem Lebenswerk, Wien 1961, S. 74
70 Rauscher, Karl Renner, S. 228
71 Neck/Wandruszka (Hg.), Koalitionsregierungen in Österreich, S. 28
72 a. a. O., S. 77 f.
73 Rennhofer, Ignaz Seipel, S. 699
74 Rauscher, Karl Renner, S. 273
75 Neck/Wandruszka (Hg.), Koalitionsregierungen in Österreich, S. 78
76 Nasko, Renner in Dokumenten, S. 26
77 a. a. O., S. 27
78 Hellmut Andics, Österreich seit 1918, S. 220
79 Protokolle des Klubvorstands der Christlichsozialen Partei 1932/34, Studien und Quellen zur österreichischen Zeitgeschichte 2, hg. von Walter Goldinger, Wien 1980, S. 275
80 Nasko, Renner in Dokumenten, S. 27 f.
81 Pelinka, Karl Renner zur Einführung, S. 62
82 Nasko, Renner II, in: Weissensteiner/Weinzierl (Hg.), Die österreichischen Bundeskanzler, S. 243 f.
83 Pelinka, Karl Renner zur Einführung, S. 62
84 Nasko, Renner II, in: Weissensteiner/Weinzierl (Hg.), Die österreichischen Bundeskanzler, S. 247
85 Fritz Molden, Vielgeprüftes Österreich. Meine politischen Erinnerungen, Wien 2007, S. 101
86 Manfred Mugrauer, Die Politik der Kommunistischen Partei Österreichs in der Provisorischen Regierung Renner, in: Mitteilungen der Alfred Klahr Gesellschaft 12, Jg. 2005, Heft 1, S. 1–9
87 Hugo Portisch zit. nach Georg Markus, Erlebte Geschichte, in: Freizeit-Kurier Nr. 800 v. 9. 4. 2005, S. 23
88 Nasko, Renner in Dokumenten, S. 32
89 Neck/Wandruszka (Hg.), Koalitionsregierungen in Österreich, S. 14
90 Nasko, Renner II, in: Weissensteiner/Weinzierl (Hg.), Die österreichischen Bundeskanzler, S. 257
91 a. a. O., S. 260 ff.
92 Nasko, Renner in Dokumenten, S. 238
93 Heinz Kienzl anlässlich „Zu Gast bei Karl – … das ist ein Renner“ im August 2010 im Renner Museum in Gloggnitz
94 Nasko, Renner II, in: Weissensteiner/Weinzierl (Hg.), Die österreichischen Bundeskanzler, S. 262
95 Friedrich Heer, Renner, der Patriot, zu S. Nasko, Renner in Dokumenten und Erinnerungen, in: Die Furche Nr. 16 v. 20. 4. 1983

第四章　協働組合活動家として

1 Karl Renner, Brief an Präsident Anton Hueber, Wien v. 20. 12. 1930, S. 1 f., NL Renner Ktn. 11, AVA

2 a. a. O., S. 3

3 Karl Renner, Konsumvereine und Arbeiterbewegung (Genossenschaftliche Werbeschriften Nr. 2), Wien 1914, S. 24 f.

4 Karl Renner, Die Wirtschaftskrise und die Gegner der Genossenschaft (Bibliothek der genossenschaftlichen Beiräte der Betriebsräte Nr. 9), Wien 1930, S. 7 f.

5 Karl Renner, Konsumvereine und Arbeiterbewegung, S. 3 f.

6 a. a. O., S. 6

7 a. a. O., S. 8

8 ebd.

9 a. a. O., S. 10

10 a. a. O., S. 12

11 a. a. O., S. 13

12 a. a. O., S. 15 f.

13 a. a. O., S. 20 f.

14 a. a. O., S. 21

15 Andreas Korp, Stein auf Stein. 50 Jahre GÖC 1905–1955, Wien 1955, S. 12

16 Ernst Glaser, Im Umfeld des Austromarxismus. Ein Beitrag zur Geistesgeschichte des österreichischen Sozialismus, Wien/München/Zürich 1981, S. 217

17 ebd.

18 ebd.

19 Franz Seibert, Die Konsumgenossenschaften in Österreich. Geschichte und Funktion (Ludwig Boltzmann Institut, Materialien zur Arbeiterbewegung Nr. 11), Wien 1978, S. 39

20 a. a. O., S. 40

21 a. a. O., S. 41

22 a. a. O., S. 46

23 a. a. O., S. 48

24 Korp, Stein auf Stein, S. 40

25 o. A., Gegen die Hungerpolitik. Die Verhandlungen des Abgeordnetenhauses über die sozialdemokratischen Dringlichkeitsanträge Schrammel-Renner betreffend die Lebensmittelteuerung (Wiener Volksbuchhandlung Ignaz Brand), Wien 1907, S. 17

26 a. a. O., S. 34

27 a. a. O., S. 34 f.

28 a. a. O., S. 35

29 Franz Hesky, Dr. Karl Renner als Genossenschafter, in: Der freie Genossenschafter Nr. 24/1930, S. 8

30 ebd.

31 Karl Renner, Landwirtschaftliche Genossenschaften und Konsumvereine (Verlag des Zentralverbandes österreichischer Konsumvereine), Wien 1910, S. 6

32 a. a. O., S. 19

33 a. a. O., S. 21

34 Siegfried Nasko, Dr. Karl Renner. Vom Bauernsohn zum Bundespräsidenten (Katalog Renner Museum), Wien/Gloggnitz 1979, S. 33

35 Korp, Stein auf Stein, S. 40

36 Peter Feldbauer/Wolfgang Hösl, Die Wohnverhältnisse der Wiener Unterschichten und die Anfänge des genossenschaftlichen Wohn- und Siedlungswesens, in: G. Botz/H. Hautmann/H. Konrad/J. Weidenholzer (Hg.), Bewegung und Klasse. Studien zur österreichischen Arbeitergeschichte, Wien/München/Zürich 1978, S. 699

37 Satzung der Gemeinnützigen Wohnungs- und Siedlungsgenossenschaft im Bezirk Neunkirchen, e.Gen.m.b.H. (Renner Museum), § 2

38 Karl Renner, Die Dreieinheit der Arbeiterbewegung (Bibliothek der genossenschaftlichen Beiräte der Betriebsräte Österreichs Nr. 4), S. 7 f.

39 Siegfried Nasko, Aufzeichnung nach Lokalaugenschein vom Oktober 1981

40 Korp, Stein auf Stein, S. 40

41 a. a. O., S. 39; Hesky, Dr. Karl Renner als Genossenschafter, S. 8

42 Günther Chaloupek, Karl Renners Konzeption des „demokratischen Wirtschaftsstaats“, S. 19

43 Korp, Stein auf Stein, S. 41

44 Bericht über die Tätigkeit des Konsumvereines „Vorwärts“ im Geschäftsjahre 1912–1913, Wien 1913, S. 32

45 ebd.

46 a. a. O., S. 30

47 Karl Renner, Landwirtschaftliche Genossenschaften und Konsumvereine, S. 9

48 a. a. O., S. 22

49 Bericht über die Tätigkeit des Konsumvereines „Vorwärts“, S. 32

50 Korp, Stein auf Stein, S. 42

51 Karl Renner, Ein Kreditverband österreichischer Arbeitervereinigungen, in: Der Konsumverein Nr. 15 (v. 27. 7. 1913), zit. nach: Der lange Weg. Von der Arbeiterbank zur Bank für Arbeit und Wirtschaft (BAWAG-Festschrift), Wien 1973, S. 21

52 Korp, Stein auf Stein, S. 42

53 BAWAG-Festschrift, S. 23

54 Hesky, Dr. Karl Renner als Genossenschafter, S. 8

55 Andreas Vukovich, Festschrift zum 50jährigen Bestand des Konsumverbandes 1901–1951, Wien 1951, S. 10

56 ders., 30 Jahre Zentralverband österreichischer Konsumvereine, Wien 1931, S. 22 f.

57 Korp, Stein auf Stein, S. 43

58 Henry May, Glückwunschadresse an Karl Renner, in: Der freie Genossenschafter Nr. 24 v. 15. 12. 1930, S. 6

59 Karl Renner, Konsumvereine und Arbeiterbewegung, S. 24

60 Siegfried Nasko, Katalog Renner Museum, S. 29

61 o. A., Gegen die Hungerpolitik, S. 20

62 Hans Hautmann/Rudolf Kropf, Die österreichische Arbeiterbewegung vom Vormärz bis 1945. Sozialökonomische Ursprünge ihrer Ideologie und Politik, Wien 1974, S. 115

63 W. P. Watkins, Genossenschaftswesen und Staat. Zwei Machtsysteme und ihre gegenseitigen Beziehungen, in: Gerhard Weisser (Hg.), Genossenschaften und Genossenschaftsforschung. Strukturelle und ablaufanalytische, historische und systematische Aspekte der Genossenschaften des 19. und 20. Jhdts. (Festschrift zum 65. Geburtstag von Georg Draheim), 2. Aufl., Göttingen 1971, S. 289

64 Michael Siegert, Sozialdemokratie und Imperialismus, I. Teil: Kriegsziele und Beutehoffnungen 1914–1918, in: Neues Forum vom September 1975, S. 32

65 ebd.

66 a. a. O., S. 31

67 a. a. O., S. 34

68 ebd.

69 Jacques Hannak, Karl Renner und seine Zeit. Versuch einer Biographie, Wien 1965, S. 215 ff.

70 Hesky, Dr. Karl Renner als Genossenschafter, S. 8 f.

71 a. a. O., S. 9

72 Karl Renner, Kaiser Karl hat Angst vor meinen „Mordplänen“. Mein Besuch beim letzten Habsburgerkaiser, in: Bunte Woche v. 25. 12. 1932

73 Stellungnahme des Parteivorstandes „Ein Sozialdemokrat im Direktorium des Ernährungsamtes“ v. Okt. 1916

74 Jacques Hannak, Karl Renner und seine Zeit, S. 268

75 Ernst Glaser, Im Umfeld des Austromarxismus, S. 220

76 ebd.

77 Ernst Winkler, Der große Jännerstreik 1918, in: Die Zukunft, Heft 1 v. Mitte Jänner 1968, S. 2–6

78 Karl Renner, Die österreichischen Arbeitergenossenschaften und ihre Kritiker (Rede v. 22. 6. 1926), Wien 1926, S. 12

79 Andreas Vukovich, 30 Jahre Zentralverband, S. 26

80 a. a. O., S. 27

81 Ewald Stöllner, Die Entwicklung der Genossenschaften in der Ersten Republik (Dipl.-Arbeit an der Hochsch. f. Welthandel), Wien 1973, S. 13 ff.

82 a. a. O., S. 15

83 Andreas Vukovich, 30 Jahre Zentralverband, S. 28
84 Ewald Stöllner, Die Entwicklung der Genossenschaften in der Ersten Republik, S. 14
85 Hesky, Dr. Karl Renner als Genossenschafter, S. 9
86 BAWAG-Festschrift, S. 39
87 Denkschrift über die Aufgaben der Arbeiterbank, Pkt. VII, NL Renner Ktn. 7, AVA
88 a. a. O., Einleitung
89 a. a. O., Pkt. VII
90 Finanzarchiv 30169/22, Beilage 11 zu 211/22, Karl Renner an BMfF Prof. Dr. Gürtler, Wien v. 30. 1. 1922
91 Karl Renner, Brief an Bundeskanzler Johann Schober, Wien v. 30. 1. 1922, NL Renner, AVA
92 BMfIuU Johann Schober, Zl. 105/Präs., Wien v. 9. 2. 1922, Brief an Karl Renner, NL Renner, AVA
93 Finanzarchiv, BMfF Sekt. 1/a Dep. II, Z. 30.188 v. 30. 3. 1922, FA 30.168, Antwortschreiben an Karl Renner betr. Konzessionsansuchen bez. Arbeiterbank
94 Finanzarchiv, 30.169 Sekt.l/a Dep. II, v. 31. 3. 1922, bez. Konzessionsansuchen Arbeiterbank
95 ebd.
96 Finanzarchiv 30.169/22, Abschrift BMfIuU Zl. 24089-1922, Abt. 12, Wien v. 15. 5. 1922
97 BAWAG-Festschrift, S. 40
98 Protokoll über die erste Sitzung des Verwaltungsrates der Arbeiterbank AG v. 28. 6. 1922, NL Renner Ktn. 7, AVA
99 ebd.
100 Karl Renner, Brief an Heinrich Kaufmann (Hamburg), Wien v. 11. 9. 1922, NL Renner Ktn. 12, AVA
101 Bericht des Präsidenten Karl Renner über das erste Geschäftsjahr der Arbeiterbank (1924), NL Renner, Ktn. 7, AVA, S. 1 f.
102 Dr. Renner, Referat vor Betriebsräten im Sept. 1923, 8 S., S. 4, NL Renner Ktn. 13, AVA
103 a. a. O., S. 4 f.
104 a. a. O., S. 2
105 a. a. O., S. 3
106 ebd.
107 a. a. O., S. 6
108 a. a. O., S. 7
109 ebd.
110 Karl Renner, Die österr. Arbeitergenossenschaften und ihre Kritiker, S. 17
111 Jacques Freundlich, Renner und die Arbeiterbank, in: Der freie Genossenschafter Nr. 24 v. 15. Dez. 1930, S. 10
112 Karl Renner, Brief an Min. Dr. Alfred Gürtler, Wien v. 22. 5.1928, S. 1, NL Renner Ktn. 2, AVA

113 Jacques Freundlich, Renner und die Arbeiterbank, S. 10

114 Emmy Freundlich, Dr. Karl Renner, in: Der freie Genossenschafter Nr. 24 v. 15. 12. 1930, S. 3

115 Karl Renner, Die österr. Arbeitergenossenschaften und ihre Kritiker, S. 17

116 Prot. Nr. 4 über die gemeinsame Sitzung der Spar- und Kreditkasse in Linz am 31. 10. 1926, S. 5, NL Renner Ktn. 13, AVA

117 Karl Renner, Die österr. Arbeitergenossenschaften und ihre Kritiker, S. 17

118 Ewald Stöllner, Die Entwicklung der Genossenschaften in der Ersten Republik, S. 63

119 Hesky, Dr. Karl Renner als Genossenschafter, S. 9

120 Günther Chaloupek, Karl Renners Konzeption des „demokratischen Wirtschaftsstaats", S. 20

121 Karl Renner, Persönlicher und höchst vertraulicher Brief an die Direktoren Hesky, Pohl, Eldersch und Vukovich, Wien v. 6. 2. 1925, NL Renner Ktn. 13, AVA

122 Hesky, Dr. Karl Renner als Genossenschafter, S. 9

123 Andreas Vukovich, Festschrift zum 50jährigen Bestand des Konsumverbandes, S. 14

124 Emmy Freundlich, Dr. Karl Renner, S. 3

125 Karl Renner, Brief an Direktor Jaro Lorentz, Wien v. 24. 10. 1925, S. 1 f.; NL Renner Ktn. 13, AVA (beim Revisor handelte es sich um Gorski)

126 a. a. O., S. 2

127 Karl Renner, Vertraulicher Brief an Dir. Jaro Lorentz, Wien v. 5. 5. 1925, S. 1, NL Renner Ktn. 13, AVA

128 Karl Renner, Brief an Otto Bauer, Wien v. 29. 7. 1925, S. 1, NL Renner Ktn. 5., AVA

129 Andreas Vukovich, 30 Jahre Zentralverband, S. 32

130 Ewald Stöllner, Die Entwicklung der Genossenschaften in der Ersten Republik, S. 70

131 Flugblatt (maschinschr.) von S. Kaff und W. A. Wilhelm, Wien v. Mitte Sept. 1926 „Genossenschafter!", 4 S., S. 3; NL Renner Ktn. 13, AVA

132 Karl Renner, Brief an August Kasch (Hamburg), Wien v. 8. 10. 1928, S. 2, NL Renner Ktn. 12, AVA

133 Anton Pohl, Brief an Karl Renner, Wien v. 28. 11. 1927, NL Renner Ktn. 13, AVA

134 Karl Renner, Brief an Anton Pohl, Wien v. 11. 1. 1928, S. 1, NL Renner Ktn. 13, AVA

135 Hesky, Dr. Karl Renner als Genossenschafter, S. 9

136 Ewald Stöllner, Die Entwicklung der Genossenschaften in der Ersten Republik, S. 56

137 Karl Renner, Brief an Franz Hesky, Wien v. 22. 7. 1921, NL Renner Ktn. 13, AVA

138 Karl Renner, Brief an Präsident Tomasek (Prag), Wien v. 5. 3. 1924, NL Renner Ktn. 4, AVA

139 Karl Renner, Brief an Alfred Meißner (Prag), Wien v. 25. 1. 1926, NL Renner Ktn. 12, AVA

140 Emil Lustig, Dem lieben Freund Dr. Renner!, in: Der freie Genossenschafter, Nr. 14 v. 15. 12. 1930, S. 7

141 Karl Renner, Brief an Poisson (Paris), Wien v. 25. 5. 1922, NL Renner Ktn. 11, AVA

142 Karl Renner, Brief an Heinrich Kaufmann (Hamburg), Wien v. 7. 1. 1924, NL Renner Ktn.

12, AVA
143 ebd. レンナーが含意したのはオーストリアとドイツの協同組合である。
144 Karl Renner, Brief an Heinrich Kaufmann, Wien v. 20. 11. 1923, NL Renner Ktn. 12, AVA
145 Karl Renner, Brief an Heinrich Kaufmann, Wien v. 7. 1. 1924
146 Karl Renner, Brief an Valentino Pittoni (Mailand), Wien v. 12. 4. 1923, NL Renner Ktn. 12, AVA
147 Karl Renner, Brief an Heinrich Kaufmann, Wien v. 7. 1. 1924
148 ebd.
149 Karl Renner, Brief an Finanzminister Dr. Josef Kollmann, Wien v. 30. 3. 1926, NL Renner Ktn. 11, AVA
150 B. M., Die Sowjetgenossenschaften im Zerrspiegel der Reformisten, in: Die Genossenschaft im Klassenkampf Jg. 4, Heft 1, Berlin v. Juni 1927, S. 11
151 Karl Renner, Brief an Minister Dr. Gürtler, Wien v. 22. 5. 1928, NL Renner Ktn. 2, AVA
152 Karl Renner, Brief an den bev. Vertreter der UdSSR in Wien Alexander Schlichter, Wien v. 4. 8. 1922, NL Renner Ktn. 7, AVA
153 Karl Renner, Brief an den Präsidenten des russ. Naphtasyndikats Georg Lumow (dzt. Paris), Wien v. 23. 3. 1926, NL Renner, AVA
154 Karl Renner, Brief an Warbasse, Wien v. 13. 12. 1924, NL Renner Ktn. 7, AVA
155 Karl Renner, Brief an Edward A. Filene (Boston), Wien v. 23. 10. 1927, NL Renner Ktn. 5, AVA
156 Karl Renner, Brief an Heinrich Kaufmann, Wien v. 5. 11. 1925, NL Renner Ktn. 12, AVA
157 Karl Renner, Die Dreieinheit der Arbeiterbewegung, Wien 1929, S. 1
158 a. a. O., S. 2 f. レンナーはその他［協同組合の意義を認めない者に］生まれつきの政治家、サンディカリスト、名目だけの協同組合員を数え挙げる。
159 a. a. O., S. 3
160 a. a. O., S. 5
161 a. a. O., S. 8
162 ebd.
163 a. a. O., S. 10
164 a. a. O., S. 13
165 a. a. O., S. 15
166 Richard Saage, Der erste Präsident. Karl Renner – eine politische Biografie, Wien 2016, S. 39 f.
167 Günther Chaloupek, Karl Renners Konzeption des „demokratischen Wirtschaftsstaates“, S. 20 f.
168 Karl Renner, Brief an Reichsfinanzminister Dr. Rudolf Hilferding (Berlin), Wien v. 13. 11. 1929, NL Renner Ktn. 6, AVA
169 Karl Renner, Brief an Heinrich Lorentz (Hamburg), Wien v. 13. 11. 1929, NL Renner Ktn. 12, AVA

170 ebd.

171 Karl Renner, Die Wirtschaftskrise und die Gegner der Genossenschaften, S. 12 f.

172 Karl Renner, Denkschrift zu dem von der Regierung eingebrachten Gesetzesentwurf über verschiedene Abänderungen der Gewerbeordnung und des Kundmachungspatentes (1930), maschinschr., S. 11 f., NL Renner Ktn. 13, AVA

173 Karl Renner, Die Wirtschaftskrise und die Gegner der Genossenschaften, S. 13

174 Karl Renner, Brief an Franz Förg, Wien v. 7. 4. 1933, NL Renner, AVA

175 Karl Renner, Die Wirtschaftskrise und die Gegner der Genossenschaften, S. 6

176 Karl Renner, Brief an Dir. Franz Lessiak, Wien v. 19. 4. 1933, NL Renner Ktn. 13, AVA

177 Karl Renner, Brief an den Zentralverein kaufmännischer Angestellter, Wien v. 10. 1. 1934, NL Renner, AVA

178 Karl Renner, Brief an die Direktion der GÖC, Wien v. 13. 1. 1934, NL Renner Ktn. 13, AVA

179 Siegfried Nasko, Katalog Renner Museum, S. 50 f.

180 Ewald Stöllner, Die Entwicklung der Genossenschaften in der Ersten Republik, S. 160

181 Berichte der Konsumgenossenschaft Wien und Umgebung über das Geschäftsjahr 1936, S. 48; 1937, S. 28; 1938, S. 36; 1939, S. 28

182 Karl Renner, Brief an die Großeinkaufsgesellschaft österr. Konsumvereine, Gloggnitz v. 17. 12. 1940, Renner Museum Gloggnitz

183 Ewald Stöllner, Die Entwicklung der Genossenschaften in der Ersten Republik, S. 170

184 Siegfried Nasko, Zur Rolle Dr. Renners im April 1945, in: ders./Johann Hagenhofer, Gedenkraum 1945. Hier entstand Österreich wieder, Hochwolkersdorf 1981, S. 19

185 Österr. Bundesregierung (Hg.), Für Recht und Frieden. Eine Auswahl der Reden des Bundespräsidenten Dr. Karl Renner, Wien 1950, dort S. 352 ff. Rede v. 24. 11. 1948 „Wege und Ziele der Genossenschaftsbewegung“

186 Elisabeth Spielmann, Renner, der Genossenschafter (maschinschr. Manuskr.) 1970, S. 5 f.

187 Die Presse v. 4. 4. 2010

188 Wikipedia, BAWAG-Affäre

189 Karl Renner, Der Mensch in der Wirtschaft und der Sozialismus, Wien 1930, S. 26

第五章　国家の経済への浸透

1 Karl Renner, An der Wende zweier Zeiten. Lebenserinnerungen, Wien 1946, S. 183 f.

2 Richard Erdmann, Wandlungen in der öffentlichen Wirtschaft, in: Die Gewerkschaftlichen Monatshefte 10/1952, S. 604

3 Walter Euchner/Helga Grebing, Geschichte der sozialen Ideen in Deutschland: Sozialismus – Katholische Soziallehre – Protestantische Sozialethik. Ein Handbuch, Wiesbaden 2005, S. 564

4 Karl Renner, Privatwirtschaft, Staatswirtschaft, Gemeinwirtschaft, in: Der Kampf 25/1932, S. 16 f.

5 Gerhard Buchner, Wirtschaftliche Konzeptionen der Sozialdemokratie bis 1934, Diss., Wien

2003, S. 136
6 Günther Chaloupek, Karl Renners Konzeption des „demokratischen Wirtschaftsstaates“, S. 2
7 Karl Renner, Innereuropäische Wirtschaftspläne, in: Der Kampf 25 v. Juni 1932, S. 237 f.
8 ebd.
9 Gerhard Buchner, Wirtschaftliche Konzeptionen der Sozialdemokratie, S. 104
10 a. a. O., S. 105
11 a. a. O., S. 137 f.
12 a. a. O., S. 139
13 Günther Chaloupek, Karl Renners Konzeption des „demokratischen Wirtschaftsstaates“, S. 6
14 Gerhard Buchner, Wirtschaftliche Konzeptionen der Sozialdemokratie, S. 122
15 Karl Renner, Privatwirtschaft, Staatswirtschaft, Gemeinwirtschaft, S. 20
16 a. a. O., S. 21
17 Karl Renner, Die Wirtschaft als Gesamtprozess und die Sozialisierung, Wien 1924, zit. nach Gerhard Buchner, Wirtschaftliche Konzeptionen der Sozialdemokratie, S. 117
18 Günther Chaloupek, Karl Renners Konzeption des „demokratischen Wirtschaftsstaates“, S. 6
19 Gerhard Buchner, Wirtschaftliche Konzeptionen der Sozialdemokratie, S. 112
20 a. a. O., S. 109
21 Karl Renner, Privatwirtschaft, Staatswirtschaft, Gemeinwirtschaft, S. 23
22 Gerhard Buchner, Wirtschaftliche Konzeptionen der Sozialdemokratie, S. 104
23 a. a. O., S. 106
24 Karl Renner, Privatwirtschaft, Staatswirtschaft, Gemeinwirtschaft, S. 23
25 a. a. O., S. 23–26
26 a. a. O., S. 27 f.
27 Gerhard Buchner, Wirtschaftliche Konzeptionen der Sozialdemokratie, S. 109
28 a. a. O., S. 110
29 Günther Chaloupek, Karl Renners Konzeption des „demokratischen Wirtschaftsstaates“, S. 21
30 Karl Renner an Willy Ellenbogen, Brief, Wien v. 21. 1. 1929, NL Renner, AVA
31 Karl Renner, Privatwirtschaft, Staatswirtschaft, Gemeinwirtschaft, S. 28
32 a. a. O., S. 29
33 Richard Erdmann, Wandlungen in der öffentlichen Wirtschaft, S. 604 ff.

第六章　合邦思想　一九一八〜一九三八

1 Ernst Panzenböck, Die Weichenstellung in der österreichischen Sozialdemokratie für die Republik und den Anschlußgedanken, in: Österreich in Geschichte und Literatur 1 (1986), S. 4–17, hier S. 9

2 Arbeiter-Zeitung, 11. 11. 1928

3 Ernst Panzenböck, Ein deutscher Traum. Die Anschlußidee und Anschlußpolitik bei Karl Renner und Otto Bauer, in: Materialien zur Arbeiterbewegung 37 (1985), S. 116 f.

4 Arbeiter-Zeitung, 11. 11. 1928

5 Ernst Panzenböck, Die Weichenstellung, S. 15 f.

6 Ernst Panzenböck, Ein deutscher Traum, S. 116 f.

7 Renate Reisel, Karl Renner und die Führung der österreichischen Außenpolitik vom 26. Juli 1919 bis zum 21. Okt. 1920, phil. Diss., Wien 1972, S. 16 f.

8 Heinz Fischer (Hg.), Karl Renner. Porträt einer Evolution, Wien 1970, S. 115

9 Anton Pelinka, Karl Renner zur Einführung, Hamburg 1989, S. 104

10 Hans Kelsen, Die völkerrechtliche Stellung des Staates Deutsch-Österreich, maschschr. Manuskr. v. 29. 11. 1918, AVA, NL Karl Renner, Ktn. 2

11 Arbeiter-Zeitung v. 11. 11. 1918

12 Siegfried Nasko, Karl Renner – Gedanken über einen Akteur der Ordnung in Staat und Leben, in: ders. (Hg.), Karl Renner in Dokumenten und Erinnerungen, Wien 1982, S. 17

13 Siegfried Nasko, Österreich in der Zwischenkriegszeit. Sonderausstellungskatalog, St. Pölten/Pottenbrunn 1976, S. 42 f.

14 Wilfried Posch, Lebensraum Wien – Die Beziehungen zwischen Politik und Stadtplanung, Diss. TU Graz 1976, 23 und 44

15 Präs.-Akten, Ktn. 186, Kabinettsprotokoll Nr. 36, S. 53, = 3. Länderkonferenz

16 a. a. O., S. 8, 21

17 Hugo Portisch, Österreich I. Die unterschätzte Republik, Wien 1989, S. 100 ff.

18 a. a. O., S. 104

19 Siegfried Nasko, Karl Renner – Gedanken, S. 20

20 Siegfried Nasko, Karl Renners Rolle in St. Germain, in: Anton E. Rauter (Hg.), Ideen für Verbraucher. 90 Jahre Konsumverband. Dr. Karl Renner-Festvorträge der Jahre 1989–1990, Wien 1991, S. 87

21 Renate Reisel, Karl Renner und die Führung der österreichischen Außenpolitik, S. 52

22 a. a. O., S. 79 f.

23 Ernst Panzenböck, Karl Renner 1938 – Irrweg eines Österreichers: Ursachen und Verdrängung, in: Österreich in Geschichte und Literatur 1 (1988), S. 8

24 Karl Renner, Österreich, was es gewesen, was es ist und was es werden soll, in: Österreich und seine Genossenschaften, anl. des XIII. Internationalen Genossenschaftskongresses, Wien 1930, S. 24

25 Renate Reisel, Karl Renner und die Führung der österreichischen Außenpolitik, S. 83

26 ebd.

27 a. a. O., S. 78

28 Siegfried Nasko, Karl Renners Rolle in St. Germain, S. 91 f.

29 Renate Reisel, Karl Renner und die Führung der österreichischen Außenpolitik, S. 91

30 a. a. O., S. 142 f.
31 a. a. O., S. 147 ff.
32 a. a. O., S. 188
33 a. a. O., S. 159 f.
34 a. a. O., S. 161 ff.
35 a. a. O., S. 176
36 a. a. O., S. 194 ff.
37 a. a. O., S. 208 f.
38 Ernst Panzenböck, Ein deutscher Traum, S. 166
39 Renate Reisel, Karl Renner und die Führung der österreichischen Außenpolitik, S. 224 f.
40 Karl Renner, Deutschland, Österreich und die Völker des Ostens, Berlin 1922, S. 5 f.
41 a. a. O., S. 10 f.
42 a. a. O., S. 15 f.
43 a. a. O., S. 16
44 a. a. O., S. 22
45 a. a. O., S. 27
46 a. a. O., S. 29 f.
47 Ernst Panzenböck, Ein deutscher Traum, S. 182
48 Michael Hainisch, 75 Jahre aus bewegter Zeit. Lebenserinnerungen eines österreichischen Staatsmannes, Wien/ Köln/Graz 1978, S. 13. Heinisch-Erklärung im Neuen Wiener Journal vom 7. 4. 1938
49 ebd., S. 41
50 Franz Schausberger, Karl Lueger und Karl Renner. Zweierlei Maß in der österreichischen Gedenkkultur, in: Österreichisches Jahrbuch für Politik 2012, S. 483
51 Ludwig Dvorak, Vom fragwürdigen Umgang mit „nützlichen" Zitaten, in: Der Standard v. 30. 3./1. 4. 2013
52 ebd.
53 Arbeiter-Zeitung v. 14. 7. 1930
54 Richard Saage, Der erste Präsident. Karl Renner – eine politische Biografie, Wien 2016[S. ?]
55 Amalia Strauss-Ferneböck, 1983
56 Karl Renner, An der Wende zweier Zeiten, Original mit Widmung an Enkel Karl Deutsch-Renner
57 Peter Mayr/Gerald John, Als Renner die Judenfrage stellte, in: Der Standard v. 8. 5. 2013
58 Ludwig Dvorak, Vom fragwürdigen Umgang mit „nützlichen" Zitaten, a. a. O.
59 Josef Karner, Heraus das gleiche Wahlrecht, Wien 1905, S. 1
60 Joseph Goebbels, Propaganda-Broschüre über den „Totalen Krieg", Berlin 1943, DHM Berlin 1988/1596
61 Matthias Nagl, Interview mit Marko Feingold „Der Renner-Ring muss weg", in: Wiener Zeitung v. 24. 5. 2013; Ursula Kastler, Ein widerständiges Leben. Marko Feingold wird am

28. Mai 100 Jahre alt, in: Salzburger Nachrichten v. 25. 5. 2013, Wochenendbeilage S. VIII
62 Sepp Wille, Unrecht an Karl Renner, in: Arbeiter-Zeitung v. 11. 4. 1988, S. 15
63 ebd.
64 F. V., Wien 18, in: Arbeiter-Zeitung v. 11. 4. 1988, S. 15
65 Adam Schaff, Geschichte und Wahrheit, Wien 1970, S. 104 f.
66 a. a. O., S. 188 f.
67 a. a. O., S. 191
68 Forschungsprojekt-Endbericht: Straßennamen Wiens seit 1860 als „Politische Erinnerungsorte", erstellt im Auftrag der Kulturabteilung der Stadt Wien unter Leitung von Oliver Rathkolb, Wien 2013, S. 11–15; Der Standard v. 7. 5. 2013
69 Norbert Leser, Karl Renner als Theoretiker des Sozialismus und Marxismus, S. 463
70 Herbert Lackner, Rote Gewissenserforschung, profil Nr. 27 v. 4. 7. 2005, S. 23
71 a. a. O., S. 21
72 ebd.
73 Der Standard v. 7. 5. 2013
74 Norbert Leser, Karl Renner, in: Tausend Jahre Österreich, Bd. 3, S. 226
75 Matthias Nagl, Interview mit Marko Feingold
76 APA v. 27. 5. 2013: Zeitzeuge Marko Feingold wird 100
77 Protokolle des Kabinettsrates der Provisorischen Regierung Karl Renner 1945, Bd. 1, Horn/Wien 1995, S. 206, Sitzung v. 12. 6. 1945
78 Maximilian Gottschlich, Die große Abneigung. Wie antisemitisch ist Österreich? Kritische Befunde zu einer sozialen Krankheit, Wien 2012, S. 50, 64 f.; Forschungsprojekt-Endbericht Straßennamen Wiens, S. 176 ff.
79 Oliver Rathkolb, Die paradoxe Republik, S. 100
80 Karl Renner, An der Wende zweier Zeiten. Lebenserinnerungen, Wien 1946, S. 177 f.
81 Karl Renner an Anton Hueber, Brief, Wien v. 20. 12. 1930, in: Nasko, Karl Renner in Dokumenten und Erinnerungen, S. 47
82 a. a. O., S. 104
83 Karl Renner, Deutschland, Österreich und die Völker des Ostens, S. 46
84 Karl Renner, Für den Anschluß Deutsch-Österreichs, in: Der Weg zum Einheitsstaat. Gutachten der Kommission zur Frage der Vereinheitlichung des Reiches, hg. vom Vorstand der Sozialdemokratischen Partei Deutschlands, Berlin, Mai 1929, S. 63
85 Volkswacht vom 26. 8. 1926
86 Karl Renner, Für den Anschluß Deutsch-Österreichs, S. 66 f.; siehe Ernst Panzenböck, Ein deutscher Traum, S. 184
87 Karl Renner, Der Staat der deutschen Nation. Ziel und Weg, in: Gesellschaft 8 (1928), S. 105 f.
88 Ernst Panzenböck, Ein deutscher Traum, S. 210, Fn. 3
89 Karl Renner, Das Symbol der Symbole, in: Hamburger Echo v. 17. 5. 1928

90 Sonntagsblatt, Staatszeitung und Herold, New York, 28. 7. 1929
91 SDAP-Parteitagsprotokoll 1930, S. 34
92 SDAP-Parteitagsprotokoll 1931, S. 57
93 Heinz Fischer (Hg.), Karl Renner, S. 378
94 Walter Goldinger, Karl Renner (1870–1950), in: Hugo Hantsch (Hg.), Gestalter der Geschicke Österreichs, Innsbruck/Wien/München 1962, S. 635 f.
95 Siegfried Nasko, Karl Renner in Dokumenten und Erinnerungen, S. 29
96 Karl Renner, Der Staat der deutschen Nation, S. 107
97 Anton Pelinka, Karl Renner zur Einführung, S. 104
98 Siegfried Nasko, Karl Renner in Dokumenten und Erinnerungen, S. 235
99 Siegfried Nasko, Karl Renner. Vom Ständestaat zur Zweiten Republik, in: Friedrich Weissensteiner/Erika Weinzierl (Hg.), Die österreichischen Bundeskanzler. Leben und Werk, Wien/Linz 1983, S. 244
100 Karl Renner, Die Menschenrechte, Wien 1948, S. 9 und 36
101 Siegfried Nasko, Karl Renner. Vom Ständestaat zur Zweiten Republik, S. 244
102 Karl Renner, Bedrohung und Verteidigung der Republik in Österreich, in: Die Justiz, VII. Band, Heft 4, Berlin, Januar 1932, S. 151
103 Karl Renner-Symposien 1983 und 1984, in: Schriftenreihe des Arbeitskreises „Dr. Karl Renner", Heft 3 und Heft 4, hg. v. Anton E. Rauter, Wien 1985, S. 74
104 Franz Strobel, Der Advokat des Imperialismus in der Arbeiterbewegung, in: Weg und Ziel Nr. 7/8 v. Juli und August 1949, S. 536
105 Fritz Weber, Karl Renner über die sozialdemokratischen Bemühungen um einen Kompromiß mit Dollfuß, das Aufgeben der „Anschluß"-Orientierung und die soziale Basis des Austrofaschismus, in: Zeitgeschichte 8 v. Mai 1984, S. 258 f.
106 Ernst Panzenböck, Ein deutscher Traum, S. 187
107 a. a. O., S. 191
108 Karl Renner, Bedrohung und Verteidigung der Republik in Österreich, S. 150
109 a. a. O., S. 151
110 Helene Maimann, Der März 1938 als Wendepunkt im sozialdemokratischen Anschlußdenken, in: Helmut Konrad (Hg.), Sozialdemokratie und „Anschluß". Historische Wurzeln, Anschluß 1918–1938, Nachwirkungen, Wien/München/Zürich 1978, S. 63
111 Fritz Weber, Karl Renner über die sozialdemokratischen Bemühungen, S. 256 f.
112 Ernst Panzenböck, Ein deutscher Traum, S. 191
113 Anton Pelinka, Karl Renner zur Einführung, S. 62
114 Jacques Hannak, Karl Renner und seine Zeit, S. 625 ff.
115 Peter Pelinka, Erbe und Neubeginn. Die revolutionären Sozialisten in Österreich 1934–1938 (Materialien zur Arbeiterbewegung Nr. 20), Wien 1981, S. 246 ff.
116 Manfred Marschalek, Untergrund und Exil. Österreichs Sozialisten zwischen 1934 und 1945, Wien 1990, S. 172 ff. und S. 68

117 Helmut Konrad (Hg.), Sozialdemokratie und „Anschluß“, Diskussionsbeitrag von Hanns Haas, S. 100

118 Golo Mann, Über den „Anschluß“, in: ders., Zeiten und Figuren. Schriften aus vier Jahrzehnten, Frankfurt/Main 1979, S. 7

119 Richard Saage, Der erste Präsident, S. 279

120 Gordon Brook-Shepherd, Der Anschluss, Graz/Wien/Köln 1963, S. 266

121 Oskar Helmer, 50 Jahre erlebte Geschichte, Wien 1957, S. 183

122 Helmut Konrad (Hg.), Sozialdemokratie und „Anschluß“, S. 98

123 Walter Wodak, Diplomatie zwischen Ost und West, Graz/ Wien/Köln 1976, S. 162

124 Nasko, Karl Renner, in: Die österreichischen Bundeskanzler, S. 246; Paul Lendvai, Mein Österreich, S. 52

125 Helmut Konrad (Hg.), Sozialdemokratie und „Anschluß“, S. 96 f.

126 Ernst Panzenböck, Ein deutscher Traum, S. 204 f.

127 Jacques Hannak, Karl Renner und seine Zeit, S. 650–652

128 a. a. O., S. 652

129 Anton Pelinka, Karl Renner zur Einführung, S. 67

130 Karl R. Stadler, Dr. Karl Renner. Wissenschaftler – Politiker – Staatsmann, Wien o. J., S. 35 f.

131 Nasko, Katalog Renner Museum 1979, S. 24

132 Amalia Strauss-Ferneböck im Gespräch mit Siegfried Nasko, Wien v. 4. 7. 1982, S. 3: 首相のレンナーが娘のマルチにあまりに超過労働をさせるので、父親のハンス・ペルツァーがある時、これに口を差し挟んだ。「今日こそ、あの太っちょに言ってやる。あんた、金輪際、こんなことやっちゃいかんよって。問題は、奴にそれがわかるかどうかだ！」サン・ジェルマンに滞在した［講和］代表団の食事は、豪華ホテルのポテル・エ・シャボで調理され、毎日、ホテルの車で運ばれた。大ドイツ党の議員で大学教授のドクター・エルンスト・シェーンバウアーは、この食事により僅か4か月の間に18キロも体重が増加した。(Norbert Leser, Eine Zeugin aus St. Germain, maschinschriftl. Manuskript, Wien, o. J., S. 9)　レンナーはマルチの父親であるハンス・ペルツァーをうらやましがった。かれはどこの食堂でもグラシュを注文できるけれど、僕には出来ない、と。(Amalia Strauss-Ferneböck im Gespräch mit Siegfried Nasko v. 4. 7. 1982, S. 14)　1923年頃、レンナーはレオ・スレザクとともにユーゴスラヴィアを訪れた。後にレンナーは未練たっぷりに語った。スレザクは何と重く脂っぽい料理を平らげられたことだろう、と。レンナーの妻、ルイーゼは、普段きびしく食事の節制を言っていた (a. a. O., Wien v. 9. 7. 1983)。

133 Karl Renner, Versagt oder bewährt sich die Demokratie?, in: Der Kampf, Bd. XXV, Wien 1932, S. 402

134 Gnadengesuch Pauline Kozich v. 1. 3. 1950, Wiener Stadt- und Landesarchiv

135 VG 1222/46, Wiener Stadt- und Landesarchiv

136 Kärntner Tagblatt v. 9. 4. 1938, S. 7

137 Arbeiter-Zeitung v. 4. 3. 1947, S. 3

138 VG-Hauptverhandlung v. 3. 3. 1947
139 Neues Wiener Tagblatt v. 16. 3 .1944
140 Marianne Enigl, „Wiener Volksgerichtsakten", profil v. 19. 5. 2010
141 Arch.Zl. 1715/51, Wienbibliothek
142 Marianne Enigl, „Wiener Volksgerichtsakten"
143 VG v. 17. 12 .1946, Wiener Stadt- und Landesarchiv
144 Arbeiter-Zeitung v. 4. 3. 1947, S. 3
145 Gnadengesuch Pauline Kozich v. 1. 3. 1950, Wiener Stadt- und Landesarchiv. 歴史家のエリック・ジョンソンは裁判記録を基に、成人のほぼ2%が密告を行っていたと推測した。1946年から1955年までの間に、ウィーン人民法廷で密告による8000件の裁判が行われた。多くの裁判が停止され、たいていは相対的に軽い判決で終了した。何年もの禁固を言い渡された密告者は早期に釈放された (In: Wachsam auf der Fünfer Stiege – Zeitgeschichte, profil Nr. 24 v. 6. 6. 2003, S. 39 und 42)。
146 Thomas Kozich an Bundespräsident Körner, Brief v. 19. 4. 1955, Wiener Stadt- und Landesarchiv
147 Hellmut Butterweck, Nationalsozialisten vor dem Volksgericht Wien. Österreichs Ringen um Gerechtigkeit 1945–1955 in der zeitgenössischen öffentlichen Wahrnehmung. Innsbruck 2016, S. 306 f. und 443 f.
148 Gerhard Botz, War der „Anschluss" erzwungen?, in: Demokratiezentrum Wien 1988, S. 114
149 a. a. O., S. 107
150 75 Jahre „Anschluss": Nur Mexiko legte offiziellen Protest ein, in: der Standard.at v. 11. 3. 2013
151 Ernst Panzenböck, Ein deutscher Traum, S. 203
152 Arbeiter-Zeitung v. 5. 8. 1945, S. 3
153 Bruno Kreisky, Zwischen den Zeiten, Berlin/Wien 1986, S. 46; Paul Lendvai, Mein Österreich. 50 Jahre hinter den Kulissen der Macht, Salzburg 2007, S. 44
154 Ernst Panzenböck, Ein deutscher Traum, S. 187
155 Walter Wodak, Diplomatie zwischen Ost und West, S. 164
156 Anton Pelinka, Karl Renner zur Einführung, S. 11
157 Siegfried Nasko, Empor aus dunklen Träumen. Arbeiterbewegung und Sozialdemokratie im St. Pöltner Raum, Wien/St. Pölten 1986, S. 147
158 Helmut Konrad (Hg.), Sozialdemokratie und „Anschluß", S. 95
159 a. a. O., S. 95 f.
160 „Wir weichen der Gewalt". Österreichs Weg zum Anschluss im März 1938, in: haGalil.com – Jüdisches Leben online
161 Erika Weinzierl, Christen und Juden nach der NS-Machtergreifung in Österreich, Symposion der Wissenschaftlichen Kommission „Anschluss 1938", Wien 1978, S. 183
162 haGalil.com, „Wir weichen der Gewalt"
163 L. Joseph Heid, Dossier März 1938, Finis Austriae. Wien im Frühjahr 38 und die Folgen［S.

?]

164 Gerhard Botz, War der „Anschluss“ erzwungen?, S. 103

165 Fritz Molden, Fepolinski und Waschlapski auf dem berstenden Stern, Wien 2014, S. 91 f.

166 Erich Feigl, persönliche Mitteilung an den Autor v. 29. 5. 1983

167 Waldheim und der Faschismus in Österreich. „Wir Österreicher wählen, wen wir wollen“, in: Der Spiegel Nr. 16/1986, S. 147

168 Ernst Panzenböck, Ein deutscher Traum, S. 203; Wolfgang Neugebauer/Herbert Steiner, Widerstand und Verfolgung in Österreich, in: Rudolf Neck/Adam Wandruszka (Hg.), Anschluß 1938. Protokoll des Symposiums in Wien am 14. und 15. März 1978, Wien 1981, S. 103. リヒャルト・ザーゲも、社会民主党内の抵抗潜勢力に及ぼした影響は大きかったと記す (Der erste Präsident, S. 279)。

169 Radomír Luža, Der Widerstand in Österreich 1938–1945, Wien 1985, S. 97

170 Fritz Molden, Fepolinski und Waschlapski, S. 95

171 Kurier v. 17. 12. 1970

172 Ernst Panzenböck, Ein deutscher Traum, S. 202

173 Walter Wodak, Diplomatie zwischen Ost und West, S. 163

174 ebd.

175 Norbert Leser, Im Banne des Titanen. Mein Verhältnis zum Austromarxismus, in: ders./Richard Berczeller, Als Zaungäste der Politik, Wien/München 1977, S. 24

176 vgl. Walter Wodak, Diplomatie zwischen Ost und West, S. 164

177 Radomír Luža, Der Widerstand in Österreich 1938–1945, S. 26 f.

178 haGalil.com, „Wir weichen der Gewalt“

179 Erika Weinzierl, Das österreichische Staatsbewusstsein, in: Der Österreicher und sein Staat, Wien 1965, S. 30

180 Michael Aschenbach/Hannes Leidinger (Hg.), 1938–1945. Die Herrschaft des Nationalsozialismus, DVD

181 Franz Gruber, Das Selbstbestimmungsrecht in der Theorie Karl Renners, in: Neue Würzburger Studien zur Soziologie Bd. 2, 1986, S. 142 f.

182 Ferdinand Hammer, Friedrich Heer über Karl Renner, in: Arbeiter-Zeitung v. 27. 8. 1986, S. 8

183 Franz Gruber, Das Selbstbestimmungsrecht in der Theorie Karl Renners, S. 146

184 Karl Renner, Wege der Verwirklichung, Berlin 1929, S. 140

185 Golo Mann, Über den „Anschluß“, S. 7 ff.

186 in: Anton E. Rauter, Ideen für Verbraucher, S. 118

187 vgl. den Brief des damals in Paris lebenden früheren österreichischen Rechtsanwaltes Edmund Schlesinger an Otto Bauer vom 29. 7. 1937, in: Jacques Hannak, Karl Renner und seine Zeit, S. 630

188 Karl Deutsch-Renner, in: Nasko, Renner in Dokumenten und Erinnerungen, S. 194

189 ebd.

190 Siegfried Nasko, Karl Renner in Dokumenten und Erinnerungen, S. 30 f.; siehe Gerhard Neureiter, Der Republik nichts schuldig geblieben, in: Salzburger Nachrichten v. 10. 5. 1975, S. 25; 「友人のフェルネベックに、これ［合邦賛成表明］は無理矢理させられたのか、と訊ねられて、かれ［レンナー］は応えた。『いや、違う。あれは本心からだ』。友人が言った。『それじゃ、これが君と言葉を交わす最後だ』」。1938年4月10日の『ヴィーナーヴァルト展望』紙で同じように「合邦」賛成を表明したハインリヒ・シュナイトマードルは、1947年のニーダーエスタライヒ州議会で、共産党議員のドゥボフスキの非難に応え、次のように説明して自己弁護を行った。ナチのウィーン市長、ブラシュケが大管区長、ビュルケルに代わって約束を行い、逮捕された社会民主党の活動家を、そのような表明の見返りにダハウ強制収容所から釈放する、というものだった、と。そこでシュナイトマードルは、もっぱら人道的目的にしたがい、党友たちとじっくり協議した上で意見表明を行った、と。このシュナイトマードルの弁明が、その後、レンナーの知らないところで根拠もないままに、レンナーに移しかえられた、と筆者には思われる (siehe Arbeiter-Zeitung v. 9. 11. 1988, S. 6)。

191 Wolfgang Neugebauer/Herbert Steiner, Widerstand und Verfolgung in Österreich, S. 103

192 Siegfried Nasko, Karl Renner in Dokumenten und Erinnerungen, S. 133; vgl. Arbeiter-Zeitung v. 27. 8. 1986, S. 8

193 Siegfried Nasko, Karl Renner in Dokumenten und Erinnerungen, S. 136 f.

194 Anton Pelinka, Karl Renner zur Einführung, S. 67 f.

195 Gemeindeverwalter von Enzenreith/Gloggnitz Johann Bock an Karl Renner, Brief, Enzenreith v. 17. 5. 1938, NL Renner, AVA

196 Siegfried Nasko, Karl Renner. Vom Ständestaat zur Zweiten Republik, S. 246

197 vgl. Raimund Löw, Wie Karl Renner Österreich verriet. Dokument enthüllt: Renner war nicht nur für den Anschluß, sondern auch für das Münchner Abkommen, in: Neues Forum 286 v. Okt. 1977, S. 33 ff.; Eduard Rabofsky (Hg.), Karl Renner, Die Gründung der Republik Deutschösterreich, der Anschluß und die Sudetendeutschen, Wien 1938 (Erstdruck), Wien 1990 (Nachdruck)

198 Franz Gruber, Das Selbstbestimmungsrecht in der Theorie Renners, S. 149 f.

199 a. a. O., S. 147

200 Karl Seitz/Karl Renner, Zwei Parlamentsreden. Krieg und Absolutismus. Friede und Recht, Wien 1917, S. 45

201 Richard Saage, Der erste Präsident, S. 273

202 Schriftenreihe der Seligergemeinde (Hg.), Das Münchner Abkommen von 1938. Ursachen und Folgen für Europa, Stuttgart 1988, S. 9

203 Anton Pelinka, Tabus in der Politik. Zur politischen Funktion von Tabuisierung und Enttabuisierung, in: Peter Bettelheim/ Robert Streibel (Hg.), Tabu und Geschichte. Zur Kultur des kollektiven Erinnerns, Wien 1994, S. 24 f.

204 Paul Lendvai, Mein Österreich, S. 52

205 Siegfried Nasko, Karl Renner, Opportunist oder „grundsatztreu"?, in: Der Standard v. 27. 2. 1991, S. 23

206 Franz Gruber, Das Selbstbestimmungsrecht in der Theorie Karl Renners, S. 151

207 Pia Maria Plechl, Karl Renner in einer deutschen Dissertation, in: Die Presse v. 3./4. 1. 1987, S. X

208 Richard Langworth, Churchill by Himself, London 2008, S. 346

209 ebd.

210 Franz Gruber, Das Selbstbestimmungsrecht in der Theorie Karl Renners, S. 151

211 Ernst Panzenböck, Ein deutscher Traum, S. 205 ff.

212 Karl Renner, Die Gründung der Republik Deutschösterreich, der Anschluß und die Sudetendeutschen, Vorwort v. 1. 11. 1938

213 a. a. O., S. 85 f.

214 a. a. O., S. 47

215 a. a. O., S. 78

216 a. a. O., S. 86

217 a. a. O., S. 87

218 Norbert Leser, Karl Renner in Perspektive. Bemerkungen zur Erarbeitung eines authentischen Renner-Bildes, in: Zukunft 9 (1989), S. 33

219 vgl. Anton Pelinka, Karl Renner zur Einführung, S. 70

220 Siegfried Nasko, Karl Renner in Dokumenten und Erinnerungen, S. 218 ［正しくは S. 247］

221 Wolfgang Speiser, Paul Speiser und das Rote Wien, Wien/ München 1979, S. 94

222 Ernst Panzenböck, Ein deutscher Traum, S. 218

223 Hubert Pöschl, An der Schattenseite des Lebens. Ein Kind als Zeitzeuge. Die dunkelsten Jahre unseres Jahrhunderts, Gloggnitz 1998, S. 75 f.

224 Diskussionsbeitrag Wolfgang Speiser, in: Helmut Konrad (Hg.), Sozialdemokratie und „Anschluß", S. 99

225 Siegfried Nasko, Karl Renner in Dokumenten und Erinnerungen, S. 204

226 ナチの［ノインキルヘン］管区長、ローマン・ゴッシュ。

227 Arbeiter-Zeitung 6. 5. 1947, S. 3

228 Siegfried Nasko, Karl Renner in Dokumenten und Erinnerungen, S. 33

229 Karl Renner, Für Recht und Frieden, Wien 1950, S. 107

230 Robert Knight (Hg.), „Ich bin dafür, die Sache in die Länge zu ziehen". Die Wortprotokolle der österreichischen Bundesregierung von 1945 bis 1952 über die Entschädigung der Juden, Frankfurt/M. 1988, S. 76

231 Renner, Für Recht und Frieden, S. 69

232 a. a. O., S. 72

233 Karl Renner, Österreich, Saint-Germain und der kommende Friede, in: Für Recht und Frieden, S. 45

234 ebd.

第七章　一九四五年四月のレンナー対スターリン――第二共和国への道

1 Karl Renner Museum, BR 1197, K6/1/032

2 ebd.

3 Günter Bischof/Josef Leidenfrost (Hg.), Die bevormundete Nation. Österreich und die Alliierten 1945–1949, Innsbruck 1988, S. 11

4 S. M. Schtemenko, Die Befreiung Wiens, in: S. Nasko, Renner in Dokumenten und Erinnerungen, S. 260

5 ebd.

6 Friedrich Brettner, Die letzten Kämpfe des II. Weltkrieges im Grenzgebiet Niederösterreich – Steiermark – Burgenland, Bd. I, 2. Aufl., 2014, S. 183

7 Manfried Rauchensteiner, Der Krieg in Österreich 1945, Wien 1984, S. 134 f.; Brettner, Die letzten Kämpfe, S. 184

8 Karl R. Stadler, Adolf Schärf. Mensch, Politiker, Staatsmann. Wien/München/Zürich 1982, S. 195

9 Festschrift 50 Jahre Stadt Gloggnitz, Gloggnitz 1977, S. 44

10 Walter Rauscher, Karl Renner, ein österreichischer Mythos, Wien 1995, S. 308

11 Siegfried Nasko, Ein „deutschösterreichischer“ Staatsmann?, in: Michael Gehler (Hg.), Ungleiche Partner?, HMRG-Beiheft 15, S. 423

12 S. Nasko (Hg.), Renner in Erinnerungen und Dokumenten, Wien 1982, S. 130

13 Karl Renner, Denkschrift über die Geschichte der Unabhängigkeitserklärung Österreichs, Zürich 1946, S. 4

14 Anton Zampach, in: Nasko, Renner in Dokumenten und Erinnerungen, S. 276

15 Hugo Portisch, Österreich II. Die Wiedergeburt unseres Staates, Wien 1985, S. 150

16 Hugo Portisch, Österreich II, S. 150 f.

17 Renner, Denkschrift, S. 4

18 Anton Pelinka, Karl Renner zur Einführung, Hamburg 1989, S. 70

19 Bericht von Johann Zenz, in: Nasko, Renner in Dokumenten und Erinnerungen, S. 276 f.

20 Schtemenko, Die Befreiung Wiens, S. 260

21 Rudolf Handl, Kapitän Michael fuhr mit Dr. Renner 1945 zum Sowjetgeneral, in: Nasko, Renner in Dokumenten und Erinnerungen, S. 207 f.

22 Renner an Stalin, Brief v. 15. 4. 1945, in: Nasko, Renner in Dokumenten und Erinnerungen, S. 149

23 Interview Andre Ballins mit Andrej Sorokin, in: Der Standard v. 26. 4. 2015

24 Manfried Rauchensteiner, Unabhängigkeitserklärung 29. April 1945, Dr. Karl Renner: „Lieber Genosse Stalin …“, in: Spectrum, Die Presse v. 23./ 24. 4. 2005, Pkt. 3

25 Wolfgang Mueller, Stalin, Renner und die Wiedergeburt Österreichs nach dem Zweiten Weltkrieg, Vierteljahrshefte für Zeitgeschichte 1/2006, S. 132

26 Hugo Portisch, Österreich II, S. 151; Nasko, April 1945: Renners Ambitionen trafen sich

mit Stalins Absichten, in: Österreich in Geschichte und Literatur 6/1983, S. 336 ff.

27 Schtemenko, Die Befreiung Wiens [in: S. Nasko, Renner in Dokumenten und Erinnerungen, S. 260]

28 Bischof/Leidenfrost, Die bevormundete Nation, S. 11

29 Renner, Denkschrift, S. 5

30 a. a. O., S. 7

31 a. a. O., S. 8 f.

32 Schtemenko, Die Befreiung Wiens, S. 260

33 a. a. O., S. 261

34 Hugo Portisch, Österreich II, S. 152

35 Renner, Denkschrift, S. 9

36 a. a. O., S. 9 f.

37 a. a. O., S. 10

38 a. a. O., S. 11

39 Manfried Rauchensteiner, Kanzler gesucht, in: Die Presse/ Spectrum v. 21. 3. 2015, S. II

40 50 Jahre Gloggnitz, S. 46

41 Nasko, April 1945, S. 342

42 Aufruf an die Bewohner der Gemeinden Gloggnitz, Köttlach und Enzenreith vom 10. April 1945, Renner Museum

43 Interview von ORF NÖ-Redakteur Ernst Exner mit Leopoldine Deutsch-Renner, Tonbandmitschnitt

44 Renner, Denkschrift, S. 12; Nasko, April 1945, S. 340 f.

45 Walter Rauscher, Karl Renner, S. 311

46 Nasko, April 1945, S. 340; Manfried Rauchensteiner, Unabhängigkeitserklärung 29. April 1945, Pkt. 4

47 W. I. Lenin, Brief an den XII. Parteitag, Testament von Lenin, diktiert am 25. 12. 1922 und 4. 1. 1923; Anton Pelinka, Karl Renner zur Einführung, S. 76

48 New York Times v. 28. 2. 1929 und BBC, Trotsky murder weapon “in Mexico” v. 17. 6. 2005

49 Rolf Hecker, David Borisowitsch Rjasanow (1870–1938), in: Günter Bender/Michael Schneider (Hg.), Bewahren, Verbreiten, Aufklären. Archivare, Bibliothekare und Sammler der deutschsprachigen Arbeiterbewegung, Bonn/Bad Godesberg 2009, S. 258–267

50 Pelinka, Karl Renner zur Einführung, S. 76

51 Richard Saage, Der erste Präsident. Karl Renner – eine politische Biografie, Wien 2016, S. 306

52 Wolfgang Mueller, Stalin, Renner und die Wiedergeburt Österreichs, S. 140

53 Klaus Kellermann, Stalin. Eine Biographie, Darmstadt 2005; Stefan Creuzberger, Stalin. Machtpolitiker und Ideologe, Stuttgart 2009

54 Pelinka, Karl Renner zur Einführung, S. 74

55 Rauchensteiner, Unabhängigkeitserklärung 29. April 1945, Pkt. 4
56 Hugo Portisch, Österreich II, S. 155
57 Karl Renner, Marxismus, Krieg und Internationale, 2. Aufl., Stuttgart 1918, S. 379
58 Renner an Stalin v. 15. 4. 1945, in: Nasko, Renner in Dokumenten und Erinnerungen, S. 149; Nasko, April 1945, S. 341
59 Nasko, Renner in Dokumenten und Erinnerungen, S. 149 f.
60 ebd.
61 Pelinka, Karl Renner zur Einführung, S. 76
62 Nasko, April 1945, S. 341
63 Karl R. Stadler, Adolf Schärf, S. 195
64 Walter Rauscher, Karl Renner, S. 313
65 Startschewski, in: Nasko, Renner in Dokumenten und Erinnerungen, S. 262
66 Hugo Portisch, Österreich II, S. 155
67 Wolfgang Mueller, Stalin, Renner und die Wiedergeburt Österreichs, S. 145 f.
68 a. a. O., S. 146 f. ここで言われる誤解とは、レンナー内閣構想における社会民主党優勢のことかも知れない。
69 Nasko, April 1945, S. 342
70 Fritz Molden, „Vielgeprüftes Österreich". Meine politischen Erinnerungen, Wien 2007, S. 22
71 Manfried Rauchensteiner, Der Sonderfall. Die Besatzungszeit in Österreich 1945 bis 1955, Graz/Wien 1979, S. 58
72 Manfred Mugrauer, Die Politik der KPÖ in der Provisorischen Regierung Renner, in: Mitteilungen der Alfred Klahr Gesellschaft 12. Jg./Nr. 2 v. Juni 2005, S. 1
73 Viktor Matejka, Einiges über das, was bei der Wissensvermehrung über Ernst Fischer nicht gern gehört wird oder gar wegfällt, in: Helmuth A. Niederle (Hg.), Ernst Fischer. Ein marxistischer Aristoteles?, das pult, Sonder-Nr. 1980, S. 71
74 Nasko, April 1945, S. 345
75 Karl R. Stadler, Adolf Schärf, S. 196
76 ebd.
77 Walter Rauscher, Karl Renner, S. 314 f.
78 Karl R. Stadler, Adolf Schärf, S. 196 f.
79 Hugo Portisch, Österreich II, S. 159
80 Karl R. Stadler, Adolf Schärf, S. 197
81 ebd.
82 a. a. O., S. 198
83 Wilfried Aichinger, Sowjetische Österreichpolitik 1943–1945, Wien 1977, S. 201
84 Nasko, April 1945, S. 343
85 Walter Rauscher, Karl Renner, S. 316
86 Konrad Kramar, Stalin und der ‚alte Verräter' Renner. Kriegsende 1945. Das Landesmuse-

um St. Pölten präsentiert die Briefe, mit denen Renner den Diktator einkochte, in: Kurier v. 7. 4. 2015, S. 5

87 Hugo Portisch, Österreich II, S. 160

88 Karl R. Stadler, Adolf Schärf, S. 198; Rauscher, Karl Renner, S. 317

89 Manfried Rauchensteiner, Unabhängigkeitserklärung 29. April 1945, Pkt. 6; „Null und nichtig“: Die Unabhängigkeitserklärung im Wortlaut, in: Die Presse v. 27. 4. 2015

90 Manfried Rauchensteiner, Unabhängigkeitserklärung 29. April 1945, Pkt. 8

91 Karl R. Stadler, Adolf Schärf, S. 202

92 Hugo Portisch, Österreich II, S. 164

93 Karl R. Stadler, Adolf Schärf, S. 204

94 Norbert Leser, Helle Lichter, lange Schatten. Widersprüche bei der Gründung der Zweiten Republik, in: morgen 40/1985, S. 75

95 Walter Rauscher, Karl Renner, S. 322 f.

96 a. a. O., S. 324

97 Manfried Rauchensteiner, Unabhängigkeitserklärung 29. April 1945, Pkt. 3

98 Nasko, April 1945, S. 344

99 Karl R. Stadler, Adolf Schärf, S. 195

100 Nasko, April 1945, S. 344

101 Wolfgang Mueller, Stalin, Renner und die Wiedergeburt Österreichs, S. 141

102 a. a. O., S. 142

103 a. a. O., S. 136

104 Jacques Hannak, Karl Renner und seine Zeit, Wien 1965, S. 675

105 Nasko, Karl Renner – Ein Akteur der Ordnung in Staat und Leben, in: Anton Rauter (Hg.), Ideen für Verbraucher, Wien 1991, S. 133

第八章　統一ヨーロッパのために

1 Kurier vom 30. 12. 2006, S. 4

2 Rudolf Springer (= Karl Renner), Grundlagen und Entwicklungsziele der österreichisch-ungarischen Monarchie, 1906, S. 208; siehe auch Siegfried Nasko, Renners Positionierung zu Europa, in: Dr. Karl Renner Symposium – Karl Renner und Europa, hg. v. Österreichischen Gesellschafts- und Wirtschaftsmuseum, Wien 1997, S. 55–75

3 Peter Glotz in: Mitteleuropa international, hg. V. Jan Sabata, Brünn 2001, S. 127

4 Bruno Kreisky, Geleitwort zum Katalog des Karl Renner Museums, Wien/Gloggnitz 1979, S. 5

5 Peter Glotz, a. a. O., S. 132

6 Cvetka Knapicˇ-Krhen, Karl Renner und die nationale Frage in den Nachfolgestaaten der Monarchie. Was blieb vom Nationalitätsprinzip, in: Helmut Konrad (Hg.), Arbeiterbewegung und nationale Frage in den Nachfolgestaaten der Habsburgermonarchie, Wien/Zürich 1993, S. 138

7 Karl Renner, Wirklichkeit oder Wahnidee? Eine Polemik als Abschluss (Artikel v. 1. 1. 1916), in: Österreichs Erneuerung, Bd. 1, Wien 1916, S. 156
8 a. a. O., S. 158
9 a. a. O., S. 159
10 a. a. O., S. 152
11 Karl Renner, Organisation der Welt, in: Der Kampf 8, 1910, S. 343
12 Kronen Zeitung vom 27. 6. 2004, S. 6
13 Karl Renner, Der deutsche Arbeiter und der Nationalismus. Untersuchungen über die Größe und Macht der deutschen Nation, in: Österreich und das Nationale Programm der Sozialdemokratie, Wien 1910, S. 71
14 Jacques Hannak, Karl Renner und seine Zeit. Versuch einer Biographie, Wien 1965, S. 193
15 Julius Braunthal, Otto Bauer, Wien 1961, S. 31
16 Karl Renner, Wege der Verwirklichung, in: Wege zum Sozialismus, Heft 2, Offenbach/M. 1947, S. 10
17 Karl Renner, Nach der Katastrophe. Vortrag in der Österreichischen Liga für Menschenrechte am 22. 11. 1947, in: ders., Die Menschenrechte, Wien 1948, S. 61
18 Karl Renner, Porträt einer Evolution, hg. v. Heinz Fischer, Wien/Frankfurt/Zürich 1970, S. 225
19 Karl Renner, Die Nation: Mythos und Wirklichkeit, Wien 1964 (= Geist und Gesellschaft. Texte zum Studium der sozialen Entwicklung), S. 68
20 ebd.
21 a. a. O., S. 74
22 a. a. O., S. 75
23 Martin Posselt, Richard Coudenhove-Kalergi und die europäische Parlamentarier-Union. Die parlamentarische Bewegung für eine europäische Konstituante (1946–1952), Diss., Graz 1987, S. 21 f.
24 Programm-Broschüre zum I. Paneuropa-Kongress vom 3. bis 6. 10. 1926 in Wien, S. 18
25 Brief von Karl Renner an Coudenhove-Kalergi vom 30. 11. 1929, Ö. Staatsarchiv
26 Karl Renner, Zollunion und der Anschluß, in: Der Kampf 24 (1931), S. 199
27 Heinz Fischer (Hg.), Karl Renner. Porträt einer Evolution, Wien/Frankfurt a. M./Zürich 1970, S. 378
28 Karl Renner, Innereuropa und die Sozialdemokratie, in: Der Kampf 25 (1932), S. 300
29 Siegfried Nasko, Ein „deutschösterreichischer“ Staatsmann? Karl Renners Haltung zur Anschlußidee 1918–1938, in: Gehler/Brandt/Schmidt/Steininger: Ungleiche Partner (HM-RG-Beiheft 15), 1996, S. 415–422
30 Siegfried Nasko, Karl Renner in Dokumenten und Erinnerungen, S. 139
31 a. a. O., S. 142
32 a. a. O., S. 143
33 Karl Renner, Österreich von der Ersten zur Zweiten Republik, Wien 1953, S. 245

34 zit. n. Walter Rauscher, Karl Renner, ein österreichischer Mythos, Wien 1995, S. 377

35 Karl Renner, Österreich von der Ersten zur Zweiten Republik, S. 268

36 Günther Chaloupek, Renners Konzeption des „demokratischen Wirtschaftsstaates", 2010, S. 26

37 Brief von Karl Renner an Otto Pohl vom 29. 12. 1930, Ö. Staatsarchiv

38 Alwin Schönberger, Schlachtfeldstudien, in: profil 31/2014, S. 72 f.

39 Karl A. Duffek/Barbara Rosenberg (Hg.), Progressive Perspektiven. Europas Sozialdemokratie in Zeiten der Krise, Wien 2013, S. 8 f.

40 Hugo Portisch, Was jetzt, Salzburg 2011, S. 62 f.

41 Kronen Zeitung v. 16. 11. 2015

42 Heinrich Wohlmeyer, Empörung in Europa. Wege aus der Krise, Wien 2012, S. 152

43 Walter Laqueur, Die letzten Tage von Europa. Ein Kontinent verändert sein Gesicht, Berlin 2006, S. 216

44 Helmut Schmidt, Die Mächte der Zukunft. Gewinner und Verlierer in der Welt von morgen, Berlin 2006, S. 216

45 Jeremy Rifkin, Der europäische Traum. Die Vision einer leisen Supermacht, Frankfurt/New York 2004, S. 407

46 Die Wurzeln des Fremdenhasses, Interview mit Erhard Oeser, in: Kurier v. 13. 9. 2015, S. 21

47 Karl Renner, Für Recht und Frieden, Wien 1950, S. 378

48 Karl Renner, Unvergängliche Menschheitsideen. Leitartikel der Wiener Zeitung am 14. 3. 1948 anlässlich der Hundertjahrfeier der Märzrevolution 1848, in: ders., Für Recht und Frieden, S. 162

訳注

序　フーゴ・ポルティシュ

① 原書全体を通じて「赤軍」、「ソ連軍」ふたつの表記が用いられているが、本訳書では赤軍で統一した。

序文　本書はカール・レンナーの新評価を目指す

① 序文を含め原書全15章のうち、本訳書は9章を抜粋している。この抜粋の要領と、原書・本訳書の対比は「訳者あとがき」を参照されたい。
② 原書第一章はすでに『カール・レンナー　1870-1950』として、成文社より2015年に出版されている。ただし、この章の前書き部分にある、原書と2015年翻訳との若干の相違については、同翻訳の「凡例」を参照されたい。
③ ナチの別働隊組織。
④ 基本的にはNationを「民族」、Volkを「国民」と訳したが、Nation、Volkとも極めて多義的な言葉（文脈によってはNationを「国民」、Volkを「民族」等と解釈可能）であるので、採用した基本的な訳から外れる場合は、その都度、原語を添えておいた。煩雑ではあるが了とされたい。
⑤ 政治勢力間で、その勢力に応じて政治・経済等の要職を分け合う制度。

第一章　協働こそ漸進の原則

① 1918年～20年および1945年のオーストリアでは、大臣は次官と呼ばれた。したがって、この期間中、大臣に服属する次官は次官補となる。第一共和国、第二共和国のこれ以外の時期については、次官は大臣の下にある次官を指す。
② レンナーの秘書の結婚後の姓。本書では「アマーリア・ペルツァー」と結婚前の名前、あるいは愛称の「マルチ」で言及される。
③ 引用部分は、レンナーの "Österreich von der Ersten zur Zweiten Republik"（オーストリア、第一共和国から第二共和国へ）S. 42にある。
④ この選挙は、その前の1923年選挙と比べると、社会民主党に得票率で2.4%、議席数で3の増加をもたらした。
⑤ 1934年2月12日のダラディエ内閣総辞職を指す。
⑥ 1934年の2月蜂起後、レンナーは反逆罪の被疑者として逮捕された。
⑦ 1934年の2月蜂起敗北で潰滅させられた社会民主党の若手党員を中心に形成された。同年末頃より「革命的社会主義者たち」と称した。本来は複数形であるが、以下では「革命的社会主義者」と単数で呼ぶ。
⑧ ドイツからオーストリアに派遣された、反ヒトラー運動の使者。
⑨ オーストリア生まれのナチ親衛隊将校。
⑩ ナチ強制収容所に収容されたオーストリアの政治家たちの、党派を超えた交流を言

う。

⑪　1943年のモスクワ会議でオーストリアに求められた、自国解放のための自助努力を指すと思われる。

⑫　ナチ・ドイツによる占領時代（1938年-1942年）のオーストリアの呼称。その後、1945年までは「アルプス・ドナウ諸大管区」の呼称が使われた。

⑬　正しくは58%と思われる。

⑭　レンナー宛てシェルフ書簡（1945年4月20日）より引用される。

⑮　原文のグラーツは誤り。カール・グルーバーはインスブルック出身である。

第二章　征服戦争に反対、名誉ある和平を！

①　Norbert Leser, Zwischen Reformismus und Bolschewismus, Wien 1968, S. 263を参照されたい。

②　Albert Fuchs, Geistige Strömungen in Österreich 1867~1918, Wien 1949, S. 94f.［『世紀末オーストリア 1867-1918』（青山孝徳訳、昭和堂）192頁］参照。

③　1912年の第一次バルカン戦争を指す。

④　Jacques Hannak, Karl Renner und seine Zeit", Wien 1965, S. 187参照。

⑤　Karl Renner, Marxisumus, Krieg und Internationale, Stuttgart 1917, S. 320参照。

⑥　1860年、ガリバルディ千人隊がシチリアに向けて出発したジェノヴァ近くの町。

⑦　この引用が、指摘の箇所に見当たらない。

⑧　他国領土内の自民族領域を編入しようとする運動。

⑨　1815年のウィーン会議で形成されたポーランド王国、ロシアと同君連合。

⑩　Ernst Glaser, Im Umfeld des Austromarxismus, Wien 1981, S. 220参照。

⑪　Jacques Hannak, Karl Renner und seine Zeit, Wien 1965, S. 224.

⑫　Ebd., S. 237

⑬　正しくは15年後。

⑭　イタリア・パドゥヴァにある協定調印場所を指す。

第三章　国家狂信者、協働者、連立主義者？

①　1907年に帝国議会議員に選出されたレンナーは、1908年にニーダーエスタライヒ州議会議員にも選出された（兼任）。

②　翌1917年には辞任。

③　1713年、皇帝のカール六世が制定した。

④　スイス・オーストリア国境のオーストリアの町。

⑤　議長（第一、第二、第三の3人の議長）の連鎖辞任により、議会が機能不全に陥ったことを指す。

⑥　キリスト教社会党の後継の国民党、社会民主党の後継の社会党、そして共産党。

⑦　ここでナスコが引用するフリッツ・モルデン（レンナーのスターリン宛て書簡［1945年4月2日付け］と、その数日後とされる、スターリンからの返書云々）は、現在の研究を基にすると誤っている。「書簡」という言葉を重視すると、該当するの

は①同年4月15日付けのレンナーからスターリンに宛てた書簡と、②スターリンからの返書（5月12日到着）になる。レンナーは①で「オーストリア社会民主党は、兄弟党として共産党と切磋琢磨し、共和国の新建設に対等に協力する」と述べた。これに対し、スターリンは②で「私はオーストリアに必要と思われるあらゆる援助を、全力を上げて可能な限り貴殿に提供する所存です」と述べているだけである。反対に、モルデンの言う4月2日という「日付」にこだわれば、件の書簡は、レンナーがこの日に認めたと思われ、4月3日にグログニッツの赤軍地区司令部に持参したもの、ということになるが、この文書で言われていたのは、自分は新生オーストリアのトップにつく用意があり、その資格も十分だ、ということだった。レンナー「出現」の電報を手にしたスターリンから4月4日夕刻、赤軍軍司令官（トルブーヒン将軍）に訓令電報が届く。「レンナーに信頼を表明すること、赤軍によるオーストリア民主体制再構築支援をレンナーに伝えること」（だが、まだ暫定政府云々はない）。赤軍第九親衛軍司令部に移されたレンナーは、4月5日、高級将校を前に語る。1933年に解散されたままの国民議会を再招集すること、その際、ファシスト勢力が保持していた議席を共産党のものに代えること、社会民主主義者と共産主義者、キリスト教社会主義者、その他民主組織の代表者が共闘すること、そして新政府からファシストを排除することを強調する。他方、モスクワに亡命していたオーストリア共産党とソ連は、すでに戦時中から人民民主主義戦略を策定し、広範な大衆を巻き込んで、まずは大衆組織および地方で共産党の影響力を高め、弱体の党を強化した上で暫定政府を樹立しようとしていた。したがって、ナスコがここで引用するフリッツ・モルデンの2007年の回想は、それなりに実際の経緯と相即的であるとは言え、「数日後のスターリンの返書」云々、そしてその内容に関しては食い違いが大きい。戦後の暫定政府樹立に向けた動きから排除された、戦中の抵抗運動組織、オーフュンフ（O5）の指導者のひとりだったモルデンの回想には、正確さの点で疑問符が付される。

⑧ レンナーの共産党に対する態度に変化が見られた、とするマンフレート・ムーグラウアーの説は、レンナーの言説に囚われすぎた解釈ではないか、と思われる。4月5日の赤軍将校を前にした発言、あるいは4月15日のスターリン宛書簡は、ソ連およびスターリンの関心を買おうとしたものとして割り引く必要がある。いずれにしてもレンナーは、旧キリスト教社会党からファシズム勢力を排除した部分（たとえばクンシャク）との共闘を、早い時期から模索している。詳しくは拙稿「1945年のカール・レンナー」、中部大学『アリーナ』No. 20 2017年所収（167-179頁）を参照されたい。

⑨ 4月19日説が有力。

⑩ 1922年生まれ、第二次大戦戦後、オーストリア労働組合同盟で活動。

第四章　協同組合活動家として

① Antonio Vergagnini　イタリアの協同組合活動家。

② モラヴィア地方のドルニ・ドゥナヨヴィッツェ。

③　ナチ占領時代に使われたオーストリアの呼称のひとつ（1942年-1945年）。
④　2005年に倒産したニューヨークの金融サービス会社。
⑤　国民党・自由党連立政権。

第五章　国家の経済への浸透

①　ロスチャイルド銀行またはクレディート・アンシュタルト銀行のこと。

第六章　合邦思想　一九一八〜一九三八

①　時系列に沿って言うと、原注50の2012年の論攷で、シャウスベルガーは、レンナーを反ユダヤ主義者に数え入れた。クルト・バウアーは、2013年の『シュタンダルト』紙（3月13日）に「『合邦』と国民党聖像［クンシャク］のユダヤ人憎悪」を発表。シャウスベルガーは、すかさず翌日、同じ『シュタンダルト』紙に「合邦と社会党聖像［レンナー］のユダヤ人憎悪」を発表した。
②　『新ウィーン日報』紙（Neues Wiener Tagblatt、1938年4月3日）のインタヴューと『ワールド・レヴュー』誌（WORLD REVIEW、1938年5月）の記事、「なぜ私は『賛成』票を投じたのか」（Why I Voted ‘Ja’）を指す。
③　オーストリアがナチ・ドイツの最初の犠牲者である、とするテーゼ。
④　引用の最後の部分、「我が名前と皆さんすべての名において、まさにこのとき、我らが偉大なドイツの母国の人々に挨拶を贈ります」は、著者が典拠としてあげるHainz Fischerの書の当該箇所には見当たらない。著者は、国民議会の速記録当該箇所（764頁、1931年4月29日の国民議会第一議長就任演説）にしたがって、この引用を行っている。
⑤　レンナーは社会民主党の候補として、この時の大統領選に立っていた。
⑥　国民議会議長は、政府不信任案件には投票権を有しなかった。
⑦　『新ウィーン日報』紙（1938年4月3日）に掲載されたレンナー・インタヴュー記事をさす。
⑧　護国団による国家新秩序要求宣言のこと。
⑨　1938年3月12日および13日だけの、たった二日間のザイス＝インクヴァルト内閣に農林大臣として名を連ねた。
⑩　シュトゥルムシャーレンは、カトリック系の準軍事組織。
⑪　クロアチアの親ナチ組織。
⑫　イシドロ・ファベーラ遊歩道と名付けられている。
⑬　英ファシスト同盟の指導者。
⑭　オーストリアのナチ政治家。
⑮　ドイツ社会民主党の亡命組織。
⑯　一九五一年に設立されたズデーテンラント社会民主主義同志会。
⑰　wehrkraftzersetzend、戦時特別刑法犯罪のひとつ。

第七章　一九四五年四月のレンナー対スターリン——第二共和国への道

① ドイツ側に立ったロシア義勇軍。
② ナスコ『カール・レンナー　1870-1950』(原作1983年)85頁では「ステッキももたず」となっている。
③ 1945年4月15日付け、スターリン宛書簡。
④ 正しくは、1945年4月17日深夜。
⑤ 訳注　第一章①を参照されたい。
⑥ 米英ソによる1943年11月のモスクワ宣言のこと。
⑦ このふたつの節をそっくり引用する。「[本独立宣言前文で] 言及されたモスクワ会談宣言にある追記を配慮しなければならない。そこでは次のように言われる。『しかしながら、オーストリアに対し注意喚起を行う。同国はヒトラー・ドイツ側に立って参戦した責任を負うものであり、この責任を免れるものではない。また、事態の最終処理に当たり、同国が自国の解放にどのように寄与するか、という顧慮は避けがたい』／設置されようとしている政府は、自国解放のため己に可能な限り貢献を行うべく、速やかに諸措置を取るものとする。しかし、遺憾ながら、政府は国民の疲弊と我が国の物資不足に鑑み、この貢献が僅少に止まる可能性があると言わざるをえない」(Walter Kleindel (Hrsg.): Österreich, Daten zur Geschichte und Kultur, Wien/Heidelberg 1978, S. 376)
⑧ 職能身分代表制国家の権威主義体制のこと。
⑨ ただし、ミュラーは、「探索説」を裏付ける資料が存在しない、と慎重に述べるに止めて、出現説支持に積極的に踏み込んでいない。

第八章　統一ヨーロッパのために

① 1905年に定められた四つの法律により、モラヴィアにおいてチェコ人とドイツ人の民族的共存を図ろうとした動き。州議会にチェコ人とドイツ人の部会を設けること、各民族は、子弟をそれぞれの民族学校に通わせること等とされた。
② 日本では「クーデンホーフ」と呼んでいるが、ここではドイツ語発音の「クドゥンホーヴェ」で表記する。

資料および文献

文書・史料

Nachlass Karl Renner im Allgemeinen Verwaltungsarchiv, Österreichisches Staatsarchiv, Wien
Nachlass Karl Renner im Karl Renner Museum in Gloggnitz
Nachlass Karl Renner im Institut für Zeitgeschichte an der Universität Wien
Nachlass Karl Renner im Stiftsarchiv Klosterneuburg
Nachlass Karl Renner im Verein für die Geschichte der Arbeiterbewegung, Wien
Akten der Reichsrats- bzw. Parlamentsbibliothek in Wien über den Diurnisten, Bibliothekar und Archivdirektor Karl Renner sowie über die Bezüge von Mandataren
Archivalien des k.u.k. Corps-Artillerie-Regiments Nr. 14 und des k.u.k. Militär-Verpflegsmagazins in Wien über den Einjährig-Freiwilligen und Verpflegs-Accessisten der Reserve Karl Renner, Kriegsarchiv, Österreichisches Staatsarchiv, Wien
Inskriptions- und Immatrikulationsakten über Karl Renner im Universitätsarchiv Wien
Akten zu den Konsumgenossenschaften im Renner Museum in Gloggnitz
Akten des Finanzarchivs Wien über die Gründung der Arbeiterbank 1922
Akten in der Wienbibliothek sowie im Wiener Stadt- und Landesarchiv über Thomas Kozich
Protokolle des Nö. Landtages und der Länderkonferenzen, Niederösterreichisches Landesarchiv
Nachlass Oskar Helmer (Kurt Fuss), Archiv der SPÖ Niederösterreich
Nachlass Heinrich Schneidmadl, Stadtarchiv St. Pölten
Nachlass Rudolf Wehrl, Stadtarchiv Wiener Neustadt
Foto- und Zeitungsarchiv der Österreichischen Nationalbibliothek, Wien
Ton- und Filmarchiv des ORF Wien (Manfred Jochum) und Studio Niederösterreich (Ernst Exner)
Korrespondenz Karl Renners mit Josef Stalin 1945, erstmals 1981 vermittelt in Kopien für den Gestalter des Gedenkraums 45 in Hochwolkersdorf Dr. Siegfried Nasko durch den stv. sowjet. Militärattaché in Wien Oberstleutnant Wladimir Maljutin, erstmals im Original in Österreich gezeigt 2015 durch die guten Kontakte von Univ.-Prof. Dr. Stefan Karner und Dr. Peter Ruggenthaler vom Boltzmann-Institut für Kriegsfolgenforschung in Graz zum Russischen Staatsarchiv für soziopolitische Geschichte in Moskau
Hand- und maschinschriftliche Erinnerungen von Amalia Strauss-Ferneböck, geb. Pölzer, Privatarchiv Dr. Nasko
Korrespondenz Amalia Strauss-Ferneböck mit Karl und Luise Renner, Renner Museum
Gloggnitz und Privatarchiv Dr. Nasko
Korrespondenz von Hans und Karl Deutsch-Renner sowie von Francis Ashley mit Siegfried Nasko, Privatarchiv Dr. Nasko

Nachlass Franz Rauscher, Privatarchiv Dr. Nasko
Nachlass Dr. Hans Löwenfeld-Russ, Dr. Isabella Ackerl, Wien

参考文献

Friedrich Adler, Sünden der Mehrheit oder Sünden der Minderheit, in: Der Kampf v. Jänner 1916

Wilfried Aichinger, Sowjetische Österreichpolitik 1943–1945 (Materialien zur Zeitgeschichte Bd. 1), Wien 1977

Amos, Karl Renner – idealist och realpolitiker, Schweden 1946

Hellmut Andics, Österreich seit 1918, Wien/ Darmstadt/Berlin 1968

Hannes Androsch, Warum Österreich so ist, wie es ist. Eine Synthese aus Widersprüchen, Wien/ München 2003

Michael Aschenbach/Hannes Leidinger, Die Herrschaft des Nationalsozialismus 1938–1945, Österreich im 20. Jahrhundert, DVD-Box

Otto Bauer, Acht Monate Auswärtige Politik, Rede gehalten am 29. 7. 1919, Wien 1919

Bayerischer Philologen-Verband, Fachgruppe Deutsch-Geschichte (Hg.), Interpretationen moderner Lyrik, Frankfurt/Berlin/Bonn 1954

Siegfried Beer, Die „Befreiungs- und Besatzungsmacht“ Großbritannien in Österreich, 1945–1955, in: Rauchensteiner/Kriechbaumer (Hg.), Die Gunst des Augenblicks. [Neuere Forschungen zu Staatsvertrag und Neutralität, Wien/Köln/Weimar 2005]

Klaus Berthold (Hg.), Österreichische Parteiprogramme 1868–1966, Wien 1967

Beppo Beyerl, Die Eisenbahn. Historische Weichenstellungen entlang des österreichischen Schienennetzes, Wien 2004

Günter Bischof/Josef Leidenfrost, Die bevormundete Nation. Österreich und die Alliierten 1945–1949, Innsbruck 1988

Günter Bischof, Die Moskauer Deklaration und die österreichische Geschichtspolitik, in: Stefan Karner, Alexander O. Tschubarjan (Hg.), Die Moskauer Deklaration 1943 „Österreich wieder herstellen“, Wien/Köln/Weimar 2015

Mark E. Blum, The Austro-Marxists 1890–1918. A Psychobiographical Study, Lexington 1985

Gerhard Botz, Bewegung und Klasse. Studien zur österreichischen Arbeitergeschichte, Wien 1978

Gerhard Botz, Theodor Körner 1873–1957, in: Friedrich Weissensteiner (Hg.), Die österreichischen Bundespräsidenten. Leben und Werk, Wien 1982, S. 162–206

Gerhard Botz, War der „Anschluss“ erzwungen?, in: Demokratiezentrum Wien 1988

Gerhard Botz, Dollfuß: Mythos unter der Lupe, in: ALBUM, Der Standard v. 21. 2. 2015

Julius Braunthal, Otto Bauer. Eine Auswahl aus seinem Lebenswerk, Wien 1961

Friedrich Brettner, Die letzten Kämpfe des Zweiten Weltkrieges im Grenzgebiet Niederösterreich – Steiermark – Burgenland, Bd. 1, 2. Aufl., 2014

Gordon Brook-Shepherd, Der Anschluss, Graz/ Wien/Köln 1963

Ludwig Bruegel, Geschichte der österreichischen Sozialdemokratie, 5 Bde., Wien 1922–1925

J. W. Brügel (Hg.), Friedrich Adler vor dem Ausnahmegericht 16. und 19. Mai 1917, Wien/ Frankfurt a. M./Zürich 1967

Gerhard Buchner, Wirtschaftliche Konzeptionen der Sozialdemokratie bis 1934, Diss., Wien 2003

Jamie Bulloch, Karl Renner, Austria, London 2009

Wilhelm Burian, Reform ohne Massen. Zur Entwicklung der Sozialdemokratie seit 1918, Wien/ München 1974

Hellmut Butterweck/Robert Streibel (Hg.), Tabu und Geschichte. Zur Kultur des kollektiven Erinnerns, Wien 1994

Albert Camus, Der Mensch in der Revolte, Hamburg 1970

F. L. Carsten, Die Erste Österreichische Republik im Spiegel zeitgenössischer Quellen, Wien/ Graz/Köln 1988

Günther Chaloupek, Karl Renners Konzeption des „demokratischen Wirtschaftsstaates“, in: ders., Sozialdemokratische Wirtschaftspolitik, Wien 1993, S. 57–66

Christopher Clark, Die Schlafwandler. Wie Europa in den Ersten Weltkrieg zog, Berlin/ München 2014

Stefan Creuzberger, Stalin. Machtpolitiker und Ideologe, Stuttgart 2009

Hermann Deuring, Jodok Fink, im Auftrag des Vorarlberger christlichsozialen Volksvereins, Wien 1932

Julius Deutsch, Ein weiter Weg, Wien/Leipzig/ Zürich 1960

Julius Deutsch, Kriegserlebnisse eines Friedliebenden. Aufzeichnungen aus dem Ersten Weltkrieg, hg. von Michael Maier und Georg Spitaler, Wien 2016

Deutsches Historisches Museum, Der Erste Weltkrieg 1914–1918, Berlin 2014

Ludwig Dvorak, Vom fragwürdigen Umgang mit nützlichen Zitaten, in: Der Standard v. 30. 3./1. 4. 2013

Gertrude Enderle-Burcel/Rudolf Jerabek/Leopold Kammerhofer, Protokolle des Kabinettsrates der Provisorischen Regierung Karl Renner 1945, Bd. 1, Horn/Wien 1995

Marianne Enigl, Wiener Volksgerichtsakten, in: profil v. 19. 5. 2010

Richard Erdmann, Wandlungen in der öffentlichen Wirtschaft, in: Die genossenschaftlichen Monatshefte 10/1952

Walter Euchner/Helga Grebing, Geschichte der sozialen Ideen in Deutschland: Sozialismus – Katholische Soziallehre – Protestantische Sozialethik. Ein Handbuch, Wiesbaden 2005

Edith Fedra, Das Politikergehalt in Österreich. Finanzielle Einkünfte des Bundespräsidenten, der Mitglieder der Bundesregierung, der Staatssekretäre, des National- und Bundesrates, Diss., Wien 1993

Ulrike Felber, Wirtschaftsdemokratie und Klassenkampf. Gewerkschaftliche Interessenvertretung 1918–1926, in: Jahrbuch des Vereins für Geschichte der Arbeiterbewegung ARCHIV,

1995
Hans Fellinger, Johann Pölzer, in: Norbert Leser (Hg.), Werk und Widerhall. Große Gestalten des österreichischen Sozialismus, Wien 1964
Humbert Fink, Wer war Renner?, in: Kronen Zeitung v. 21. 3. 1992
Fritz Fischer, Der Griff nach der Weltmacht, Düsseldorf 1961
Heinz Fischer (Hg.), Karl Renner. Porträt einer Evolution, Wien/Frankfurt a. M./Zürich 1970
Lois Fischer, Das Leben Lenins, Köln/Berlin 1965
Peter Fischer, Vorarlberg kontra Karl Renner – Die Fussach-Affäre, in: Zeitschrift für Kultur und Gesellschaft v. 8. 4. 2015
Karl Flanner, Der große Jännerstreik 1918 in Wiener Neustadt, o. J.
Konstanze Fliedl (Hg.), Das andere Österreich. Eine Vorstellung, München 1998
Emmy Freundlich, Dr. Karl Renner, in: Der freie Genossenschafter Nr. 24 v. 15. 12. 1930
Jacques Freundlich, Renner und die Arbeiterbank, in: Der freie Genossenschafter Nr. 24 v. 15. 12. 1930
M. K. Gandhi, Eine Autobiographie oder die Geschichte meiner Experimente mit der Wahrheit, hg. v. Joachim Fest und Wolf Jobst Siedler, Wien 1977
Winfried R. Garscha, Entnazifizierung, Volksgerichtshof und die „Kriegsverbrecherprozesse" der sechziger und siebziger Jahre, in: Stefan Karner/Lorenz Mikoletzky (Hg.), Österreich – 90 Jahre Republik, Innsbruck 2008
Ernst Glaser, Im Umfeld des Austromarxismus. Ein Beitrag zur Geistesgeschichte des österreichischen Sozialismus, Wien/München/ Zürich 1981
Walter Göhring, 100 Jahre 1. Mai. Politik und Poesie, Eisenstadt 1990
Walter Goldinger, Karl Renner (1870–1950), in: Hugo Hantsch, Gestalter der Geschicke Österreichs, Innsbruck/Wien/München 1962
Walter Goldinger (Hg.), Protokolle des Klubvorstands der Christlichsozialen Partei 1932/34. Studien und Quellen zur österreichischen Zeitgeschichte 2, Wien 1980
Maximilian Gottschlich, Die große Abneigung. Wie antisemitisch ist Österreich? Kritische Befunde zu einer sozialen Krankheit, Wien 2012
Franz Gruber, Das Selbstbestimmungsrecht in der Theorie Karl Renners, in: Neue Würzburger Studien zur Soziologie, Bd. 2, 1986
Michael Hainisch, 75 Jahre aus bewegter Zeit. Lebenserinnerungen eines österreichischen Staatsmannes, Wien/Köln/Graz 1978
Ferdinand Hammer, Friedrich Heer über Karl Renner, in: Arbeiter-Zeitung v. 27. 8. 1986
Rudolf Handl, Kapitän Michael fuhr mit Dr. Renner 1945 zum Sowjetgeneral, in: Nasko, Karl Renner in Dokumenten und Erinnerungen, S. 207 f.
Jacques Hannak, Karl Renner und seine Zeit. Versuch einer Biographie, Wien 1965
Hans Hautmann, Hunger ist ein schlechter Koch. Studien zur österreichischen Arbeitergeschichte, Wien/München/Zürich 1978
Hans Hautmann, Der Erste Weltkrieg und unsere Zeit, Wien 2004

Rolf Hecker, David Borisowitsch Rjasanow (1870–1938), in: Günter Benser/Michael Schneider (Hg.), Bewahren, Verbreiten, Aufklären. Archivare, Bibliothekare und Sammler der deutschsprachigen Arbeiterbewegung, Bonn/Bad Godesberg 2009

Friedrich Heer, Der Glaube des Adolf Hitler. Anatomie einer politischen Religiosität, Wien 1968

Oskar Helmer, 50 Jahre erlebte Geschichte, Wien 1957

Hans von Henting, Der Friedensschluß. Geist und Technik einer verlorenen Kunst, München 1965

Ernst Karl Herlitzka/Wanda Lanzer (Hg.), Victor Adler im Spiegel seiner Zeitgenossen, Wien 1968

Hermann Hesse, Politische Betrachtungen, Frankfurt/M. 1972

Hermann Joseph Hiery (Hg.), Der Zeitgeist und die Historie (Bayereuther Historische Kolloquien Bd. 15), Dettelbach 2001

Rudolf Hilferding, Europäer, nicht Mitteleuropäer, in: Der Kampf, Ende 1915

Josef Hindels, Der lange Weg. Von der Arbeiterbank zur Bank für Arbeit und Wirtschaft, Wien 1973

Manfred Jochum, Die Zweite Republik in Dokumenten und Bildern, Wien 1982

William M. Johnston, Karl Renner. Der Austromarxist als versöhnende Kraft, in: ders., Österreichische Kultur- und Geistesgeschichte, Graz/Wolfsberg 1974

Robert A. Kann, Renners Beitrag zur Lösung nationaler Konflikte im Lichte nationaler Probleme der Gegenwart, Wien 1973

Stefan Karner/Lorenz Mikoletzky (Hg.), Österreich – 90 Jahre Republik, Innsbruck/Wien/Bozen 2008

Stefan Karner/Peter Ruggenthaler, Die Renner- Stalin-Briefe, hg. vom Karl Renner Museum, Gloggnitz 2015

Ursula Kastler, Ein widerständiges Leben. Marko Feingold wird am 28. Mai 100 Jahre alt, in: Salzburger Nachrichten v. 25. 5. 2013, Wochenendbeilage

Fritz Kaufmann, Sozialdemokratie in Österreich. Idee und Geschichte einer Partei von 1889 bis zur Gegenwart, Wien 1978

Karl Kautsky, Die vereinigten Staaten Mitteleuropas, in: Der Kampf 1916

Klaus Kellermann, Stalin. Eine Biographie, Darmstadt 2005

Hans Kelsen, Die völkerrechtliche Stellung des Staates Deutsch-Österreich, maschinschriftliches Manuskript v. 29. 11. 1918 (AVA)

Daniela Kittner, Wie ehrlich dürfen Politiker sein?, in: Kurier v. 17. 6. 2012

Cvetka Knapič-Krhen, Karl Renner und die nationale Frage in den Nachfolgestaaten der Monarchie. Was blieb vom Nationalitätsprinzip?, in: Helmut Konrad (Hg.), Arbeiterbewegung und nationale Frage in den Nachfolgestaaten der Habsburgermonarchie, Wien/ Zürich 1993

Robert Knight (Hg.), „Ich bin dafür, die Sache in die Länge zu ziehen". Die Wortprotokolle der österreichischen Bundesregierung von 1945 bis 1952 über die Entschädigung der Juden,

Frankfurt/Main 1988

Helmut Konrad/Wolfgang Maderthaner (Hg.), Das Werden der Ersten Republik, Bd. 1: Der Rest ist Österreich, Wien 2008

Konrad Kramar, Stalin und der „alte Verräter“ Renner. Kriegsende 1945. Das Landesmuseum St. Pölten präsentiert die Briefe, mit denen Renner den Diktator einkochte, in: Kurier v. 7. 4. 2015

Bruno Kreisky, Am Beispiel Europas, in: Bruno Kreisky-Archiv/Karl Renner Institut (Hg.), Nur unblutige Revolutionen führen zum Ziel. Verleihung des Martin Luther King-Friedenspreises 1989 an Bruno Kreisky

Bruno Kreisky, Zwischen den Zeiten, Berlin/ Wien 1986

Dietmar Krug, Die „ideologische Missgeburt“, in: Die Presse v. 30. 6. 2013

Herbert Lackner, Rote Gewissenserforschung, in: profil Nr. 27 v. 4. 7. 2005

Bruno Klaus Lampasiak (Hg.), Karl Renner. Naturfreund und Europäer, Wien/Berlin 2008

Richard Langworth, Churchill by Himself, London 2008

Walter Laqueur, Die letzten Tage von Europa. Ein Kontinent verändert sein Gesicht, Berlin 2006

Paul Lendvai, Mein Österreich. 50 Jahre hinter den Kulissen der Macht, Wien 2007

Norbert Leser, Zwischen Reformismus und Bolschewismus. Der Austromarxismus in Theorie und Praxis, Wien 1968

Norbert Leser, Der Sozialismus in Österreich, in: Iring Fetscher/Helga Grebing/Günter Dill (Hg.), Der Sozialismus. Vom Klassenkampf zum Wohlfahrtsstaat, Berlin/Darmstadt/ Wien 1968

Norbert Leser, Karl Renner als Theoretiker des Sozialismus und Marxismus, in: Wolf Frühauf (Hg.), Festschrift für Hertha Firnberg: Wissenschaft und Weltbild, Wien 1975

Norbert Leser, Im Banne des Titanen. Mein Verhältnis zum Austromarxismus, in: ders./Richard Berczeller, Als Zaungäste der Politik, Wien/München 1977

Norbert Leser, Karl Renner, in: Walter Pollak (Hg.), Tausend Jahre Österreich, Bd. III: Der Parlamentarismus und die beiden Republiken [Wien 1973]

Norbert Leser, Karl Renner (1870–1950), in: Friedrich Weissensteiner (Hg.), Die österreichischen Bundespräsidenten. Leben und Werk, Wien 1982

Norbert Leser, Helle Lichter, lange Schatten. Widersprüche bei der Gründung der Zweiten Republik, in: morgen 40/1985

Norbert Leser, Karl Renner in Perspektive. Bemerkungen zur Erarbeitung eines authentischen Renner-Bildes, in: Die Zukunft 9 (1989)

Norbert Leser, Grenzgänger. Österreichische Geistesgeschichte in Totenbeschwörungen, Graz/ Wien 1982

Raimund Löw, Wie Karl Renner Österreich verriet. Dokument enthüllt. Renner war nicht nur für den Anschluss, sondern auch für das Münchner Abkommen, in: Neues Forum 286 v. Okt. 1977

Sandra Lumetsberger, Lange Schatten. Zeitgeist, in: Kurier v. 1. 1. 2016

Emil Lustig, Dem lieben Freund Dr. Renner!, in: Der freie Genossenschafter Nr. 24 v. 15. 12. 1930

Radomír Luža, Der Widerstand in Österreich 1938–1945, Wien 1985

B. M., Die Sowjetgenossenschaften im Zerrspiegel der Reformisten, in: Die Genossenschaft im Klassenkampf, Jg. 4, Heft 1, Berlin v. Juni 1927

Margaret MacMillan, Die Friedensmacher. Wie der Versailler Vertrag die Welt veränderte, Berlin 2015

Helene Maimann, Der März 1938 als Wendepunkt im sozialdemokratischen Anschlussdenken, in: Helmut Konrad (Hg.), Sozialdemokratie und „Anschluss". Historische Wurzeln, Anschluss 1918–1938, Nachwirkungen, Wien/München/Zürich 1978

Golo Mann, Über den „Anschluss", in: ders., Zeiten und Figuren. Schriften aus vier Jahrzehnten, Frankfurt/M. 1979

Georg Markus, Erlebte Geschichte, in: Freizeit-Kurier Nr. 800 v. 9. 4. 2005

Manfred Marschalek, Untergrund und Exil. Österreichs Sozialisten zwischen 1934 und 1945, Wien 1990

Viktor Matejka, Einiges über das, was bei der Wissensvermehrung über Ernst Fischer nicht gern gehört wird oder gar wegfällt, in: Helmuth A. Niederle (Hg.), Ernst Fischer. Ein marxistischer Aristoteles? – das pult, Sondernummer, 1980

Peter Mayr/Gerald John, Als Renner die Judenfrage stellte, in: Der Standard v. 8. 5. 2013

Fritz Molden, Fepolinski und Waschlapski. Auf dem berstenden Stern, Wien 1997

Fritz Molden, Vielgeprüftes Österreich. Meine politischen Erinnerungen, Wien 2007

Hans Mommsen, Nationalitätenfrage und Arbeiterbewegung, Trier 1971

Wolfgang Mueller, Stalin, Renner und die Wiedergeburt Österreichs nach dem Zweiten Weltkrieg, Vierteljahrshefte für Zeitgeschichte 1/2006

Manfred Mugrauer, Die Politik der Kommunistischen Partei Österreichs in der Provisorischen Regierung Renner, in: Mitteilungen der Alfred Klahr Gesellschaft, 12. Jg., 2005, Heft 1

Lutz Musner, Waren alle nur Schlafwandler? Die österreichische Sozialdemokratie und der Ausbruch des Ersten Weltkrieges, in: Maria Mesner/Robert Kriechbaumer/Michaela Maier/Helmut Wohnout (Hg.), Parteien und Gesellschaft im Ersten Weltkrieg. Das Beispiel Österreich-Ungarn, Wien/Köln/Weimar 2014

Matthias Nagl, Interview mit Marko Feingold „Der Renner Ring muss weg", in: Wiener Zeitung v. 24. 5. 2013

Siegfried Nasko, Katalog zur Sonderausstellung „Das Jahr 1945 in Österreich", St. Pölten/Pottenbrunn 1975

Siegfried Nasko, Katalog zur Sonderausstellung „Österreich in der Zwischenkriegszeit", St. Pölten/Pottenbrunn 1976/77

Siegfried Nasko, Katalog zur Sonderausstellung „Österreich – Die Zweite Republik", St. Pölten/Pottenbrunn 1980/81

Siegfried Nasko, Dr. Karl Renner. Vom Bauernsohn zum Bundespräsidenten, Katalog zum Dr. Karl Renner Museum, Wien/Gloggnitz 1979

Siegfried Nasko, Zur Rolle Dr. Renners im April 1945, in: ders./Johann Hagenhofer, Katalog zum Gedenkraum 45 in Hochwolkersdorf, 1981

Siegfried Nasko, Karl Renner in Dokumenten und Erinnerungen, Wien 1982

Siegfried Nasko, Karl Renner (1870–1950), in: Erika Weinzierl/Friedrich Weissensteiner (Hg.), Die österreichischen Bundeskanzler, Wien 1983

Siegfried Nasko, Katalog zur Sonderausstellung im Karl Renner Museum, Österreicher der ersten Stunde, Gloggnitz 1985

Siegfried Nasko, Empor aus dumpfen Träumen. Arbeiterbewegung und Sozialdemokratie im St. Pöltner Raum, Wien/St. Pölten 1986

Siegfried Nasko, Gedanken über einen Akteur der Ordnung in Staat und Leben, in: Schriftenreihe des Arbeitskreises „Dr. Karl Renner", hg. von Anton E. Rauter, Heft 7, Wien 1991

Siegfried Nasko, Karl Renners Rolle in St. Germain, in: Schriftenreihe des Arbeitskreises „Dr. Karl Renner", hg. von Anton E. Rauter, Heft 7, Wien 1991

Siegfried Nasko, Karl Renner, Opportunist oder „grundsatztreu"?, in: Der Standard v. 27. 2. 1991, S. 23

Siegfried Nasko, Ein „deutschösterreichischer" Staatsmann? Karl Renners Haltung zur Anschlußidee 1918–1938, in: M. Gehler (Hg.), Ungleiche Partner, HMRG-Beiheft 15, Wiesbaden/Stuttgart 1996

Siegfried Nasko/Johannes Reichl, Karl Renner. Zwischen Anschluss und Europa, Wien 2000

Siegfried Nasko, Hoppla, wir leben. Mit „Hurra" in den Untergang, Katalog zur Gedenkausstellung 100 Jahre Erster Weltkrieg im Renner Museum in Gloggnitz, 2014/15

Siegfried Nasko, Karl Renner 1870–1950, japanische Übersetzung und hg. von Takanori Aoyama, Tokio 2015 [『カール・レンナー 1870 - 1950』青山孝徳・訳 成文社 2015]

Rudolf Neck, Arbeiterschaft und Staat im Ersten Weltkrieg 1914–1918, Wien 1964

Rudolf Neck (Hg.), Österreich im Jahre 1918, Wien 1968

Rudolf Neck/Adam Wandruszka (Hg.), Koalitionsregierungen in Österreich, ihr Ende 1920 und 1966, Wissenschaftliche Kommission 8, Wien 1985

Wolfgang Neugebauer/Herbert Steiner, Widerstand und Verfolgung in Österreich, in: Anschluss 1938 (Wissenschaftliche Kommission) 1981

Wolfgang Neugebauer/Peter Schwarz, Der Wille zum aufrechten Gang. Offenlegung der Rolle des BSA bei der gesellschaftlichen Reintegration ehemaliger Nationalsozialisten, Wien 2005

Gerhard Neureiter, Der Republik nichts schuldig geblieben, in: Salzburger Nachrichten v. 10. 5. 1975

Erhard Oeser, Interview zu den Wurzeln des Fremdenhasses, in: Kurier v. 13. 9. 2015

Eberhard Orthbandt, Illustrierte Geschichte Europas, München/Wien 1966

Österreichisches Staatsarchiv, Katalog zur Archivalien-Ausstellung „Das Jahr 1934 in der österreichischen Geschichte", Wien 1974/75

Reinhard Owerdieck, Der Verfassungsbeschluss der Provisorischen Nationalversammlung Deutschösterreichs vom 30. Oktober 1918, in: Die Österreichische Verfassung von 1918 bis 1938, hg. von Rudolf Neck und Adam Wandruszka, Wissenschaftliche Kommission, Bd. 6

Ernst Panzenböck, Ein deutscher Traum. Die Anschlussidee und Anschlusspolitik bei Karl Renner und Otto Bauer, in: Materialien zur Arbeiterbewegung Nr. 37/1985

Ernst Panzenböck, Die Weichenstellung in der österreichischen Sozialdemokratie für die Republik und den Anschlussgedanken. In: Österreich in Geschichte und Literatur 1, 1986

Ernst Panzenböck, Karl Renner 1938 – Irrweg eines Österreichers: Ursachen und Verdrängung, in: Österreich in Geschichte und Literatur, 1988

Anton Pelinka, Karl Renner zur Einführung, Hamburg 1989

Anton Pelinka (Hg.), Karl Renner. Schriften, Salzburg/Wien 1994

Peter Pelinka, Erbe und Neubeginn. Die Revolutionären Sozialisten in Österreich 1934– 1938, in: Materialien zur Arbeiterbewegung Nr. 20, Wien 1981

Hugo Pepper, Der Literat, in: Anton E. Rauter (Hg.), Karl Renner, ein österreichisches Phänomen. Wiedergabe des Symposions zum 125. Geburtstag Karl Renners, Wien 1996

Pia Maria Plechl, Karl Renner in einer deutschen Dissertation, in: Die Presse v. 3./4. 1. 1987

Walter Pollak, Sozialismus in Österreich. Von der Donaumonarchie bis zur Ära Kreisky, Wien/ Düsseldorf 1979

Hugo Portisch, Österreich I. Die unterschätzte Republik, Wien 1989

Hugo Portisch, Österreich II. Die Wiedergeburt unseres Staates, Wien 1985

Hugo Portisch, Die Bedeutung St. Germains für die europäische Friedensordnung, in: Schriftenreihe des Arbeitskreises „Dr. Karl Renner", Heft 7, hg. von Anton E. Rauter, Wien 1991

Hugo Portisch, Was jetzt, Salzburg 2011

Hugo Portisch, Aufregend war es immer, Wals bei Salzburg 2015

Wilfried Posch, Lebensraum Wien. Die Beziehungen zwischen Politik und Stadtplanung, Diss. TU Graz, 1976

Hubert Pöschl, An der Schattenseite des Lebens. Ein Kind als Zeitzeuge. Die dunkelsten Jahre unseres Jahrhunderts, Gloggnitz 1998

Martin Posselt, Richard Coudenhove-Kalergi und die europäische Parlamentarier Union. Die parlamentarische Bewegung für eine europäische Konstituante, 1946–1952, Diss., Graz 1987

Promotion des Staatskanzlers Dr. Karl Renner zum Ehrendoktor der Staatswissenschaften der Universität Wien, Wien 1945

Eduard Rabovsky (Hg.), Karl Renner. Der Anschluss und die Sudetendeutschen, Erstdruck Wien 1938, Wien 1990

Oliver Rathkolb, Die paradoxe Republik. Österreich 1945 bis 2010, Innsbruck/Wien 2005

Oliver Rathkolb, Demokratieentwicklung in Österreich seit dem 19. Jahrhundert, in: Jugend – Demokratie – Politik, hg. vom Forum Politische Bildung Bd. 28, Innsbruck/Bozen/Wien 2008

Oliver Rathkolb, Forschungsprojekt-Endbericht: Straßennamen Wiens seit 1869 als „Politische Erinnerungsorte", erstellt im Auftrag der Kulturabteilung der Stadt Wien, 2013

Manfried Rauchensteiner/Robert Kriechbaumer (Hg.), Die Gunst des Augenblicks. Neuere Forschungen zu Staatsvertrag und Neutralität, Wien/Köln/Weimar 2005

Manfried Rauchensteiner, Unabhängigkeitserklärung 29. April 1945. Dr. Karl Renner: „Lieber Genosse Stalin …“, in: Die Presse/ Spectrum v. 23./24. 4. 2005

Manfried Rauchensteiner, Der Sonderfall. Die Besatzungszeit in Österreich 1945–1955, Graz/ Wien/Köln 1979

Manfried Rauchensteiner, Der Erste Weltkrieg und das Ende der Habsburgermonarchie, Wien/ Köln/Weimar 2013

Manfried Rauchensteiner, Kanzler gesucht, in: Die Presse/Spectrum v. 21. 3. 2015

Walter Rauscher, Karl Renner. Ein österreichischer Mythos, Wien 1995

Viktor Reimann, Dr. Joseph Goebbels, Wien 1971

Renate Reisel, Karl Renner und die Führung der österreichischen Außenpolitik vom 26. Juli 1919 bis zum 21. Okt. 1920, Diss., Wien 1972

Karl Renner, Kampf der Nationen um den Staat, Wien 1902

Thomas Wahrmund (Karl Renner), Der Kampf der österreichischen Nationen um den Staat. I. Teil: Das nationale Problem als Verfassungs- und Verwaltungsfrage, Leipzig/Wien 1902

Thomas Wahrmund (Karl Renner), Der niederösterreichische Landtag und das arbeitende Volk. Ein offenes Wort zur rechten Zeit, Wien 1903

Rudolf Springer (Karl Renner), Die Krise des Dualismus und das Ende der Deakistischen Episode in der Geschichte der Habsburgischen Monarchie, Wien 1904

Josef Karner (Karl Renner), Das Volk steht auf! Es ruft: Heraus das gleiche Wahlrecht! Eine Kritik des österreichischen Privilegienparlaments, Wien 1905

Rudolf Springer (Karl Renner), Grundlagen und Entwicklungsziele der österreichisch-ungarischen Monarchie, Wien 1906

Karl Renner, Das nationale Problem in der Verwaltung, in: Der Kampf 1/1, 1. Okt. 1907

Karl Renner, Möglichkeiten des Klassenkampfes. Das Verhältnis des Proletariats zur Monarchie, in: Die Neue Zeit, Jg. 26/1. Bd., Stuttgart 1908

Karl Renner, Landwirtschaftliche Genossenschaften und Konsumvereine, Wien 1910

Karl Renner, Der deutsche Arbeiter und der Nationalismus. Untersuchungen über die Größe und Macht der deutschen Nation in Österreich und das Nationale Programm der Sozialdemokratie, Wien 1910

Karl Renner, Organisation der Welt, in: Der Kampf 3/8, 1. Mai 1910

Karl Renner, Österreich und die Südslawen, in: Der Kampf 6/4, 1. Jan. 1913

Karl Renner, Die Nation als Rechtsidee und die Internationale. Vortrag gehalten in der freien Vereinigung sozialistischer Studenten an der Wiener Universität am 7. März 1914 und für den Druck erweitert, Wien 1914

Karl Renner, Das Regime des Leichtsinns, in: Der Kampf 7/7, 1. April 1914

Karl Renner, Die heilige Allianz der Völker, in: X. Internationaler Sozialistenkongress,Wien 1914

Karl Renner, Kriegsfürsorge und Sozialdemokratie, in: Der Kampf 7/11-12, 1. Dez. 1914

Karl Renner, Die Nation als Rechtsidee und die Internationale, Wien 1914

Karl Renner, Volksernährung im Kriege, Brünn 1914

Karl Renner, Sozialistischer Imperialismus oder internationaler Sozialismus, in: Der Kampf 8/3, 1. März 1915

Karl Renner, Die Probleme des Ostens, in: Der Kampf 8/4, 1. April 1915

Karl Renner, Der Krieg im Rechtsbewusstsein unserer Zeit, in: Der Kampf 8/5, 1. Mai 1915

Karl Renner, Der Krieg und die Wandlungen des nationalen Gedankens, in: Der Kampf 8/1, 1. Jan. 1915

Karl Renner, Wirklichkeit oder Wahnidee, in: Der Kampf 9/1, Jänner 1916

Karl Renner, Zur Krise des Sozialismus, in: Der Kampf 9/3, März 1916

Karl Renner, Wirklichkeit oder Wahnidee? Eine Polemik als Abschluss, in: Österreichs Erneuerung, Bd. 1, Wien 1916

Karl Renner, Österreichs Erneuerung. Politisch-programmatische Aufsätze, Bd. 1–3, Wien 1916

Karl Renner, Marxismus, Krieg und Internationale: Kritische Studien über offene Probleme des wissenschaftlichen und praktischen Sozialismus in und nach dem Weltkrieg, 2. erg. Auflage, Stuttgart 1918

Karl Renner, Deutschland, Österreich und die Völker des Ostens, Berlin 1922

Karl Renner, Die Wirtschaft als Gesamtprozess und die Sozialisierung, Wien 1924

Karl Renner, Die österreichischen Arbeitergenossenschaften und ihre Kritiker (Rede vom 22. 6. 1926), Wien 1926

Karl Renner, Victor Adler – der Mensch und Marxist. Erinnerungen und Wertungen, in: Victor Adler im Spiegel seiner Zeitgenossen, Wien 1968

Karl Renner, Der Staat der deutschen Nation. Ziel und Weg, in: Gesellschaft 4/II, 1927

Karl Renner, Das Symbol der Symbole, in: Hamburger Echo v. 17. 5. 1928

Karl Renner, Die Dreieinheit der Arbeiterbewegung, Wien 1928

Karl Renner, Für den Anschluss Deutsch-Österreichs, in: Der Weg zum Einheitsstaat. Gutachten der Kommission zur Frage der Vereinheitlichung des Reiches, hg. vom Vorstand der SPD, Berlin, Mai 1929

Karl Renner, Vor der Katastrophe. Die Menschenrechte, ihre geschichtliche Rolle und ihre zukünftige Geltung, Vortrag in der Liga für Menschenrechte am 29. 4. 1929

Karl Renner, Wege der Verwirklichung, Berlin 1929

Karl Renner, Denkschrift zu dem von der Regierung eingebrachten Gesetzesentwurf über verschiedene Abänderungen der Gewerbeordnung und des Kundmachungspatentes, maschinschriftliches Manuskript 1930

Karl Renner, Der Mensch in der Wirtschaft und der Sozialismus, Wien 1930

Karl Renner, Österreich, was es gewesen, was es ist und was es werden soll, in: Österreich und seine Genossenschaften. Anl. des XIII. Internationalen Genossenschaftskongresses, Wien 1930

Karl Renner, Zollunion und der Anschluss, in: Der Kampf 24/5, Mai 1931

Karl Renner, Die Wirtschaftskrise und die Gegner der Genossenschaft. Vortrag in der Konferenz der genossenschaftlichen Betriebsräte Wiens, Genossenschaftlicher Beirat der Betriebsräte 1932

Karl Renner, Bedrohung und Verteidigung der Republik in Österreich, in: Die Justiz VII. Bd, Heft 4, Berlin, Januar 1932

Karl Renner, Privatwirtschaft, Staatswirtschaft, Gemeinwirtschaft, in: Der Kampf 25/1, Jan. 1932

Karl Renner, Innereuropäische Wirtschaftspläne, in: Der Kampf 25/6, Juni 1932

Karl Renner, Innereuropa und die Sozialdemokratie, in: Der Kampf 25/7, Juli 1932

Karl Renner, Versagt oder bewährt sich die Demokratie?, in: Der Kampf 25/10, Okt. 1932

Karl Renner, Kaiser Karl hat Angst vor meinen Mordplänen. Mein Besuch beim letzten Habsburger Kaiser, in: Nasko, Karl Renner in Dokumenten und Erinnerungen, Wien 1982

Karl Renner, Die Gründung der Republik Deutschösterreich, der Anschluss und die Sudetendeutschen, Wien 1938

Karl Renner, Denkschrift über die Geschichte der Unabhängigkeitserklärung Österreichs und die Einsetzung der provisorischen Regierung der Republik, Wien 1945

Karl Renner, Rechenschaftsbericht der Provisorischen Staatsregierung, Wien v. 19. 12. 1945

Dr. Renner zur Pariser Friedenskonferenz. Der Unterschied von 1946 und 1919 – Das Recht der Kleinen auf Schutz und Sicherheit, in: Die Zukunft 11/1946

Karl Renner, 950 Jahre Österreich, Wien 1946

Karl Renner, Die Neue Welt und der Sozialismus. Einsichten und Ausblicke des lebenden Marxismus, Salzburg 1946

Karl Renner, Vom liberalen zum sozialen Staat, Wien o. J.

Karl Renner, Die ideologische Ausrichtung der Politik Österreichs, in: Wiener Zeitung v. 19. 1. 1947

Karl Renner, Demokratie und Bürokratie, 2. Aufl., Wien 1947

Karl Renner, Nach der Katastrophe, Vortrag vor der Liga der Menschenrechte am 22. November 1947

Karl Renner, Unvergängliche Menschheitsideen. Leitartikel der Wiener Zeitung v. 14. 3. 1948 zur 100-Jahr-Feier der Märzrevolution 1848, in: ders., Für Recht und Frieden [Wien 1950]

Karl Renner, Lyrisch-soziale Dichtungen. Eine Auswahl, zum 80. Geburtstag des Verfassers im Auftrag des „Literarischen Instituts", hg. von Ernst Karl Herlitzka, Wien 1950

Karl Renner, An der Wende zweier Zeiten, Lebenserinnerungen, 2. Aufl., Wien 1950

Karl Renner, Für Recht und Frieden. Eine Auswahl der Reden des Bundespräsidenten, Wien 1950

Karl Renner, Österreich. Von der Ersten zur Zweiten Republik, Wien 1953

Karl Renner, Das Weltbild der Moderne, Wien 1954

Friedrich Rennhofer, Ignaz Seipel, Mensch und Staatsmann. Eine biographische Dokumentation, Wien/Graz/Köln 1978

Jeremy Rifkin, Der europäische Traum. Die Vision einer leisen Supermacht, Frankfurt/New York 2004

Dietmar Rothermund, Unter Gandhis sanfter Führung. Der indische Freiheitskampf, in: Das ZEIT-Lexikon, Welt- und Kulturgeschichte Bd. 13, Erster Weltkrieg und Zwischenkriegszeit

Richard Saage, Der erste Präsident. Karl Renner – eine politische Biografie, Wien 2016

Günther Sandner, Austromarxismus und Multikulturalismus. Karl Renner und Otto Bauer zur nationalen Frage im Habsburgerstaat, Wien 2002

Michael Schacherl, Kein Tell-Schuss, in: Der Kampf v. April 1916

Adam Schaff, Geschichte und Wahrheit, Wien 1970

Adolf Schärf, Karl Renner, in: Neue Österreichische Biographie Bd. 9/1956

Franz Schausberger, Karl Lueger und Karl Renner. Zweierlei Maß in der österreichischen Gedenkkultur, in: Österreichisches Jahrbuch für Politik 2012

Georgi Schischkoff (Hg.), Philosophisches Wörterbuch, Stuttgart 1982

Helmut Schmidt, Die Mächte der Zukunft. Gewinner und Verlierer in der Welt von morgen, Berlin 2006

Georg Schmitz, Renners Briefe aus St. Germain und ihre rechtspolitischen Folgen (Schriftenreihe des Hans Kelsen-Instituts Bd. 18), Wien 1991

Hans Schroth, Karl Renner. Eine Bibliographie, Wien/Frankfurt/Zürich 1970

Sergej Schtemenko, Im Generalstab, Bd. 2, Berlin 1975

Gerald Schügerl, 80 Jahre Naturfreunde Österreich, Wien 1975

SDAP-Parteivorstand, Ein Sozialdemokrat im Direktorium des Ernährungsamtes, Wien v. Oktober 1916

Karl Seitz/Karl Renner, Zwei Parlamentsreden. Krieg und Absolutismus, Friede und Recht, Wien 1917

Seligergemeinde (Hg.), Das Münchner Abkommen von 1938, Ursachen und Folgen für Europa, Stuttgart 1988

Kurt L. Shell, Jenseits der Klassen. Österreichs Sozialdemokraten seit 1934, Wien 1969

Michael Siegert, Sozialdemokratie und Imperialismus. I. Teil: Kriegsziele und Beutehoffnungen 1914–1918, in: Neues Forum v. Sept. 1975

Wolfgang Speiser, Paul Speiser und das Rote Wien, Wien/München 1979

Elisabeth Spielmann, Renner, der Genossenschafter, maschinschriftliches Manuskript, 1970

Josef Spindelböck, Aktives Widerstandsrecht. Die Problematik der sittlichen Legitimität von Gewalt in der Auseinandersetzung mit ungerechter staatlicher Macht. Eine problemgeschichtliche prinzipielle Darstellung, St. Ottilien 1994

Alexander Spitzmüller, … und hat auch Ursach, es zu lieben, Wien 1955

Statt des Weltkongresses – Weltkrieg, in: Der Kampf 7/1914

Karl R. Stadler, Dr. Karl Renner. Wissenschaftler, Politiker, Staatsmann, Wien 1970

Karl R. Stadler, Zwischen Paktfreiheit und Neutralität. Zur Vorgeschichte des österreichischen Neutralitätsgesetzes, in: Isabella Ackerl/Walter Hummelberger/Hans Mommsen (Hg.), Politik

und Gesellschaft im alten und neuen Österreich (Festschrift für Rudolf Neck zum 60. Geburtstag), Wien 1981

Karl R. Stadler, Adolf Schärf. Mensch, Politiker, Staatsmann, Wien 1982

Otto Staininger (Hg.), Karl Renner 1870–1950, Wien 1970

Oberst a. D. Jakow Startschewski, „Ich brachte Karl Renner im April 1945 nach Wien", in: Nasko, Karl Renner in Dokumenten und Erinnerungen, Wien 1982

Günther Steinbach, Kanzler, Krisen, Katastrophen. Die Erste Republik, Wien 2006

Rolf Steininger, Der Staatsvertrag. Österreich im Schatten von deutscher Frage und Kaltem Krieg 1938–1955, Innsbruck 2005

Ewald Stöllner, Die Entwicklung der Genossenschaften in der Ersten Republik, Diplomarbeit an der Hochschule für Welthandel, Wien 1973

Gerald Stourzh, Die Regierung Renner, die Anfänge der Regierung Figl und die Alliierte Kommission in Österreich, September 1945 bis April 1948, in: Bausteine zur Geschichte Österreichs (Festschrift für Heinrich Benedikt), Wien 1966

Gerald Stourzh, Geschichte des Staatsvertrages 1945–1955. Österreichs Weg zur Neutralität, Graz/Wien/Köln 1980

Gerald Stourzh, Vom österreichischen Freiheitskampf zum österreichischen Staatsvertrag, in: Österreich in Geschichte und Literatur 25/1981, Heft 1

Franz Strobel, Der Advokat des Imperialismus in der Arbeiterbewegung, in: Weg und Ziel, Nr. 7/8 v. Juli und August 1949

Emmerich Tálos, Das austrofaschistische Herrschaftssystem. Österreich 1933–1938, 2. Aufl., Wien 2013

Andreas Vukovich, 30 Jahre Zentralverband der Konsumgenossenschaften, Wien 1933

Josef Wanek, Heidenreichstein, Leserbrief in der Kronen Zeitung v. 1. 1. 2016

Fritz Weber, Karl Renner über die sozialdemokratischen Bemühungen um einen Kompromiss mit Dollfuß, das Aufgeben der „Anschluss"Orientierung und die soziale Basis des Austrofaschismus, in: Zeitgeschichte 8 v. Mai 1984

Hans-Ulrich Wehler, Der zweite Dreißigjährige Krieg. Der Erste Weltkrieg als Auftakt und Vorbild für den Zweiten Weltkrieg, hg. von Stephan Burgdorff und Klaus Wiegrefe, München/Hamburg 2008

Erika Weinzierl, Das österreichische Staatsbewusstsein, in: dies. (Hg.), Der Österreicher und sein Staat, Wien 1965

Erika Weinzierl, Christen und Juden nach der NS-Machtergreifung in Österreich (Symposion der wissenschaftlichen Kommission „Anschluss" 1938), Wien 1978

Manfred Welan, Karl Renner – Schöpfer des Kanzleramtes, maschinschriftliches Manuskript, Wien 2000

Dieter Wellershoff, Literatur und Veränderung. Versuche zu einer Metakritik der Literatur, München/Köln/Nördlingen 1971

Sepp Wille, Unrecht an Karl Renner, in: Arbeiter-Zeitung v. 11. 4. 1988

Ernst Winkler, Der große Jännerstreik 1918, in: Die Zukunft, Heft 1 v. Mitte Jänner 1968

Walter Wodak, Diplomatie zwischen Ost und West, Graz/Wien/Köln 1976

Heinrich Wohlmeyer, Empörung über Europa. Wege aus der Krise, Wien 2012

Helmut Wohnout, Leopold Figl und das Jahr 1945. Von der Todeszelle auf den Ballhausplatz, St. Pölten/Salzburg/Wien 2015

B. D. Wolfe, Lenin, Trotzkij, Stalin. Drei, die eine Revolution machten, Frankfurt/M. 1965

Senta Ziegler, Österreichs First Ladies. Von Luise Renner bis Margot Klestil-Löffler, Wien 1999

Reinhold Zippelius, Die Bedeutung kulturspezifischer Leitideen für die Staats- und Rechtsgestaltung, Mainz 1987

訳者紹介

青山孝徳（あおやま・たかのり）

1949年生まれ。1980年名古屋大学大学院経済学研究科博士課程単位取得により退学。名古屋大学経済学部助手を経て、1983年より独・米・日企業勤務。2014年よりフリー。

主要論文：「オーストリア社会化とオットー・バウアー」（『経済科学』vol.29 no.1 1981）、「オーストリア国有化」（『市民社会の思想』御茶の水書房 1983所収）、「1945年のカール・レンナー――スターリンのレンナー探索説とその真相――」（『アリーナ』第20号、2017年）

翻訳：リチャード・リケット『オーストリアの歴史』（成文社 1995）、オットー・バウアー「資本主義の世界像」（『未来』未来社 2013年2月号－4月号 所収）、アルベルト・フックス『世紀末オーストリア 1967-1918　よみがえる思想のパノラマ』（昭和堂 2019）など

カール・レンナー――その蹉跌と再生――

2019年6月27日　初版第1刷発行

訳者　青山孝徳
装幀者　山田英春
発行者　南里　功
発行所　成文社

〒258-0026 神奈川県開成町延沢 580-1-101
電話 0465 (87) 5571
振替 00110-5-363630
http://www.seibunsha.net/

落丁・乱丁はお取替えします

組版　編集工房 dos.
印刷・製本　シナノ

Printed in Japan
ISBN978-4-86520-033-1 C0023

歴史

カール・レンナー
1870—1950

ジークフリート・ナスコ著　青山孝徳訳

四六判上製
208頁
2000円
978-4-86520-013-3

オーストリア＝ハンガリー帝国に生まれ、両大戦間には労働運動、政治の場で生き、そして大戦後のオーストリアを国父として率いたレンナー。本書は、その八十年にわたる生涯を、その時々に国家が直面した問題と、それに対するかれの対応とに言及しながら記述していく。　2015

歴史

オーストリアの歴史

R・リケット著　青山孝徳訳

四六判並製
208頁
1942円
978-4-915730-12-2

中欧の核であり、それゆえに幾多の民族の葛藤、類のない統治を経てきたオーストリア。そのケルト人たちが居住した古代から、ハプスブルク帝国の勃興、繁栄、終焉、そして一次、二次共和国を経て現代までを描いた、今まで日本に類書がなかった通史。　1995

歴史

ハプスブルクとハンガリー

H・バラージュ・エーヴァ著　渡邊昭子、岩崎周一訳

四六判上製
416頁
4000円
978-4-915730-39-9

中央ヨーロッパに巨大な版図を誇ったハプスブルク君主国。本書は、その啓蒙絶対主義期について、幅広い見地から詳細かつ精緻に叙述する。君主国内最大の領域を有し、王国という地位を保ち続けたハンガリーから眺めることで、より生き生きと具体的にその実像を描く。　2003

歴史・思想

ロシアとヨーロッパI
ロシアにおける精神潮流の研究

T・G・マサリク著　石川達夫訳

A5判上製
376頁
4800円
978-4-915730-34-4

第1部「ロシアの歴史哲学と宗教哲学の諸問題」では、ロシア精神を理解するために、ロシア国家の起源から第一次革命に至るまでのロシア史を概観する。第2部「ロシアの歴史哲学と宗教哲学の概略」では、チャアダーエフからゲルツェンまでの思想家たちを検討する。　2002

歴史・思想

ロシアとヨーロッパII
ロシアにおける精神潮流の研究

T・G・マサリク著　石川達夫・長與進訳

A5判上製
512頁
6900円
978-4-915730-35-1

第2部「ロシアの歴史哲学と宗教哲学の概略」（続き）では、バクーニンからミハイローフスキーまでの思想家、反動家、新しい思想潮流を検討。第3部第1編「神権政治対民主主義」では、西欧哲学と比較したロシア哲学の特徴を析出し、ロシアの歴史哲学的分析を行う。　2004

歴史・思想

ロシアとヨーロッパIII
ロシアにおける精神潮流の研究

T・G・マサリク著　石川達夫・長與進訳

A5判上製
480頁
6400円
978-4-915730-36-8

第3部第2編「神をめぐる闘い。ドストエフスキー」は、本書全体の核となるドストエフスキー論であり、ドストエフスキーの思想を批判的に分析する。第3編「巨人主義かヒューマニズムか。プーシキンからゴーリキーへ」では、ドストエフスキー以外の作家たちを論じる。　2005

価格は全て本体価格です。